Detlef Joseph

W0048862

Die DDR und die Juden

Eine kritische Untersuchung – mit einer Bibliografie von Renate Kirchner

Das Neue Berlin

Inhalt

Antisemitismus –
die »Spezialität« der DDR

Zum Verständnis der heutigen Sachlage muss man sich daran erinnern, dass der seinerzeitige Bundesjustizminister Klaus Kinkel (FDP) 1991 den bundesdeutschen Richtern den Auftrag erteilte, mit ihrem Wirken die DDR zu delegitimieren. Sein Auftrag erhielt eine generelle Bedeutung für die Beurteilung der DDR, denn heutzutage gibt es kein Gebiet des gesellschaftlichen Lebens dieses Staates, das nicht dieser angeordneten »Delegitimierung« unterliegt. Es versteht sich, dass Kinkel damals sehr wohl einzuschätzen vermochte, dass ein Grundelement der Legitimität des zweiten deutschen Staates der Antifaschismus war.

Und es versteht sich, dass seitdem die verschiedenen Aspekte antifaschistischer Realität der DDR negativ kritisch beleuchtet wurden und werden. In Sonderheit wird das antifaschistische Verhalten von Kommunisten während der Nazizeit bezweifelt sowie der DDR werden antisemitische Praktiken aufgerechnet. Wie das geht?

Einen ersten Generalangriff führte der Historiker Lutz Niethammer mit der Herausgabe einer Dokumentation, in der insbesondere die Wirksamkeit der »roten Kapos« des KZ Buchenwald behandelt wird.

In einer Rezension wird die Sache auf den Punkt gebracht: »Die Dokumentation belegt […] eindeutig: Kommunistische Funktionshäftlinge waren mitschuldig an Verbrechen in Buchenwald, für die Rettung von Angehörigen der eigenen Gruppe opferte(n) sie andere Mitgefangene.«[1]

Scheinbar zurückhaltend formulierte Niethammer, dass die ausgewerteten Dokumente »sich nicht so sehr im Zusammenhang mit der KZ-Forschung als vielmehr im Zusammenhang der Vielschichtigkeit des Antifaschismus-Mythos als Staatsideologie der DDR« verlohnten.[2]

Mithin: Es geht um Delegitimierung. Seit geraumer Zeit wandert nun die Ausstellung »Das hat's bei uns nicht gegeben.

Antisemitismus in der DDR« durch die Bundesrepublik, die sich anheischig macht, den antisemitischen Charakter der DDR zu belegen.[3] Betrachtet man die Texte auf den Tafeln genauer, dann kommt man nicht umhin von tendenzieller und absichtsvoller Manipulation zu sprechen.[4]

Das gilt möglicherweise nicht für die Jugendlichen, die die Tafeln sicher mit Fleiß erarbeiteten. Aber man wird stutzig, wenn man feststellt, dass zum Beirat der Ausstellungsmacher Thomas Haury gehört, der mit dem Buch »Antisemitismus von links. Kommunistische Ideologie, Nationalismus und Antizionismus in der frühen DDR« in Erscheinung getreten ist.[5] Haury produzierte eine Arbeit, in der er letzlich zu der Meinung kommt, dass man von »erheblichen strukturellen Affinitäten zwischen Antisemitismus und Marxismus-Leninismus« sprechen müsse.[6]

Laut einem Deutschen Wörterbuch ist Affinität zu verstehen als »bedingt durch Ähnlichkeit oder Wesensverwandtschaft«.[7] Es sei, so Haury, »offensichtlich, dass der Antisemitismus insbesondere durch Stalin in die parteikommunistische Bewegung einfloss. Dass ihn das marxistisch-leninistische Weltbild so leicht zu assimilieren vermochte und in der Endphase der Säuberungen auch für die DDR ein bruchloses und teilweise unbemerktes Hinübergleiten zum Antisemitismus konstatiert werden muss, gründet sich in den aufgezeigten, schon in Lenins Ideologie vorhandenen strukturellen, inhaltlichen und funktionellen Affinitäten von marxistisch-leninistischem Weltbild und Antisemitismus und den damit verknüpften spezifischen Herrschaftspraktiken des kommunistischen Herrschaftssystems.«[8] Warum der Verweis auf die Arbeit Haurys? Ohne das explizit nachweisen zu können, spreche ich die Vermutung aus, dass bei der Beurteilung der DDR-Politik durch die Ausstellungsmacher gewisse Überlegungen Haurys zum antisemitischen Vorwurf in den Tafeln beigetragen haben könnten, denn schließlich war die DDR auch ein Versuch, marxistische Theorie umzusetzen.

Inauguriert wurde die Ausstellung von Anetta Kahane. Zunächst war von ihr noch zu lesen, sie habe richtigen rassistischen Antisemitismus in der DDR nicht erlebt, um in derselben Quelle die Behauptung nachzuschieben, dass es aber

»natürlich einen strukturellen Antisemitismus (gab), weil die Individualitätsfeindlichkeit und diese ganze Konformitätserziehung mit den Kategorien an Werten, die in der DDR die wichtigste Rolle gespielt haben, einfach antisemitisch waren. Das liegt einfach in der Natur der Sache. Jede Art von Individualitätsfeindlichkeit hat so eine Dimension. Es gab Intellektuellenfeindlichkeit, Individualitätsfeindlichkeit, ein starke Orientierung auf preußisch-christliche Werte. [...]

Diese ganze Ideologie des Internationalismus war ja kein Kosmopolitismus, sie hat ja kosmopolitische Elemente geradezu verleugnet. Und sie war im Grunde sehr völkisch, sehr auf das Volk orientiert und auf alle Dimensionen dessen, was ein Volk ausmacht, einschließlich der ethnischen. Es gab einen unglaublichen Rassismus in der DDR, den ich, wie gesagt, nicht erlebt hab, weil ich nicht schwarz bin oder schwarz-weiß kariert oder so was.

Und das Konzept der Völkerfreundschaft war tatsächlich eins, wo Völker miteinander befreundet sind, sich bewegen und dann möglichst schnell wieder auseinandergehen. Insofern war dieses allgemeine Lebensgefühl, waren die Werte, mit denen man zu tun hatte, die Ausrichtung, die Gleichmacherei, ja die Individualitäts- und Intellektuellenfeindlichkeit schon immer auch antisemitisch. Der Inbegriff dessen, was man nicht sein sollte, war der intellektuelle Jude. Das war das Letzte, was man in der DDR wollte. Entsprechend haben sich die Leute gefühlt.«[9]

Man verzeihe das lange Zitat, das selbst wirklich »das Letzte« ist. Es wiederzugeben war insofern nötig, weil es dem Grunde nach demonstriert, welche krausen Gedanken benötigt werden, um der DDR Antisemitismus anzudichten.

Das Interessanteste ist die Behauptung eines sogenannten »strukturellen Antisemitismus«. Es liegt nahe, an Thomas Haury und seine als Buch veröffentlichte Dissertation zu denken.

In einem Interview meinte Anetta Kahane: »Juden, die keine Kämpfer gegen den Faschismus waren, wurden als solche verhöhnt, das jüdische Leben wurde totgeschwiegen.«[10]

Einen Beweis für ihre Behauptung liefert sie allerdings nicht. Ebenso verlautbart sie mit Rückblick auf die DDR über die Tatsache, dass heutzutage Schändungen jüdischer Friedhöfe zweifellos praktiziert werden, Antisemitismus sei »gerade auch in Ostdeutschland sehr tief verwurzelt«.[11]

Aber des Beweises bedarf es offensichtlich überhaupt nicht. Es genügt, das »Gefühl« zu haben. So verkündet sie im Brustton tiefster Überzeugung: »Wenn ich beispielsweise in den neuen Bundesländern unterwegs bin, dann spüre ich auch, dass die Nazizeit mit all ihren Verbrechen dort noch massiver verdrängt wurde, und ich spüre auch, was strukturell an Antisemitismus in der DDR-Zeit vorhanden war.«

Aber nun kommt doch tatsächlich der »Beweis«: »Da wurden einfach Friedhöfe platt gemacht, Einrichtungen der jüdischen Gemeinden zweckentfremdet genutzt oder in einer Weise mit Überlebenden des Holocaust umgegangen, dass einem die Spucke wegbleibt.«[12]

»Bewiesen« wird die Behauptung von einer antisemitischen DDR einerseits mittels der Darstellung einzelner Ereignisse in der politischen Geschichte der DDR und andererseits mit Rücksichten auf den Umgang von Kommunisten mit jüdischen Menschen und jüdischer Geschichte.

Es ist keineswegs zu bestreiten, dass es nach 1945 Verhaltensweisen in Theorie und Praxis gegeben hat, die antisemitischen Anstrich trugen, antisemitisch waren. Dabei ist es verständlich, wenn die den Sozialismus ablehnenden Kräfte es nicht bei der eigentlichen Geschichte der SBZ/DDR belassen, sondern Wurzeln eines vorgeblichen DDR-Antisemitismus in Ansichten von Marx und Engels zur Judenheit sehen, wie man sie in ihren Werken und Briefen auffinden könne. Zumal es zu DDR-Zeiten keine explizit ablehnenden offiziellen oder autoritären Beurteilungen dieser Reflexe scheinbar antisemitischen Denkens der Klassiker gab.

Bei objektiver Betrachtung ist unstreitig, dass in der Sowjetischen Besatzungszone wie in der DDR prinzipiell Antisemitismus abgelehnt und bekämpft wurde. Das liegt in ihrem Antifaschismus begründet, dem die die politische Macht Ausübenden verpflichtet waren und für den sie oftmals unter Einsatz ihres Lebens gestritten hatten und haben. Von dieser Tatsache ist auszugehen, wenn man sich mit dem Problem »Antisemitismus und DDR« befassen will. Wegen der antifaschistischen Prägung der SBZ ist es kein Wunder, dass zu den ersten Publikationen in der SBZ der Roman »Stalingrad« von Theodor Plievier gehörte, der 1945 in einem Jahr sieben Auflagen hatte und bis 1948 in einer Gesamthöhe von 177.000 Exemplaren erschienen war. Unter den damaligen Verhältnissen eine große Menge. Massenhafte Verbreitung garantierte auch die Tatsache, dass »Stalingrad« im Sommer 1945 in der *Täglichen Rundschau* erschien, einer Tageszeitung der sowjetischen Besatzungsmacht mit einer Auflage zwischen 400.000 und 500.000 Exemplaren. Hermann Kant hat dieses Buch mit vollem Recht als den »beste(n) Roman über Weltkrieg zwei« bezeichnet und gemeint, dass dieses »Epos den Beginn der deutschen Nachkriegsliteratur und für die meisten seiner Leser die erste belletristische Großnachricht vom eben vergangenen Weltbrand« darstellte.[13]

Und daran ändert auch nichts die Tatsache, dass Plievier 1947 den Osten verließ und in die amerikanische Besatzungszone abwanderte, so dass auf dem Boden der DDR erst 1984 eine neue Auflage erschien.

»Stalingrad« behandelt zwar nicht direkt der Vernichtungspolitik der deutschen Faschisten gegenüber den Juden, aber die Aufrechterhaltung der faschistischen Herrschaft war die Grundlage für die Durchführung des Massenmordes, dem auch die Juden zum Opfer fielen. Die Zerschlagung der faschistischen Heeresgruppe in Stalingrad war die Voraussetzung der späteren Befreiung der Konzentrationslager, in denen die Massenmorde geschehen sind. Die Behauptung, man habe es auch bei den Linken mit Antisemiten zu tun, ist ein Standardprogramm der Vergangenheit wie der Gegenwart. Negative Behauptungen gehören nun einmal zum Bestandteil der bürgerlichen ideologischen Bekämpfung antikapitalistischen Denkens und Handelns, wie es von Marx und Engels grundgelegt wurde. Es verwundert deshalb nicht, dass auch die Verlautbarungen der Klassiker des Marxismus zum Gegenstand der Meinung wurden, man habe es bei ihnen zumindest mit antisemitischen Ausfällen zu tun. Deshalb sollte man die oben genannten »Erkenntnisse« Haurys mit jener Ausarbeitung im Zusammenhang sehen, die von Edmund Silberner 1962[14] veröffentlicht wurde und auf die sich Haury auch bezieht.

Edmund Silberner – ein Vorkämpfer gegen den marxistischen »Antisemitismus«

Kann man aus der Tatsache, dass Religion in marxistischer Sicht gewissermaßen »entgöttlicht« und als Menschenwerk charakterisiert wird – wie das auch durch Ludwig Feuerbach geschah – schließen, dass beispielsweise die Kritik am Judentum (an der jüdischen Religion) Antisemitismus oder eine andere Form von feindseliger Verdammung ist? Wohl nicht. Edmund Silberner (1910-1985), bis 1951 Professor an der amerikanischen Universität Princeton, danach an der Hebräischen Universität Jerusalem, versteht unter Antisemitismus »die Abneigung oder Feindseligkeit gegen die Juden.«[15] Interessant sind daher speziell seine Betrachtungen zu Marx.

Als ideologischen Ausgangspunkt wählte er die Behauptung, man habe es beim Standpunkt von Marx mit einer »Abneigung gegen Juden«[16], einem »Vorurteil gegen die Juden«[17], zu tun und man müsse von seiner »Judophobie« ausgehen[18].

Von dieser Sicht her ist für Silberner jede Aussage von Marx, in der das Wort »Jude« auftaucht, dem Grunde nach antisemitisch belastet. Und, weil Marx nach Silberner selbst antisemitisch orientiert war, könnten in der Fernwirkung auch die Anhänger seiner wissenschaftlichen Lehre eigentlich und folglich nur Antisemiten sein. Silberner meint, Marx sei »den Juden feindlich gesinnt« und von »judenfeindlichen Gefühlen, die ihn bis an sein Lebensende begleiteten«, geprägt gewesen.[19] Marx habe sich lediglich in den Schriften »Zur Judenfrage« und »Die Heilige Familie« eingehender mit dem Judentum befasst. Später sei er nur gelegentlich darauf zurückgekommen.

Silberner hat sich der Mühe unterzogen, Text- und Briefstellen zusammenzutragen, in denen sich bei Marx Verweise auf Juden und die Judenheit finden. Während man in den damals publizierten Texten nur gelegentlich auf Jüdisches stößt, sind

11

die Briefe eine Fundgrube mannigfaltiger »jüdischer Verbalinjurien«. Man steht dann vor der Frage, ob die Bissigkeit tatsächlich Ausfluss antisemitischer Reflexe und massiver Judenfeindlichkeit ist, die möglicherweise aus einem ominösen
»jüdischen Selbsthass« abzuleiten wäre.

Silberner behauptet das jedenfalls und da sein Buch (»Sozialisten zur Judenfrage«, Berlin 1962) nicht nur Marx und Engels
behandelt, sondern auf 361 Seiten für den Zeitraum bis 1914
gegen die seines Erachtens antisemitischen Sozialisten zu Felde
zieht, ist seine Publikation zu einer beliebten Ausgangsquelle
geworden, wenn sich Autoren der zeitgeistgemäßen Verdammung widmen, die Sozialisten verschiedener Färbung als Antisemiten zu »entlarven«. Es versteht sich, dass Marx da einen
vorderen Platz einnimmt, weil seine Lehre schließlich über
einen historischen Zeitraum reale Weltbedeutung hat.

Man muss sich nun der Mühe unterziehen, das von Silberner Dargebotene ein wenig unter die Lupe zu nehmen. Und da
kann man durchaus feststellen, das hier und da, um es vorsichtig zu sagen, von Silberner ein wenig geschludert wurde. Es ist
das alte Lied: Gelegentliche Verkürzung des zu Zitierenden,
kleine Auslassungen – und schon kommt ein gewünschter Sinn
heraus, den der eigentliche Autor nicht beabsichtigt hatte.
Nehmen wir ein Beispiel.

Silberner schreibt: »Von 1848 an spricht Marx von den
Juden fast nur noch als einer finanziellen und reaktionären
Sippe. Sie seien ›seit der Emanzipation ihrer Sekte, wenigstens
in ihren vornehmen Vertretern, überall an die Spitze der Konterrevolution getreten‹«.[20]

Tatsächlich zitiert Silberner sinnentstellend. Die relevante
Passage lautet: »Wartet also die Restauration Brandenburg-
Manteuffel ab, Katholiken der Rheinprovinz und Westfalens
und Schlesiens! Man hat euch früher mit Ruten gezüchtigt,
man wird euch mit Skorpionen geißeln. Ihr werdet den ›alten
und guten Standpunkt einer evangelischen Regierung ausdrücklich‹ kennenlernen! Und nun gar die Juden, die seit der
Emanzipation ihrer Sekte wenigstens in ihren vornehmen Vertretern überall an die Spitze der Konterrevolution getreten
sind, was harrt ihrer? Man hat den Sieg nicht abgewartet, um sie in
ihr Ghetto zurückzuschleudern. Zu Bromberg erneuert die

Regierung die alten Beschränkungen der Freizügigkeit und beraubt die Juden so eines der ersten Menschenrechte von 1789, sich frei von einem Orte an den anderen zu begeben. Das ist ›ein‹ Aspekt der Regierung des wortreichen Friedrich Willhelm IV. unter den Auspizien Brandenburg-Manteuffel-Ladenberg.«[21] Das Unterstrichene hat Silberner zitiert, der Kontext fehlt. Auf diese Weise wird Marx entstellt, denn der Zusammenhang verdeutlicht, dass Marx keineswegs anti-jüdisch formuliert hatte.

Bei Silberner heißt es mit Verweis auf »Die Klassenkämpfe in Frankreich«: »Antisemitische Flugschriften, wie *La dynastie Rothschild* und *Les Juifs, roi de l'époque*, werden von ihm an-scheinend zustimmend, weil widerspruchslos zitiert, und zwar dafür, dass sie die Herrschaft der Finanzaristokratie mit mehr oder weniger Geist brandmarken.«[22]

Im Original ist bei Marx zu lesen: »Die industrielle Bour-geoise war moralisch entrüstet, die Volksphantasie war empört, Paris war von Pamphlets überflutet – ›La dynastie Rothschild‹, ›Les juifs rois de l'epoque‹ etc. –, worin die Herrschaft der Finanzaristokratie mit mehr oder weniger Geist denunziert und gebrandmarkt wurde.«[23]

Aus dieser von Marx gegebenen Zustandsschilderung einer Klassenkampfsituation Akzeptanz von Antisemitismus abzulei-ten, ist recht weit hergeholt. Silberner schreibt weiter: »Den Finanzminister Napoleons III. bezeichnet Marx als den ›Bör-senjuden Fould‹ oder einfach ›den Juden Fould‹ und die Grün-der des *Crèdit Mobilier*, Emile und Isaak Pereire als ›zwei portu-giesische Juden‹.«[24]

Die erste Nennung wird »milde«, wenn man den Zusam-menhang liest, in dem der »Jude« genannt wird.[25]

Die zweite ist dann bereits wieder unkorrekt, denn bei Marx heißt es: »Das Ministerium d'Hautpoul besaß nur einen Mann von parlamentarischem Rufe, den Juden Fould, eins der berüchtigten Glieder der hohen Finanz. Ihm fiel das Finanzmi-nisterium anheim.«[26]

Fould wird bei Marx noch an anderen Stellen genannt und zwar ohne Verweis auf die jüdischer Abstammung, jedoch stets mit kritischem Akzent bezüglich seiner finanzkapitalistischen Rolle.

Und die dritte Nennung schließlich lautet bei Marx: »Und da gab es zwei portugiesische Juden, mit der Börsenspekulation und mit Rothschild praktisch verbunden, die Père Enfantin zu Füßen gesessen hatten und auf Grund ihrer praktischen Erfahrung die Kühnheit besaßen, hinter dem Sozialismus Börsenspekulation und hinter Saint-Simon Law zu wittern. Diese Männer – Emile und Isaac Pèreire – sind die Begründer des *Crédit Mobilier* und die Urheber des bonapartistischen Sozialismus.«[27]

Auch hier ist die Benennung ihrer Abstammung wohl kaum als Ausdruck von Antisemitismus zu bewerten. Tatsachen sind nun einmal Tatsachen. Um die Anwürfe von Antisemitismus als nicht gegeben zu verstehen, die Silberner im Zusammenhang mit der Erwähnung Ludwig Bambergers im Buch »Herr Vogt« von Marx als »Mitglied der ›Pariser Börsensynagoge‹«[28] mit der Feststellung vorbringt, Bamberger habe »die neun hellenischen Musen um eine zehnte hebräische Muse vermehrt, um ›die Muse der Zeit‹, wie er den Kurszettel nennt«[29], müsste man die Seiten 604 und 605 des 14. Bandes der MEW vollständig zitieren. Und man muss bedenken, dass es sich bei »Herr Vogt« um ein Pamphlet handelte, das Marx »als Erwiderung auf das verleumderische Buch des Vulgärdemokraten und bonapartistischen Agenten Karl Vogt ›Mein Prozess gegen die *Allgemeine Zeitung*‹, das gegen Marx und die von ihm geführten proletarischen Revolutionäre gerichtet war«[30], auf rund 300 Druckseiten geschrieben hatte. Dementsprechend sarkastisch und bissig war auch die Diktion des von Marx Geschriebenen.

Auf den Seiten 128 bis 130 seines Buches bespricht Silberner vier anonyme Artikel, für die er als Autor Karl Marx angibt und die sich im Marx-Engels-Lenin-Institut (Karl Marx, Chronik seines Lebens [Moskau 1934]) befunden haben sollen. Diese Texte sind in der MEW nicht abgedruckt.

Es ist mithin fraglich, ob es tatsächlich eine Autorschaft von Marx dafür gibt. Jedenfalls erspare ich mir deshalb einen Kommentar.

Silberner unterstellt Marx, er habe »im Judentum die Verkörperung von Ausbeutung und Schwindel« gesehen.[31] Dass Marx in seinen theoretischen Schriften die von ihm kritisch Beurteilten in Verbindung mit den von ihnen verkörperten gesellschaftlichen Funktionen darstellt, geht mit der bloßen

Kennzeichnung als Marxschen Antisemitismus verloren. Verwiesen wird auf einen Artikel, den Engels verfasste, der aber zunächst unter dem Namen von Marx bekannt wurde. Die Marx-Engels-Werkausgabe benennt dann Engels als Autor. Silberner schreibt zu diesem Aufsatz, »der unter Bezugnahme auf die westslawischen Länder (Polen, Böhmen) auch die dortigen Juden erwähnt, die, ›wenn sie überhaupt zu einer Nationalität gehören, sicher eher Deutsche als Slawen sind‹. Wie hätte er also den Wiedergeburtsträumen einer Volksgruppe Beachtung schenken können, deren nationale Zugehörigkeit für ihn nicht einmal feststand?«[32]

Es sei gestattet, diese Stelle vervollständigt zu zitieren.

Engels schrieb: » Die Slawen, namentlich die Westslawen (Polen und Tschechen), sind im Wesentlichen ein Volk von Ackerbauern; Handel und Industrie standen bei ihnen niemals in besonderem Ansehen. Daraus ergab sich, dass mit dem Anwachsen der Bevölkerung und dem Entstehen von Städten in diesen Gegenden die Herstellung aller Industrieartikel in die Hände deutscher Einwanderer fiel und dass der Austausch dieser Waren gegen landwirtschaftliche Erzeugnisse das ausschließliche Monopol der Juden wurde, <u>die, wenn sie überhaupt zu einer Nationalität gehören</u>, in diesen Ländern <u>sicher eher Deutsche als Slawen sind</u>.

Das war, wenn auch in geringerem Grade, im ganzen Osten Europas der Fall. Der Handwerker, der kleine Krämer, der kleine Fabrikant ist in Petersburg, in Budapest, in Jassy und selbst in Konstantinopel bis auf den heutigen Tag ein Deutscher, während der Geldverleiher, der Schankwirt, der Hausierer – eine sehr wichtige Persönlichkeit in jenen dünn bevölkerten Gebieten – in den allermeisten Fällen ein Jude ist, dessen Muttersprache ein schauderhaft verdorbenes Deutsch ist.«[33]

Zum einen: Das Unterstrichene ist das einzige, was Silberner der Zitierung für Wert befindet. Dabei haben wir es hier durchaus mit einer positiven Darstellung der Leistungen von Juden zu tun.

Zum anderen: Die kritische Bemerkung, Marx habe die Wiedergeburtsträume einer Volksgruppe nicht im Blick gehabt, soll offenbar auch das antisemitische Denken von Marx dokumentieren. Es wird ihm de facto unterstellt, eine ernsthafte Bewegung zur Nationenbildung nicht gesehen und schon gar nicht begriffen zu haben.

Diese Stelle reflektiert letzten Endes aber nichts anderes als die Tatsache, dass es in der geschichtlichen Entwicklung durchaus intensive Bestrebungen der Juden zur Assimilierung gab. Es ist hier angebracht daran zu erinnern, dass Assimilation das gerade Gegenteil der Bestrebungen des orthodoxen Judentums und des Zionismus seit Theodor Herzl war, die Sammlung der verstreuten Juden auf einer »(staatlichen) Heimstätte« zu erreichen.

Schließlich haben selbst in der Nazizeit jüdische Organisationsformen bestanden, die mit den Faschisten in der Erwartung paktierten, dass antijüdische Pressionen die deutschen Juden veranlassen würden, schnellstmöglich auszuwandern.[34] Bis 1941 ging es den Nazis bekanntlich noch nicht in erster Linie um die physische Vernichtung der Juden.

An einer Stelle seines Opus ist Silberner gnädig wohlwollend gegenüber Marx. Seines Wissens, so Silberner, gebe es »in Marxens Gesamtwerk […] nur eine einzige Stelle, wo er von den Juden ohne Herabsetzung, ja sogar mit einem gewissen Mitgefühl spricht«.[35]

Sodann zitiert er den Text aus einer Zeitung vom 15. April 1854[36], um danach zu unterstreichen, dass dies der einzige Text sei, »in dem Marx Sympathie für Juden zeigt«.

Aber kaum hat Silberner das geschrieben, kommt der Hieb: »Dennoch darf seinen Worten keine tiefere Bedeutung beigemessen werden, denn all seine späteren Erklärungen zeugen auch weiterhin davon, dass er seine Meinung über die Kinder Israels nicht im mindesten geändert hatte.«[37]

Zum Verständnis sei aus dem Artikel »Die Kriegserklärung – zur Geschichte der orientalen Frage« kurz zitiert: »Nichts gleicht aber dem Elend und den Leiden der Juden in Jerusalem, die den schmutzigsten Flecken der Stadt bewohnen, genannt Hareth-el-Yahud, im Viertel des Schmutzes zwischen Zion und Moria, wo ihre Synagogen liegen; sie sind unausgesetzt Gegenstand muselmanischer Unterdrückung und Unduldsamkeit, von den Griechisch-Orthodoxen beschimpft, von den Katholiken verfolgt und nur von den spärlichen Almosen lebend, die ihnen von ihren europäischen Brüdern zufließen.«[38]

Nun sind wir bei den Briefen von Marx und Engels. Silberner betont: »Von all seinen Phobien war aber keine akuter als die vor den Juden. […] Die Juden sind für ihn die größten Schwindler. Marxens erbitterter Judenhass kommt nirgends mehr zum Vorschein als in den Briefen an seinen engsten Freund, Friedrich Engels.«[39]

Die beigezogenen Beispiele sind korrekt wiedergegeben. Es fragt sich nur, wie Silberner aus der oftmals laxen Redeweise von Marx zu der Anschauung gelangt, es bei diesem mit einem notorischen Judenhasser zu tun zu haben.

Dagegen spricht wohl schon die Tatsache, dass Marx sich in seinen privaten Briefen allgemein einer äußerst lockeren Redeweise befleißigte. Beißende Ironie lag ihm offensichtlich sehr. Es kommt hinzu, dass er im Zorn durchaus aggressiv-spitzfindig und verletzend sein konnte. Das trifft vor allem auf seine Briefe zu, bei denen er offensichtlich davon ausging, dass sie eben privater Natur waren. Und was die Leute nach seinem Tode davon halten würden, konnte er beruhigt außer Kalkül lassen.

Und dann sind da noch im Besonderen die Briefe, in denen beispielsweise Lassalle »abgehandelt« wurde. »In seinen Bemerkungen über Lassalle bringt Marx einen besonders reichen Wortschatz ans Licht. Abgesehen von solchen immerhin nicht antisemitischen Bezeichnungen wie ›der Hund‹ und ›das Vieh‹, wimmelt es da von ›Jüdchen‹, ›Jüdel‹, ›Jüdel Braun‹, ›Ephrahim Gescheit‹, ›Itzig‹, ›Iitzig‹, ›Barion Itzig‹, ›jüdischer Baron oder baronisierter (…) Jude‹ usw.«[40]

Nun ist das in der Tat nicht unbedingt die feine englische Art. Um diese Redeweise aber zumindest zu verstehen, wäre es angebracht gewesen, sich darüber zu informieren, was denn möglicherweise die Ursache für eine derartige Wortwahl war.

Einige Beispiele dafür, wie Marx/Engels sich zu Lassalle äußerten.

Am 10. März 1853 schreibt Marx an Engels: »Lassalle, trotz der vielen ›abers‹, ist *dur* (hart) und energisch.«[41]

Engels an Marx am 11. März 1853: »Lassalle ist, nächst Cluß, bei weitem der Brauchbarste von allen, besonders von dem Augenblick an, wo das Vermögen des Grafen Hatzfeld endgültig Gemeingut wird. Er hat seine Mucken, aber er hat auch Parteigeist und Ehrgeiz, und die kleinen Nebengelüste und Privathistorien, denen er unter öffentlichen Vorwänden immer nachgehn wird, kennt man einmal.«[42]

Marx an Ferdinand Lassalle am 23. Februar 1852:

Der vier Druckseiten lange Brief beginnt mit den Worten: »Lieber Lassalle! Ich möchte nun doch wissen, ob mein zweiter Brief wieder nicht angelangt ist. Ich weiß, dass du exakt im Antworten bist und muss also die Verzögrung einer Nachricht von Deiner Seite irgendeinem Zufalle zuschreiben.«[43]

Karl Marx an Ferdinand Lassalle am 6. April 1854 und am 1. Juni 1854 mit wissenschaftliche und allgemeinem Inhalt. Der Brief vom 1. Juni endet mit den Worten: »Du wirst mich sehr verpflichten, wenn Du mir oft und ausführlich über die deutschen, speziell preußischen Verhältnisse schreibst.«[44]

Marx an Lassalle am 28. Juli 1855: »Ich bin natürlich überrascht, dich so nah bei London zu wissen, ohne dass Du auch nur für einige Tage herüberzukommen denkst. Ich hoffe, Du wirst noch in Dich gehen und entdecken, wie kurz und wohlfeil die Reise von Paris nach London wäre. Wären mir die Tore Frankreichs nicht hermetisch geschlossen, so würde ich Dich in Paris überraschen.«[45]

Die Lage ändert sich offensichtlich mit dem Brief von Marx, den er am 5. März 1856 an Engels schreibt. Der auf Lassalle kritisch bezogene Inhalt umfasst in diesem Brief zwei Druckseiten, die mit den Worten beginnen: »Levy. Von den Düsseldorfer Arbeitern hergesandt in doppeltem Auftrag. 1. Denunziation Lassalles. Und ich glaube, nach sehr scharfer Examination, dass sie recht haben. L/assalle/, seit die Gräfin ihre 300.000 Taler erhalten, ganz umgewandelt; die Arbeiter absichtlich zurückstoßend, Sybarit, mit den Blauen kokettierend. Sie werfen ihm ferner vor, dass er beständig die Partei für seinen Privatdreck ausbeutet und die Arbeiter selbst zu Privatverbrechen benutzen wollte im Interesse des Prozesses.«[46]

Es folgt eine umfassende Schilderung unter anderem der mit dem Hatzfeldt-Prozess verbundenen Unsauberkeiten.

Engels antwortet Marx am 7. März 1856 immerhin mit den Worten: »Lassalle. Es wäre schade um den Kerl, seines großen Talents wegen, aber diese Sachen sind doch zu arg. Er war immer ein Mensch, dem man höllisch aufpassen musste, als echter Jud von der slawischen Grenze war er immer auf dem Sprunge, unter Parteivorwänden jeden für seine Privatzwecke zu exploitieren. Dann diese Sucht, sich in die vornehme Welt einzudrängen, de parvenir (emporzukommen), wenn auch nur zum Schein, den schmierigen Breslauer Jud mit allerhand Pomade und Schminke zu übertünchen, waren immer widerwärtig. Indes, das waren alles bloß Sachen, die bloß zum scharfen Aufpassen nötigten. Wenn er aber solche Historien aufstellt, woraus direkt eine Parteischwenkung hervorgeht, so kann ich's den Düsseldorfer Arbeitern gar nicht verdenken, wenn sie diesen Hass gegen ihn fassen.

Ich geh' heute Abend zu Lupus und lege ihm die Sache vor. Getraut hat keiner von uns je dem Lassalle, man hat ihn aber gegen Dummheiten, von H. Bürgers herrührend, natürlich in Schutz genommen. Meine Ansicht ist, dass man alles so gehen lässt, wie Du es den Düsseldorfern vorgeschrieben.«[47]

Und er meint am 11. Mai 1857 über Lassalle zu Marx: »Dorch un dorch der läppische Jüd.«[48]

Später, als Zweifel an der Stichhaltigkeit der Vorwürfe gegen Lassalle aufkommen, wird auch die Wechselbeziehung zwischen Marx/Engels und Lassalle wieder enger. Besonders intensiv ist die Beziehung, als Lassalle sein Werk Herakleitos an Marx übersandte, das dieser kritisch unter die Lupe nahm.

Und da tauchen dann im Band 29 der MEW, den Zeitraum Dezember 1857 bis Dezember 1859 umfassend, die »Abstammungsbezeichnungen« vermehrt auf, die Silberner als Beweis für die Judenfeindlichkeit von Marx beizieht, dabei Engels eigentlich verschonend, obwohl auch der sich nicht scheute, die entsprechenden Bezeichnungen zu verwenden.

So hat Engels das erste Mal für Lassalle den Namen »Jüdel Braun«[49] erwählt. »Ephrahim Gescheit« oder »Baron Gescheit«[50] und »Itzig«[51] nennen ebenfalls beide. Wobei Itzig in den Briefen Synonym für Lassalle ist. Engels nennt ihn »schmieriger Breslauer Jud«[52] und »läppischer Jud«[53].

Allerdings wird Lassalle von Marx und Engels in deren Briefen untereinander nicht nur mit Judaismen belegt. Er hat auch andere Bezeichnungen für ihn. So nennt Marx ihn »Jüngling« (29/431), »Herr L« (29/442), »Herakleitos den Dunklen« (29/446). Wie würde Silberner diese Abweichungen des Marx von seiner »Feindseligkeit gegen die Juden« (S. 136) – »von all seinen Phobien war […] keine akuter als die vor den Juden« –, benennen? Wird Marx dadurch zu einem »inkonsequenten Antisemiten«? In Briefen von Marx an Engels ist nachzulesen, wie Lassalle nach Ansicht von Marx versucht hat, Marx und dessen Publikationen »totzuschweigen« (29/460), was durchaus Veranlassung für die unfreundlichen Bezeichnungen in den Briefen gewesen sein wird.

Die Briefe an Lassalle selbst sind durchweg höflich tituliert und enthalten sich jeglicher Grobheit gegen Lassalle. Der 29. Band der Marx-Engels-Werke enthält 21 Briefe von Marx und zwei von Engels, der 30. Band 25 Briefe von Marx und vier Briefe von Engels, die jeweils mit den Worten »Lieber Lassalle« beginnen. Und, was einem Judenhass wohl doch vollauf widersprechen würde, bei all den Bezeichnungen, die zweifellos auch Reflex der Aversion von Marx gegen Lassalle sind, hat Marx es nicht unterlassen, sich höchst intensiv, kritisch und sachlich mit den Publikationen und theoretischen Äußerungen von Lassalle auseinanderzusetzen.

Silberner breitet noch zwei deftige Textstellen aus, die hier unerörtert bleiben könnten, weil sie an der Grundproblematik einer Zurückweisung der Judenhassbehauptung nichts ändern. Aber das Weglassen könnte übelmeinend durchaus als Verschleierung missdeutet werden.

Marx schreibt am 30. Juli 1862 an Engels über einen Besuch von Lassalle: »Lassalle war sehr wütend über mich und meine Frau, dass wir uns über seine Pläne lustig machten, ihn als ›aufgeklärten Bonapartisten‹ hänselten usw. Er schrie, tobte, sprang und hat sich endlich gründlich überzeugt, dass ich zu ›abstrakt‹ bin, um Politik zu verstehn. […] Wie gesagt, unter andern Umständen (und wenn er mich nicht im Arbeiten gestört) hätte der Kerl mich königlich amüsiert. Dabei das wüste Fressen und die geile Brunst dieses ›Idealisten‹. Es ist mir jetzt völlig klar, dass er, wie auch seine Kopfbildung und sein Haarwuchs beweist, – von den Negern abstammt, die sich dem Zug des Moses aus Ägypten anschlossen (wenn nicht seine Mutter oder Großmutter von väterlicher Seite sich mit einem *nigger* kreuzten). Nun, diese Verbindungen von Judentum und Germanentum mit der negerhaften Grundsubstanz müssen ein sonderbares Produkt hervorbringen. Die Zudringlichkeit des Burschen ist auch niggerhaft.«[54]

Die Passagen eines Briefes vom 10. Mai 1861 über den »Ausssätzigen« Lassalle erspare ich dem Leser.[55]

Wie will man wohl beurteilen, dass Marx ein Judenfeind gewesen sein soll, wenn man in dem Brief an Engels vom 7. Mai 1861 lesen kann, dass er bei einem Besuch in Deutschland »den größten Teil (seiner) Zeit in Berlin in Lassalles Haus zubrachte«[56]. Es handelt sich um die Zeit von Mitte März bis zum 12. April 1861.[57]

Die Hervorhebung des Jüdischen durch Marx und Engels ist wohl mehr als spöttisch-ironisch zu verstehen, wobei nicht auszuschließen ist, dass Marx und Engels gewisse Eigenschaften im Blick gehabt haben mögen, die Juden geschichtlich zugewachsen waren und die für sie dann als kennzeichnend galten. Marx schreibt jedenfalls unmissverständlich an Engels, dass Lassalle ihm große Freundschaft bewies und er berichtet u. a.: »Der Bursche ist furchtbar pathetisch, und so blieb mir nichts übrig, als eine beständige Ironie ihm entgegenzustellen, die seine Eigenliebe um so mehr verletzte, als dadurch die Gräfin, der er sich als Universalgenie imponiert hat, bedenkliche Emanzipationsgelüste von diesem Buddha bekam. Sonderbarerweise hat die Hatzfeldt in gewissen Momenten von ihm einen jüdelnden Ton angehört und eingepaukt.«[58]

Ist daraus der von Silberner behauptete »erbitterte Judenhass« ablesbar?!

Wäre tatsächlich Judenhass im Spiel gewesen, hätte es wohl anlässlich des Todes von Lassalle kaum so bestürzte Trauerbekundungen von Marx wie von Engels gegeben, die sie sich in gegenseitig adressierten und nicht für die Öffentlichkeit bestimmten Briefen schrieben.

Engels: »Lassalle mag sonst gewesen sein, persönlich, literarisch, wissenschaftlich, wer er war, aber politisch war er sicher einer der bedeutendsten Kerle in Deutschland. Er war für uns gegenwärtig ein sehr unsicherer Freund, zukünftig ein ziemlich sicherer Feind, aber einerlei, es trifft einen doch hart, wenn man sieht, wie Deutschland alle einigermaßen tüchtigen Leute der extremen Partei kaputtmacht. Welcher Jubel wird unter den Fabrikanten und unter den Fortschrittsschweinhunden herrschen, Lassalle war doch der einzige Kerl in Deutschland selbst, vor dem sie Angst hatten.«[59]

Und Marx schrieb an Engels: »Das Unglück des Lassalle ist mir dieser Tage verdammt durch den Kopf gegangen. Er war doch noch immer einer vom alten Stamm und Feind unserer Feinde. Dabei kam die Sache so überraschend, dass es schwierig ist zu glauben, dass ein so geräuschvoller, rühriger, vorwärtsdrängender Mensch nun mausetot ist und ganz und gar das Maul halten muss. [...] Bei alledem tut's mir leid, dass in den letzten Jahren das Verhältnis getrübt war, allerdings durch seine Schuld. Andrerseits ist's mir sehr lieb, dass ich den Anreizungen von verschiednen Seiten widerstand und ihn nie während seines ›Jubeljahrs‹ angegriffen habe.«[60]

Seit kurzem ist ein Brief von Marx vom 16. Oktober 1864 an Sophie Gräfin von Hatzfeldt bekannt, und in dem es ausweislich des Zeitungsabdrucks heißt: »Sie haben ganz recht, wenn Sie unterstellen, dass Niemand mehr als ich das Große u. Bedeutende in Lassalle anerkennen konnte. Es selbst wusste dieß am besten. [...] Aber von aller Leistungsfähigkeit abgesehen, liebte ich ihn persönlich. Das Schlimme ist, dass wir uns wechselseitig immer verhelten (sic) als sollten wir ewig leben.«[61]

Dass nach dem Tode von Lassalle Aktivitäten bekannt wurden, die er unternahm, um die Arbeiterbewegung über eine Verbindung mit Bismarck mit der bestehenden Macht ins Benehmen zu bringen, steht auf einem anderen Blatt und forderte berechtigt den Zorn von Marx und Engels heraus, hat aber nichts mit einem Antisemitismus zu tun.

Eine sehr kritische und sehr begründete Beurteilung des Wirkens von Lassalle gab Marx in seinem Brief vom 23. Februar 1865 auf Anfragen von Ludwig Kugelmann.[62] Und noch im April 1881 schrieb Marx in einem Brief an seine Tochter Jenny von einer »zynisch schmierzudringlichen Marquis-Judenmanier« Lassalles[63].

Dass Namensgebungen durch Marx nicht zwingend negativen Inhalt bedeuten, kann man wohl am besten dem Brief Marx' vom 5. September 1866 an seine Tochter Jenny entnehmen. »Ich werde arg bearbeitet von dem Abkömmling eines Gorillas, der die Trennung von einem Mäuschen, das er sich in den Kopf gesetzt hat, kaum ertragen kann. […] Vorgestern waren die Lormiers hier und auch der Negrillo. […] Ehrlich gesagt, ich hab' den Jungen gern. Gleichzeitig aber bin ich ziemlich eifersüchtig auf ihn wegen seiner Ansprüche auf meinen alten ›Geheimsekretär‹.«[64]

Der »Gorilla« und »Negrillo« ist Paul Lafargue, das Mäuschen Marx' Tochter Laura, die auch sein »Geheimsekretär« war. Man weiß doch auch, wie Spitznamen oft der Reflex auf äußerliche Merkmale sein können.

Nachfolgend noch einige Bemerkungen von Marx und Engels mit »jüdischem Einschlag«, die vielleicht etwas nach Silberners Gusto wären, Judenbenennungen der beiden als Judenhass zu bewerten.

Engels: »In Paris ist ein Naturforscher aufgetaucht, der sich Chmoulevitch nennt (Schmulsohn!). Das schlägt ja den Ephraim Gescheit«.[65]

Engels informiert Marx über »Wiener Literaten, lauter in allen Wassern gewaschenen Juden«, die die außerösterreichische deutsche Presse für glaubwürdig halten würden.[66] Engels: »Gestern kam der unvermeidliche Leibel Choras und verhinderte mich am Schreiben. Ich frug ihn nach den Judenverfolgungen in der Moldau; er jammerte etwas, aber so arg scheint es nicht zu sein: mir missen's halt dulden, mir Jiden haben nit die Macht; er wäre gern russisch oder österreichisch, aber es fällt ihm nicht ein fortzugehen. Der Hohenzoller sei ein dummer Junge und die Regierung in der Hand der ›Schreiber‹ (heruntergekommene Bojaren, die Bürokratie spielen), und die zwacke die Juden so.«[67]

Am 29. März 1869 schreibt Marx an Engels, Kugelmann habe ihm geschrieben: »Der bevorstehende Maulkampf zwischen Liebknecht und Schweitzer erinnert mich weniger an Luther und Eck als an Pater José und Rabbi Juda.«

Das veranlasste Marx zu der Bemerkung: »Doch es will mich schier bedünken, dass der Rabbi und der Mönch, dass sie beide stinken.«[68]

Der Kenner weiß, dass es sich nicht um einen originären Ausspruch von Marx, sondern um ein Zitat aus Heines »Disputation« handelt: »Welches ist der wahre Gott? Ist es der Hebräer starrer Großer Eingott, dessen Kämpe Rabbi Juda, der Navarrer? Oder ist es der dreifalt'ge Liebegott der Christianer Dessen Kämpe Frater Jose Gardian der Franziskaner?«

Am Ende heißt es: »»Welcher recht hat, weiß ich nicht – / Doch es will mich schier bedünken, / Dass der Rabbi und der Mönch, / Dass sie alle beide stinken.««[69]

Sind Heine und Marx damit Antisemiten, oder bestätigt Heine durch das Zitiertwerden seitens Marx dessen »Judenselbsthass«?

Im neunten Kapitel seines Buches befasst sich Silberner mit Friedrich Engels. In einem Brief vom 30. Juli 1839 an Wilhelm Graeber lobte Engels den Dichter Karl Isidor Beck, den er als »ungeheures Talent, mehr als das, ein Genie« bezeichnet, mit den Worten: »Und wie er das Elend der Juden schildert […], es ist kostbar; […] lies ihn.«[70] Zuvor, am 20. Januar 1839, schrieb er an Friedrich Graebner: »Drei Talente haben wir, Karl Beck, Ferd. Freiligrath und Julius Moser; der dritte ist wohl ein Jude und lässt in seinem ›Ahasver‹ den ewigen Juden an allen Enden dem Christentum trotzen; Gutzkow, […], tadelt ihn deshalb, weil Ahasveros eine gemeine Natur sei, ein wahrer Schachjude.« Engels beschrieb noch weitere Kritik an Mosers Ahasver-Darstellung und dass er »wage […] zu bemerken, dass im Volks-Ahasver mehr Tiefe und Poesie« sei als in den Äußerungen der Kritiker.[71]

Später habe sich Engels enttäuscht von Beck geäußert. Silberner meint, die ersten Bemerkungen von Engels seien nur von Interesse, weil sie »seine Unvoreingenommenheit zeigen« würden. Das habe sich dann geändert, und von Mitte der 40er Jahre an, hätten sich Engels' »Ideen von den Juden in dieselbe Richtung wie die von Marx« bewegt.[72] Engels Meinung über die Juden sei weitgehend von Marx bestimmt worden. Engels habe das Wort »Jude« wie Marx im Sinne von »Spekulant« oder »Finanzier« verwendet.

Silberner kreidet Engels an, dass er sich bei einem von ihm übersetzten Text Fouriers nicht von der Sprache Fouriers distanziert hätte, der antisemitische Ausdrücke verwendet habe, »was er wohl getan hätte, wär(en) sie ihm nicht genehm gewesen«. So habe Engels auch aus einem anonymen Aufsatz die Worte »diese Juden, diese Giftmischer« widerspruchslos übertragen.[73] Es ist eine gehörige Spekulation Silberners, wenn er aus von Engels benutzten Quellen zitiert und diesem anlastet, zu den inkriminierten Texten nicht Stellung genommen zu haben, woraus er schließt, Engels sei mit dem Zitierten einverstanden gewesen. Dabei kann das genauso bedeuten, dass Engels lediglich Kenntnis gibt und die Schlussfolgerung dem Leser überlässt, davon ausgehend, dass dieser genügend eigenes Urteilsvermögen besitzt, um eine ablehnende Schlussfolgerung zu ziehen. Zumal der Artikel den Titel trägt »Das Manifest des Herrn de Lamartine«, und die einleitenden Worte lauten: »Dieses merkwürdige Elaborat wurde kürzlich von Ihnen veröffentlicht.«

Die von Silberner kritisierte kommentarlose Übernahme der seines Erachtens antisemitischen Worte ist wohl doch etwas anders zu lesen, wenn man den Kontext zur Kenntnis nimmt, der umfangreich ist und aus dem zum Verständnis lediglich Folgendes zitiert werden soll. »Was bedeutet denn Frieden mit der aristokratischen, geldscheffelnden englischen Regierung, die die Meere tyrannisiert, die die Freiheit in Portugal erstickt, dic selbst aus den Lumpen ihres Volkes Geld presst? Frieden mit diesen Juden, diesen Giftkrämern, wir wiederholen es, ist für ein Land, das sich in der Revolution befindet, Feigheit, Schande, Verbrechen, moralische Fahnenflucht und totaler Bankrott nicht allein der Sache, sondern auch des Rechts und der Ehre.«[74] Offensichtlich sind nicht nur Juden angegriffen worden, sondern auch andere »Giftkrämer«. Es handelt sich um eine Aussage über die Klassenlage. Das muss man wohl annehmen, auch wenn die Bezugnahme auf die Klassenkampfkonstellation heutzutage zu einem Unwort geworden ist.

Silberner sieht Engels im Fortgang seines Lebens ab 1878 auf dem Wege einer Wandlung seines Verhältnisses zu den Juden. In diesem Jahr veröffentlichte Engels »Anti-Dühring«. Ohne dass das Verhältnis zu den Juden Thema dieses Buches ist, enthält es doch eine wichtige Feststellung, die eine Veränderung der Engelsschen Position erkennbar mache. »[…] und selbst der bis ins Lächerliche übertriebne Judenhass, den Herr Dühring bei jeder Gelegenheit zur Schau trägt, ist eine, wo nicht spezifisch preußische, so doch spezifisch ostelbische Eigenschaft. Derselbe Wirklichkeitsphilosoph, der auf alle Vorurteile und Superstitionen souverän herabsieht, steckt selbst so tief in persönlichen Marotten, dass er das aus der Bigotterie des

Mittelalters überkommne Volksvorurteil gegen die Juden ein auf ›Naturgründen‹ beruhendes ›Natururteil‹ nennt und sich bis zu der pyramidalen Behauptung versteigt: ›der Sozialismus ist die einzige Macht, welche Bevölkerungszuständen mit stärkerer jüdischer Untermischung‹ (Zustände mit jüdischer Untermischung! welches Naturdeutsch!) ›die Spitze bieten kann.‹ Genug.«[75]

Den Gipfel der konsequenten Verurteilung des Antisemitismus bildet dann ein Brief, der in drei Zeitungen (am 9., 13. und 28. Mai 1890) abgedruckt wurde. Mit dem Brief antwortete Engels dem Bankangestellten Isidor Ehrenfreund, der ihm geschrieben hatte, dass bei Mitgliedern seines Clubs und bei Teilen der Wiener Bevölkerung der Antisemitismus weit verbreitet sei und sich in der Propaganda gegen das jüdische Kapital ausdrücke.[76]

Engels schrieb: »Der Antisemitismus ist das Merkzeichen einer zurückgebliebenen Kultur [...] Er kennt nicht einmal die Juden, die er niederschreit. Sonst würde er wissen, dass hier in England und in Amerika, dank den osteuropäischen Antisemiten, und in der Türkei, dank der spanischen Inquisition, es Tausende und aber Tausende jüdischer Proletarier gibt; und zwar sind diese jüdischen Arbeiter die am schlimmsten ausgebeuteten und die allerelendsten.

Wir haben hier in England in den letzten zwölf Monaten drei Streiks jüdischer Arbeiter gehabt, und da sollen wir Antisemitismus treiben als Kampf gegen das Kapital? Außerdem verdanken wir den Juden viel zuviel. Von Heine und Börne zu schweigen, war Marx von stockjüdischem Blut; Lassalle war Jude. Viele unserer besten Leute sind Juden. Mein Freund Victor Adler, der jetzt seine Hingebung für die Sache des Proletariats im Gefängnis in Wien abbüßt, Eduard Bernstein, der Redakteur des Londoner ›Sozialdemokrat‹, Paul Singer, einer unserer besten Reichstagsmänner – Leute, auf deren Freundschaft ich stolz bin, und alles Juden! Bin ich doch selbst von der ›Gartenlaube‹ zum Juden gemacht worden, und allerdings, wenn ich wählen müsste, dann lieber Jude als ›Herr von‹!«[77]

Zwischen der Herausgabe des »Anti-Dühring« 1878 und dem Brief vom Mai 1890 gibt es gelegentlich noch Verweise auf

Juden, die das Bild nicht verändern: Engels wandte sich gegen Antisemitismus. Unter anderem am 20. Januar 1886 betont Engels August Bebel gegenüber, die positiven Eigenschaften Eduard Bernsteins, die er auch darauf zurückführt, dass »Ede […] was nicht das Geringste ist, Jude« sei.[78]

Ab 1890 habe Engels, sofern er sich über Juden äußerte, »wie von neuem Geist erfüllt« getan.[79] Und tatsächlich hat er in einem Brief an Friedrich Adolf Sorge vom 14. September 1891 vermerkt, der jüdische amerikanische Arbeiterführer Abraham Cahane, der »Judenapostel« habe ihm gut gefallen.[80]

In einer Anmerkung zu dieser Briefstelle hat Silberner dann allerdings geschrieben: »Georg Adler, Verfasser eines antimarxistischen Buches […], wird dagegen von Engels ›ein miserabler jüdischer Apostat‹ genannt«.[81]

Korrekt wäre es allerdings gewesen, wenn Silberner sorgfältiger zitierte und nicht den Eindruck eines antisemitischen »Rückfalls« bei Engels hätte hervorrufen wollen. Die betreffende Stelle lautet: »Dann hat ein miserabler abtrünniger Jude, Georg Adler, […], einen dicken Wälzer geschrieben […], um Marx zu widerlegen, aber es ist einfach ein gemeines und lächerliches Pamphlet, durch das der Verfasser die Aufmerksamkeit – des Ministeriums und der Bourgeoisie – auf sich und seine Bedeutung lenken will. Ich habe alle meine Freunde gebeten, davon keine Notiz zu nehmen. So ist es nun mal, wenn irgendein miserabler, unfähiger Kerl für sich Reklame machen will, so greift er unseren Autor an.«[82]

Wohl berechtigte zornige Worte, die jeden anderen derartigen ideologischen Schmutzfinken auch getroffen hätten.

Als August Bebel Engels davon berichtete, dass Personen aus bürgerlichen Kreisen und aus der Intelligenz mit der Sozialdemokratie sympathisierten bzw. bereits zur Partei gestoßen seien, schrieb Engels, dass das die Lage kennzeichne. Man merke, dass »wir ein ›Faktor‹ im Staat werden, […], und da die Juden mehr Verstand haben als die übrigen Bourgeois, merken sie's zuerst – besonders unter dem Druck des Antisemitismus – und kommen uns zuerst. Kann uns nur angenehm sein, aber weil die Leute gescheuter sind und durch den jahrhundertlangen Druck aufs Strebertum sozusagen angewiesen und dressiert, muss man auch mehr aufpassen.«[83]

Als Engels im Februar 1891 gehalten ist, seinen Standpunkt zu Lassalle, dessen Bedeutung für die Sozialdemokratie hypertrophiert wurde, zu artikulieren, schreibt er an Karl Kautsky: »Mag man die Verdienste Lassalles um die Bewegung noch so hoch anschlagen, seine historische Rolle darin bleibt eine zwieschlächtige. Den Sozialisten Lassalle begleitet der Demagog Lassalle auf Schritt und Tritt.«[84]

Später, im Dezember 1891, charakterisiert Engels Lassalle noch einmal als »Baron Itzig (wie Marx den Mann zu nennen pflegte)«[85].

Über die Einführung der Bezeichnung »Ewiger Jude« in den Briefwechsel braucht man nicht lange zu meditieren. Paul Lafargue war in Frankreich zu Vorträgen vor Arbeitern umhergereist. Seine Frau Laura hatte an Engels über die vielen Reisen berichtet und ihren Mann scherzhaft als »Ewigen Juden« bezeichnet.[86] Engels antwortete ihr am 6. Januar 1892: »Dein zeitweiliger Gatte scheint tatsächlich vom Fieber des Ewigen Juden ergriffen zu sein – wünscht er ihn vielleicht durch den ewigen Neger zu verdrängen?«[87]

Am 22. Juli 1892 schrieb Engels, dass er anfange, den französischen Antisemitismus zu verstehen, wenn er sehe, »wie diese Juden polnischen Ursprungs und mit deutschen Namen sich überall einschleichen, sich alles herausnehmen und sich überall vordrängen«, bis sie die öffentliche Meinung der Stadt Paris bestimmten, auf die der einfache Pariser so stolz sei.[88]

Dass Engels Antisemit sei, wird man daraus wohl kaum ablesen können.

Hervorzuheben ist, dass der Berliner Parteitag der SPD vom November 1892 die von August Bebel ausgearbeitete »Resolution über die Haltung der Sozialdemokratie zum Antisemitismus« mit großer Mehrheit annahm. Engels gratulierte am 19. November 1892 August Bebel zu dieser »ganz ausgezeichnet(en)« Resolution, er kenne nur einen, der es besser konnte, und das war Marx. Die Resolution treffe »den Nagel auf den Kopf«. Gerade solche Resolutionen seien bisher die schwache Seite der deutschen Bewegung gewesen.[89]

In der Resolution heißt es, das die Sozialdemokratie den Antisemitismus bekämpfe »als eine gegen die natürliche Entwickelung der Gesellschaft gerichtete Bewegung«.[90]

Die folgende schöne Stelle scheint Silberner entgangen zu sein, oder er wusste sie nicht in die Spalte »Judenhasser Engels« einzuordnen: »Der weibliche Teil des ›Sozialdemokrat‹ ist nicht allzu reizvoll. Ede Bernsteins Frau scheint die angenehmste zu sein, eine lebhafte kleine Jüdin, doch sie schielt fürchterlich.«[91]

Es sei nur noch darauf verwiesen, dass Marx über eine Fülle von beleidigenden Bezeichnungen verfügte, mit denen er in seinen Privatbriefen andere Personen belegte. Da gibt es, um nur einige zu nennen: Schafskopf, Esel, vernageltes Rindvieh, Soldatenpack, Blasebälge, Tölpel, Lumpenhund, literarischer Laxiermichel, feige Kanaillen, Lümmel, Saumensch, Lauskerl, Waschlappen, Vieh, Schweinehund. Wie soll man diese Tatsache bezeichnen, um ein Pendant zur Antisemitismusbeschuldigung zu haben? Antizivilisationismus?

Die Briefe sind jedenfalls keine geleckten Schönheitspapiere, sondern teilweise frische Episteln aus überschäumender Seele über Gott und die Welt, aber vor allem über die Menschen, mit denen Marx und Engels mehr oder weniger freundschaftlichen Umgang hatten.

Dennoch will ich zugeben, dass die Bekanntschaft mit diesen »Verbalinjurien« von Marx und Engels schon ein Erschrecken verursachen kann. Offensichtlich ist Renate Kirchner, einst Leiterin der Jüdischen Bibliothek in der Berliner Oranienburger Straße, das geschehen. Sie schrieb 1974 in ihrer Rezension des Buches von Stefan Heym »Lassalle« das kritische Urteil: »Die in den Briefen von Marx und Engels gemachten Äußerungen über Lassalle müssen trotz aller anerkannten Größe und Wertschätzungen der hervorragenden Leistungen dieser beiden Begründer der Theorie des wissenschaftlichen Kommunismus' Befremden hervorrufen. Auch bei Kenntnis der Kontroversen zwischen Marx/Engels und Lassalle und der späteren tiefen Kluft ihrer wissenschaftlichen Theorien können die abfälligen, antijüdischen Bemerkungen (Itzig) gegenüber Lassalle nicht gutgeheißen werden.«[92]

Silberner meint, wohl um das Maß noch vollzumachen, dass »Feindseligkeit gegen die Juden […] bei weitem nicht Marxens einzige Phobie (war), er hatte auch ein gerüttelt Maß voll slawenfeindlicher Vorurteile.«[93]

Und er kann sich dabei auf einen Brief an Engels berufen, den Marx am 13. Januar 1869 schrieb und in dem es heißt, dass er »keinem Russen traue«.[94]

Im Brief Engels' vom 1. November 1869 heißt es, dass es ihm um den Verstorbenen Alexander Serno leid tue, »scheint wirklich mal ein anständiger Russe gewesen zu sein«.[95]

Während Marx am 17. Dezember 1869 der Ansicht ist: »Sobald so ein Russe sich einmischt, ist gleich der Teufel los.«[96] Wobei diese Feststellungen, wie die entsprechenden Kontexte in den Schriften von Marx/Engels zeigen, auf jene Personen bezogen war, die sich mit tatsächlichen oder von Marx angenommenen vorgetäuschten revolutionären Verhaltensweisen bemerkbar machten.

Jedenfalls wäre es korrekt gewesen, wenn Silberner auch den Brief vom 12. Oktober 1868 beigezogen hätte, in dem Marx an Kugelmann schrieb: »Vor einigen Tagen überraschte mich ein Petersburger Buchhändler mit der Nachricht, dass ›Das Kapital‹ in russischer Übersetzung sich jetzt im Druck befindet. […] Es ist eine Ironie des Schicksals, dass die Russen, die ich seit 25 Jahren unausgesetzt, und nicht nur deutsch, sondern französisch und englisch bekämpft habe, immer meine ›Gönner‹ waren. 1843-44 in Paris trugen mich die dortigen Aristokraten auf Händen. Meine Schrift gegen Proudhon (1847), dito die bei Duncker (1859) haben nirgends größeren Absatz gefunden als in Russland. Und die erste fremde Nation, die ›Das Kapital‹ übersetzt, ist die russische.«

Zwar setzt Marx dann kritisch fort, schränkt aber sein Urteil offensichtlich auf Repräsentanten der Aristokratie ein: »Aber man muss das alles nicht hoch anschlagen. Die russische Aristokratie wird auf deutschen Universitäten und zu Paris, in ihrer Jünglingszeit, erzogen. Sie hascht immer nach dem Extremsten, was der Westen liefert. […]

Dies hindert dieselben Russen nicht, sobald sie in Staatsdiensten getreten, Halunken zu werden.«[97]

Vom Leben der jüdischen Gemeinden in der DDR [98]

Bei der Betrachtung der jüdischen Gemeinden, so wie sie in der DDR existierten und wirkten, ist zu bedenken, dass für die heutigen zeitgeistgemäß wirkenden Historiker eigentlich nur die Aussagen jener Juden »von Wert« sind, die sich in der DDR »aufmüpfig« verhielten. Nicht das Jüdische und das Verhalten der DDR und ihrer Organe werden in diesen Rückbetrachtungen wohlwollend beurteilt, sondern der Jude »auf der richtigen Seite« – und das ist jene des Ablehnens der DDR. Deshalb wird dem Grunde nach auch alles verdammt, was seitens der DDR in Bezug auf die Juden, auf die Geschichte und das Schicksal der Juden und, nicht zuletzt, auf den Staat Israel gesagt und getan wurde.

In einer Betrachtung über »Jüdisches Leben im Nachkriegsdeutschland« ist zu lesen, dass es in der damaligen sowjetischen Besatzungszone (SBZ) zu einer umfassenden Entnazifizierung sowie zu tiefgreifenden politischen und wirtschaftlichen Umwälzungen kam, an denen zahlreiche jüdische Überlebende beteiligt waren. Die in der SBZ/DDR führenden Politiker versicherten den Juden, dass ein Wiederaufleben von Faschismus und Antisemitismus ausgeschlossen sei. [99]

Und in der Tat gab es eine konsequente, an der Erfüllung des Potsdamer Abkommens orientierte, grundlegende Veränderung der politischen, ideologischen und ökonomischen Verhältnisse. Beispielsweise waren die Entnazifizierung der Justiz und der Volksbildung durch die Entfernung der ehemaligen Nazi-Anhänger sowie die Verurteilung von Nazi- und Kriegsverbrecher sichtbare Beweise der ernsthaften Veränderung der gesellschaftlichen Verhältnisse.

Diese Situation änderte sich im Gefolge antisemitischer Aktivitäten in der UdSSR sowie in der Fernwirkung dieser Ereignisse in den volksdemokratischen Ländern. Auch die DDR unterlag diesem Einfluss. Das wird deutlich, wenn man sich die Beschlüsse des SED-Zentralkomitees ansieht, die

Anfang der 50er Jahre gefasst wurden. Schon am 24. August 1950 erging die »Erklärung des Zentralkomitees und der Zentralen Parteikontrollkommission zu den Verbindungen ehemaliger deutscher politischer Emigranten zu dem Leiter der Unitarian Service Committee, Noel H. Field«[100], die eine Reaktion auf die Prozesse gegen die kommunistischen Spitzenpolitiker László Rajk (Ungarn) und Traitscho Kostoff (Bulgarien) war und sowohl jüdischen Menschen wie kommunistischen Westemigranten tiefes Misstrauen entgegenbrachte. Angenommen wurde das Eindringen des ideologischen Klassengegners in die Reihen der deutschen Genossen sowie deren Hinneigen zum »Trotzkismus«.

Genannt wurden unter anderem Bruno Goldhammer und Paul Merker. Die jüdische Herkunft einiger Beteiligter spielte allerdings damals zunächst unmittelbar keine Rolle. Das änderte sich gravierend, als in der CSR der Slansky-Prozess stattgefunden hatte. Die antisemitische Diktion dieses Prager Prozesses war offenkundig. In der Anklageschrift wurde bei elf der 14 Angeklagten ausdrücklich hervorgehoben: »jüdischer Abstammung«.[101] Zielgerichtet wurde in die Anklageschrift der Antisemitismus eingestreut. In allen Abschnitten der Anklageschrift gab es entsprechende Vermerke. So wurde ein Zeuge mit den Worten zitiert: Slansky »stammt aus einer alten jüdischen Familie. [...] Er ist eine große Hoffnung der Juden innerhalb der Kommunistischen Partei.« (S. 11) Immer wieder wurde die jüdische Abstammung der Angeklagten betont.

So heißt es: »der Trotzkist und jüdische bürgerliche Nationalist Bedrich Geminder«; »Andre Simone, der eigentlich Otto Katz heißt und internationaler Spion, Zionist und Trotzkist ist, wird Redakteur der *Rude Pravo*« (S. 16). Im Verlaufe des Verfahrens wurde z. B. betont, Rudolf Slansky habe »sein Antlitz eines jüdischen bürgerlichen Nationalisten zu verbergen« gesucht und es wurde akzentuiert, dass aus dem »jüdischen bürgerlichen Nationalismus [...] die internationalen zionistischen Organisationen als wichtigste Agentur und Werkzeug des amerikanischen Imperialismus hervorgegangen« seien.[102]

Das ZK der SED beschloss am 20. Dezember 1952 »Lehren aus dem Prozess gegen das Verschwörerzentrum Slansky«[103] und kritisierte mit dem Beschluss »Über die Auswertung des Beschlusses des ZK der SED ›Lehren aus dem Prozess gegen das Verschwörerzentrum Slansky‹« vom 14. Mai 1953[104] die seines Erachtens unzureichende Erfüllung des Beschlusses.

Dabei hatte es entsprechende Aktivitäten gegeben, deren Verfolgungs- und Repressivcharakter in Sonderheit jüdische Menschen und Westemigranten traf. Infolge dieser Ereignisse änderte sich das bislang positive und freundschaftliche Verhältnis zwischen den jüdischen Gemeinden und den Repräsentanten der SED und des Staates. Jüdische Persönlichkeiten verloren verantwortliche Funktionen und wurden in den Hintergrund versetzt. Die sich aus den Untersuchungs- und Verfolgungsmaßnahmen ergebende Furcht und Ungewissheit über das weitere Schicksal bei einer Fortführung des Lebens in der DDR hatte zur Folge, dass nicht wenige jüdische Gemeindemitglieder, darunter Gemeindevorsitzende, ihr Heil in der Flucht in den Westen sahen.[105] Erfreulicherweise hatte diese Negativphase der Beziehungen zu den jüdischen Persönlichkeiten nach den 50er Jahren ihr Ende. Es konnten sich wieder die Beziehungen entwickeln, die von solidarischem Denken getragen waren und mit der sozialistischen Entwicklung fördernd verbunden waren. Ein Reflex dieser Haltung war die Spalte »Unsere Meinung«, die jeweils auf der zweiten Seite, mithin an der Spitze des *Nachrichtenblattes der Jüdischen Gemeinden*, publiziert wurde.

Was das Gemeindeleben anbelangt, gilt es zu bedenken, dass die zahlenmäßige Größe der in der DDR bestehenden jüdischen Gemeinden außerordentlich gering war und abnehmende Tendenz hatte. Von einer Behinderung ihrer Tätigkeit ist nichts verlautet. Schon aus diesem Grunde wäre es eigenartig, von einem Antisemitismus der DDR zu sprechen. Wobei keineswegs ausgeschlossen wird, dass es bei manchen Bürgern der DDR antisemitische Vorbehalte geben konnte und gegeben hat. So war die Sorge durchaus berechtigt, die aus den Worten von Peter Kirchner, dem Vorsitzenden der Jüdischen Gemeinde von Berlin von 1971-1990, erkennbar war, die er gegenüber einer westdeutschen Zeitschrift aussprach: »Bei uns gibt es allerdings keine Kameradschaftstreffen ehemaliger Wehrmacht- oder SS-Angehöriger. Aber in unserer Bevölkerung sind vielerlei Leute, die damals in diesen Organisationen waren. Und die antifaschistische Führung der DDR hat es ihnen leicht gemacht, indem sie klarstellte: Mit diesem Staat besteht eine neue Ideologie und damit ein endgültiger Bruch mit der Vergangenheit. Und das birgt in sich die Gefahr, dass man selbst aus der Notwendigkeit entlassen ist, sich mit dieser Vergangenheit auseinanderzusetzen.«[106] Wie man weiß, war das eine Befürchtung und Vermutung, deren Wahrheitsgehalt nicht überprüft wurde und wohl auch nicht überprüfbar war. Staatlicherseits wurde jedenfalls offenbarter Antisemitismus, wie er sich in Verwüstungen von Friedhöfen, Schmierungen an Wänden und Ähnlichem zeigen konnte, nach Möglichkeit aufgeklärt und verfolgt.

Diese Ausarbeitung beschäftigt sich primär nicht mit der Geschichte der jüdischen Gemeinden ab 1945 in der SBZ/DDR. Das haben diverse Autoren insbesondere nach dem Untergang der DDR in unterschiedlicher Quantität bereits getan.[107] Über die Qualität kann man durchaus geteilter Meinung sein, wobei bemerkbar ist, dass dem Grunde nach das Verhalten der DDR zu den jüdischen Gemeinden und zu deren Angehörigen von dem Vorurteil aus beurteilt wurde und wird, die DDR habe die Juden nicht gemocht und sich bestenfalls gegen sie indoktrinierend durchsetzen wollen. Dennoch ist auf einen Zeitraum nach 1946/47 bis Mitte der 50er Jahre zu verweisen. In konzentrierter Form hat Andreas Herbst die Situation im jüdischen Bereich behandelt.[108]

Er verdeutlicht die ursprünglich positive Aufnahme und ungehinderte Tätigkeit vieler jüdischer Rückkehrer in Deutschland und in der Sowjetischen Besatzungszone. Er schildert die Verhältnisse, die dadurch entstanden waren, dass der von der Sowjetunion ausgehende Antisemitismus in der SBZ/DDR seinen Niederschlag fand. Herbst zitiert einen der Betroffenen, den Vorsitzenden der Berliner Jüdischen Gemeinde Julius Meyer, der nach seiner Flucht in den Westen die Lage in dieser Zeit treffend kennzeichnete: »Es gibt keinen Antisemitismus im deutschen Volk. Es gibt nur einen Antisemitismus in der SED, der aus hochpolitischen Gründen von Moskau gesteuert wird.«[109]

Um das Ausmaß des Schadens auch nur anzudeuten, der durch den antisemitischen Exzess in der SBZ/DDR entstand, sei darauf verwiesen, dass fünf von den acht damals agierenden Vorsitzenden der Jüdischen Gemeinden in der DDR sich zur Flucht veranlasst gesehen hatten. Mit Recht verweist Herbst auf die Tatsache, dass die antizionistisch-antisemitischen Angriffe nach dem Tode Stalins im März 1953 in der DDR zwar abgebrochen wurden, aber auf der 13. Tagung des Zentralkomitees der SED am 13. und 14. Mai 1953 dennoch Stellungnahmen in dieser Diktion verkündet wurden und der Beschluss des ZK »Über die Auswertung des Beschlusses des Zentralkomitees zu den ›Lehren aus dem Prozess gegen das Verschwörerzentrum Slansky‹«[110] verabschiedet wurde.

Es soll noch erwähnt werden, dass es bedauerlicherweise nie eine offizielle Korrektur/Rücknahme dieser politischen Aktionen gab. Die Geschehnisse in den jüdischen Gemeinden tangieren das Thema eines angeblichen Antisemitismus der DDR als »Staatsdoktrin«. Dabei ist den verfügbaren Dokumenten dem Grunde nach zu entnehmen, dass es sich bei den kritischen Beurteilungen von staatlicher Seite über die politisch-ideologische Situation in den Gemeinden nicht um antisemitisch gefärbte Betrachtungen oder Positionen handelte. Kritisiert wurde regelmäßig eine bei einigen jüdischen Persönlichkeiten erkennbare Ausrichtung am »westlichen Denken«, das sich auf ein von Adenauer praktiziertes und auch gegen die DDR gerichtetes Verhalten orientierte. In Folge dieser Tendenzen strebte man DDR-seitig nach genaueren Kenntnissen über die Situation des Judentums in der DDR. Jutta Illichmann hat sich in ihrer Dissertation intensiv mit der Wirksamkeit von DDR-Instanzen befasst.

Allerdings wählte sie einen Ausgangspunkt, der ihre DDR-Negation klar zum Ausdruck brachte. »Als Folge der stalinistischen Säuberungen und Verfolgungen der Jahre 1952/53 hatten die jüdischen Gemeinden und der Verband der Jüdischen Gemeinden in der DDR aufgehört, als unabhängige gesellschaftliche und politische Kraft zu existieren. Mitte der 50er Jahre begannen die Partei- und Staatsorgane ihre Versuche, die jüdische Gemeinschaft in der DDR für politische Zwecke dienstbar zu machen, zu systematisieren.«[111] Man fragt sich allerdings, warum sich die Staatsorgane eigentlich um ein »Nichts« bemühen sollten, wenn die jüdischen Gemeinden nach Illichmann keinerlei Eigenbedeutung mehr hatten. Dennoch sind ihre Angaben nicht uninteressant. Sie zeugen von einer an sich bedauerlichen staatspolitischen Tendenz, alles und jedes in der DDR unter Kontrolle zu haben. Dass es sich um Fernwirkungen stalinistischer Herrschaftsmethodik handelte, dürfte man kaum abstreiten. Eine erste umfassendere Bestandsaufnahme der Aktivitäten sowie der politischen und gesellschaftlichen Position der Verbandes der Jüdischen Gemeinden der DDR und der Einzelgemeinden stammt aus dem Jahre 1955.

Das Präsidium der Deutschen Volkspolizei, Abt. Erlaubniswesen, fertigte anhand eines Fragenkatalogs eine »Gesamtübersicht über die Struktur der Jüdischen Gemeinde«. Es erfolgte eine analytische Betrachtung der handelnden Personen. Nach 1950 erhielten die Räte der Bezirke vom Ministerium des Innern der DDR den Auftrag, Informationen über die Gemeinden zu sammeln. Auf der Basis der gesammelten Informationen wurde die politische Zuverlässigkeit der Vorsitzenden erarbeitet. Man sollte dabei stets bedenken, dass es nicht nur die offene Grenze war, die Einflüsse aus dem Westen brachte. So ist es verständlich, dass Illmann dem staatlichen Amt für Kirchenfragen bescheinigt, dass sein Umgang mit den Gemeinden »durch Pragmatismus gekennzeichnet« gewesen sei.

Demgegenüber sei das MfS nach ihrer Meinung »von einer stark ideologischen Sicht des Judentums, die mit antizionistischen Ressentiments durchsetzt war, geprägt« gewesen.[112] Unabhängig von dieser »Oberservationspraxis« machte man sich schon frühzeitig staatlicherseits Gedanken über ein mögliches Zusammenwirken mit den jüdischen Gemeinden bei der Gestaltung des gesellschaftlichen Lebens in der DDR. Anfänglich waren Annäherungen zögerlich, und man hatte es mit Zurückhaltung zu tun. Wobei, das muss betont werden, insbesondere die Bindungen nach Westdeutschland ihren Einfluss in der DDR ausübten.

So kann man in einer analytischen Betrachtung aus dem Bereich des Ministeriums des Innern, HA Innere Angelegenheiten, Abt. Kulturfragen vom Ende des Jahres 1956[113] u. a. das Folgende lesen: Ende 1956 bestanden in der DDR sieben Jüdische Gemeinden (Karl-Marx-Stadt, Schwerin, Halle, Magdeburg, Dresden, Erfurt, Leipzig) mit 619 Mitgliedern. Hinzu kamen 1.170 Mitglieder aus Berlin.

Die Jüdischen Gemeinden waren, mit Ausnahme von Berlin, das eine eigene Organisationsform bildete, im Verband der Jüdischen Gemeinden zusammengeschlossen. Die Leitung des Verbandes bestand aus je einem Vorstandsmitglied der einzelnen Gemeinden, dem Beirat. Dieser Beitrat wählte aus seiner Mitte einen dreiköpfigen Vorstand. Präsident des Vorstandes war 1956 Hermann Baden.

»In Verhandlungen mit Vertretern der Jüdischen Gemeinden entsteht der Eindruck, dass diese sich sehr vorsichtig gegenüber Mitarbeitern des Staatsapparates verhalten, voreingenommen sind und versuchen – das ist auch die Linie Badens – Negatives (sic) gegen den Staat in den Vordergrund zu stellen.« Als Beispiel dafür werden die Friedhofsschändungen genannt. »Fortschrittliche Regungen innerhalb der jüdischen Gemeinden« würden unterdrückt. Die politische Haltung sei gegenüber der DDR negativ, wofür insbesondere Hermann Baden verantwortlich sei. Nicht zufriedenstellend sei, dass fortschrittliche Mitglieder der Gemeinden ohne Einfluss seien. Die Gemeindemitglieder, die Genossen waren, hätten keine Verbindung zur SED.

Die Boykottierung der Jüdischen Gemeinde Berlin, die Stimmungsmacherei gegen Landesrabbiner Riesenburger und die fortschrittlichen Vorstandsmitglieder lägen auf der Linie der Politik des Vorsitzenden der jüdischen Gemeinde Halle, Hermann Baden. Dieser habe es verstanden, die Antihaltung gegen Riesenburger bei den gläubigen Juden damit zu bemänteln, dass Riesenburger kein ordinierter Rabbiner sei. Von anderen Mitgliedern der Jüdischen Gemeinde werde Riesenburger abgelehnt, weil er angeblich mit dem Staatsapparat bzw. dem Ministerium für Staatssicherheit zusammenarbeite.

Riesenburger werde als Denunziant hingestellt, weshalb man auch dagegen sei, dass die Jüdische Gemeinde Berlin in den Verband der jüdischen Gemeinden aufgenommen werde.

In dem Arbeitspapier wurde dann u. a. vorgeschlagen, die fortschrittlichen Kräfte zu sammeln, um B. zu isolieren und einen »positiven im Sinne unserer Gesellschaftsordnung arbeitenden Vorstand zu schaffen, da die Jüdischen Gemeinden nicht schlechthin als Religionsgemeinschaft anzusehen sind, sondern auch einen gesellschaftlich politischen Faktor« darstellten. Es sei auch erforderlich zu kontrollieren, was mit den staatlichen Zuschüssen geschehe, die an den Verband gezahlt würden. Wobei diese Kontrolle von den Gemeinden selbst ausgehen müsse, »da unter Berücksichtigung der besonderen Stellung der Jüdischen Gemeinden ein vom Staat ausgehendes Eingreifen negative Auswirkungen haben« könne.

Vom 10. März 1959 datiert eine Vorlage über die Jüdischen Gemeinden der DDR und Groß-Berlin, erarbeitet von der Abt. »Kleine Religionsgemeinschaften« des Staatsekretariats für Kirchenfragen.[114]

Zur Jüdischen Gemeinde Berlin heißt es: »Am 16. Januar 1953 verließ der 1952 gewählte Vorstand der Gemeinde – mit einer Ausnahme – so wie sämtliche leitenden Angestellten, außer dem Rabbiner Riesenburger, illegal das Gebiet des demokratischen Sektors von Berlin, und führte damit eine Spaltung der bis dahin einheitlichen jüdischen Gemeinden in Berlin herbei. Dadurch sollte die jüdische Gemeinschaft im demokratischen Sektor von Berlin zerschlagen werden.« Dieser Versuch sei misslungen.

Am 21. Januar 1953 wurden der tätige Beirat und der provisorische Vorstand bestätigt. »Die führenden Vertreter der Jüdischen Gemeinde Berlin nehmen zur Regierung der DDR, zum Kampf um die Einheit Deutschlands und den Frieden und zum Kampf gegen den Neofaschismus in Westdeutschland positiv Stellung. […] Durch ihr bisheriges Auftreten hat die Jüdische Gemeinde Berlin nicht allein als Religionsgemeinschaft Bedeutung, sie nimmt auch eine nicht unwesentliche Stellung im öffentlichen politischen Leben ein.«

Die Gemeinde führe aus Anlass staatlicher Feiertage und Gedenktage als Religionsgemeinschaft positive politische Veranstaltungen durch. Die positive politische Haltung der Gemeinde Berlin führe aber auch dazu, dass die politisch-reaktionären Kreise des Zentralrates der Juden mit Sitz in Düsseldorf in Verbindung mit der Jüdischen Gemeinde in Westberlin »sich darauf konzentrieren, Rabbiner Riesenburger zu diskreditieren und das religiöse Leben der Jüdischen Gemeinde nach Westberlin zu verlagern«. Was den Verband der

Jüdischen Gemeinden anbelangte, der damals noch dem Zentralrat der Juden in Deutschland, Sekretariat Düsseldorf angeschlossen war, so werde dessen Politik vom Zentralrat im Sinne einer indirekten Unterstützung Adenauers angeregt. Die Haltung von Präsident Hermann Baden werde davon beeinflusst. Im Verhältnis zwischen den Jüdischen Gemeinden von Berlin und dem Verband Jüdischer Gemeinden in der DDR drücke sich der politische Gegensatz zwischen der fortschrittlichen Haltung der Berliner Jüdischen Gemeinde und der von Zentralrat der Juden über Baden beeinflussten Politik des Verbandes aus. Es entspreche der Badenschen politischen Linie, dass durch den Verband der Jüdischen Gemeinden: »1. die Jüdische Gemeinde Berlin nicht in den Verband Jüdischer Gemeinden der DDR aufgenommen worden ist. 2. die fortschrittlichen Vorstandmitglieder und Rabbiner Riesenburger, angeblich weil er nicht geweiht ist, boykottiert werden.«

Am 17. Januar 1960 fand eine außerordentliche Sitzung des Verbandes der Jüdischen Gemeinden in der DDR statt.[115] Erinnert wurde an den Antrag der Jüdischen Gemeinde Groß-Berlin um Aufnahme in den Verband der Jüdischen Gemeinden in der DDR und festgestellt, dass diese Antrag bei der nächsten Verbandstagung beraten werden würde. (*Im Februar 1960 erfolgte die Eingliederung – D. J.*)

Gegenstand der Beratung war eine Auseinandersetzung mit einem Artikel der *Allgemeinen Wochenzeitung* der Juden vom 1. Januar 1960, der u. a. unwahre Angaben über die Westflucht von Juden enthielt.

In der Diskussion wurde darauf verwiesen, dass es in den Gemeinden ein reges jüdisches Leben gebe und von einer Unterdrückung nicht die Rede sein könne. In einem Arbeitspapier des Arbeitsgebietes »Kleine Religionsgemeinschaften« vom 17. Juni 1960[116] wurde für die staatliche Arbeit als Aufgabe u. a. formuliert, man werde darauf hinwirken, die negativen Beziehungen des Verbandes der Jüdischen Gemeinden zum Zentralrat der Juden in Deutschland zu beseitigen, der seinen Sitz in der Westzone habe und sich der Politik der Adenauer-Regierung unterordne. Ferner wolle man eine verstärke Kontaktaufnahme des Verbandes mit den jüdischen Organisationen in der sozialistischen Ländern anstreben.

In Durchführung des Gesetzes über die örtlichen Organe des Staates vom 17. Januar 1957 wolle man die staatliche finanzielle Unterstützung an die jüdische Religionsgemeinschaft vereinheitlichen und zugleich so gestalten, dass die einzelnen jüdischen Gemeinden ökonomisch vom Verband der Jüdischen Gemeinden unabhängig werden.

Im Text heißt es weiter: »Die Erhaltung der materiellen Substanz des jüdischen Eigentums sowie die organisatorischen Aufgaben der jüd. Gemeinden werden seitens der Regierung bzw. dem Magistrat von Groß-Berlin finanziell und materiell gesichert. Da dem Antisemitismus in der DDR die sozial-ökonomische Basis vollständig entzogen ist und der ideologische Erziehungsprozess beharrlich vorangetrieben wird, die verfassungsmäßigen Garantien für Religionsfreiheit und Gleichberechtigung der Rassen und Nationalitäten konsequent durchgesetzt werden, sind seit langem gegenteilige Erscheinungen in der DDR nicht aufgetreten. Soweit Antipathie und Voreingenommenheit gegen Juden in der Bevölkerung noch vorhanden sind, zeigen sich keine bewussten Äußerungen dessen, wenn man von einem noch zu klärenden Fall im Krankenhaus Buch absieht. Solche hergebrachten, vergleichenden Wortspiele wie ›[...] wie in der Judenschule‹ u. ä. werden gelegentlich noch hörbar, aber weniger als bewusst antisemitische Äußerungen, sondern als gedankenlose Äußerung des ideologisch nicht verarbeiteten Erbes der kapitalistischen Vergangenheit.

Ungeachtet dessen sind Juden in der DDR, darunter leitende Mitglieder des Verbandes der jüdischen Gemeinden, wie Baden und Kleinberg, geneigt, dies als Antisemitismus in der DDR hinzustellen bzw. in Abschwächung dessen zu behaupten, es geben (sic) auch in der DDR noch Antisemiten. Es hat sich gezeigt, dass einige solcher jüdischer Bürger es als Antisemitismus ansahen, wenn ihren Wünschen seitens der staatlichen Organe nicht voll entsprochen werden konnte. Politisch treten die jüdischen Gemeinden nicht nennenswert in Erscheinung, angeblich sei dies auf die Überalterung der Mitglieder zurückzuführen.«

Am 9. September 1971 hielt Peter Kirchner anlässlich der 300. Wiederkehr des Gründungstages der Jüdischen Gemeinde von Berlin eine Rede, in der es hieß: »Die in der Hauptstadt der Deutschen Demokratischen Republik lebenden Bürger jüdischen Glaubens sind entsprechend den Grundrechten der Verfassung gleichgestellte freie Bürger der DDR und genießen volle Souveränität bezüglich ihrer religiösen Gebundenheit. Für sie ist auf dem Boden einer sozialistischen Gesellschaftsordnung die Periode grausamer Verfolgungen durch die herrschende Klasse zu Ende gegangen und es hat die Zeit der endgültigen Emanzipation, der brüderlichen Solidarität begonnen.«

Kirchner beendete seine Rede mit einem Satz von Moses Mendelssohn: »Ein jeder lebe seinem Glauben und seinen Überzeugungen und liebe seinen Nächsten wie sich selbst. Gott anbeten und den Menschen wohltun, dieses ist Zweck und Ziel unseres Hierseins, unsere Bestimmung in diesem und unsere Hoffnung in jenem Leben.«[118]

Bei einer Betrachtung des Lebens der jüdischen Gemeinden kann es nicht ausbleiben, auch darauf zu verweisen, dass es durchaus »Eifersüchteleien« und Missgunst gegeben hat. Besonders markant war dabei die Tatsache, dass für eine bestimmte Zeit der Vorstand der Jüdischen Gemeinden der DDR sich in einer bestimmten Distanz zur Jüdischen Gemeinde Groß-Berlin befand.

Beispielsweise hatte der Staatssekretär für Kirchenfragen im November 1962 zu einer Beratung eingeladen, bei der auch der Vorsitzende des Vorstandes der Jüdischen Gemeinden von Groß-Berlin (Ost) sowie ein Mitglied des Vorstandes teilnahmen. Der Vorsitzende des Verbandes der Jüdischen Gemeinden in der DDR »ließ […] durchblicken, dass der Vorstand des Verbandes die Interessen aller ihm angeschlossenen Gemeinden gegenüber dem Staat zu vertreten habe, woraus ein Affront gegen die Anwesenheit der Vertreter der Jüdischen Gemeinde von Groß-Berlin […] abgeleitet werden konnte, da diese Gemeinde im Vorstand nicht vertreten ist«.

Es wurde klargestellt, dass die Teilnahme auf der Einladung durch den Staatssekretär beruhe. Schließlich gehörten zwei Drittel aller gläubigen Juden in der DDR der Berliner Gemeinde an, und man müsse staatlicherseits auch die Interessen der Berliner Gemeinde sehen.

Der Vorsitzende des Verbandes sagte daraufhin »einschränkend, er habe nur darauf hinweisen wollen, dass der Verband die Dachorganisation der jüdischen Gemeinden darstelle«.[119] In der Einschätzung dieser Beratung heißt es, dass der Vorstand des Verbandes weiterhin die Tendenz des Beiseiteschiebens der zahlenmäßig doppelt so starken jüdischen Gemeinde von Berlin verfolge und Berlin gegenüber dem Staat vertreten wolle. Solches Bestreben könne aber seitens des Staatssekretariats keine Unterstützung finden, »da im Gegensatz zur politischen Aktivität der Berliner Gemeindeführung im Gremium der Verbandsführung eine politische und ideologische Inkonsequenz vorherrscht, wodurch die Geschlossenheit der Jüdischen Gemeinden im politischen Kampf beeinträchtigt wird und das politische Übergewicht der Berliner Gemeinde nicht voll wirksam werden kann«.

Die Leitung der Berliner Gemeinde bleibe mithin weiterhin Gesprächspartner gegenüber dem Staatsapparat.[120]

Im Februar 1967 fand unter dem Titel »Antisemitismus – Erscheinungsform des Neonazismus« eine internationale Pressekonferenz statt, auf der der Verband der jüdischen Gemeinden in der DDR die Dokumentation »Antisemitismus in Westdeutschland« übergab.

Der Präsident des Verbandes, Helmut Aris, erklärte, dass in Westdeutschland in Verbindung mit der Politik der Grenzrevision und des Griffs nach Atomwaffen der Antisemitismus wieder sein Haupt erhebe. Im Gedenken an die sechs Millionen Opfer fühle sich der Verband verpflichtet, auf die neonazistische Entwicklung aufmerksam zu machen. Die Dokumentation weise nach, dass sich Judenmörder und Judenfeinde in Bonn am Hebel der Macht befänden, die Drahtzieher der Verbrechen von gestern die Inspiratoren der Politik von heute seien, Exekutoren der Judenvernichtung zu den führenden Leuten der Bundeswehr und der Polizei gehörten, die ideologischen Wegbereiter der »Endlösung« unbehelligt blieben, Nazistische Brunnenvergifter die öffentliche Meinung manipulierten, Naziblutrichter Recht sprächen und der Antisemitismus westdeutsche Realität sei.[121]

Im Juni 1967 publizierte das *Nachrichtenblatt* im Nachdruck aus der Zeitschrift *Deutsche Außenpolitik* unter dem Titel

»Die Unverjährbarkeit von Verbrechen gegen die Menschlichkeit ist ein Gebot des Friedens« einen Aufsatz von Kurt Cohn, Oberrichter am Obersten Gericht der DDR. Unmissverständlich kritisierte Cohn dabei u. a. die Tatsache, dass in Westdeutschland anstatt der Bestrafung eine Amnestie für Kriegsverbrecher anstand.[122] Es handelte sich um eindeutige Aussagen, die aber, wie wir wissen, in der BRD leider keine Konsequenzen hatten.

Es ist hier darauf hinzuweisen, dass in einer »Information zur Situation der jüdischen Gemeinden in der DDR vom 2. Juni 1976« des Staatssekretariats für Kirchenfragen konstatiert wurde: »In der gesellschaftlichen Öffentlichkeit der DDR werden die jüdischen Gemeinden nur wenig wirksam. Vielmehr ergibt sich ihre politische Bedeutung sowohl aus der Geschichte, insbesondere in der Zeit des deutschen Faschismus und seiner verbrecherischen Judenverfolgung, als auch aus der angeblichen Existenz einer sogenannten ›jüdischen Frage‹. Im Rahmen der antisowjetischen Kampagne benutzt der Imperialismus auch diese Problematik, um die auf Frieden und gesellschaftlichen Fortschritt in der Welt gerichtete Politik der sozialistischen Staatengemeinschaft unter Führung der Sowjetunion zu diffamieren. Die UdSSR und andere sozialistische Staaten werden in verleumderischer Weise des Antisemitismus und der Missachtung der Menschenrechte gegenüber Juden bezichtigt.«[123]

Dargelegt wurde ferner, dass es nach dem Tode von Landesrabbiner Dr. Riesenburger keinen ständigen Rabbiner mehr gebe. Für einige Zeit versah Oberrabbiner Dr. Singer das Amt. Danach gibt es keinen ständigen Rabbiner mehr. Zu den hohen jüdischen Feiertagen käme jeweils ein Rabbiner aus Ungarn. In Berlin gibt es eine koschere Fleischerei für die 14-tägig ein Schächter, ebenfalls aus Ungarn, arbeitet. Koscherer Wein und Matze werden aus Ungarn importiert. »Damit sind die Voraussetzungen geschaffen, dass die Bürger jüdischen Glaubens ihrem Ritus entsprechend leben können. Nur ein geringer Teil von ihnen nutzt diese Möglichkeiten voll aus.«[124]

In dem Papier wird noch darauf verwiesen, dass der Staat jährlich 200.000 Mark für die religiösen und kulturellen Bedürfnisse der jüdischen Gemeinden sowie für die Erhaltung der Friedhöfe zur Verfügung stellt. Wenn vonseiten des Staates DDR die jüdischen Gemeinden in ihrem Eigenleben unterstützt wurden, war es durchaus verständlich, wenn versucht wurde zu erreichen, dass sich die Gemeinden zu bestimmten gesellschaftlichen Ereignissen im Sinne der DDR erklärten.

Man bereitete sich seitens der zuständigen Abteilung des Staatssekretariats für Kirchenfragen (SfK) auf die Gespräche mit den Vorsitzenden der jüdischen Gemeinden in der DDR vor.[125] So hatte der zuständige Mitarbeiter die für die Dienstbesprechung des Staatssekretärs vom 22. Januar 1973 vorbereitete »Vorlage« mit R. Bellmann von der AG Kirchenfragen beim ZK der SED »abgestimmt«. Die Vorlage selbst war als »streng vertraulich« gekennzeichnet.

Anzumerken ist, dass dieses Papier von Michael Wolffsohn »ausgeschlachtet« wurde. Es ging den DDR-Funktionären um ein politisches Problem. Man wollte auch bei den Angehörigen der Jüdischen Gemeinden Verständnis erreichen hinsichtlich der Bewertung der Politik des Staates Israel. Dafür war es selbstverständlich erforderlich, sich über das mögliche Verhalten des Gesprächspartners klar zu sein. Bei Wolffsohn wird der Text auf »vornehme« Weise gekürzt und zurechtgetrimmt, um beim Leser einerseits den Eindruck einer negativen Beurteilung der Juden seitens der DDR und andererseits einer potenziell ideologischen Zwangssituation für die jüdischen Gesprächspartner herzustellen.[126] Zunächst wird in der »Vorlage« konstatiert, dass die politische Situation in den Gemeinden unterschiedlich sei. Der Vorsitzende des Verbandes habe in den vergangenen Jahren häufig zum Aufbau des Sozialismus in der DDR positiv Stellung genommen und auch die Außenpolitik der sozialistischen Staatengemeinschaft offen unterstützt. »Die politischen Probleme begannen mit der Israelaggression gegen die arabischen Staaten.« Es habe sich bis auf den inzwischen verstorbenen Vorsitzenden der Gemeinde in Schwerin »kein Repräsentant der jüdischen Gemeinden bereit(gefunden), in dieser Frage die israelische Aggression (*gegen Ägypten – Sechstagekrieg 1967 – D. J.*) zu verurteilen«.

Es sei zu direkten Kontroversen zwischen den Vertreten der staatlichen Organe und denen der jüdischen Gemeinden gekommen. (S. 1 der Konzeption).

Inzwischen dürfte klar sein, dass die Bewertung dieser israelischen Politik als imperialistische Aggression den Tatsachen entsprach und entspricht. Da es auch später zu einer Auseinandersetzung in dieser Frage kam, sei an dieser Stelle etwas intensiver darauf eingegangen. »Am Montag, dem 5. Juni, um 7.45 schrieb Jehoschua Bar-Dayan in sein Tagebuch: ›Ich glaube, der Krieg hat begonnen. Zwei Geschwader Mystere sind im Tiefflug über uns hinweggedonnert.‹ Als er 45 Minuten später den nächsten Eintrag machte, war der Krieg fast schon gewonnen. Die Kampfjets, die über Bar-Dayans Kopf hinweggeschossen waren, hatten Hunderte von ägyptischen Maschinen zerstört, die meisten noch am Boden auf ihrem Stützpunkt.«[127]

»In der Nacht vor dem Angriff auf Ägypten hatte Dayan den Zensor angewiesen, bis zum Abend ›einen Nebel des Krieges‹ aufrechtzuerhalten. ›In den ersten 24 Stunden müssen wir die Opfer sein‹, sagte er. Solange die Welt glaube, dass Israel sich selbst verteidige und um seine Existenz kämpfe, werde kein Druck ausgeübt, die Angriffe einzustellen.«[128]

»Levavi kritisierte Dayans Radioansprache vom Vorabend: Dass er die Vernichtung der am Boden befindlichen ägyptischen Kampfflugzeuge bekannt gegeben habe, erschwere es Israel zu behaupten, dass die Ägypter als Erste angegriffen hätten, und beeinträchtige die Bemühungen, die Welt davon zu überzeugen, dass nicht Israel den ersten Schuss abgefeuert habe. Dayan räumte ein, dies sei eine ›Panne‹ gewesen.«[129]

»Zu Beginn des Krieges hatten die USA Aufklärung darüber verlangt, wer den ersten Schuss abgefeuert habe. Außenminister Abba Eban und Mossad-Chef Amit sagten die Unwahrheit und behaupteten, die Ägypter hätten angefangen, eine Lüge, die wahrscheinlich augenzwinkernd zur Kenntnis genommen wurde.«[130]

Mit Datum vom 16. April 1974 schrieb Eugen Gollomb an den Verband der Jüdischen Gemeinden, er sei erstaunt darüber, dass Helmut Aris in einem Diskussionsbeitrag die Schuld, »dass es im Nahen Osten keinen Frieden gibt, einseitig den ›Machthabern des Staates Israel‹ (um mit seinen Worten zu sprechen) zuschiebt. Die Regierung des Staates Israel handelt nicht aufgrund von Emotionen, sondern sie ist, wie auch jeder andere Staat der Welt, verpflichtet, für die Sicherheit der Bürger Sorge zu tragen.« Selbst die arabischen Staaten hätten zugegeben, »den Jaum-Kippur-Krieg 1973 begonnen zu haben«.[131] Die politische Situation bei den Vorsitzenden der Gemeinden sei sehr unterschiedlich. Zu Gollomb wird bemerkt, dass er »bisher in allen Gesprächen mit stark zionistisch geprägten Argumentationen« aufgetreten sei, was der Realität entsprach.

Dr. Peter Kirchner, der nach dem Tode von Heinz Schenk 1971 die Funktion des Vorsitzenden der Jüdischen Gemeinde in Berlin, Hauptstadt der DDR, übernahm, wurde in folgender Weise beurteilt: »Er ist bereitwillig und steht auch politisch klar gegen die imperialistische Konzeption in Israel. Gleichzeitig plant er aber – Wünschen aus der Gemeinde Rechnung tragend –, die jüdische Gemeinde in Berlin zu einer jüdischen, aktiven kulturpolitisch wirksamen Größe zu machen und mit den evangelischen und katholischen Kirchen zusammenzuarbeiten.«[131a]

Man könnte das »Aber« für eine Missbilligung halten, was jedoch tatsächlich nicht der Fall war, denn es gab keine Behinderungen bei den Vorhaben, die Kirchner dann verwirklichte.

In einer Rückschau 2003 schrieb Peter Kirchner, dass er sich, als er sich entschloss, die Funktion des Vorsitzenden anzunehmen, darüber Gedanken machte, wie er den Mitgliedern der Gemeinde mehr als bisher anbieten könne. Zu den regelmäßigen Gottesdiensten an den Wochenenden und zu den Feiertagen sollten kulturelle Veranstaltungen treten, um so die Mitglieder stärker in ein gestaltetes Gemeindeleben einzubinden. Damit sei man über den Rahmen dessen hinausgegangen, was auch für die anderen Gemeinden in der DDR bestand.

Man richtete einen Raum ein, in dem regelmäßig Veranstaltungen durchgeführt werden konnten. »Diese Aktivitäten wurden seitens des Staates durchaus toleriert.«[132] Eine Bibliothek wurde eingerichtet. Gegen die Einrichtung der Bibliothek gab es keine Einwände staatlicher Stellen, auch nicht von Seiten des Staatsekretariats für Kirchenfragen. Lediglich ein offizieller Antrag auf Einführung von Druckerzeugnissen aus dem westlichen Ausland lag einige Zeit auf Eis. Es sei dann endlich angeboten worden, Bücher auf dem Postwege dem Zoll zur Prüfung zuzuführen.

»Auf unseren Hinweis, dass wegen der sehr fachspezifischen Inhalte die entsprechende Prüfung die Kompetenz eines Mitarbeiters des Zolls überschreiten würde und dieser Vorschlag daher inakzeptabel sei, erhielten wir schließlich eine offizielle Einfuhrgenehmigung für Bücher und Zeitungen. Diese musste zwar jedes Jahr neu beantragt werden, aber das bereitete keine Schwierigkeiten, und es wurden uns keine Beschlagnahmungen bekannt.«[133]

Die Bibliothek stand allen Interessierten offen, der Leserkreis umfasste von Anfang an nicht nur die Mitglieder der Gemeinde. »Diese Mitnutzung durch Außenstehende war den staatlichen Stellen durchaus bekannt, führte aber nicht dazu, dass man uns Vorschriften machte. Lediglich Schriften mit zionistischem und antisozialistischem Inhalt sollten von der freien Zugänglichkeit ausgeschlossen bleiben.«[134]

Ähnlich gestaltete sich die kulturelle Arbeit. Es gab keine Einschränkungen bei den Gästen, die zu den Veranstaltungen eingeladen wurden. Allerdings waren die Veranstaltungen bei der Polizeibehörde anzumelden. Dieses Verfahren war keine Besonderheit, sondern galt für jegliche Veranstaltung in der DDR. In keinem Fall wurde ein Verbot ausgesprochen. Nach der oben geschilderten Einleitung wurde in dem Material vom 17. Januar 1973 die Gesprächskonzeption vorgeschlagen, in der es zu Beginn heißt, dass die jüdischen Gemeinden in der DDR eine Glaubensgemeinschaft seien, die »nach der Verfassung gleichberechtigt ihre Tätigkeit ausübt. Die Mitglieder erfüllen ihre staatsbürgerlichen Pflichten im gesellschaftlichen Leben in guter Weise in ihren örtlichen Bereichen. Sie haben zu wesentlichen Problemen öffentlich Stellung genommen:

• Friedenspolitik der DDR
• USA-Aggression in Vietnam
• Zustimmung zu den verschiedenen Etappen der gesellschaftlichen Entwicklung in der DDR
• Verurteilung faschistischer Umtriebe und des gefährlichen imperialistischen Kurses in der BRD.«

Und dann heißt es in der Vorlage: »Die sozialistische Gesellschaft und ihr Staat sehen es als selbstverständliche Pflicht an, die jüdischen Gemeinden materiell zu erhalten und umfangreiche Hilfen und Unterstützungen zu gewähren.«

Danach wird das Anliegen des Gesprächs deutlich formuliert: »4.2 Die aggressive Haltung des Staates Israel fordert aber neue Konsequenzen in Durchdenken politischer Entscheidungen. Die Aggressionen gegen die arabischen Staaten, die von dort betriebene verstärkte antikommunistische und antisowjetischen Hetze zeigen eindeutiger als bisher den imperialistischen Charakter dieses Staates und die Gefährlichkeit des Zionismus. Der Zionismus hat bisher stets mit den Imperialisten gemeinsam dessen Ziele verfolgt. Heute erhebt der israelische Staat Reparationsforderungen gegenüber der DDR und will damit das internationale Ansehen der Republik schädigen [...] Bewusst wird der jüdische Glaube missbraucht, um imperialistische Zielstellungen durchzusetzen.

4.3. Die Bürger jüdischen Glaubens in der DDR müssen dokumentieren, dass sie in der DDR frei als sozialistische Staatsbürger leben. Die DDR hat nicht nur alle Reparationsleistungen, die international festgelegt waren, erfüllt, sondern vor allem den Inhalt und den Geist des Potsdamer Abkommens verwirklicht, indem sie den Faschismus und Imperialismus materiell und ideologisch beseitigt hat. Sie (sic) erhält die jüdischen Gemeinden in der DDR. Die Abgrenzung von der imperialistischen Politik der Führung des Staates Israel und der zionistischen Aggressionskonzeption muss erfolgen. Gleichzeitig ist die provokatorische Forderung nach Reparationen an die DDR zurückzuweisen. Die außenpolitische Konzeption der sozialistischen Staatengemeinschaft wird unterstützt, die USA-Aggression in Vietnam verurteilt.«

Zum Schluss wurde dann gemeint, das Präsidium solle nach dem Gespräch eine Erklärung ausarbeiten, die der Zielstellung Rechnung trage.

Zu dieser gewünschten Erklärung scheint es nicht gekommen zu sein. Jedenfalls ist im *Nachrichtenblatt*, dem eigentlich angemessenen Ort, keine abgedruckt.

Es wird wohl gewirkt haben, dass Dr. Cohn, ehemaliger Oberrichter am Obersten Gericht der DDR, die Wirksamkeit politischer Erklärungen aus den jüdischen Gemeinden in der DDR infrage stellte. Im kapitalistischen Ausland würde der Eindruck erweckt, als habe man es mit erzwungenen Erklärungen zu tun. Das sei zwar eine Unterstellung, aber die Erklärungen wären von zweifelhaftem Wert. Zwar würden die staatlichen Organe nie ein Erklärung erzwingen, aber das glaube niemand im kapitalistischen Ausland. Außerdem sei man als Religionsgemeinschaft nicht prädestiniert für Erklärungen politischen Charakters. Die Gemeinden würden sich nur mit Glaubensfragen befassen.[135]

Über den Verlauf des Gesprächs mit den Vorsitzenden der jüdischen Gemeinden am 30. Januar 1973 fertigte Frau Janott mit Datum vom 28. Februar 1973 eine »Information« an.[136]

Zur Bewertung der Qualität dessen, was Wolffsohn so von sich gab[137], muss man wissen, dass die Vorlagen und Informationen, die im Januar 1973 im Gespräch mit den Vorsitzenden der Jüdischen Gemeinden eine Rolle spielten, keine Materialien waren, die dem Staatssekretär eine Marschrichtung »einbläuen« sollten, wie Wolffsohn meinte. Der Staatssekretär nahm an dem Gespräch mit den Vorsitzenden der Gemeinden überhaupt nicht teil. Die Gesprächspartner vonseiten des Staatssekretariats waren Dr. Wilke und Frau Janott.

Dass Konzeptionelles in der Dienstbesprechung des Staatssekretärs behandelt wurde, war allgemeine Praxis. Die eingereichten Materialien für die Dienstbesprechung informierten lediglich über den beabsichtigten Inhalt der Beratung mit den Vorsitzenden.

Und im Nachhinein wurde eine Information über den Ablauf der Veranstaltung für den Staatssekretär angefertigt. Von allem anderen einmal abgesehen, sei hier der Standpunkt von Peter Kirchner wiedergegeben, der sich u. a. zu den Friedhofsschändungen erklärte. Man müsse den Schändungen zwar Aufmerksamkeit zuwenden, aber man solle sich davor hüten, »das immer sofort als Antisemitismus anzusehen. Auf Friedhöfen anderer Religionen gibt es weit mehr derartige Dinge. Nur wir Juden reagieren immer sofort allergisch.«[138]

Man wünschte sich, dass die heutigen Ausstellungsmacher und Monika Schmidt diese Feststellung von 1973 aus berufenem Munde zur Kenntnis nehmen würden.

Es gab durchaus Misshelligkeiten. So schrieb Peter Kirchner am 28. Juni 1974 an Helmut Aris, den Präsidenten des Verbandes der Jüdischen Gemeinden, voller Unmut, dass er es unverständlich finde, als Redaktionsmitglied des *Nachrichtenblattes* nicht davon in Kenntnis gesetzt worden zu sein, dass eine Rezension von Kurt Cohn zu dem Buch »Juden unterm Hakenkreuz« (1973) nicht erscheinen sollte.[139]

Im Märzheft 1974 war eine nicht von Cohn verfasste nichtssagende kurze »Buchbesprechung« veröffentlicht worden. Aris hatte eine fadenscheinige Begründung dafür.

Analog verhielt es sich mit der Rezension, die zu Heyms »Lassalle« geschrieben worden war und eine »Zurückstellung« erfuhr. In diesem Falle mag die kritische Bemerkung der Rezensentin, Renate Kirchner, über die »antijüdischen Termini« im Briefwechsel von Marx und Engels für die »Zurückstellung« eine Rolle gespielt haben. Jedenfalls zeigte die Kritik von Peter Kirchner Wirkung.

Die Redaktionsmitglieder – mit Ausnahme vom nichtbeteiligten Kirchner –, hatten offenbar ideologische Bedenken gehabt, eine von Cohn in einer Rezension des Buches »Juden unterm Hakenkreuz« eingebrachte kritische und berechtigte Erwägung zur Beurteilung von Antisemitismus wiederzugeben.

Nun wurde ein Aufsatz Cohns veröffentlicht, in dem er das genannte Buch besonders berücksichtigte und u. a. schrieb: »Antisemitismus und nichtantisemitische Kritik sind nicht immer leicht unterscheidbar. Ein für die Praxis meist ausreichendes Kennzeichen ergibt die Beobachtung, ob jemand gewisse Eigenschaften, Verhaltensweisen oder Wirtschaftsformen allgemein bekämpft, oder sie zwar bei Juden verabscheut, bei anderen aber hinnimmt beziehungsweise sogar fördert. Wer für die Einschränkung der Betätigung von Banken oder Warenhäusern allgemein eintritt, ist, wenn auch dadurch Nachteile für eine Anzahl jüdischer Unternehmer entstehen, ein bürgerlicher Sozialreformer, wobei wir jetzt nicht zu prüfen haben, ob und wie weit solche Bestrebungen innerhalb einer kapitalistischen Wirtschaft durchführbar und für die Werktätigen nützlich sind. Wenn aber die NSADP gegenüber den Anträgen auf Fürstenenteignung einen Antrag auf Enteignung der ›Bank- und Börsenfürsten‹ einbrachte, damit aber nur jüdische Bankiers meinte, später aber mit ›arischen‹ Großbankiers in geschäftliche und sogar politische Verbindung trat, oder wenn sie ihre Maßnahmen gegen Warenhäuser auf die jüdischen Inhaber beschränkte, so war das offensichtlich Antisemitismus.

Infolge dieser Eigenschaften ist der Antisemitismus ausnahmslos gesellschaftlich zu bekämpfen. Geht er von Juden oder ihre Abkunft kennenden Menschen aus, so ist er nicht etwa, wie die Verfasser anscheinend glauben (S. 42) als nichtantisemitisch, sondern vielmehr als besonders verwerflich anzusehen, mag er nun auf Minderwertigkeitskomplexen u. ä. oder auf grobem Eigennutz beruhen.

Das gilt auch für Anfeindungen einheimischer gegen eingewanderte Juden in Deutschland, also gegen Ostjuden. Die innerhalb des Antisemitismus bestehenden erheblichen Gradunterschiede sind zu berücksichtigen; auch kann der einzelne Antisemit subjektiv entschuldbar sein.«[140]

Die annähernd dreiseitige »Rezension« war äußerst inhaltsreich und ergänzte das Buch in wesentlichen Aspekten. Insbesondere wurde auf verschiedene jüdische Vereinigungen aufmerksam gemacht, die sich über eine bestimmte Zeit noch während der Nazijahre (bis 1939) betätigen konnten.

Behandelt bzw. genannt wurden von Cohn der Centralverein deutscher Staatsbürger jüdischen Glauben (CV), der Bund zur Erneuerung des Reiches, der Reichsbund jüdischer Frontsoldaten (RjF), die Reichsvertretung der deutschen Juden (Reichsvertretung), der Verband nationaldeutscher Juden und die Zionistische Vereinigung für Deutschland (ZV).

Es sei hier festgestellt, dass diese Vereinigungen in der DDR von der Geschichtswissenschaft ausführlich behandelt wurden.[141] Cohn machte interessante Ergänzungen durch die Behandlung der »Rechtsschutzarbeit«, die z. T. indirekt, beispielsweise durch Instruktion jüdischer Anwälte, über die Rechtsprechung in Spezialmaterien geleistet werden konnte. Ausdrücklich stimmte Cohn der Bewertung des Mitverfassers und Kommentators der Nürnberger Gesetze, Globke, insbesondere auch dem Hinweis zu, dass er, »durch Strafbarkeitserklärung im Ausland geschlossener Ehen zwischen Juden und ›Ariern‹ noch über den Gesetzeswortlaut hinausgegangen ist«.

Insgesamt ist zu konstatieren, dass die Ausarbeitung Cohns eine wichtige Korrektur und Ergänzung des besprochenen Buches war. Die Intervention Kirchners war berechtigt und glücklicherweise erfolgreich.

In seinem Brief hat Peter Kirchner den Inhalt des *Nachrichtenblattes* noch außerordentlich kritisch beurteilt. Insbesondere sprach er sich gegen die »endlosen Glückwunschwiedergaben« aus, die sich zudem mit steter Regelmäßigkeit in den Jahren wiederholten. Er forderte völlig berechtigt, das reiche geistige Leben der Juden auszuschöpfen und Informationen und Denkanstöße zu vermitteln, die in anderen Zeitschriften nicht publiziert werden.

Die Antwort von Helmut Aris war, kurz gesagt, knurrig.

Die Tatsache, dass Kirchner weiterhin Redaktionsmitglied blieb und sich der Inhalt des *Nachrichtenblattes* in der Tat zum Positiven entwickelte, bedeutete offensichtlich eine Bereinigung des Problems.

1974 schrieb Peter Kirchner in der (katholischen) Zeitschrift *begegnung* eine Betrachtung über die Jüdischen Gemeinden in der DDR.[142] Er verwies auf die Tatsache, dass außer der 1953 wiederaufgebauten und als Friedenstempel geweihten Synagoge in der Berliner Rykestraße die Synagogen in Leipzig und Magdeburg wiederhergestellt wurden. In Dresden und Erfurt konnten mit staatlicher Unterstützung neue Gotteshäuser errichtet werden. Er berichtete, dass in der sozialistischen Gesellschaft der DDR der Glaube Privatsache eines jeden Bürgers sei. Glaubens- und Religionsfreiheit seien verfassungsmäßig garantiertes Recht, so könnten sich auch die jüdischen Bürger nach freier Entscheidung zu ihrer Religion bekennen. Dank der Unterstützung seitens des Staates sei es möglich, die Einrichtungen der einzelnen Gemeinden zu erhalten und ein kulturelles Leben zu entwickeln. Viele deutsche Juden seien in der Zeit des Nationalsozialismus oder unmittelbar anschließend nach Palästina ausgewandert. Dadurch bestünden oft enge familiäre Bande zwischen den heute in der DDR lebenden jüdischen Bürgern und ihren Verwandten in Israel. »Diese persönlichen Beziehungen zu israelischen Bürgern sind jedoch nicht identisch mit einer Billigung der vom israelischen Staat betriebenen Politik. […] Leider stand die Existenz dieses Staates, der von seinen arabischen Nachbarn abgelehnt wurde, immer wieder im Mittelpunkt kriegerischer Auseinandersetzungen.

Der erneute Ausbruch der Kriegshandlungen am 6. Oktober 1973 war unbestrittenermaßen die Folge der Besetzung arabischer Territorien durch israelische Truppen und eines seitdem nicht erreichten Friedens.«

Kirchner betonte, dass seitens der offiziellen Vertreter Jüdischer Gemeinden in der DDR schon vor dem Ausbruch des Krieges im Oktober 1973 die Notwendigkeit der Erfüllung, der UN-Resolution Nr. 242 vom 22. November 1967 in allen Punkten gefordert worden. Und er schloss seien Beitrag mit den Worten: »Es kann und darf nicht so sein, dass heute Israel, auch wenn es bislang von vielen arabischen Staaten nicht anerkannt ist, seinerseits Unrecht an den um nationale Selbständigkeit ringenden arabischen Palästinensern begeht.«[143]

In der »Konzeption zur Unterstützung der weiteren Tätigkeit der jüdischen Gemeinden« vom 16. Juni 1981, die für die Dienstbesprechung des Staatssekretärs ausgearbeitet wurde, heißt es, dass die Mehrheit der Angehörigen der Gemeinden in der DDR ihre wahre Heimat sehen und sich dessen bewusst sind, dass ihnen durch die Verfassung und die auf ihr beruhenden Gesetze Schutz gegen jede Form von Rassenhass und religiöser Diskriminierung gewährt und die völlige Gleichberechtigung in allen gesellschaftlichen Bereichen garantiert wird. »In ihrer Haltung zur Nah-Ost-Politik vertritt das Präsidium des Verbandes und die Mehrheit der Vorsitzenden in den grundsätzlichen Fragen unsere Auffassung. Verständlicherweise wird bei vielen aber das Verhältnis zu Israel auch von Emotionen mitbestimmt.«[144]

Im Konkreten konnte sich das aber wie folgt gestalten. Dr. Kirchner war gebeten worden, auf der Plenartagung des Friedensrates der DDR am 16. Juli 1982 einen Diskussionsbeitrag zu halten.

Mit Datum vom 16. Juli 1982 schrieb er an den Staatssekretär Klaus Gysi die folgenden Zeilen, denen er den Text seines beabsichtigten Diskussionsbeitrages beilegte. Er sei von einer Mitarbeiterin beim Friedensrat am vorherigen Wochenende vor der Tagung gebeten worden, einen Beitrag vorzubereiten und den Text dann vorher zur Begutachtung einzureichen. Diese Bitte habe für ihn zwar befremdlich gewirkt, entspreche aber wohl den allgemeinen Gepflogenheiten.

»Gestern Abend wurde mir dann telefonisch mitgeteilt, dass man mit der getroffenen Aussage keinesfalls einverstanden sei und auf meinen Beitrag verzichte. Dass ich Ihnen nunmehr diesen Beitrag als Durchschlag zusende, entspringt keinesfalls gekränkter Eitelkeit, sondern dient lediglich der Kenntnisnahme.«[145]

Im Diskussionsbeitrag finden sich die Zeilen: »Als ein einst wegen seines Judeseins Verfolgter habe ich wie viele Mitglieder jüdischer Gemeinden die historische Möglichkeit der Schaffung eines jüdischen Staates für die vormals Verfolgten im Jahre 1948 als den Beginn einer glücklichen Zukunft für jüdische Menschen nach den Jahren des Leidens begrüßt.«[146]

Sie scheinen die Ursache für die Absage des Diskussionsbeitrages gewesen zu sein. Jedenfalls kann man das den folgenden Worten Wolffsohns entnehmen: »Für den Genossen Feist von der SED-Auslandsinformation waren solche Sätze ›problematische politische Positionen‹ und vor allem ein ›Alarmzeichen‹.«[147]

Dabei hat Kirchner sich in seinem Beitrag durchaus kritisch zur Politik Israels geäußert. »Mit der Gründung des Staates und der Schaffung seiner Armee wuchs das Selbstvertrauen – aber es wurde zu groß, es schlug um in einen unheilvollen Nationalismus und schuf damit eine Situation des möglichen Missbrauchs der geschaffenen Macht, umsomehr Regierung und Wirtschaft dieses Staates mehr und mehr in eine Abhängigkeit von den internationalen Interessen der USA geriet. Dazu kam ein völliges Verkennen der Rechte der arabischen Völker dieser Region.«[148]

Zum Leben der Juden in der DDR gehört nicht nur die finanzielle Unterstützung durch die staatlichen Organe der DDR für das Funktionieren der Gemeindearbeit, sondern es gehörte auch die Möglichkeit dazu, dass die Kinder ihre Ferien beispielsweise an der Ostsee verbringen konnten.

Die Sache selbst gestaltete sich anfangs als ein Politikum.

Dem Staatssekretär für Kirchenfragen, Eggert, wurde am 11. Juni 1957 eine Information seines Mitarbeiters Weise vorgelegt, in der darüber informiert wurde, dass der damalige Vorsitzende des Verbandes Jüdischer Gemeinden in der DDR, Hermann Baden, um die Genehmigung ersuchte, 16 jüdische Kinder aus der DDR vom 1. Juli bis 31. Juli 1957 nach Westdeutschland reisen zu lassen, um diese Zeit in dem jüdischen Erholungsheim Wembach/Schwarzwald zu verbringen.[149]

Weise erinnerte daran, dass solche Anträge bereits 1955 und 1956 gestellt und abgelehnt worden waren.

Man habe am 7. Juni 1957 mit Baden eine Aussprache geführt und ihm verdeutlicht, dass sich der Staat für den Schutz und die Sicherheit der Kinder von Bürgern der DDR verantwortlich fühle und aufgrund des immer aggressiver werdenden Antisemitismus in Westdeutschland diese Sicherheit nicht gegeben sei. Die Garantie für die Sicherheit der Kinder könne auch den verantwortlichen Vertretern der Jüdischen Gemeinde nicht zugemutet werden. Es wurde der Vorschlag unterbreitet, die Kinder in der DDR zu verschicken.

Baden lehnte mit der Begründung ab, in Westdeutschland würden die Kinder nach den rituellen Vorschriften des jüdischen Glaubens behandelt werden, damit sie dem Judentum nähergebracht würden, was in den Heimen der DDR nicht möglich sei.

Weise betonte, dass es wegen der in Westdeutschland auflebenden antisemitischen Strömungen und aus Sicherheitsgründen nicht sinnvoll wäre, dem Antrag von Baden zu entsprechen. Im Übrigen sei zu bedenken, dass die Verschickung der Kinder von DDR-Bürgern nach Westdeutschland von westdeutschen politischen Stellen gegen die DDR missbraucht werden könnte.

Seitdem wurde das Kinderferienlager regelmäßig in Glowe/Rügen durchgeführt.

Über die Durchführung wurde im *Nachrichtenblatt* stets berichtet, dass es den jeweils beteiligten Kindern sehr gut gefiele. Sie erholten sich am Strand, es gebe Spaziergänge und Ausflüge, z. B. nach Königsstuhl auf Stubbenkammer und nach Kap Arkona, dem nördlichsten Punkt der DDR. Eine Fahrt nach Hiddensee und anderes gestalteten die Ferien stets abwechslungsreich.[150]

Am 24. Januar 1989 erschien in der *Berliner Zeitung* ein Artikel, der über die Tätigkeit der Jüdischen Gemeinde Berlin berichtete und feststellte, dass das offizielle Gemeindeleben über den religiösen Rahmen hinausgehe und bemüht sei, den kulturellen Aspekt jüdischen Lebens zur Geltung zu bringen. Ob jemand mithin vor allem religiöse Traditionen praktizieren oder stattdessen jüdische Kultur pflegen wolle oder sich für beides entscheide, bliebe ihm persönlich überlassen. So sei z. B. die Möglichkeit gegeben, den Ritualvorschriften gemäß koscher zu essen. Die Gemeinde unterhalte eine eigene koschere Fleischerei und monatlich zweimal käme per Flugzeug ein Schächter aus Budapest und bereite das entsprechende Fleisch. Es fänden Rekonstruktionen beispielsweise an Altenheimen statt, deren Kosten der Staat trage, wie das bisher bei allen großen baulichen Vorhaben der Fall sei. »Allein die 700 Meter lange, auch architektonisch beachtenswerte Mauer um den Jüdischen Friedhof in Weißensee, 1883/84 fertiggestellt, erforderte einen Aufwand von zweieinhalb Millionen Mark.«[151] Die Kosten wurden vom Magistrat der DDR-Hauptstadt Berlin getragen.

Im Oktober 2008 meldete *dpa*, dass die Mauer des Jüdischen Friedhofs in Weißensee für zwei Millionen Euro saniert werde. Das Geld dafür käme je zur Hälfte vom Land Berlin und aus dem »Denkmalschutz-Sonderprogramm« des Bundes.[152] Es wäre durchaus sinnvoll gewesen, wenn diese Meldung auch eine Information darüber enthalten hätte, dass die DDR seinerzeit 2,5 Millionen für die Restaurierung der Friedhofsmauer gegeben hatte.

Seit 1945 wurde die Große Synagoge (Friedenstempel) in der Berliner Rykestraße wiederholt restauriert.[153] Die letzte Renovierung der Synagoge 1987 kostete 600.000 Mark, die vom Staat getragen wurden.

Vorgesehen war, ab 1989 im Verlaufe von sechs Jahren 45 Millionen Mark für die Restaurierung der Ruine der Synagoge in der Berliner Oranienburgerstraße auszugeben.

Die Gemeinde hatte zunächst 32 Festangestellte, davon arbeiteten 14 auf den Friedhöfen, acht im Altenheim, sechs in der Hauptverwaltung, und vier in der Fleischerei. Später verringerte sich die Zahl der auf den Friedhöfen Arbeitenden.

Hervorgehoben wurde die Gemeindebibliothek, deren Leitung Renate Kirchner hatte. Über 5.200 Bände wurden damals dank ihrer Sammelaktivität verfügbar. Die Zeitschrift *Wochenpost* brachte ein Interview mit Frau Renate Kirchner, die seit dem 16. November 1977 die öffentliche Bibliothek leitete, die einzige Fachbibliothek für Judaica in der DDR. Frau Kirchner betonte, dass die Büchersammlung im Zusammenhang mit dem Bemühen der jüdischen Gemeinde stehe, jüdische Geschichte und Kultur zu erhalten. Man wolle das Vermächtnis der sechs Millionen von den Faschisten ermordeten Juden bewahren. Mehr als 50.000 von ihnen waren Berliner. Die Bibliothek stand öffentlich zur Verfügung und wurde zunehmend genutzt.[154] »Ohne die großzügige Unterstützung durch unseren Staat könnten wir das Gemeindeleben gar nicht aufrechterhalten«, so Dr. Peter Kirchner. Die jährlichen finanziellen Zuwendungen des Magistrats von Berlin erreichten eine sechsstellige Summe. Darüber hinaus flössen Gelder aus dem Denkmalpflegefonds, um kulturhistorisch wertvolle Grabsteine zu erhalten. Das Resümee von Peter Kirchner: »Wir Juden sind in der DDR immer schon gleichberechtigt und gleich verpflichtet gewesen – in der deutschen Geschichte ist das erstmalig. Den Opfern des Faschismus gilt hier seit eh und je besondere Fürsorge. Dass in den letzten Jahren der Anteil der Juden an Geschichte gewordenen Leistungen differenzierter gewürdigt wird, erfüllt uns natürlich mit besonderer Genugtuung.«[155] Alle Mitglieder bekämen als anerkannte Verfolgte des Naziregimes 1.350 Mark im Monat als Rente.[156]

Es ist schon interessant, wie heutzutage berichtet wird. Da heißt es: »Hilfe in religiösen Angelegenheiten erhielt die Gemeinde von West-Berlin. Kantor Estrongo Nachama und Rabbiner Ernst Stein betreuten inoffiziell die kleine Ost-Berliner Gemeinde. Bei jeder Beerdigung sagte man in der Gemeindeverwaltung Ost-Berlins: ›Macht euch keine Sorgen, Nachama kommt‹, erinnert sich Simon. […] Koschere Lebensmittel für die Feiertage erhielt die Gemeinde aus Ungarn, von wo auch regelmäßig ein jüdischer Schlächter kam.«[157]

Der Autor übersieht generös, dass z. B. das Staatssekretariat für Kirchenfragen in vieler Hinsicht jenes Staatsorgan war, das Visums- und andere Fragen im Interesse der jüdischen Gemeinde klärte und erledigte.

Es gehört zu den Verdiensten Kirchners, wenn er regelmäßig konstatierte, dass der Wiederaufbau der im Zweiten Weltkrieg zerstörten Synagoge Oranienburger Straße sinnvoll sei. Das mag die DDR-Obrigkeit mit veranlasst haben, endlich auch den Wiederaufbau zu beschließen. Kirchner schreibt, er habe sich immer wieder bemüht deutlich zu machen, dass der Satz an der Tafel der Vorderfront dieser zerstörten Synagoge, die Ruine möge erhalten bleiben, um von den Zerstörungen zu zeugen, nicht 40 Jahre danach gültig für uns sein könne. Es gäbe ein neues jüdisches Leben, das unsere Geschichte bewahren werde, weshalb es besser sei, die Synagoge wieder zu errichten.[158]

Die Erinnerungen von Helmut Eschwege, die im allgemeinen von allen beigezogen wurden, die sich mit der Problematik »Juden in der DDR« befassten, erwecken den Eindruck, dass lediglich die Unannehmlichkeiten, die Eschwege in der DDR berechtigt oder unberechtigt erleiden musste, und die er de facto in der Tatsache begründet sah, dass er Jude war, seine Feder führten. Der Zorn hat ihn offensichtlich mehrmals übermannt. Es fällt mithin schwer, das Ausgeführte für eine objektive Darstellung zu halten, denn eine solche müsste auch die konkret-historische Situation reflektieren, in der sich die vom Autor erlebten oder wahrgenommenen Bedrückungen ereigneten. Die eigene Voreingenommenheit hat Eschweges Verhalten offenbar wiederholt bestimmt. Dem Grunde nach hat er sich mit allen und jedem überworfen, die mit ihm zu tun hatten. Das gilt selbst für jene, die an dem ausgezeichneten Buch »Kennzeichen J« mitgearbeitet hatten.[159] Die Hindernisse, die vor der Veröffentlichung des Buches aufgetürmt wurden, sind unverständlich und beschämend zugleich. Es handelt sich schließlich um eine der besten Veröffentlichungen der DDR über die nazistische »Endlösung der Judenfrage«.

Ich bestreite nicht, dass es auch in der DDR Kleingeister und Rechthaber gab und hinsichtlich des Umgangs mit jüdichen Fragen mitunter eine ärgerliche Unbedarftheit. Dennoch ist es nicht akzeptabel, wenn Eschwege negative Behauptungen apodiktisch formuliert, ohne den geringsten Beweis für sie zu liefern. Etwa wenn er schreibt, die Verfolgung der Juden durch den Hitlerfaschismus sei in der Literatur als ein Ablenkungsmanöver vom Klassenkampf dargestellt worden, und meint, eine andere Theorie habe formuliert, dass dann, wenn die Juden sich der KPD angeschlossen hätten, ihnen die Verfolgung erspart geblieben wäre.[160]

Die Jüdischen Gemeinden und ihr Verhältnis zum Staat DDR

In einer Rundfunksendung erklärte Peter Kirchner zum Verhältnis der Juden in der DDR zu ihrem Staat und zum Verhältnis des Staates zu den Juden im eigenen Land: »Zwar gibt es in der DDR in entscheidenden politischen und kulturellen Gremien immer noch genügend Personen, die, wie man es nach dem Sprachgebrauch der DDR benennt, jüdisch herkünftig sind, d. h. die ursprünglich aus einer jüdischen Familie kamen oder die man eben ehemals zu einer jüdischen Gemeinde zugehörig benennen muss, die aber sowohl als eigene Person als auch in der Form ihrer Kinder und Kindeskinder über die Jahre hinweg keinen Kontakt zu einer Gemeinde gesucht haben, und bei denen es erst in letzter Zeit zu einer gewissen Veränderung kam. […] Und es ist bei uns wie in der BRD, dass der Staat bemüht ist, die Existenz jüdischer Gemeinden mitzubefördern durch den Umstand, dass er ihnen finanzielle Mittel zur Verfügung stellt, d. h. ihnen Unterstützungen gibt, die es erlauben, die Einrichtungen der Gemeinde als solche und die von ihnen zu betreuenden Friedhöfe oder andere Institutionen zu bewahren. Dass eine solche Wechselbeziehung der Zuwendung des Staates gegenüber der Gemeinde zu einer gewissen Loyalität auch der Gemeinde gegenüber dem Staate führt, ist in beiden deutschen Ländern oder Staaten gleichermaßen eine Selbstverständlichkeit.

Dass diese Loyalität der Gemeindeführungen oft von den Jüngeren oder manchem, der es kritisch sehen will, entsprechend mit Argwohn beschaut wird, ist eine Tatsache, an der wir nicht vorbeigehen, die aber auch aus meiner Sicht heraus erst mal eine Notwendigkeit ist. Natürlich kann ich mit den offiziellen Vertretern des Staates nicht in Feindschaft leben, sondern muss mit ihnen gemeinsam über das sprechen, was wir als Gemeindeinstitution in dem Lande, in dem wir sind, und in Abstimmung und Unterstützung mit dem Staat zu erreichen nun mich hier anschicke.«[161]

Kennzeichnend sind bei antikommunistischen Autoren, die sich mit der DDR befassen, einerseits ihre negativen Wertungen des Verhaltens jener Angehörigen der jüdischen Gemeinden, die sich für die sozialistische Sache einsetzten und andererseits das Hochloben jener, die »gegen den Stachel löckten«. »Besonders strammer SED-Genosse« und »stalinistische Hardliner-Sicht« sind gängige Begriffe.[162]

Mit steter Regelmäßigkeit werden Diskussionen, die beispielsweise von den Vertretern des DDR-Staatssekretariats für Kirchenfragen mit Mitgliedern der Jüdischen Gemeinden zu politischen Problemen geführt wurden, als »Indoktrinationsversuche« abqualifiziert.[163]

Folgerichtig beurteilt Mertens dann auch sachgemäße Aussprachen als »schematische Bevormundungen«, die sich »gebetsmühlenhaft im jährlichen Turnus« wiederholten.[164] Bei dieser Sicht wäre wohl nur die Vermittlung bürgerlich-kapitalistischer Denkweise und entsprechender Ansichten zur politischen Lage keine Indoktrination, sondern Reflex freiheitlichen Gedankenaustausches gewesen. Es passt zu dieser Sicht ebenfalls, wenn gemeint wird, der Staat DDR habe ein instrumentelles Verhältnis zu den Juden und den jüdischen Gemeinden gehabt – was immer das bedeuten soll –, und die Juden hätten als Feigenblatt für die antizionistische Politik der SED herhalten müssen.[165] Dabei war eindeutig erkennbar, dass keineswegs alle Mitglieder der jüdischen Gemeinden sich als sozialistische Staatsbürger zu engagieren gedachten. Im Gegenteil: Mertens verdeutlicht das mit den Worten: »Da der sozialistische Staat nach Meinung von Eugen Gollomb an der Fortexistenz der jüdischen Gemeinde als ›Alibi‹ interessiert war, leitete er für sich persönlich daraus die Pflicht ab, Stellung zu beziehen.«[166]

Diese »Stellungnahmen« Gollombs waren regelmäßig gegen die Ansichten der Angehörigen des Staatssekretariats gerichtet, die die politische Position der DDR vertraten. Aber sie betrafen auch Angehörige der Jüdischen Gemeinde, die sich durchaus in Übereinstimmung mit der politischen Linie des sozialistischen Staates befanden.

Dass Gollomb für seine oppositionelle Position, die er verkündete, DDR-seitig nicht besonders beliebt war, ist zu verstehen. In einer »Information« heißt es: »Durch seine ›Wächter‹-Funktion gerät er häufig in Konflikte mit anderen Vorsitzenden und belastet damit die Zusammenarbeit.«[167]

Dass er heutzutage dafür fast als ein Held wie auch als bemitleidenswertes Opfer ideologischer Zwangseinwirkung bewertet wird, ist zeitgeistgemäß.[168]

Ähnlich verhält es sich mit Helmut Eschwege, der als bedauernswerter Einzelkämpfer gegen die gegen ihn gerichteten Intrigen dargestellt wird.[169] Wenn beispielsweise Kritik an der israelischen Staatspolitik erhoben wurde, dann war es keineswegs unfair, jene zurückzuweisen, die diese Politik rechtfertigen wollten.

Wenn die Meinung der »Oppositionellen« deshalb nicht anerkannt wurde und sie im Gefolge der Ablehnung ihrer Positionen auch kein sonstiges Wohlwollen fanden, dann ist das möglicherweise eine übertriebene, aber durchaus verständliche Reaktion gewesen. Wenn diese »Oppositionellen« heutzutage als bedauernswerte Opfer politischer Willkür herausgestellt werden, dann gehört das unter den heutigen Machtverhältnissen zur Delegitimierung der politischen Verhältnisse der DDR. Zumal es keineswegs verboten war, sich auch mit einer positiven Einstellung gegenüber Israel zu artikulieren.

Und wenn dann bei Gelegenheit noch Kenntnisse über das Leben im jeweiligen Staat ausgetaucht wurden, dann war das um so erfreulicher. So wurde darüber berichtet, dass der Vorsitzende der Synagogen Gemeinde zu Magdeburg Bürger aus Israel zu Gast hatte. Diese hätten sich dafür interessiert zu erfahren, wie Bürger jüdischen Glaubens in der DDR lebten, »da es dazu in Israel sehr unterschiedliche Meinungen gibt, die zum Teil sogar sehr irreal sind. Überrascht waren sie zu hören, dass entsprechend der Verfassung der DDR Rassen- und Kriegshetze verboten und völlige Religionsfreiheit für alle Bürger gegeben ist«.

Weiter heißt es, dass es natürlich auch für die DDR-Bürger interessant gewesen sei zu erfahren, »wie heute der Bürger im Staate Israel lebt. Wenn man das Gehörte vergleicht, dann kann man nur sagen: ›In der DDR haben Bürger jüdischen Glaubens eine gesicherte Zukunft, können ihr Leben entsprechend ihren Wünschen gestalten und ihren Lebensabend in Frieden und

Geborgenheit verbringen. Inflation und Arbeitslosigkeit sind für uns Fremdwörter. Mit diesen Problemen müssen aber unsere Glaubensgenossen in Israel ständig leben und fertig werden‹.«[170]

Der Zufall wollte es, dass in demselben Heft das 1980 in Leipzig bei Brockhaus erschienene Buch von Walter Kaufmann »Drei Reisen ins gelobte Land« rezensiert wurde. Unter anderem hieß es dort: »Dieses Buch ist die erste DDR-Publikation, die das moderne Israel zum Gegenstand hat. Dabei wird nicht vordergründig pauschal verurteilt oder heroisiert, sondern die ganze Vielschichtigkeit in der Struktur dieses Landes und seiner Bewohner aufgezeigt. Da der Autor die durch die politischen Gegebenheiten bedingten persönlichen Meinungsäußerungen meist unreflektiert wiedergibt, verbleibt dem Leser zur Findung eines eigenen Standpunktes die notwendige Entscheidungsfreiheit.«[171]

Im Nachgang wird man wohl der Überlegung von Norbert Podewin folgen müssen, der 2001 betonte, dass die DDR sich »im Hinblick auf jüdische Probleme zwangsweise in dauerhaft falscher Frontstellung (befand); die von der UdSSR vorgegebene Position zu den arabischen Ländern unterband für ihre Verbündeten eine staatliche Normalisierung des Verhältnisses zu Israel, ein Zustand, der für die DDR bis zu deren Ende bestand.«[172]

Allerdings ist anzumerken, dass sich 1988 eine Änderung anbahnte. Der Staatssekretär für Kirchenfragen, Löffler, besuchte Israel, und kulturelle Kontakte wurden vereinbart. Inwieweit dabei tatsächlich Überlegungen auf höchster Ebene mit Blick auf einen angesteuerten und von Erich Honecker angeblich ersehnten Besuch in den USA eine Rolle spielten, bleibt der Fantasie der aktuellen DDR-Erforscher überlassen.

Wenn man die Publikationen zur Hand nimmt, die vor dem Untergang DDR und erst recht nach demselben über das Jüdische in der DDR geschrieben wurden, dann hat man den Eindruck, dass das einzige Interesse darin bestand zu konstatieren, welche Streitigkeiten es mit der atheistischen DDR-Obrigkeit seitens der jüdischen Gemeinden oder einzelnen jüdischen Persönlichkeiten gegeben haben könnte und hat. Finanzielle Leistungen und andere staatliche Unterstützungen an die jüdischen Gemeinden nehmen den geringsten Teil der Texte ein.

Ebensowenig wird die Tatsache erwähnt, dass im DDR-Rundfunk vierzehntägig die Sabbatfeier übertragen wurde.

Wenn es irgendwie möglich schien, wird mit negativem Anstrich berichtet. Ein Beispiel ist der Bericht, den Peter Maser an die Bundestags-Enquete-Kommission »Aufarbeitung von Geschichte und Folgen der SED-Diktatur« gegeben hat.[173] Auf jeden Fall erhielt und erhält alles einen negativen Aspekt.

Ein Beispiel zur Erläuterung: Ein Abschnitt ist dem »Gedenken an die Shoah« gewidmet (S. 1582f.). Maser kann nicht umhin, diverse Publikationen und Theaterinszenierungen aufzuzählen, die diesem Thema gewidmet waren. Gnädig heißt es beispielsweise: »Auch im Kinderbuch wurde die Zeit der Verfolgung gelegentlich dargestellt.«

Schon das Wort »gelegentlich« hat hier allerdings einen negativen Beigeschmack. Nach diesen Satz geht es dann in die Negativ-Vollen: »Allerdings wurde auch das Gedenken an den Massenmord am jüdischen Volk von der SED-Führung weitgehend in den künstlerisch-poetischen Raum abgedrängt. Auf diese Weise verhinderte die SED-Führung nicht nur die konkrete historisch-politische Analyse der nationalsozialistischen Judenverfolgung, sondern auch alle Ansätze zu einer kritischen Bewertung der aktuellen SED-Politik gegenüber den jüdischen Mitbürgern und dem Staat Israel.«[174]

Was die angeblich ausgebliebene historische Analyse der nazistischen Judenverfolgungen angeht, so hat Maser offenbar mindestens die Arbeiten von Kurt Pätzold nicht zur Kenntnis genommen oder nicht verstanden.

So ist dem Text der NS-Dokumente in dem Reclam-Buch »Verfolgung, Vertreibung, Vernichtung« eine »Einleitung« des Herausgebers vorangestellt, die mit Fug und Recht als kleines Lehrbuch über den faschistischen Antisemitismus bezeichnet werden kann.[175]

Zudem bot Pätzold mit dem auf der Basis seiner Habilitation geschaffenen Buch »Faschismus, Rassenwahn, Judenverfolgung« eine überzeugende Analyse der Ursprünge, Antriebe, Zwecke und Ziele des faschistischen Rassismus und Rassenantisemitismus.[176]

Gemeinsam mit Irene Runge publizierte Kurt Pätzold das Reclamheft »Pogromnacht 1938«. Zur Einleitung dieser Sammlung nazistischer Dokumente verfasste Irene Runge den Text »Kristallnacht‹ – Fragen zur Rekonstruktion von Erinnerungen«, und Kurt Pätzold schrieb »Der Pogrom und sein Platz in der Geschichte der Vertreibung der jüdischen Deutschen.«[177]

Im Einzelnen untersucht er unter anderem die Strategie und Taktik der Judenverfolgung.

Maser beklagt, in der DDR seien weder das jüdische Gebetsbuch noch die hebräische Bibel gedruckt worden. Das ist ein Beitrag, der als fernab vom Verständnis der Realität bezeichnet werden muss und der offenbar nur den Zweck hat, behauptete Misshelligkeiten des Lebens in der DDR noch zu toppen in dem Sinne: »Wenn sogar die grundlegenden Bücher der Juden nicht gedruckt wurden, na dann […]«.

Tatsächlich gibt es so etwas wie eine Spezialisierung auch bei der Produktion religiöser Literatur. Für die *Thora* (hebräische Bibel) und für den *Siddur sefat emet* (Gebetbuch für die Woche) war der Victor Goldschmidt Verlag in Basel »zuständig«. Dieser Verlag druckte die genannten Bücher in Deutsch und Hebräisch. Im Übrigen verfügten die in der DDR lebenden Juden glücklicherweise über alte Ausgaben der Heiligen Bücher, die genutzt werden konnten. Es sei noch erlaubt zu fragen, welche Auflagenhöhe hätten die Heiligen Bücher wohl haben können, wenn sie isoliert in der DDR hätten gedruckt werden sollen?

Und die hebräischen Buchstaben für einen Druck hätte man wohl mühselig in Handarbeit herstellen müssen.

Im Übrigen ist die Missachtung der Andersdenken offenbar Grundprinzip des Befassens Masers mit der Problematik. So schreibt er: »In welchem Ausmaß das antisemitische Reservoir marxistischer Provenienz seit etwa 1950 in der Sowjetunion und in der DDR dazu dienen musste, dem nun zur Staatsdoktrin werdenden Antizionismus Schützenhilfe zu leisten, lässt sich anhand der Fülle einschlägiger Propagandaschriften zeigen.« Und dann nennt er unter anderem das im Militärverlag der DDR publizierte Buch von Arne Jörgensen »Israel intern«.

»Bei der Ausarbeitung dieser Polemik – so schreibt Maser weiter – feierten viele der antisemitischen Stereotype fröhliche Urständ, die ihren ›klassischen‹ Niederschlag in der Fälschung der ›Protokolle der Weisen von Zion‹ gefunden hatten.«[178]

Sicher kann Maser davon ausgehen, dass die Leser seiner Zeilen mindestens mangels des Zugriffs zu den von im so radikal verdammten Büchern nicht nachprüfen können, was er da so bösartig verteufelt. In Wahrheit verhält es sich beispielsweise mit Jörgensens Buch anders.[179]

Die Infamie beginnt damit, dass Maser unterstellt, es mit einer Variation der »Protokolle der Weisen von Zion« zu tun zu haben. Eine Auseinandersetzung mit dem Inhalt des Buches findet nicht statt, obwohl eindeutig zu lesen ist, dass Jörgensen keine Losungen herbetet, sondern objektive Aussagen über tatsächlich Zustände und Ereignisse vermittelt.

Dass Maser der Text nicht passt, hat sicher auch damit zu tun, dass Jörgensen Positionen der KP Israels mitteilt. Dass die Partei selbst einflusslos war und ist, sagt nichts über den Wahrheitsgehalt ihrer damaligen Feststellungen aus. Das hat die materialistische Geschichtsauffassung so an sich: Sie ermöglicht Analyse und richtige Schlussfolgerungen.

Es wäre zu erwarten gewesen, dass Maser sich einzelner Thesen annimmt und inhaltlich kritisiert. Ausgesprochen wird lediglich das Verdikt. Punktum!

Das Buch behandelt unter anderem die Klassensituation in Israel und führt eine schöngefärbte Vorstellung von einer sozialen Einheit der im israelischen Staat Lebenden auf die realen sozialen Widersprüche zurück. Masers Anwürfe negieren die Tatsache, dass der Autor in der Geschichte des Judentums und Israels Bescheid weiß. Wichtig ist beispielsweise auch mit Blick auf den Widerstand der Araber zu wissen, dass die jüdische Besiedlung Palästinas nicht erst nach 1947/48 begann, sondern bereits geraume Zeit vor der nazistischen »Endlösung der Judenfrage« erfolgte.

Und man muss sich durchaus darüber im Klaren sein, dass das eigentliche Problem mit dem Teilungsbeschluss der UNO vom 29. November 1947 begann. Die UNO vergab Land, das ihr nicht gehörte. Tatsächlich verlief das Leben in den jüdischen Gemeinden in völliger Normalität.

Die Durchsicht der Jahrgänge des *Nachrichtenblattes* vermittelt davon einen Eindruck. Dass sich im *Nachrichtenblatt* die tatsächlich vorhandenen Querelen nicht widerspiegelten, ist bedauerlich, aber durchaus verständlich. Wer hat schon ein

Interesse daran, in seiner relativ kleinen Organisationsform lebend, Unzufriedenheiten, Sticheleien, Eifersüchteleien usw. usf. vor anderen auszubreiten. Dass es so etwas allerdings gab, war den Angehörigen der Jüdischen Gemeinden nicht fremd.

Unter diesem Aspekt wäre es möglicherweise sinnvoll, sich auch mit der »Sache Karin Mylius« zu beschäftigen. Frau Mylius war Vorsitzende der Jüdischen Gemeinde zu Halle an der Saale. Ihr Dasein und ihre Wirksamkeit war einigen Angehörigen der Gemeinden ein Dorn im Auge. Zumal bis zu ihrem Tode (und darüber hinaus) unklar blieb, ob ihre außerordentlich widersprüchlichen Angaben zur Person der Wahrheit entsprachen. Das Problem konnte nicht gelöst werden. Sie verstarb in der DDR.

Nach dem Zusammenbruch der DDR suchten zeitgeistgemäß wirkende Historiker und Politiker nach »Skandalen« in der DDR.[180] Und der Fall Karin Mylius war ein solcher, wenn man den Anwürfen folgt, die von einigen zu Lebzeiten von Frau Mylius gegen sie permanent erhoben wurden. Frau Mylius wurde vonseiten der DDR für ihre Tätigkeit und Haltung geehrt. So verlieh ihr der Vorsitzende des Ministerrates, Willi Stoph, im Oktober 1979 die Verdienstmedaille der DDR.

Den Jüdischen Gemeinden in der DDR stand nach dem Tode von Landesrabbiner Martin Riesenburger unmittelbar kein Rabbi zur Verfügung. Riesenburger war der letzte Rabbiner, der in Berlin, der Hauptstadt der DDR, und in der DDR wirkte. Er wurde in der DDR für sein Wirken geehrt. So verlieh ihm die Juristische Fakultät der Humboldt-Universität am 16. Juni 1961 die Ehrendoktorwürde. In den Jahren zuvor war er mit dem Vaterländischen Verdienstorden der DDR in Gold und Silber ausgezeichnet worden.[181]

Rabbiner zu werden und zu sein bedurfte einer umfassenden Ausbildung. Der seitens der DDR geförderte Versuch, einen jungen Juden in Ungarn zum Rabbi auszubilden, endete bedauerlicherweise mit dem Tod des jungen Mannes. Ausländische Rabbis mussten die Bedingung erfüllen, der deutschen Sprache mächtig zu sein. Lediglich in Ungarn stand Oberrabbi Öden Singer zur Verfügung, der für vier Jahre (1967-1970) in der DDR wirksam war. Ein Schächter reiste ein, um die Gemeinde mit koscherem Fleisch zu versorgen. Die DDR-Behörden richteten keinerlei Schranken auf. Sie versuchten im Gegenteil den gläubigen jüdischen Menschen dabei zu helfen, ihren Glauben ausüben zu können.

An dieser Stelle ist es angebracht, daran zu erinnern, dass es nicht nur keinen Antisemitismus als »DDR-Staatsräson« gegeben hat, sondern dass im Gegenteil großzügige Unterstützungen zu Buch schlagen. Dabei ist zu bedenken, dass es nicht beabsichtigt ist, etwa antisemitische Verstöße in der DDR mit den staatlichen Darbringungen, die für die jüdischen Gemeinden und deren Mitglieder geleistet wurden, »aufzurechnen«. Jedenfalls ist es eine nicht zu leugnende Tatsache, dass seitens des Staates finanzielle Beiträge zur Verfügung standen, die sowohl das Finanzieren der Gemeindearbeit als auch von Restaurierungen betrafen.

Wenn daher die seit Jahren vorgenommenen Verwüstungen von Friedhöfen insbesondere durch jugendliche Vandalen heutzutage herangezogen werden, um der DDR absichtlichen Antisemitismus zu bescheinigen, dann ist das schlicht und einfach unehrlich. Zum einen kann man in den *Nachrichtenblättern* der jüdischen Gemeinde nachlesen, welche Anstrengungen mit staatlicher Hilfe gemacht wurden, um Friedhöfe instand zu halten, zum anderen wurden beispielsweise der »Friedenstempel« in der Berliner Rykestraße renoviert, so dass er 1953 neu geweiht werden konnte; und es wurden die Synagogen in Dresden und Erfurt mit staatlicher Hilfe neu gebaut. Peter Kirchner schrieb 1974: »In der gesamten Republik werden über 130 jüdische Friedhöfe mit Unterstützung staatlicher Stellen gepflegt. Von den Nazis war der bereits 1672 angelegte älteste jüdische Friedhof im Berliner Stadtgebiet, in der Großen Hamburger Straße, eingeebnet worden. Dieser Platz wird jetzt aus Mitteln des Magistrats als historische Stätte wiederaufgebaut.« Und er verwies darauf, dass die ganze Aufmerksamkeit den Friedhöfen in Prenzlauer Berg und in Weißensee gilt.

Weiter heißt es bei Kirchner in einer anderen Quelle: »In der sozialistischen Gesellschaft der DDR ist der Glaube Privatangelegenheit eines jeden Bürgers. Glaubens- und Religionsfreiheit sind verfassungsmäßig garantiertes Recht. So können sich auch die jüdischen Bürger nach freier Entscheidung zu ihrer Religion bekennen. Dank der Unterstützung seitens des

Staates ist es möglich, die Einrichtungen der einzelnen Gemeinden zu erhalten und ein kulturelles Leben zu entwickeln. Die Bürger jüdischen Glaubens in der DDR verstehen sich als gleichberechtigte und gleichverpflichtete Bürger, die entgegen allen früheren Perioden keinerlei Verfolgung, Diskriminierung und Zurücksetzung wegen ihrer Glaubenszugehörigkeit oder aus anderen Gründen kennen. Das bedeutet aber auch gleichzeitig, dass sie für sich keine Sonderrechte beanspruchen. Die einzige Ausnahme besteht in der besonderen Fürsorge des Staates, welche die jüdischen Bürger als anerkannte Opfer des Faschismus erfahren.«[182]

Es sei an dieser Stelle darauf verwiesen, dass es in der Frage »Opfer des Faschismus« durchaus Unstimmigkeiten gegeben hat, die bis zum Ende der DDR auch nicht ausgeräumt wurden. Man hatte nach 1945 eine Differenzierung zwischen »Opfern des Faschismus« und »Kämpfern gegen den Faschismus« vorgenommen und die Höhe der Ehrenpensionen danach bemessen. Die »Opfer« fühlten sich im Verhältnis zu den »Kämpfern« diskreditiert, was sich nicht primär auf die differenten Pensionen bezog.

Peter Kirchner kritisiert, »dass die Benennung des Anteils der Juden an den Opfern in der NS-Zeit in den Unterweisungen der Schüler nicht in dem Umfang erfolgte, den wir uns gewünscht hätten. Es ist verständlich aus der Situation des Landes heraus und seiner verantwortungstragenden Führungsschicht, die natürlich in der überwiegenden Zahl Antifaschisten waren, selbst Verfolgte waren, aber aus politischer Überzeugung gegen das damalige System kämpften und die natürlich diesen ihren eigenen, sehr politisch motivierten Kampf in ihrer Darstellung aus der Geschichte stark dementsprechend in den Schulbüchern betont wissen wollten. Und wir haben versucht, immer wieder darauf hinzuweisen, was das Leiden jener, die diese Entwicklung zum aktiven Kämpfer gegen den Faschismus nicht durchlaufen konnten, weil für sie einfach fast unverständlich die Konfrontation mit dem ihnen nun Angetanen da zustandegekommen ist, dass man trotzdem also diesen Aspekt hier nicht vernachlässigen kann.«[183]

Die Mitglieder der Gemeinden reflektierten die Politik der DDR durchaus auf unterschiedliche Weise, was aber völlig normal war. Selbstverständlich bedeutet das nicht, dass es seitens des Staates DDR kein Interesse unter anderem in Gestalt des Staatssekretariats für Kirchenfragen gegeben hätte, die Anteilnahme der jüdischen Gemeindemitglieder an der gesellschaftlichen Entwicklung des Staates DDR sowie zu politisch-ideologischen Positionen zu erfahren und auch zu beurteilen. Das rührte u. a. sicher mit daher, dass den Gemeinden staatlicherseits verschiedene (auch finanzielle) Unterstützungen gewährt wurden.

Und man war sehr wohl daran interessiert zu erfahren, wie die »Integrations«-Bemühungen des Staates DDR für die jüdischen Mitbürger von diesen bewertet wurden, was die Kenntnisnahme ablehnender Haltungen einschloss. Dem Grunde nach war die Gestaltung des *Nachrichtenblattes* ein Indikator für das Verhältnis der Jüdischen Gemeinden zum sozialistischen Staat. Wobei nicht auszuschließen ist und war, dass die beispielsweise in der Rubrik »Unsere Meinung« mitgeteilten politischen Aussagen durchaus von einem gewissen Maß an Wohlgefälligkeit gegenüber dem Staat beeinflusst waren.

Zumindest muss man das vermuten, wenn man die Meinungsverkündungen liest, die im Laufe der Jahre veröffentlicht wurden und Beurteilungen der gesellschaftlichen Entwicklung in der DDR sowie Einschätzungen zu gesellschaftlichen Ereignissen beinhalteten. Einige Beispiele dafür, wie das in der Spalte »Unsere Meinung« dargestellt wurde, mögen das belegen. »Zwar entwickelten sich in beiden deutschen Staaten wieder Jüdische Gemeinden, wurden Synagogen gebaut, entstanden Zentren jüdischen Lebens. Aber während in der DDR jegliche faschistische Propaganda, rassistische Ideologie und offene antisemitische Hetze strengstens verboten sind, können zehntausende nicht zur Verantwortung gezogenen Nazis in der Bundesrepublik Deutschland hoffen, dass ihre Verbrechen mit dem 31. Dezember 1979 als verjährt gelten. [...]

Die sozialistische Gesellschaftsordnung kann mit Recht davon ausgehen, dass sie allen Menschen ein Leben in Frieden und Gleichberechtigung bietet. An dieser großen Aufgabe mitzuwirken und zugleich jeder auch noch so versteckt vorgebrachten antisemitischen Äußerung entgegenzuwirken, ist das Anliegen der kleinen jüdischen Gemeinschaft in der DDR.«[184]

»In unserem Teil Deutschlands leiteten Menschen den Aufbau einer neuen Gesellschaftsordnung, die bereits vorher aktiv gegen den Faschismus und damit auch gegen die Judenverfolgung gekämpft hatten. Auf der Grundlage der Beseitigung von Rassismus und Faschismus entstand eine neue, sozialistische Gesellschaftsordnung. Wir haben die Geschichte dieses Staates miterlebt, und wir machten sein Anliegen auch zu dem unsrigen.«[185]

»Wir sind dankbar, geschützt und geachtet in unserer DDR zu leben und vor jedem Sturm bewahrt zu sein.«[186]

Im Juni 1981 wird geschrieben: »Bei uns in der DDR werden die Menschenrechte voll erfüllt. Wir Bürger jüdischen Glaubens leben in gesicherter und geachteter Gleichberechtigung. Wir beteiligen uns am politischen Geschehen, denn hier dient alles der Erhaltung und Erfüllung des Friedens. Wir gaben darum auch unsere Stimme zur Wahl den Kandidaten der Nationalen Front.«[187]

Anlässlich des 35. Jahrestages der Gründung der DDR heißt es in der »Meinung« vom Dezember 1984: »Die Deutsche Demokratische Republik ist heute ein von allen Völkern geachteter Staat, der sich immer für die Freundschaft aller Völker und für den Frieden einsetzt. Wir, die kleine Zahl der jüdischen Bürger, sind stolz darauf, nach allem, was wir in der Zeit des Nazifaschismus erleben mussten, an diesem Staat mitgebaut zu haben, in dem wir als geachtete und gleichberechtigte Bürger in jeder Weise unbehelligt und treu unserem Glauben leben können.«[188]

Zur Realisierung des Inhalts solcher Aussagen gehören auch Überlegungen, wie dieses Leben ausgefüllt sein sollte. In einem Gespräch des Staatssekretärs für Kirchenfragen mit dem Präsidium des Verbandes und den Vorsitzenden der Jüdischen Gemeinden in der DDR am 16. Dezember 1980 äußerten diese einige Anregungen, deren Realisierung der staatlichen Unterstützung bedurfte:

1. die Auflage des *Nachrichtenblattes* sollte erhöht werden, da das Interesse aus dem Ausland steigend ist und die Auflage zur Zeit nur 2.000 Exemplare umfasst.

2. An die Sicherheitsorgane (Volkspolizei) wird die Bitte gerichtet, die Kontrolle der jüdischen Friedhöfe zu verstärken

und bei entsprechenden Vorkommnissen die Ermittlungen exakter zu führen.

3. Das Ministerium für Volksbildung sollte gebeten werden, die Schuljugend besser über das Judentum aufzuklären. Ferner sollten die Bemühungen der jeweiligen jüdischen Gemeinden um den Abschluss eines Pflegevertrages mit Schulen bzw. Schulklassen zur Erhaltung der jüdischen Friedhöfe durch die örtlichen Organe der Volksbildung unterstützt werden.

4. Die staatlichen und gesellschaftlichen Organe sollten zu allen Gedenktagen der »Kristallnacht« – und nicht nur zu »runden« – die Teilnahme sichern.

5. Im Internationalen Ferienlager der DDR sollten künftig auch junge Israeli, Kinder von Genossen der KP, Aufnahme finden. Das ermögliche z. B. engere Kontakte zwischen ihnen und Jugendlichen aus der PLO.

6. Der Anteil der Juden am antifaschistischen Widerstandskampf und an den Opfern soll deutlicher formuliert werden. Z. B. wurde bei der Namensgebung »Janusz-Korczak-Schule« in Erfurt nicht erwähnt, dass Korczak Jude war, und die jüdische Gemeinde war nicht eingeladen worden.[189]

Harry Waibel hat in einem mehrfach publizierten Aufsatz eine Anzahl antisemitischer Vorfälle statistisch aufgelistet.[190] Die Grundlage seiner Darstellung waren Informationen verschiedener Staatsorgane der DDR verschiedener Art und Zeitpunkte.[191] Das einzige, was er damit beweisen kann, ist die Tatsache, dass es Vorfälle dieser Art in der DDR gegeben hat, die durchaus wahrgenommen wurden. Die Reaktionen darauf waren unterschiedlich, wobei die Tendenz jeweils darin bestand, daraus keine republikweite »Staatsaktion« zu machen. So sollte vermieden werden, den Schmierfinken und Hetzern eine Publizität zu verleihen, die höchstens noch anstachelnd wirken konnte.

Dass dabei ernsthafte Beschwerdenotwendigkeiten nicht ausblieben, sei ausdrücklich vermerkt.

Von den Angehörigen der Jüdischen Gemeinden wurden antisemitische Äußerungen durchaus mit Aufmerksamkeit zur Kenntnis genommen, aber nicht als Realisierung eines DDR-staatlichen Antisemitismus bewertet. So schrieb Peter Kirchner am Schluss seines Briefes an Klaus Gysi zur nicht realisierten

Rede im Friedensrat der DDR am 16. Juli 1982: »Diesem Brief beigefügt finden Sie die Ablichtungen von zwei Briefen, die in den letzten Tagen die Berliner Jüdische Gemeinde erreichten. Auch sie sollen nur aus gegebenem Anlass Ihnen zur Kenntnis gelangen. Ich verallgemeinere in keinem Falle, da es mir seit jeher klar war, dass in unserem Lande noch vereinzelt Antisemiten leben.«[192]

Ein markantes Beispiel für antisemitisches Reliktdenken, auf das an dieser Stelle verwiesen werden soll, war eine Veröffentlichung, die unter dem Titel »Der Feuerdrache Zion« in der Schülerzeitung *ABC-Zeitung* (Nr. 11/1984, S. 18) erschienen war. Nachfolgend der Text: »Nahe dem Land der Kinder Palästinas lebte der kleine Drache Zion. Er war wirklich klein, beinahe winzig, hatte eine piepsige Stimme und spuckte kein Feuer. ›Gebt mir doch etwas zu essen, liebe Kinder, ich bin so furchtbar hungrig‹, bat er. Die Kinder Palästinas hatten Mitleid mit dem kleinen Drachen und teilten ihr Brot. Doch er bedankte sich nicht. Der kleine Drache Zion wuchs und wuchs und war bald kein kleiner Drache mehr. Die Nahrung, die die Kinder Palästinas mit ihm teilten, reichte nicht. ›Gebt mir mehr zu essen, ich werde nicht mehr richtig satt!‹, brüllte er zornig. ›Wir haben unser Essen geteilt! Jetzt ist nichts mehr da. Du musst warten, bis wir die Ernte einbringen‹, sagten die Kinder. Aber der Drache Zion wollte nicht abwarten. Er flog auf das Feld, drosch mit seinem gewaltigen Schwanz das Getreide gleich auf dem Halm aus und blies die Körner zusammen. Dann legte er sich vor den Haufen und fraß, bis kein Körnchen mehr übrig war. ›Das war unser Korn! Du hast uns unser Brot gestohlen!‹ riefen die Kinder und verlangten ihr Korn zurück. Da wurde der gefräßige Drache sehr böse, seine Haut wurde vor Ärger richtig grün. Und ehe sich die Kinder versahen, blies er Feuer und Rauch im Lande umher. ›Niemals vertrauen wir wieder einen Drachen, mag er auch noch so klein und hungrig sein!‹ riefen die Kinder Palästinas. ›Ein Drache bleibt immer ein Drache!‹ Und sie machten sich auf den Weg, um den Feuerdrachen Zion aus ihrem Land zu vertreiben.«

Zweifelsohne ein Text, der es in sich hatte.

Der Vorsitzende der Berliner Jüdischen Gemeinde Dr. Peter Kirchner schrieb am 15. Januar 1985 einen Protestbrief an die

Redaktion der *ABC-Zeitung*[193] und machte auf den dubiosen Inhalt aufmerksam. Unter anderem verwies er darauf, dass sich »eine altbekannte Formulierung eingeschlichen (habe): ›Ein Drache bleibt doch immer ein Drache‹, nur dass es in anderer Zeit hieß: ›Ein Jude bleibt ein Jude!‹« Dabei werde mit dem Wort Zion operiert, »das negativ dem Volk, sprich den Kindern Palästinas, gegenübergestellt wird, Zion steht aber dabei für den jüdischen Bevölkerungsanteil«.

Dr. Kirchner kritisierte im Einzelnen auch Art und Weise der grafischen Darstellung. Der Drache umringelte mit seinem Schwanz einen Kornhaufen von gelblicher Tönung und glich dem gelben Judenhut des Mittelalters, aus dem die Nazis den gelben Judenstern machten.

Kirchner erhielt am 22. Januar 1985 einen Entschuldigungsbrief vom Chefredakteur, in dem es u. a. hieß: »In der Tat ist dem Autor und der Redaktion in dem erwähnten Märchen eine bedauerliche Unkorrektheit unterlaufen. Die aufgeworfenen Fragen haben in ihrer Tragweite bei uns Betroffenheit ausgelöst. Natürlich lag und liegt uns fern, das Judentum mit dem imperialistischen Staat Israel und seiner zionistischen Politik gleichzusetzen. Eine Differenzierung in diesem Sinne wäre auch im Märchen erforderlich gewesen.«[194]

Es sei noch ein anderes Ärgernis vermeldet.

Die *Berliner Zeitung* vom 10. Dezember 1985 hatte eine Karikatur »Der gewöhnliche Kapitalismus« veröffentlicht. Zu sehen war ein Soldat, der ein gespanntes und mit einem Militärfahrzeug geladenes Katapult in den Händen hielt und vom Territorium »Israel« aus in den Südlibanon zielte. Die Unterschrift lautete. »Wir haben uns zurückgezogen.«

Stefan Heym protestierte in seinem Brief mit den Worten: »Da ist er wieder, der hässliche Jude mit der krummen Nase und all den Attributen, die Julius Streicher ihm verliehen hat. Schlimmer noch als die Geschmacklosigkeit ist der Geist, der – nach sechs Millionen jüdischen Opfern in deutschen Konzentrationslagern – aus dieser Zeichnung spricht.«[195]

Dr. Peter Kirchner, der am 11. Dezember 1985 brieflich protestierte, verwies insbesondere auf die »dem Gesicht beigegebene ›Stürmernase‹«, so gestaltet, wie das in den nazistischen »unseligen Stürmerkarikaturen« Praxis gewesen war.[196]

Im Antwortbrief des Redaktionskollegiums der Berliner Zeitung betonte Chefredakteur Dieter Kerschek, dass er sich bei Peter Kirchner »als dem Repräsentanten unserer jüdischen Mitbürger dafür entschuldigen (möchte), dass diese Zeichnung gedruckt worden ist«.[197]

Im Text »Unserer Meinung« vom September 1974 wird auf den 25. Jahrestag des Bestehens der DDR verwiesen: »Dieser Tag ist für uns Bürger jüdischen Glaubens in der DDR ein Tag von großer Bedeutung. Sind wir doch gleichberechtigt am Aufbau unserer Republik beteiligt und haben alles in unseren Kräften Stehende getan, um sie zu stärken. So erfüllt uns die weltweite Anerkennung, die die DDR im letzten Jahr gefunden hat, mit berechtigtem Stolz. Wir Bürger jüdischen Glaubens genießen hier alle Rechte, können unsere Religion frei ausüben, und für uns ist in jeder Weise gesorgt.«[198]

Diese Diktion hatten die »Meinungen« über die Jahre, wobei Veränderungen in der politischen Lage durchaus ihren Niederschlag gefunden haben. Zum 8. Mai 1975, dem 30. Jahrestag der Befreiung vom Faschismus, heißt es in der »Meinung«: »In den Vernichtungslagern des Ostens war es die Rote Armee, welche die so lang ersehnte Freiheit brachte, die Armee jenes Landes, das unter dem faschistischen Terror besonders leiden musste. Zu den Opfern des Nationalsozialismus gehörten auch über sechs Millionen jüdischer Menschen […]. Die vergangenen drei Jahrzehnte waren in der Deutschen Demokratischen Republik angefüllt mit dem Bemühen, das Vergangene nicht zu vergessen und gleichzeitig alles zu unternehmen, mit diesem menschenverachtenden System zu brechen, die Verantwortlichen zur Rechenschaft zu ziehen und eine neue, humanistische Gesellschaftsordnung aufzubauen. An dem heute Erreichten haben die in der DDR lebenden jüdischen Menschen einen nicht unbedeutenden Anteil.«[199]

»Die wirkliche Freiheit haben wir Bürger jüdischen Glaubens nach der Zeit der Dunkelheit erst voll und ganz in unserer humanistischen Heimstatt, in unserer Deutschen Demokratischen Republik, gefunden.«[200] Noch im Text vom September 1989 wird dieser Standpunkt formuliert. Da heißt es wörtlich: »In diesem Oktober besteht der Staat, in dem wir leben, 40 Jahre. Seine friedenssichernde Rolle in Europa gehört zu den wesentlichen Errungenschaften der zurückliegenden vier Jahrzehnte. Die antifaschistische Grundhaltung der DDR hat seit dem vergangenen Jahr in der Würdigung der Opfer des jüdischen Volkes eine neue Qualität erhalten. Eingeschlossen ist darin eine differenziertere Auseinandersetzung mit der brisanten politischen Situation im Nahen Osten. Wir geben unserer Hoffnung Ausdruck, dass über die ersten wissenschaftlichen und kulturellen Kontakte zu Israel sich folgerichtig die Aufnahme von diplomatischen Beziehungen zwischen der DDR und Israel entwickeln wird.«[201]

Hier sei angemerkt, dass die historischen Ereignisse, was den Frieden in Europa angeht, diesen überrollten. Die Aggression gegen Jugoslawien war der Auftakt. Und eine Entwicklung der Beziehungen der DDR zu Israel wurde mit dem Untergang der DDR obsolet.

Im Übrigen wird man durchaus nicht unbedingt von dauernder gegenseitig überschäumender Sympathie zwischen allen Gemeindemitgliedern und dem Staat sprechen wollen oder können. Sonst hätte es wohl weder die regelmäßigen Informationsberichte des zuständigen Sachbearbeiters im Staatssekretariat für Kirchenfragen über die Situation in den Jüdischen Gemeinden, noch gelegentliche Abreden mit den Gemeinden wie über die des Verhaltens zum Nahen Osten gegeben.

Peter Kirchner hat sich dazu kurz vor dem Untergang der DDR kritisch und selbstkritisch geäußert. »In beiden deutschen Staaten gerieten die jüdischen Gemeinden gleichermaßen in die Situation, ihrer Obrigkeit gegenüber Freundlichkeit und Entgegenkommen zu zeigen, weil Abhängigkeiten entstanden waren. Machen wir uns nichts vor: Abhängigkeiten durch finanzielle Zuwendungen und ähnliches. Die Gefahr, in der auch ich mich weiß, so dass ich mich manchmal frage, wie weit bist du schon verstrickt, ein sogenannter Hof-Jude zu sein, ein ›Vorzeigejude‹ für den jeweiligen Repräsentanten, ist riesig groß.«[202]

Durchaus Bedenkliches, wie man gestehen muss.

Ob diese Nachdenklichkeit allerdings zu einer solchen Änderung des Standpunktes zur DDR führen musste, wie sie in den »Meinungen« nach dem Dezember 1989 artikuliert wurden, erscheint mir durchaus fraglich.

Aber zurück zur »Meinung« vom September 1989. Der Diktion des dort Dargelegten entspricht die »Adresse«, die der Präsident des Verbandes der Jüdischen Gemeinden in der DDR, Siegmund Rotstein, am 7. Oktober 1989 an den Staatssekretär für Kirchenfragen übersandte: »Im Namen des Verbandes der Jüdischen Gemeinden in der DDR gestatte ich mir, Ihnen die herzlichsten Grüße und Glückwünsche zum 40. Jahrestag unserer Deutschen Demokratischen Republik zu übermitteln.

Mit der Gründung der Deutschen Demokratischen Republik ist gerade für uns Juden erstmals in der deutschen Geschichte ein Wendepunkt vollzogen worden, der uns eine friedvolle Zukunft in gesicherten sozialen Verhältnissen zu leben und zu arbeiten ermöglicht. Mit der Entwicklung unseres antifaschistischen sozialistischen deutschen Staates, an dessen Aufbau wir allseits mitgewirkt haben, ist überdies für uns aber auch eine Herausforderung verbunden, diese neuen gesellschaftlichen Verhältnisse weiterhin mitzugestalten. So haben wir durch unser Mittun von Anfang an auch all jene progressiven Traditionen mit fortentwickelt, für die viele Juden generationenlang mit großer Hingabe eintraten. Ein Ausdruck dessen ist, dass in der DDR das Andenken an die jüdischen Opfer und Kämpfer gegen den Faschismus in Ehren wachgehalten wird. Insbesondere erfüllt es uns mit Genugtuung, dass die Bewahrung und Pflege des jüdischen Erbes als untrennbarer Bestandteil der Geschichte und Kultur unseres Volkes nunmehr auch zum gesamtgesellschaftlichen Anliegen in Gestalt der Stiftung *Neue Synagoge Berlin – Centrum Judaicum* geworden ist.

Unsere Teilhabe am geistigen Klima des Antifaschismus in der DDR, das auf Völkerverständigung und Entspannung gerichtet ist, enthebt uns jedoch nicht der Sorge gegenüber den verschiedenen Erscheinungen von Nationalismus, Rassismus und Neofaschismus in der heutigen Welt.

Anlässlich des 40. Jahrestages unserer sozialistischen Deutschen Demokratischen Republik bekräftigen wir Juden nachdrücklich, weiterhin alle Bemühungen unseres Staates um Völkerverständigung und Abrüstung, zur Erhaltung und Sicherung des Friedens zu unterstützen.

Ich nutze die Gelegenheit, sehr geehrter Herr Staatssekretär, Ihnen für unsere gemeinsame Zukunft alles erdenklich Gute und Ihnen persönlich Wohlergehen und Schaffenskraft zum Wohle unserer Republik zu wünschen.«[203]

Diesen Brief zur Kenntnis nehmend, muss man sich nun dem Verhältnis zwischen den Meinungsäußerungen vor dem Untergang der DDR und denen im Prozess dieses Untergangs zuwenden. Wenn man nicht davon ausgehen will, dass die Verantwortlichen der Jüdischen Gemeinden sich in ihren Erklärungen zur Geschichte der DDR und dem Leben in der DDR, die im Laufe der Jahre bis zum Zeitpunkt des DDR-Untergangs verlautbart wurden, doppelbödig artikulierten, dann müsste man schon akzeptieren, dass die Verhältnisse offensichtlich doch nicht so staatsgeistig dominant waren, wie sie dann im Prozess des Untergangs der DDR auch in Verlautbarungen von verantwortlichen jüdischen Männern mit anklägerischer Diktion dargestellt wurden.

Weder waren sie absichtlich repressiv, noch reflektierten sie eine gewollte ideologische Indoktrination oder Bevormundung. Es soll damit keineswegs behauptet werden, es sei in der DDR kein Missfallen mit diversen Zuständen artikuliert worden und alles nur eitel Sonnenschein gewesen. Kleingeistige Politikerentscheidungen waren ebenso Realität wie das Überfluten mit propagandistischen Leerformeln. So wird im *Nachrichtenblatt* vom März 1973 in der Rubrik »Unsere Meinung« darauf verwiesen, dass man es 1973 mit zwei hervorragenden Erinnerungstagen zu tun habe. Vor vierzig Jahren, am 30. Januar 1933, waren die Nazis an die Macht gelangt und vor dreißig Jahren, am 19. April 1943, erhoben sich Jüdinnen und Juden im Warschauer Ghetto gegen die Ermordungspolitik der deutschen Faschisten.

Und dann heißt es: »In unserer Deutschen Demokratischen Republik, die eine immer stärker werdende Anerkennung in der Welt findet, begehen wir in vollster Freiheit, ohne jede irgendwie geartete Beschränkung diese Festtage nach altem Brauch und Ritus.«[204] Man findet allerdings Verlautbarungen, in denen die sozialistische Entwicklung der DDR einmütig bejaht wird, faktisch in allen Ausgaben des *Nachrichtenblattes* auf der einleitenden Seite.

Was andere Umstände bewirken.
Vom gewandelten Bewusstsein

Am 4. November 1989 richtete Siegmund Rotstein im Namen des Verbandes der Jüdischen Gemeinden in der DDR an die Volkskammer einen »Offenen Brief«, in dem es u. a. hieß, dass man darauf bestehe, »bei der Um- und Neugestaltung des öffentlichen Lebens keine Abstriche an der die DDR von Anfang an bestimmenden antifaschistischen Grundhaltung zuzulassen«.

Im Folgenden wurde gemeint, dass die Aufarbeitung der Geschichte nicht allein eine Sache der Historiker sei. Insbesondere wäre es bedeutsam, das Schicksal der Juden in den Zeiten der nazistischen Verfolgung stärker in das Bewusstsein zu bringen. »Die Diskriminierung, Verfolgung, Deportation und Ermordung von über 70 % aller europäischen Juden geschah in der Öffentlichkeit. Die individuelle Verantwortung dafür wurde bisher nicht ausreichend deutlich.

Die bitteren historischen Wahrheiten des Massenmordes müssen öffentlich im Gespräch bleiben.« Ausgedrückt wird in dem Brief die Unzufriedenheit mit den bisherigen Bildungskonzeptionen, die diese Tatsachen nach Ansicht der Briefschreiber in der Vergangenheit nicht hinreichend verdeutlichten. Die jüngste Zeitgeschichte müsse angesprochen werden. Unangemessene Begriffe der Propaganda wie »Kosmopolit« oder »zionistische Verschwörung« sowie Diskreditierungen und Verfemungen von Rückkehrern aus der Westemigration in den späten 40er und 50er Jahren hätten negativ auf die Stellung der Juden in der DDR gewirkt und bis in die Gegenwart hinein Fehlinterpretationen verursacht. Es sei folglich an der Zeit, die Geschichtslehrbücher neu zu schreiben.

Gefordert wird ferner, die Medienpolitik zu verändern und den Zustand zu beseitigen, dass gesellschaftspolitische Probleme als Staatsgeheimnisse behandelt werden. Wie stehe es in dieser Hinsicht mit den Verhandlungen zu Entschädigungszahlungen?

In dem Brief heißt es weiter, dass das Existenzrecht Israels – und darin wisse man sich »mit der erklärten Außenpolitik unseres Staates« in Übereinstimmung –, nicht in Frage zu stellen sei. Kritisch wird vermerkt, dass es Besorgnis errege, wenn sich rechtsradikale und neonazistische Gruppen bildeten »und die von ihnen ausgehende Gefahr in unserem Lande aus falsch verstandener Scham bagatellisiert wird«.

Antisemitische Vorfälle würden nicht dadurch ungeschehen gemacht, dass man ihre Spuren möglichst schnell beseitige beziehungsweise »Verhandlungen gegen gefasste Täter unter Ausschluss der Öffentlichkeit führt«.[205] Von allem anderen einmal abgesehen sei betont, dass die Juden jedenfalls offensichtlich nicht der Ansicht waren, man habe es in der DDR lediglich mit einem »verordneten Antifaschismus« zu tun.

Unverkennbar ist nun, dass nach diesem »Offenen Brief« eine Wandlung der Ansichten stattfand.

Das Merkwürdige war das fast schlagartige Verleugnen des über 40 Jahre gelebten und erlebten Lebens. Mündlich wurde verneint, was bislang als Wahrheit gegolten hatte, und offensichtlich bedingungslos wurde übernommen, was kategorisch das Leben in einer anderen Gesellschaftsordnung bedeutet.

Der nachfolgende Text »Unsere Meinung« wurde mit den Unterschriften von Siegmund Rotstein, Dr. Peter Kirchner, Hans-Joachim Levy und Raphael Scharf-Katz im *Nachrichtenblatt* vom Dezember 1989 publiziert: »Wenn diese Zeilen dem Leser gedruckt vorliegen, sind Wochen seit ihrer Niederschrift vergangen. [...] Um die Zeit, da die Bürger unseres Landes – und wir zählen uns dazu – den 40. Jahrestag der Gründung der DDR begingen, entwickelte sich aus der Rückschau auf Vergangenes, aus dem Vergleich von Erstrebtem und Erreichtem, der Prüfung eigenen und gesellschaftlichen Handelns und Versagens eine Diskussion, die auch die Mitglieder der Jüdischen Gemeinden erfasste.

40 Jahre DDR, das sind 40 Jahre des Bewahrens des Friedens und eine politisch-wirtschaftlich-kulturelle und soziale Entwicklung, geleitet durch die Bemühungen derer, die einst gegen den deutschen Faschismus kämpften und den Aufbau einer antifaschistisch-demokratischen Ordnung vorbereiteten.

Dazu gehörte auch die Auseinandersetzung mit dem deutschen Faschismus und dem millionenfachen Mord an den europäischen Juden – ein bleibendes Erbe, von dem sich keine deutsche Gesellschaft freisprechen kann. Es wurden Gedenksteine gesetzt, anfangs nur zögernd, immer nur von den wehrlosen Opfern gesprochen und allzulange vermieden, auch einen jüdischen Widerstand anzuerkennen.

Niemand bezweifelt das Verdienst kommunistischer Antifaschisten. Doch der Widerstand hatte die vielfältigsten Formen. Erst durch den Sieg der Antihitlerkoalition wurde das grausame System des deutschen Faschismus zerschlagen. Unter denen, die als Kommunisten gegen Hitler gekämpft hatten, waren auch viele Juden, doppelt gefährdet und verfolgt.

Jene, die überlebten und in die DDR zurückkehrten, verdrängten um ihrer politischen Haltung willen jegliche Identifikation mit ihrer jüdischen Herkunft – nicht immer verständlich für uns, die Judentum auch nicht ausschließlich als religiöse Bindung verstanden. Die Übernahme der Vorwürfe der sogenannten ›zionistischen Weltverschwörung‹ in der stalinistischen Zeit bedingte auch den distanzierten Standpunkt gegenüber dem Staat Israel seit seiner Gründung, wie er von den in unserem Lande politische Verantwortung Tragenden vertreten wurde. Nach dem Kriege 1967 gingen die überscharfen Verurteilungen des Staates Israel oft über das normale und vertretbare Maß kritischer Auseinandersetzungen hinaus, umsomehr Vergleichbares bei der Darstellung anderer Konfliktsituationen im nahöstlichen Raum fast vollkommen vermieden wurde.

So verwundert die Gleichsetzung von Antizionismus mit einer allgemeinen Ablehnung des Staates Israel nicht. Immer wieder gebrauchte und zu Schablonenhaftem degradierte Formeln wie ›imperialistische Speerspitze‹, ›zionistische Soldateska‹, ›Besatzer‹, ›Aggressor‹ etc. etc. trafen uns tief, weil vielzulange einer differenzierten Darstellung der gleichfalls vorhandenen israelischen Friedensbewegung ausgewichen wurde. Zumal: Die DDR hat diplomatische Beziehungen mit Staaten aufgenommen, deren Regime und deren Handlungsweisen wohl eindeutig kritikwürdig sind.

Wenn wir erschreckt in den letzten Jahren feststellen mussten, dass auch in der DDR junge Leute sich auf extreme, teilweise rechtsextreme, Weise äußern, faschistische Symbole zu eigen machen und davon ihr Handeln – in Worten und Taten – bestimmen lassen, so kann dies nicht allein mit dem Hinweis auf den Einfluss westlicher Medien abgetan werden. Die dafür ausgesprochenen hohen Strafen schaffen den Umstand nicht aus der Welt, ersparen es nicht, die Ursachen zu erforschen und dabei die Öffentlichkeit einzubeziehen. Die Mitglieder unserer Gemeinde haben die DDR als ihre Heimat angenommen und sind in ihr geblieben in der Gewissheit, dass antifaschistisches Denken und Handeln sowie soziale Sicherheit Grundpfeiler des Staates sind.

Die Gemeinden wissen um die großzügigen materiellen Hilfen des Staates zur Sicherung ihrer wirtschaftlichen Selbständigkeit und anerkennen die Garantie der religiösen Freiheit. Sie freuen sich über die Bewahrung jüdisch-kultureller Überlieferungen durch staatliche und gesellschaftliche Einrichtungen, die Unterstützung bei der Pflege jüdischer Friedhöfe, wenngleich die Freie Deutsche Jugend hier erst sehr viel später als die religiösen Gruppen junger DDR-Bürger ihre Beteiligung zusagte.

Im vergangenen Jahr sind erste Zeichen gesetzt worden, die eine Änderung in den Beziehungen zum Staate Israel erkennen lassen. Ein zur Zeit leider noch einseitiger Kulturaustausch mit der Entsendung von DDR-Vertretern zu musikalischen und anderen künstlerischen Ereignissen in Israel lassen hoffen, dass die bisherigen Bedenken, Israel diplomatisch anzuerkennen, überwunden werden. Wer von der Dialogbereitschaft mit allen spricht und in einer die Annäherung ermöglichenden Gesprächsführung die Zukunft sieht, muss auch hier nach diesem Beispiel handeln.

Für die DDR heißt dies anzuerkennen, dass die Verantwortung für das in der Vergangenheit Geschehene nicht nur gegenüber den europäischen Nachbarvölkern zugegeben werden kann, sondern die Anerkennung des Staates Israel einschließen muss, dessen Bürger zum großen Teil Verfolgte des deutschen Faschismus waren. So wie die Lichter im wiedergeweihten Tempel zur Hasmonäerzeit vom jüdischen Selbstverständnis kündeten, so müssen auch die Chanukkahlichter in diesem Jahr unsere Hoffnungen zur Anerkennung des Staates

Israel durch die DDR erhellen. In diesem Sinne wünschen wir allen Mitgliedern gesegnete Chanukkahtage.«[206]

Unter dem »Schwung« der sogenannten Wende kam es im Weiteren zu Formulierungen, die dem bisherigen überzeugten positiven Bejahen des Charakters der DDR diametral entgegengesetzt waren. In »Unserer Meinung« vom März 1990 hieß es im offensichtlich strikten Gegensatz zu der oben zitierten Grußadresse an den DDR-Staatssekretär sowie auch hinsichtlich der Diktion der vorstehend zitierten Verlautbarungen unter anderem: »Es ist in der deutschen Geschichte eine Einmaligkeit, dass Bürger des Staates gegen ein Machtmonopol in friedvollen Demonstrationen antreten, um den Machtmissbrauch eines sich als antifaschistisch darstellenden Regimes zu beenden.

Heute können wir Bilanz ziehen und müssen erkennen, dass die Hinterlassenschaft dieses gestürzten selbstherrlichen Apparates einen Scherbenhaufen darstellt. Nicht nur wirtschaftlich wurde dem Staat unvergleichlicher Schaden zugefügt, sondern auch politisch.

Jahrzehntelang versuchte man immer wieder, den Antisemitismus als mit der Wurzel ausgerottet hinzustellen. Heute müssen wir erkennen, dass Antisemitismus, Rassenhass, Ausländerfeindlichkeit und Überheblichkeit in aller Stille gewachsen sind. Ist es möglich, dieses Geschehen zu analysieren?

Wir glauben, dass es vielerlei Faktoren gab, die diese Entwicklung ermöglicht haben. Dazu gehört der verordnete Antifaschismus, eine verfehlte Schulpolitik mit einer in Überheblichkeit dargestellten Gleichstellung von Antifaschismus und der als kommunistisch deklarierten Staatspolitik.

Die Schande des nationalsozialistischen Vandalismus wurde im Hinblick auf die Shoa in einer Weise behandelt, die den Schülern keinen Spielraum gab, mit notwendigen didaktischen Methoden diese grausame Zeit von 1933-1945 und die Wurzeln des Antijudaismus und späteren Antisemitismus ernsthaft zu erforschen. [...]

Dazu kam noch eine Medienpolitik, die antizionistisch ausgerichtet war und leider auch von vielen jungen Menschen als antisemitisch verstanden wurde. Fast 40 Jahre wurde der Staat Israel aus Gründen der Staatsräson als unmenschlicher Staat dargestellt, um so die arabischen Staaten zu hofieren.«[207]

Angefügt seien noch Worte aus dem *Nachrichtenblatt* vom Juni 1990: »Heute für uns ein Rückblick zu zwei Volkskammertagungen. Zwei Sitzungen sehr unterschiedlicher Art. Die eine, stattgefunden aus Anlass des 50. Gedenktages der faschistischen Pogromnacht vom 9. November 1938. Die Ansprache des damaligen Präsidenten der Volkskammer, Horst Sindermann, war ein Rückblick auf die Ereignisse im faschistischen Deutschland. Er schilderte den Leidensweg der Juden und hob den antifaschistischen Kampf der Kommunisten gegen diese Verfolgung hervor.

Eine Entschuldigung im Namen der Regierung für diese durch Deutsche den Juden zugefügten unsäglichen Leiden mussten wir leider vermissen.

Anders die Volkskammersitzung am 12. April 1990.«[208]

Es folgt dann ein lobender Verweis auf diese von der Präsidentin der Volkskammer, Frau Dr. Bergmann-Pohl, verlesene Volkskammer-Erklärung, deren Wortwahl und Inhalt absolut der bundesdeutschen Diffamierung der DDR entspricht.

Die im März 1990 gewählte Volkskammer hatte bei 21 Stimmenthaltungen eine natürlich »nicht ideologische« Verbeugung vor den nach Ansicht dieser Volkskammer von der DDR in der Vergangenheit bedrückten und gequälten Juden beschlossen. In dieser »Erklärung« hieß es: »Das erste frei gewählte Parlament der DDR bekennt sich im Namen der Bürgerinnen und Bürger dieses Landes zur Mitverantwortung für Demütigung, Vertreibung und Ermordung jüdischer Frauen, Männer und Kinder. Wir empfinden Trauer und Scham und bekennen uns zu dieser Last der deutschen Geschichte. Wir bitten die Juden in aller Welt um Verzeihung.

Wir bitten das Volk in Israel um Verzeihung für Heuchelei und Feindseligkeit der offiziellen DDR-Politik gegenüber dem Staat Israel und für die Verfolgung und Entwürdigung jüdischer Mitbürger auch nach 1945 in unserem Lande.«[209]

Den Abschluss der Veröffentlichung des *Nachrichtenblattes* bildet das im September 1990 veröffentlichte Heft, das unter dem Eindruck der inzwischen erlebten neofaschistischen Aktivitäten weniger euphorisch war, es aber dennoch nicht versäumt, noch einen Seitenhieb auf die untergehende DDR zu verteilen.

Verwiesen wird auf eine Verlautbarung aus dem Ministerium des Inneren der DDR, dass »rechtsextreme Gruppierungen mindestens seit 1980/81 in der DDR bekannt (gewesen) seien, was »nachträglich unsere in der Vergangenheit immer wieder geäußerten Befürchtungen (bestätige), dass aus ungebremstem Antizionismus und Antiimperialismus sich neuer Antisemitismus entwickeln könne.

Die leere Floskel, dass ›in der DDR der Faschismus mit den Wurzeln ausgerottet sei‹, war seit jeher fragwürdig geblieben.«[210]

Selbst wenn man die durchaus kritischen Bemerkungen Kirchners, die er vor dem Untergang der DDR kundtat, in Rechnung stellt, ist es dennoch merkwürdig, dass auch Peter Kirchner die Erklärungen »Unsere Meinung« ab Dezember 1989 unterzeichnete, die eine überaus missgünstige Diktion gegen die DDR besitzen und bei denen man sich fragt, ob sie als eine reuevolle Zurücknahme der bislang zwar kritischen, aber dennoch dem Staat DDR insgesamt freundlich-zustimmenden Haltung der jüdischen Gemeinde in der DDR zu lesen sind.

Es sei daran erinnert, dass die Angehörigen des Redaktionskollegiums des *Nachrichtenblattes* während der Feierlichkeiten anlässlich des 50 Jahrestages des faschistischen Novemberpogroms im Gebäude des Staatsrates aus der Hand von Erich Honecker hohe staatliche Auszeichnungen der DDR entgegennahmen: Siegmund Rotstein – »Stern der Völkerfreundschaft« in Silber; Dr. Peter Kirchner, Hans-Joachim Levy und Raphael Scharf-Katz – »Vaterländischer Verdienstorden« in Silber.

Wie kann sich dieser Sinneswandel bei der Beurteilung des Charakters der DDR möglicherweise erklären lassen?

Wahrscheinlich war man bei den Autoren dieser Erklärung der Ansicht, dass »Volkes Stimme«, wenn sie denn eine solche personale Zusammensetzung der Volkskammer gewünscht hatte, nicht fehlgedacht haben könne. Die Ernüchterung kam leider sehr zögerlich, sie dauert bekanntlich bis heute an. Die versprochenen »blühenden Landschaften« jedenfalls lassen noch »ein Weilchen« auf sich warten. Inzwischen gewinnt man allerdings im Nachgang Erkenntnisse über die reale Bedeutung und den realen Charakter des nun untergegangenen Staates.

Zum einen ist es schon bemerkenswert, dass diese Volkskammer offenbar beabsichtigte, das Verhalten der DDR gegenüber deren jüdischen Mitbürgern mit den Worten »auch nach 1945« in eine Handlungslinie mit der Verbrechenspraxis des deutschen Faschismus zu bringen.

Zum anderen kann es keineswegs mit Freude erfüllen, wenn die Politik Israels, die auch für das Verhalten der DDR Israel gegenüber bestimmend war, durchaus eine Politik imperialistischen Inhalts war. Man sollte dabei nicht übersehen, dass insbesondere die jüngste Aggression gegen den Gaza-Streifen bedenklich Aggressivität und Bruch des Völkerrechts demonstriert. Und man sollte schon wissen, dass das negative Verhältnis DDR-Israel lange Zeit ein wechselseitiges war und erst gegen Ende der Existenz der DDR bestimmte Signale einer Annäherung erkennbar waren. So beispielsweise mit dem Besuch des Staatssekretärs für Kirchenfragen Löffler in Israel.

Der Text lässt jedenfalls auf einen gravierenden Gegensatz zu all dem bis Ende 1989 Dargelegten schließen. Besonders verwunderlich ist das bei Peter Kirchner, der sich später allerdings anderen Sinnes zeigte.

Für seine spätere Beurteilung der unterschriftlichen Beteiligung an den Meinungs-Texten sollte gelten, was er mir im Juni 2009 mitteilte. Es sei in jenen hektischen Tagen von 1989/90 schon Praxis gewesen, für das *Nachrichtenblatt* Ausgearbeitetes nicht mehr sorgfältig und kritisch zu prüfen, sondern eben mit zu unterzeichnen. Jedenfalls war es Gewohnheit gewesen, dass die Texte für die »Meinung« im *Nachrichtenblatt* von den Kollegiumsmitgliedern reihum geschrieben wurden, was bedeutete, dass Kirchner selbst nur für einen Text pro Jahr verantwortlich war.

Weiter merkt Peter Kirchner an, dass es 1990 bereits festgelegt gewesen sei, dass sich die jüdischen DDR-Gemeinden »wieder mit dem Zentralrat zusammenzuschließen würden, während für die Berliner Gemeinde die Vereinigung mit der Westberliner Gemeinde anstand und somit keine Eigenständigkeit mehr zu erwarten war. Dadurch war Berlin auch nicht mehr entscheidend in die Publikation des *Nachrichtenblattes* eingebunden, auch erschien die letzte Ausgabe vom Dezember nicht mehr, weil zum Oktober die Unterstellung unter den

Zentralrat abgeschlossen war. Nach außen standen aber noch alle Namen unter der ›Meinung‹ und Berlin konnte auch noch eigene Texte einreichen.«[211]

2003 schrieb er: »In einer bilanzierenden Rückschau kann ich sagen, dass ich in meinem Leben in der DDR kein unglücklicher Mensch geworden bin. Die Entscheidung für ein Verbleiben in Ost-Berlin war insgesamt nicht falsch. Materielle Erwartungen spielten in meinem Leben immer eine nachgeordnete Rolle. Sicherlich hätte ich als Arzt im Westen vielleicht ein eigenes Haus und eine gutgehende private Praxis haben können. Aber ich bin aus der Kenntnis der letzten Jahre sicher, dass mich vielerlei an der westlichen Gesellschaft gestört und brüskiert hätte.

Auch heute gewinne ich den damals schon bei den gelegentlichen Besuchen empfundenen Eindruck, dass die Atmosphäre nicht immer wirklich ehrlich, freundlich, aufgeschlossen ist. Mich störte schon damals eine vordergründige Oberflächlichkeit mit ›Küsschen auf die Wange‹, – und wenn man sich umdrehte, wurde hinter dem Rücken abfällige Bemerkungen gemacht.

Es mag für manchen nicht nachvollziehbar sein, aber in meinem Umfeld im Osten und in den Bereichen, in denen ich mich bewegte, erlebte ich sehr viel mehr ehrliche Herzlichkeit und Offenheit, auch bei den Zusammentreffen mit den Vertretern der christlichen Kirchen.«[212]

Vom »Judesein«
und vom »missachteten Jüdischen«

Es ist so eine Sache mit dem Judesein. Als der *Spiegel* konstatierte, dass in den assimilierten Familien das Judentum häufig keine große Rolle mehr spiele, und Frau Anita Lasker-Wallfisch fragte, wie das bei ihr sei, antwortete diese: »Wissen Sie, das Judesein ist ein ziemliches Problem. Man weiß im Grunde nicht, was das ist. Man gehört sozusagen einer Leidensgemeinschaft an. Das verbindet uns. Aber wir sind so verschiedenartig. Das möchte man gern in die Köpfe der Menschen hineinbekommen, die Juden en gros hassen, weil sie anders sind. Wir sind untereinander auch vollkommen anders! Ja, im Grunde ist es nur eine Gemeinschaft, die viel durchgemacht hat, nicht nur den Holocaust.«[213]

Gelegentlich, so beispielsweise von Horst Helas[214] mit Verweis auf Angelika Timm, wird der DDR negativ angerechnet, dass sie die Juden nur als Religionsgemeinschaft und nicht als Volksgruppe oder Schicksalsgemeinschaft wahrgenommen und akzeptiert hat.[215]

Wenngleich es sich in der Tat so verhält, ist es aber keineswegs als sträflich anzusehen. Zumal eine nicht unwesentliche Anzahl jüdischer Menschen überhaupt keinen Bezug zu dieser Religionsgemeinschaft hat und, was besonders bei sozialistisch/kommunistischer Einstellung oder als Assimilierte der Fall ist, keinen Wert darauf legte, als Jude kenntlich zu sein bzw. angesprochen zu werden. Mit dem Untergang der DDR hatte bei manchen Personen eine Erinnerung an das Judentum Konjunktur. Einige tun heute so, als hätten sie isoliert und einsam in der DDR gelebt, oftmals unbewusst bezüglich einer jüdischen Abkunft, weil die Eltern aus unterschiedlichem Interesse ihre Abstammung nicht offen bekannt machten. Möglicherweise hat man aus dieser Erscheinung die Behauptung gewonnen, die DDR habe erst kurz vor ihrem Ende versucht, »ihr gestörtes Verhältnis zum jüdischen Staat und ihren jüdischen Mitbürgern in Ordnung zu bringen«.[216]

In Leserbriefen wurde von DDR-Bürgern das Befremden über diese Ansicht geäußert. Im Alltag der DDR sei eine Unterscheidung Jude-Nichtjude überhaupt nicht üblich gewesen. Dass die Eltern es damals für wichtiger hielten, als Sozialisten/Kommunisten an der Gestaltung der sozialistischen DDR mitzuwirken, statt die jüdische Abstammung zu betonen, zählt bei diesen ihren Kindern nicht.

Norbert Podewin hat das eigentlich Unverständliche der Situation auf treffliche Weise in der »Vorbemerkung« seiner Biografie Albert Nordens (edition ost, 1999) mitgeteilt. Im Dezember 1984 sprach er in der SED-Parteihochschule »Karl Marx« zur Bündnispolitik. Und er eröffnete sein Referat mit dem Verweis auf einen Artikel im *Neuen Deutschland* mit dem Titel »Ein leidenschaftlicher Streiter für den Frieden und den Sozialismus. Heute wäre Albert Norden 80 Jahre alt geworden«, in dem es geheißen hatte: »Sein Vater war ein angesehener Akademiker, der in humanistischer Tradition und gleicherweise im Lateinischen, Griechischen und Hebräischen wie in den deutschen Klassikern zu Hause war.«

Podewins Kommentar: »So wortreich kann man den Fakt umschreiben: Sein Vater war Rabbiner.«

Podewin fügte dann hinzu, dass der Autor des Artikels sich allerdings an Albert Norden selbst gehalten hatte, denn dieser hatte noch 1981 den zitierten Satz fast wörtlich geschrieben. Wobei Norden die Tatsache, dass sein Vater Jude war, dadurch durchschimmern ließ, dass er anmerkte, seinem Vater sei angesichts der Judenverfolgungen in der Hitlerzeit von Briten Hilfe angeboten worden, den Verfolgungen zu entgehen, die sein Vater allerdings ablehnte.[217]

Meist mit dem Ausdruck größten Bedauerns konstatieren die jüdischen Nachkommen, dass sie ihr jüdisches ICH erst nach dem DDR-Untergang hätten entfalten können. Dabei setzen sie den Beginn ihrer Zerrissenheit in der gelebten DDR-Realität immer früher an. Herauskommen soll ein von der DDR zu verantwortendes Zwanghaftes und das Jüdischsein Unterdrückendes. Man kann schlecht dagegen sprechen, wenn solche Gefühle behauptet werden, es ist nur merkwürdig, wie diese Gefühle immer zunehmender den Vorwurf einer Repression artikulieren, so dass am Ende nur ein verdammenswürdiges Dasein, das sich sozialistischer Staat nannte, der zudem antisemitisch gefärbt gewesen sei, übrig bleibt.

Womit Klaus Kinkel in Jubelschreie ausbrechen könnte: wieder ein Teil an DDR-Delegitimierung im Gange.

Dabei sollten sich die Anklagenden und ihr Schicksal Beklagenden einmal die Worte von Anna Seghers zu Gemüte führen, die diese 1959 in einem Interview zu ihren Büchern aussprach: »Mir war die Hauptsache zu zeigen, wie in unserer Zeit der Bruch, der die Welt in zwei Lager spaltet, auf alle, selbst die privatesten, selbst die intimsten Teile unseres Lebens einwirkt: Liebe, Ehe, Beruf sind so wenig von der großen Entscheidung ausgenommen wie Politik oder Wirtschaft. Keiner kann sich entziehen, jeder wird vor die Frage gestellt: Für wen, gegen wen bist du?«[218]

All jene, die heute eine vorgebliche Zurückdrängung ihres Judentums durch die sozialistische Realität behaupten und als Vorwurf erheben, sollten wenigstens bedenken, dass die Spaltung der Welt in die zwei großen Blöcke nicht eine unwahre Behauptung der Sozialisten/Kommunisten, sondern steinharte Realität war. Mit entsprechenden Konsequenzen für das individuelle und das gesellschaftliche Leben. Warum wird eigentlich nicht akzeptiert, dass Kommunisten sich vom Judentum entfernten, ohne dazu gezwungen worden zu sein?

Heutzutage wird regelmäßig angenommen, ein Verlassen der Judenheit sei die Folge ideologischer Pression der Partei gewesen. Dass die Eltern ihr Judentum verschwiegen, weil sie ein solches nicht verspürten, wird ihnen negativ angerechnet.

Von Eva Grünstein ist das markant gegen ihre Eltern dargetan worden.[219] Wobei es eigentlich überhaupt nicht korrekt ist, generell von einem »Verschweigen« auszugehen.

Jürgen Kuczynski wurde gefragt, welche Rolle seine jüdische Herkunft in seinem Leben gespielt habe. Seine Antwort: »Überhaupt keine. Wohl aber die politische Tradition.«

Die nächste Frage: »Hinterließ das Bewusstsein, jüdisch zu sein, in ihrer Familie überhaupt keine Spuren?«

Die Antwort: »Wir hatten eine rassische, doch nie eine religiöse Bindung an das Judentum. Bis hinunter zum Großvater meines Urgroßvaters waren wir immer Freidenker, die keiner Religion angehörten.«[220]

Kritiker von heute, die bei der Beurteilung der vergangenen Realität regelmäßig das Wirken des Sozialismus schlecht und das des Kapitalismus als gut, erstrebenswert, friedfertig und menschenfreundlich beurteilen, sind weit ab von der Wirklichkeit, sie mögen das noch so konsequent bestreiten. Der aktuelle Sieg des Kapitalismus ist noch längst nicht der Beweis für die Richtigkeit dieser in Wirklichkeit maroden kapitalistischen Welt.

Es ist zudem bemerkenswert, dass heutzutage offenbar nur der als guter DDR-Jude angesehen wird, der sich in der DDR einerseits offen als Jude bekannte und sich andererseits mindestens permanent kritisch zur DDR artikulierte.

Hochgelobt und namentlich genannt werden deshalb regelmäßig die Angehörigen der Jüdischen Gemeinde Eugen Gollomb und Hellmut Eschwege, die in den Berichten der Verantwortlichen des Staatssekretariats für Kirchenfragen auch immer wieder auftauchten, ohne allerdings politischer Verfolgung zu unterliegen, wie das so gern angenommen wird.

Von Reisebeschränkungen sei einmal abgesehen, denn in dieser Frage galt in der DDR eine allgemeine Unzufriedenheit, da Negativentscheidungen nicht selten begründungslos blieben und somit auch unbestimmbar waren.

Resümierend könnte man konstatieren, was Peter Kirchner, auf die DDR angesprochen, im August 1995 mitzuteilen wusste: »›Ich bin mit diesen vierzig Jahren nicht uneins. Einige sagen, sie hätten nur gelitten. Ich kann es nicht nur verurteilen. Das Zusammenleben war viel harmonischer, die Menschen waren herzlicher zueinander.‹

Wenn er früher irritiert über die negative Haltung der DDR zu Israel war, ist er heute irritiert über den Umgang der Polizei mit kurdischen Demonstranten: ›Scharfe Grenzkontrolle, das haben wir wieder.‹«[221]

Ich bin kein Jude. Wahrscheinlich fällt es mir deshalb schwer zu verstehen (zu ergründen), was denn eigentlich »das Jüdische« sein soll. Sieht man einmal von der Tatsache ab, dass die jahrhundertelange Zwangsabstinenz in der Wahl bestimmter Berufe und Tätigkeiten dazu führte, dass bestimmte Bereiche von Menschen vertreten wurden, die überragende kulturelle und wissenschaftliche Leistungen vollbrachten, was sich möglicherweise als Konsequenz daraus ergab, dass sie sich auf die »judenfreien« Lebensbereiche konzentrieren konnten (und mussten) und deshalb in diesen Lebensbereichen Hervorragendes leisteten, dann fällt es einem eben schwer, »das Jüdische« zu erkennen bzw. zu verstehen.

Kürzlich hieß es in einen Zeitungsartikel über Rosa Luxemburg, sie habe in ihrem Denken keinen »jüdischen« Aspekt und in keiner Phase ihres Lebens und Wirkens ein überdurchschnittliches Interesse an jüdischen Problemen erkennen lassen.[222]

»Jüdische Probleme« sind mir verständlich. Sie umfassen alle Bereiche und Gegenstände des Lebens der Juden einschließlich der Existenz und der Abwehr des Antisemitismus. Was aber »jüdische Aspekte« des Denkens sein sollen, ist mir fragwürdig. Es sei denn, es wären Elemente der jüdischen Gottesgläubigkeit gemeint, was dann allerdings die Ebene des Rationalen verlassen würde, über die nicht zu streiten wäre. Merkwürdig ist in diesem Zusammenhang ein Phänomen. Besonders gern wird heutzutage von einigen Menschen jüdischer Herkunft vorgebracht, sie hätten in der DDR von ihren Eltern oft nicht erfahren, dass sie jüdischer Abstammung seien. Das hätte sie überrascht und bestürzt gemacht.

Abgeleitet aus solchen den Eltern angelasteten Beispielen wird dann geschlussfolgert, man habe es mit Antisemitismus zu tun, weil die Eltern aus unterschiedlichem Interesse ihre Abstammung nicht offen kundgetan hätten. Einige Kinder solcher Eltern verbreiten in ihrem heutigen Auftreten oft den Eindruck stärkster Betroffenheit, was gern als Beweis für einen schändlichen DDR-Antisemitismus gewertet wird. Dass die Eltern es damals für wichtiger hielten, als Sozialisten/Kommunisten an der Gestaltung der sozialistischen DDR mitzuwirken, statt die jüdische Abstammung zu betonen, zählt bei diesen Kindern dann nicht. Mit dem Untergang der DDR hat nun bei manchen Personen die Erinnerung an das Judentum Konjunktur.

Heute gilt offenbar: Ein guter Jude musste eine Anti-DDR- und/oder eine Anti-Sozialismus-Haltung gehabt haben. Wer sich sein ganzes Leben für den Sozialismus engagierte und Jude war, ohne das unbedingt ständig zu betonen, hatte und hat in der bundesdeutschen Bewertungsskala keine Chancen.

Als Beispiel seien Dora Schaul (1913-1999) und Ruth Werner (1907-2000) genannt, deren Lebensleistungen durch die Benennung von Straßen anerkannt werden sollten. So jedenfalls der Wunsch einiger Bürger in Berlin Treptow-Köpenick.

Die Anträge wurden von der Mehrheit der Bezirksverordnetenversammlung abgelehnt.

Dora Schaul emigrierte 1933 nach Frankreich, kam in ein Internierungslager, flüchtete und war bis zur Befreiung mit gefälschten Papieren für die Resistance tätig. Ihr Kampf wurde im März 2006 in Frankreich durch die Verleihung ihres Namens an eine Straße in Brens nahe Toulouse öffentlich gewürdigt, eine Straßenbenennung im heutigen Deutschland/Berlin wurde abgelehnt, da Dora Schaul sich auch für den Staat DDR engagiert hatte. Inzwischen wurde an ihrem Wohnhaus eine Gedenktafel für sie angebracht.

Ruth Werner hat unter Einsatz ihres Lebens für die Sowjetunion als Kundschafterin gearbeitet. Unter anderem und insbesondere ist sie bekannt durch ihr Buch »Sonjas Report«.[223]

Von der Berliner Bezirksverordnetenversammlung Treptow-Köpenick wurde eine Straßenbenennung abgelehnt. Ein NPD-Abgeordneter dieser Versammlung beschimpfte sie als »Verräterin«. Zuvor hatte man allerdings bereits Straßen-Radikalumbenennungen praktiziert. So verschwand der Name des jüdischen Antifaschisten Albert Norden 1992 durch Beschluss der örtlichen Volksvertretung. Zu seinen Ehren war 1984 eine Straße in Berlin-Marzahn/Hellersdorf benannt worden. Sie wurde in Cecilienstraße zurückbenannt.[224] Nordens Vater war Oberrabbiner gewesen und 1943 im KZ Theresienstadt ermordet worden. Albert Norden hatte wesentlichen Anteil an der Schaffung des »Braunbuchs über Nazi- und Kriegsverbrecher in der Bundesrepublik«, mit dem 1.400 belastete Alt-Nazis entlarvt worden waren.

Von der vorgeblichen Identität von Antisemitismus und Antizionismus

Über den Zionismus lässt sich heutzutage nicht trefflich streiten. Jede Kritik am Zionismus erhält von bestimmten ideologischen Gralshütern undifferenziert sofort den Stempel »Antisemitismus« aufgedrückt. Da hilft selbst kaum, wenn man sich dem Inhalt des Begriffs vorsichtig nähert und feststellt, dass der Inhalt von verschiedenen Aspekten aus betrachtbar ist und betrachtet wird.

Wenn man dann noch zu einer negativen Beurteilung des Zionismus gelangt, wird man sehr leichthin in die Ecke des Antisemiten gedrückt. Das ist vor allem bei einigen der sogenannten Bürgerbewegten (der DDR) der Fall, die es sich zur Aufgabe gestellt haben, neben allen sonstigen Übeln der DDR ihr auch noch Antizionismus anzulasten und diesen dann mit »Antisemitismus« zu identifizieren. Es hilft in solchen Fällen auch wenig, wenn man die Sache unter historischer Sicht angeht und konstatiert, dass der Inhalt dessen, was als Zionismus zu betrachten ist, historischer Bewegung unterlag und unterliegt. Die Entstehung des Zionismus reicht in das 19. Jahrhundert zurück. Gemeinhin wird Theodor Herzl als »Erfinder« dieser Bewegung angesehen, deren Inhalt – kurz gesagt – die Suche nach einer »Heimstätte« für die auf der Erde verstreut lebenden Juden war. Herzl hatte auf die »Güte« politisch einflussreicher Persönlichkeiten wie beispielsweise den deutschen Kaiser Wilhelm II. gehofft und von diesen Unterstützung bei der Suche nach einer »Heimstätte« erwartet.

Eine solche fand sich damals definitiv nicht, aber Palästina reifte zur gesuchten Grundlage einer solchen. Die »Besetzung« erfolgte sukzessive vor allem durch den Kauf von Land sowie durch die Ansiedlung derjenigen, die insbesondere in der Absicht, den Judenverfolgungen zu entgehen, einwanderten.

Der Zionismus gestaltete sich dabei zu einer ideologischen Konzeption und zu einer Sammlungsorganisation von und für die Auswanderung der Juden nach Palästina.

In der DDR sind der Zionismus und die Politik Israels theoretisch und agitatorisch behandelt worden. Erwähnt seien insbesondere einige Aufsätze von Angelika Timm.[225] Sie haben zweifelsohne ihre Wirkung bei der Beurteilung der in Rede stehenden Probleme gehabt. Und man fragt sich durchaus, was denn bei der damaligen Beurteilung der imperialistischen Konzeption und Politik Israels falsch gewesen sein soll, das nach der »Wende« offensichtlich Veranlassung war, beispielsweise von der genannten Autorin lesen zu müssen, man wolle eine »neue Sicht auf eine umstrittene Ideologie«, den Zionismus, bieten.

Bei Timm heißt es »nach der neuen Zeitrechnung« nun: »Wie kaum eine andere politische Idee und Bewegung war der Zionismus in der DDR und in anderen Ländern des selbsternannten ›realen Sozialismus‹ Gegenstand historischer Verfälschung, politischer Verdächtigung, ideologischer Kampagnen und juristischer Sanktionen. Zu den stereotypen Attributen, die dem Reizwort Zionismus beigefügt wurden, gehörten die Behauptung seines großbürgerlich-nationalistischen Wesens oder die Beschwörung seiner angeblichen Fortschritts- und Sozialismusfeindlichkeit.

Im Zusammenhang mit der einseitigen Bewertung israelischer Entwicklung und Politik wurde Zionismus zum Synonym für religiös-nationalistische Exklusivität, Proimperialismus, Aggressivität und Expansionismus. Nicht selten verbarg sich hinter dem Mantel des Antizionismus alter und neuer Antisemitismus.«[226]

Frau Timm war der Meinung, dass die bisher in der DDR verbreitete »pauschale Verurteilung des Zionismus ›reaktionär‹, ›chauvinistisch‹ oder ›rassistisch‹ falsch und damit politisch nicht aufrechtzuerhalten« sei.

Zugleich beschönigte sie die tatsächliche Situation, indem sie nicht verurteilend schrieb: »Die Besetzung umfangreicher arabischer Territorien 1967 war für die zionistische Ideologie und Politik von weitreichender Bedeutung. Das Schicksal dieser Gebiete und ihrer Bevölkerung rückte nunmehr in den Mittelpunkt der Diskussionen aller zionistischen Parteien. Tendenzen nationaler Überhebung gegenüber der eigenen arabischen Bevölkerungsminderheit bzw. den Bewohnern der Nachbarstaaten verstärkten sich.«

Das ist alles, was Frau Timm auf Seite 38 ihres *Horizont*-Artikels »kritisch« anzumerken weiß. Dabei müsste man heutzutage wenigstens darauf aufmerksam machen, dass bereits die Schaffung Israels 1948 insofern problematisch war, als de facto fremdes Territorium zugunsten der Juden annektiert wurde, die arabischen Widersprüche vollständig negiert wurden und Beschlüsse der UNO keine Erfüllung fanden.

Es kann und soll in dieser Arbeit nicht die Geschichte des Zionismus behandelt werden, wenngleich ein gewisser Rückblick notwendig ist. Zweifelsohne unterlag und unterliegt, was unter Zionismus verstanden werden soll, äußerst differenten Ansichten. So meinte beispielsweise das Redaktions-Kollegium des *Nachrichtenblattes*: »Die falsche Interpretation des Begriffes Zionismus in den Massenmedien sowie die ungute Politik der Regierung eines Staates führen zu Antisemitismus und fördern faschistische Tendenzen.«[227]

Dieser Satz wird damals wenigstens Verwirrung bei den DDR-Obrigkeiten hervorgerufen haben. Er steht beziehungslos im Text und lässt offen, wer wie eigentlich gemeint ist. Es kann dabei durchaus sein, dass der Unterschied bzw. Gegensatz des »erlösenden« (religiösen) Zionismus zum »weltlichen« säkularen (politischen) Zionismus nicht hinreichend beachtet wurde, sondern generell davon ausgegangen wurde, dass Zionismus eine Form bürgerlicher, von Antikommunismus durchsetzter Ideologie ist. Die tatsächliche Anbindung des Staates Israel an die Vorherrschaft des US-Imperialismus dürfte entscheidend dafür gewesen sein, den Zionismus allgemein als eine imperialistische Ideologie des Staates Israel sowie als ein Symbol festgefügten Judentums zu verstehen.

Wichtige Gedanken zum Zionismusverständnis finden sich bei einer Ausarbeitung, die Dr. Peter Kirchner am 27. November 1975 verfasst hatte. In einem Begleitbrief an Hans Seigewasser, Staatssekretär für Kirchenfragen, verwies Kirchner darauf, dass seine Ausarbeitung einem von den Mitarbeitern des SfK geäußerten Wunsch folgt, sich zu diesem Thema zu äußern.[228]

Kirchner merkt an, dass, sollte die Absicht bestehen, den Text zu publizieren, dies ohne weitere Absprache dann möglich wäre, wenn keine Kürzungen im Text erfolgten. Den Abdruck einzelner Passagen hielt Kirchner nicht für glücklich, da diese nur im Zusammenhang voll verständlich erscheinen würden. Es sei erlaubt, aus dem interessanten Papier zu zitieren. »Antizionismus kann sich nur gegen die als reaktionär empfundene Ideologie und ihre Regierungsform im Staate Israel richten. Unzulässig ist es, Ideologie – Regierung – Staat mit dem in diesem Staat lebenden Volk gleichzusetzen. Die Klassenstruktur des Staates lässt, ähnlich wie in allen anderen kapitalistischen Staaten, das Volk nicht als homogene Einheit erscheinen. Nicht die Existenz des Staates ist Unrecht, sondern die durch seine Regierung geübte politische Praxis oder die von extremen Kreisen vertretene Ideologie.

Die Verurteilungen seitens der sozialistischen Staaten haben sich stets, basierend auf der marxistischen Geschichtsauffassung der Klassenstruktur jeder bürgerlicher Gesellschaftsordnung, gegen die reaktionäre Ideologie des heutigen politische Zionismus und ihrem Versuch, die Gegensätze zwischen den Klassen zu verwischen orientiert. Es wird die Schaffung eines eigenen arabischen Teilstaates nach Rückzug der israelischen Truppen aus den derzeit besetzt gehaltenen Gebieten gefordert, um dadurch den arabischen Palästinensern die Möglichkeit einer Verselbständigung zu geben.

Sich dieser Forderung zu widersetzen und in Verkennung der Zusammenhänge die Verurteilung des Zionismus mit einer nachträglichen Rechtfertigung des deutschen Faschismus zu vergleichen ist ebenso falsch, wie dies bei anderen völlig verschiedenes betreffenden Gleichsetzungen der Fall ist.

Denjenigen, die sich kritisch mit dem heutigen politischen Zionismus und seiner Ideologie auseinandersetzen, muss man aber auch empfehlen, diesen nicht mit einem seit Jahrtausenden geübten Brauchtum der Juden zu vermengen.

Versuche, religionsgesetzliche Vorschriften, selbst wenn sie aus heutiger Sicht überholt erscheinen, als einen primären Bestandteil des Zionismus zu deklarieren und, um diesen zu treffen, der Lächerlichkeit preiszugeben, nähern sich bedenklich einem in der Deutschen Demokratischen Republik durch die Verfassung streng verbotenen antireligiösem Gedankengut. Solche Fehlgriffe sind schon deshalb gefährlich, weil sie nur zu schnell längst überwundene rassistische Vorurteile wieder wecken können und der Glaubwürdigkeit des Kritikers mehr als nur Abbruch tun.«[229]

In seinem Brief an den Staatssekretär hatte Dr. Kirchner geschrieben, dass er auf unzulässige Verallgemeinerungen, wie sie seines Erachtens beispielsweise in einem Artikel von Klaus Wilczynski, selbst einst jüdischer Emigrant, zu lesen waren, eingehen wolle. Vermutlich meinte Kirchner einen Zeitungsbeitrag, in dem es geheißen hatte: »Eine üble Rolle spielte der Zionismus während der Judenverfolgungen im faschistischen Deutschland, als vielen Juden kein anderer Weg zur Rettung ihres Lebens blieb, als nach Palästina auszuwandern. Aus der Not dieser Menschen, von denen viele keine Zionisten waren, machten die zionistischen Führer ein schmutziges Geschäft, wobei sie sogar direkt mit der SS zusammenarbeiteten, um die Verfolgten vor den zionistischen Karren zu spannen.«[230]

Es war Dr. Kirchner damals möglicherweise nicht bekannt, was Lenni Brenner wusste und 1983 über die Zusammenarbeit deutscher Zionisten mit den Nazis publiziert hatte.[231] Grundsätzlich darf gelten, dass, wie Michael Krupp schreibt, der Begriff »Zionismus« Ende des 19. Jahrhunderts geprägt wurde und die »jüdisch-nationale Bewegung (meint), die es sich zur Aufgabe gemacht hatte, eine ›jüdische Heimstätte in Palästina‹ zu schaffen.«[232]

Der Zionismus hat, so heißt es im Bertelsmann Geschichts-Lexikon, mehrere Wurzeln: »Die nie ganz abgerissene Verbindung zum Land Israel, die Verheißungen der Bibel, die ›Zionssehnsucht‹ der verfolgten europäischen Juden und vor allem die Entfaltung der verschiedenen nationalen Bewegungen im Europa des 19. Jahrhunderts.«[233]

Der erste zionistische Kongress, der 1897 in Basel stattfand, beschloss das Baseler Programm, in dem es heißt: »Der Zionismus erstrebt für das jüdische Volk die Schaffung einer öffentlich-rechtlichen Heimstätte in Palästina. Zur Erreichung dieses Zieles nimmt der Kongress folgende Mittel in Aussicht:

1. Die zweckdienliche Besiedlung Palästinas mit jüdischen Ackerbauern, Handwerkern und Gewerbetreibenden.

2. Die Gliederung und Zusammenfassung der gesamten Judenschaft durch geeignete örtliche und allgemeine Veranstaltungen nach den Landesgesetzen.

3. Die Stärkung des jüdischen Volksgefühls und Volksbewusstseins.

4. Vorbereitende Schritte zur Erlangung der Regierungszustimmungen, die nötig sind, um das Ziel des Zionismus zu erreichen.«[234]

Wohlgemerkt: Palästina war bereits zu jenem Zeitpunkt auch mit Arabern besiedelt. Eine »Eroberung« des Landes musste ausgeschlossen sein.

Kategorische Verteidiger des Zionismus weisen heutzutage jede Kritik am Zionismus im Allgemeinen mit scharfen Worten zurück. Kritische Betrachter mühen sich hingegen, mit Blick auf die geschichtliche Entwicklung den Ursprung und die fernere Gestaltung des Zionismus zu analysieren.

Erschwert wird das Ganze durch die Tatsache, dass die Verfechter der positiven Wertung von Zionismus einen direkten Zusammenhang mit der Existenz des Staates Israel herstellen, sodass jegliche tadelnde Bewertung des Zionismus bzw. der politischen Praxis Israels unverzüglich als ein Angriff auf diesen Staat beurteilt wird, verbunden mit dem nächsten Schritt, daraus Antisemitismus des Kritisierenden abzuleiten.

Generell geht Zionismus, wie oben bemerkt, auf das Wirken von Theodor Herzl zurück. Er sorgte sich um die Gründung einer »Heimstatt« für die in der Welt zerstreuten Juden und warb unter den Mächtigen der damaligen Zeit, seinen Vorstellungen zu folgen, wie er sie u. a. in seiner Schrift »Der Judenstaat« entwickelt hatte.

Was friedfertig mit dem Sammeln von Finanzen und Kauf von Länderein insbesondere in Palästina begann, entwickelte sich in der Folge auf verschiedene Weise, was doch wohl auch voraussehbar war. Geduld schien für einige Schwäche zu sein, während Herzl selbst an längere Zeitabläufe dachte und meinte, in 50 Jahren sei eine Erfüllung seines Wunsches denkbar. Nicht einmal kurios ist es, dass tatsächlich nach 50 Jahren der Staat Israel Existenz war. Vor diesem Ereignis und danach liegen allerdings diverse Entwicklungen, denen der Zionismus unterworfen war.

Bevor man zu weiteren Erörterungen kommt, sollte man allerdings das Buch von Lenni Brenner »Zionismus und Faschismus« zur Kenntnis nehmen, das bereits 1983 veröffentlicht wurde und nunmehr in deutscher Übersetzung verfügbar ist.[235]

Es ist kritisch vermerkt worden, dass Zionismus jüdischer Nationalismus sei. Nimmt man die im genannten Buch geschilderten Ereignisse der Zusammenarbeit jüdischer Funktionäre mit den deutschen Faschisten, um Juden zwingend zur Auswanderung zu veranlassen, ist eo ipso eine negative Betrachtung nicht ausgeschlossen. Man sollte sich daran erinnern, dass die Nazis vor der Entscheidung zur – als »Endlösung« bezeichneten – physischen Vernichtung der Juden, zunächst auf Auswanderung setzten, bei der man gegen Bezahlung Deutschland verlassen durfte und konnte.

Zionisten akzeptierten Pressionen der Nazis, die die Juden wirksam auf eine Auswanderung als Erlösung von den Übeln hin orientierten, um Israel durch die »Anreicherung« mit jüdischen Einwanderern zu entwickeln.

Nun muss man sich zuvörderst mit dem Zionismus überhaupt befassen. Und da scheint bemerkenswert, dass es inzwischen eine Vielfältigkeit in der Beurteilung dessen gibt, was Zionismus denn eigentlich sei. Am Anfang stand die Idee von Theodor Herzl, den Juden eine Heimstatt zu geben. Er wollte insbesondere Land durch Kauf gewinnen, das die Basis einer solchen Heimstatt sein konnte.

Seine Versuche, bedeutsame und mächtige Persönlichkeiten für seine Absicht zu gewinnen, waren dem Grunde nach wirkungslos, aber: Der Zionismus war geboren.

Es kommt hinzu, dass die Idee der »Heimstatt« britischerseits in einem diplomatischen Dokument manifest wurde. Der britische Außenminister Arthur James Balfour übergab der Öffentlichkeit mit Datum vom 2. November 1917 eine bedeutungsschwere Erklärung, die in die Geschichte als »Balfour-Deklaration« einging: »Die Regierung Seiner Majestät betrachtet mit Wohlwollen die Errichtung einer nationalen Heimstätte für das jüdische Volk in Palästina und wird ihr Bestes tun, die Erreichung dieses Zieles zu erleichtern, wobei, wohlverstanden, nichts geschehen soll, was die bürgerlichen und religiösen Rechte der bestehenden nicht-jüdischen Gemeinschaften in Palästina oder die Rechte und den politischen Status der Juden in anderen Ländern infrage stellen könnte.«[236] Die Absicht war zunächst friedfertig gedacht. Man wollte letztlich de facto in Palästina Land erwerben und besiedeln. Herzl hatte offensichtlich keine aggressiv-kriegerischen Ambitionen. Man sollte sich friedfertig zusammenfinden.

Die Realität sah dann allerdings anders aus.

Der Zionismus in seinen diversen Erscheinungsformen gewann auch gewalttätige Züge. Abgesehen davon, dass es schon merkwürdig ist, dass eine derart blumige Umschreibung wie »Heimstatt« für einen doch wohl beabsichtigten Staat gewählt wurde, wurde die erwünschte Beachtung der Interessen nichtjüdischer Bewohner des Landes nicht verwirklicht.

In einem englischen Lexikon ist zu lesen: »Balfour Deklaration: Britische Regierungserklärung, herausgegeben in der Form eines vom Auswärtigen Sekretär Balfour unterzeichneten und an Lord Rothschild am 2. November 1917 adressierten Briefes. Ein grundlegendes Dokument der Zionistischen Geschichte, das das Anrecht auf jüdische Niederlassung in Palästina legitimierte. Die Zweideutigkeit der Erklärung führte auf Seiten der Juden und der Araber zu heftigen Kontroversen und unterschiedlichen Interpretationen ihrer Interessen.«[237]

In einem Zeitungsartikel aus Anlass des 90. Jahrestages dieser Erklärung heißt es: »Eines der übelsten kolonialen Ränkespiele der Geschichte war über die Bühne gegangen. Großbritannien hatte Palästina zeitgleich arabischen Emiraten wie der zionistischen Bewegung versprochen – im Wissen darum, dass jede Seite danach trachten würde, die andere zu verdrängen. Divide et impera. Die britische Kolonialmacht hatte die Saat für Feindschaft, Hass und Gewalt gelegt, die bis heute Frieden in Nahost verhindern.«[238]

Der entscheidende Schritt zur Erfüllung des zionistischen Programms war am 14. Mai 1948 die Gründung des Staates Israel im Gefolge des Beschlusses der UN-Vollversammlung vom 29. November 1947 über die Schaffung zweier Staaten für zwei Völker auf dem Boden des historischen Palästina sowie die Internationalisierung Jerusalems.

Gebildet wurde jedoch nur ein Staat – Israel.

Die von vornherein ablehnende gegenteilige Position der arabischen Staaten einschließlich der Palästinenser fand keine Berücksichtigung. Seitdem herrschen kriegerische Zustände.

Zunächst gab es seitens der UdSSR und in ihrem Gefolge der Volksdemokratien keine grundsätzliche Negation des Zionismus, der sich als ideologische Begründung der Existenz des Staates Israel formierte. Das änderte sich jedoch, als deutlich wurde, dass sich Israel politisch am Westen orientierte und sich im Nahen Osten zu einem Unterstützer der US-amerikanischen Politik entwickelte.

Es ist festzustellen, dass die anfängliche Haltung der Sowjetunion – und in ihrem Gefolge der SBZ/DDR und der anderen Volksdemokratien – zur Judenheit nach dem Schicksal der sechs Millionen von den deutschen Faschisten ermordeten Juden positiver Natur war. Die Sowjetunion trug 1948 den Beschluss der UNO über die Schaffung eines eigenen jüdischen Staates.

Das generell negative Verständnis von Zionismus durchzieht alle Veröffentlichungen, die in der DDR bis zu ihrem Untergang erschienen. Das Stichwort »Zionismus« in Meyers Neuem Lexikon verkündet rigoros: »Zionismus ist eine nationalistische Bewegung in der jüdischen Bourgeoisie, die gegen Ende des 19. Jahrhunderts in vielen kapitalistischen Ländern entstand und die Schaffung des jüdischen Nationalstaates in Palästina forderte, besonders gefördert durch den Journalisten T. Herzl. Der Zionismus entwickelte die reaktionäre Idee der sogenannten jüdischen Gemeinschaft, die die Klassenfrage ignorierte und damit das jüdische Proletariat vom revolutionären Klassenkampf abzulenken versuchte. Der Zionismus hat enge Verbindungen zum britischen und zum USA-Imperialismus«.[239]

Im »Taschenlexikon für Zeitungsleser« ist zu lesen: »Zionismus: internationale chauvinistische Ideologie und rassistische, expansionistische und politische Praxis der jüdischen Bourgeoisie.«[240] Und im »Sachwörterbuch der Geschichte Deutschlands [...]« hieß es: »Der Z. ist eine bürgerlich-nationalistische Reaktion der Juden auf den um die Jahrhundertwende von der Bourgeoisie in allen imperialistischen Ländern genährten Antisemitismus und der Versuch, das Problem der jüdischen Minderheiten in Europa mit reaktionären Mitteln und Methoden einer Machtpolitik und auf Kosten schwächerer und zurückgebliebener Völker, der Araber, zu lösen.«[241]

Nun ist zu betonen, dass der ursprüngliche Inhalt des Zionismus nach Herzls Vorstellung, den Juden prinzipiell durch Verhandlung und Kauf eine Heimstatt zu schaffen, offenbar nicht unbedingt militante Absicht beinhaltete. Aber das Aufgreifen der Idee durch unterschiedlich interessierte soziale Bewegungen und Kräfte veränderte das ursprünglich gedachte friedfertige Werben um diese »Heimstatt«. Spätestens seit 1952 gab es beste Beziehungen zwischen der BRD und Israel, die eine einseitige Westorientierung Israels bedeuteten. Und was speziell die DDR angeht, sollte man bedenken, dass lediglich Israel gegen die Aufnahme der DDR in die UNO stimmte.

Offensichtlich wird ein vorgeblicher Antisemitismus der DDR aus der Tatsache hergeleitet, dass es höchst reservierte Standpunkte bezüglich Israels und die Ablehnung des Zionismus gab, wobei die Existenz und die Auseinandersetzung zwischen den beiden Weltsystemen regelmäßig außer Betracht bleibt.

Israel war keineswegs nur ein Zentrum des Judentums, in das sich verfolgte Juden in Sicherheit zurückziehen konnten, sondern ein Bestandteil der gespaltenen Welt. Und der Zionismus ist auch eine theoretische Fundierung und Rechtfertigung des Staates Israel. Bekanntlich gehörte Israel nicht zu den sozialistischen Staaten. Die sich daraus ergebenden Widersprüche waren nicht auf einen behaupteten Antisemitismus der sozialistischen Staaten zu reduzieren.

Worauf konzentriert sich eigentlich die Behauptung, die DDR sei antisemitisch gewesen?

Es ist unzweifelhaft die Folge der nazistischen Vernichtungspolitik gegen die Juden gewesen, dass in den Anfangsjahren der DDR nur noch relativ wenige Juden Bürger der DDR sein konnten.

Der Slansky-Prozess mit seinen antisemitischen Zügen führte auch in der DDR zu einer weiteren Dezimierung der Anzahl jüdischer Bürger. Die Flucht aus der DDR war die Folge des Durchschlagens der stalinistischen antisemitischen Politik der Sowjetunion auf die DDR. Seit dieser Zeit gab es nur noch kleine jüdische Gemeinden.

Wogegen sollte sich also der vorgebliche Antisemitismus der DDR hauptsächlich gerichtet haben?

Es handelt sich offensichtlich insbesondere um die distanzierte Haltung der DDR gegenüber dem Staat Israel und dessen Politik im Nahen Osten.

Frau Anetta Kahane hatte offenbar eine »klare« Vorstellung von der Situation, wenn sie schrieb, wir dürften »nicht vergessen oder unterschätzen«, dass »die DDR erfüllt (war) von wirklich aggressivem und bösartigem Antizionismus. Der Staat Israel ist ja von allen Seiten der DDR nie in seinem Existenzrecht anerkannt worden. Das muss man sich einmal vorstellen: Ein deutscher Staat bestreitet das Recht des jüdischen, überhaupt da zu sein! Die DDR-Propaganda verkündete tagtäglich ihre antisemitische Hetze gegen Israel.«[242]

Spöttisch könnte man dazu anmerken: Da hätte die DDR aber viel zu tun gehabt. Aber die Sache ist nicht mit Spott zu nehmen. Es handelt sich um eine pure antisozialistische Verleumdung.

Nehmen wir allein die Tatsache, dass in (DDR-)Meyers Neuem Lexikon (1962) dem Stichwort »Israel« dreieinhalb Druckseiten eingeräumt waren.[243] Die Kleine Enzyklopädie Weltgeschichte (1981) umfasste sechs Druckseiten zum Thema.[244] Dass bei den Darlegungen zu diesem Stichwort bestimmte Unterlassungen und Einseitigkeiten hinsichtlich der geschichtlichen Tatsachen festzustellen sind, ist bedauerlich, entsprach aber durchaus der vom Kalten Krieg geprägten ideologischen Praxis auf beiden Seiten.

Nach der anfänglichen positiven Haltung der Sowjetunion im Zusammenhang mit der teilweisen Erfüllung des UN-Beschlusses von 1948 durch die Bildung des jüdischen Staates, änderte sich die Situation. Seitens Israels, das sich zu einem bedeutenden Partner der USA im Nahen Osten entwickelte, wurde der Antikommunismus Element der Staatspolitik. Und das hatte in der Konsequenz auch Wirkungen auf die Haltung der DDR. Zumal sich Anfang der 50er Jahre die Beziehungen zwischen Israel und der BRD zunehmend enger gestalteten.

Hätte Anetta Kahane das Buch »Wir sind da!« gelesen, in dem auch sie ein Interview veröffentlichte, hätte sie sich etwas sachkundiger machen können, was Israel und Politik angeht. Asher Ben Nathan konstatierte, dass die Sowjetunion massive Waffenlieferungen an arabische Staaten spendete. Und er merkte an: »Strauß' Ziel war, Israel zu einem Bollwerk gegen den sowjetischen Einfluss zu machen. Soweit war auch er Gründer der Globalpolitik.«[245] Kurz gesagt: Wir befanden uns mitten im Kalten Krieg. An dieser Tatsache kommt niemand vorbei, der Geschichte (relativ) objektiv schreiben will.

Es versteht sich, dass das Verhältnis zum Staat Israel und die militärischen Auseinandersetzungen mit der arabischen Umwelt ein Generalthema waren (und blieben). Erkennbar waren Widersprüche im Verständnis der Rolle Israels.

Nicht, dass man der DDR vorwarf, die Existenz des Staates Israel etwa zu verneinen, aber in Zweifel gestellt wurde Kritik überhaupt. Wobei bei den Verteidigern Israels im Hintergrund stets die Ansicht stand, dass Kritik am Staate Israel realer Antisemitismus sei.

Nicht übersehen werden darf dabei, dass die Furchtbarkeit der massenhaften Vernichtung der jüdischen Menschen durch das Praktizieren der nazistischen »Endlösung der Judenfrage« die Erfüllung des Strebens nach einem eigenen jüdisch geprägten Staat diesem Staat gegenüber eine besondere Sympathie und auch Achtsamkeit bewirkte.

Das war so, obwohl bereits zum Zeitpunkt der Staatsgründung 1947 unverkennbar war, dass das arabische Staatsumfeld im Allgemeinen und die Existenz des palästinensischen Volkes im Besonderen eine heftige Abwehr gegen die Staatsgründung verursachte. Es soll hier nicht die Geschichte und Gegenwart des Staates Israel behandelt werden.

In unserem Zusammenhang ist nur wesentlich, dass die anfängliche Sympathie für den Staat Israel, die in der Sowjetunion wie auch in den volksdemokratischen Staaten vorhanden war, einem Wandel unterlag. Dieser Wandel wurde in dem Maße akut und aktuell, wie erkennbar war, dass Israel sich dem Westen annäherte und insbesondere zu einem Fürsprecher und Anhänger der US-amerikanischen Interessen im Nahen Osten wurde.

Die Hinwendung Israels zum Westen bedeutete zugleich die Frontstellung gegen den Osten, was wiederum die Frontstellung des Ostens gegenüber Israel zur Folge hatte. Die offizielle politische Position der DDR gegenüber dem Staat Israel war die der Ablehnung. Es kam hinzu, dass nach der für Israel sieg-

reichen Aggression von 1967 die damit verbundene Beset-
zungsmöglichkeit alter biblisch relevanter Gebiete eine Gruppe
religiöser Zionisten glauben ließ, »die messianische Zeit sei
nahe«, mit der Folge, dass der Siedlungsbau in den besetzten
Gebieten zu florieren begann.

Bekanntlich hält diese Bewegung noch immer an, und das
palästinensische Territorium wird sukzessive okkupiert und ver-
kleinert. Die Besiedlung des gesamten biblischen Landes Israel
erscheint diesen Leuten als ein »zentrales göttliches Gebot,
zudem ein zentrales Element im messianischen Prozess«.[246]

In den jüdischen Gemeinden gab es einige Vertreter der
bedingungslosen Akzeptanz Israels und seiner Politik. Das war
prononciert unter anderem bei Helmut Eschwege der Fall. Er
attackierte beispielsweise den 1965 in der Zeitschrift *Staat und
Recht* publizierten Aufsatz, der sich mit der Beziehung Israels
zum Völkerrecht und dessen Einhaltung befasste.[247] Für Helmut Eschwege war dieser ein »Höhepunkt in der Hetze der
letzten Monate nicht nur gegen dieses Land, sondern generell
gegen die Juden.«[248]

Der Artikel sei, so meinte Eschwege, »so vollgepackt mit
bewussten Unwahrheiten, dass es sich nicht lohnt, sie aufzu-
decken«. Das ist allerdings die beste Methode, den Tatsachen
auszuweichen, zumal Eschwege mit seinen Verbalinjurien
davon ausgehen konnte, dass sich im Nachhinein wohl kaum
jemand näher mit der Wahrheit vertraut machen würde.

Zum Ausgangspunkt seiner Attacke gegen den genannten
Artikel wählte Eschwege damals den Umstand, dass sich die
Beziehungen der DDR zu arabischen Staaten positiv entwickelten und von Gleichberechtigung und Anerkennung getragen
waren. Es ist kein Zufall, dass auch die Hersteller der Ausstellung »Das hat's bei uns nicht gegeben. Antisemitismus in der
DDR« auf einer Tafel genau diese Angelegenheit behandeln.

Dass sich die DDR den arabischen Staaten annäherte, um
auch auf diese Weise die bundesrepublikanische Hallstein-
Doktrin zu durchbrechen, die sich gegen die Anerkennung der
Souveränität der DDR und die staatliche Anerkennung richtete, war ihr gutes Recht.

Eschwege feuert nun eine Breitseite, indem er formuliert,
die DDR habe »um die Gunst der arabischen Staatsmänner«

geworben und »die Zionisten und Israel weit mehr (verketzert) als andere imperialistische Staaten«.[249]

Es soll angemerkt werden, dass sich nach dem Untergang der DDR noch jemand fand, der seiner Empörung über den genannten Aufsatz zu Papier gab.[250] Angelika Timm kritisierte, was die Autoren ihrer Ansicht nach sträflich vernachlässigt hatten. »Weder der Holocaust noch die Haltung der Sowjetunion zum ersten Nahostkrieg 1948/49 fanden Erwähnung.« Stattdessen hätten die Verfasser versucht, mit Zitaten aus den Jahren 1915 und 1917 nachzuweisen, dass sich die zionistische Bourgeoise bereits vor der Staatsgründung als Stützpunkt des Imperialismus gerierte.

Für besonders sträflich hielt Frau Timm die These der Autoren, dass die jüdische Bevölkerung in Palästina 1947 »keine kompakte nationale Gruppe bildete und kein geschlossenes Territorium in Palästina bewohnte, so dass sie nicht als Subjekt des völkerrechtlichen Selbstbestimmungsrechts gelten konnte und kein Recht auf einen eigenen Staat besaß«.[251] Timms Beurteilung: »Damit wurde das Existenzrecht Israels negiert.«

Und weiter: »Die Gründung des Staates Israel«, hieß es in diesem Sinne, »musste sofort ernste Gefahren provozieren«.

Was sich dann ja auch als Tatsache herausstellte, indem die Interessen der Palästinenser völlig übergangen wurden.

Die Aggressivität Israels ist heute absolut kein Geheimnis mehr, ebenso wie die permanente Ignoranz Israels gegenüber den Beschlüssen der UNO.

Ein Beobachter konstatierte bezüglich der DDR zunächst: »Staat und Partei sind trotz ihrer pro-arabischen, antizionistischen Außenpolitik bemüht, im Inneren judenfeindliche Regungen im Keim zu ersticken; Schergen des NS-Regimes wurden in der DDR wesentlich konsequenter zur Verantwortung gezogen als in der Bundesrepublik.«

Um dann die alte Leier zu drehen: »Und doch: Unter der Oberfläche schwelen alte Ressentiments weiter. Denn es gehört zu den Lebenslügen des anderen deutschen Staates, sich und der Welt vorzugaukeln, das Gebiet der späteren Sowjetzone sei vor 1945 ein Sammelbecken von Widerstandskämpfern gewesen. Es ist schon erstaunlich, wie nahtlos sich nach dem Zusammenbruch eingefleischte Nationalsozialisten zu strammen

Stalinisten wandelten.«[252] Tatsächliche soziale Wandlungen dürfen eben nicht sein, wenn es sich um einen Staat handelt, der das Potsdamer Abkommen ernst nahm und revolutionäre Wandlungen vollzog. Abgesehen davon, dass es Antisemitismus bereits gab, bevor der Zionismus »erfunden« wurde, ist die vorgebliche Identität von Antisemitismus und Antizionismus zurückzuweisen.

Zunächst ist anzumerken, dass eine Jude ebenso gut Kommunist wie Sozialdemokrat, liberaler Demokrat oder anderweitig politisch engagiert sein kann, wie er sich auch entsprechenden politisch-ideologischen Organisationsformen anschließen kann, also nicht Zionist sein muss. Selbstredend ist es auch möglich, dass antisemitisches Verhalten sich in Antizionismus artikuliert. Man tut jedoch gut daran, wenn man der absichtlichen Vermengung von Antisemitismus und Antizionismus nicht Folge leistet. Kritik am Zionismus wird jedenfalls auch dadurch diffamiert und abgewehrt, indem man erklärt, es handle sich um »unter dem Deckwort ›Antizionismus‹ feilgebotenen Antisemitismus«.[253]

Der Staat Israel ist im Endergebnis das Produkt des Wunsches des Juden Theodor Herzl und besitzt alle Qualitäten eines Staates. Es ist ein Staat, der heutzutage heftiger Kritik unterliegt, die verursacht ist durch die Grundposition, das Territorium permanent zu erweitern und apodiktisch als für rechtmäßig erlangt zu betrachten.

Die Ansprüche des palästinensischen Volkes wurden und werden permanent negiert. Seit Gründung des Staates Israel auf der Basis eines UN-Beschlusses, die 1948 gegen den erklärten Willen und Widerstand der Palästinenser erfolgte, besteht anhaltend mehr oder weniger Kriegszustand. Der Zionismus ist gewissermaßen das theoretische Credo der 1948 erfolgten Staatsgründung. Bekanntlich gilt Herzl als Begründer des Zionismus, der einerseits mittels des Auf- und Einkaufens palästinensischen Grund und Bodens und andererseits mit der Anwerbung von Juden als Bürger des künftigen Staates Israel den politisch-organisatorischen Inhalt der zionistischen Bewegung grundlegte. Zionist war und ist mithin derjenige, der für die Erschaffung und Existenz des Staates Israel stritt und streitet.

Nun haben politische Organisationen es allerdings so an sich, auch politisch zu wirken. Die Träger der Politik, die dem Zionismus inhärent ist, werden deshalb auch hinsichtlich ihrer politisch-ideologischen Interessen und ihres entsprechenden Wirkens begutachtet, befördert oder bekämpft. Zionistische Politik konnte durchaus über den einfachen Rahmen des Bejahens des israelische Staates hinausgehen und Bestandteil der internationalen Auseinandersetzungen über differente kapitalistische Interessen und – insbesondere in der Zeit des Bestehens der beiden antagonistischen Weltsysteme – der Feindschaft zwischen Sozialismus/Kommunismus und Kapitalismus sein und war es auch. Aus dieser Konfrontation erwuchsen insbesondere nach dem Zerfall der Anti-Hitler-Koalition nach dem Endes des Zweiten Weltkrieges, heftige Widersprüche.

Es ist schon merkwürdig, dass Helmut Eschwege die den Zionismus ablehnende Haltung der DDR heftig kritisiert, obwohl er spätestens seit seinem Aufenthalt in Palästina in den 30er Jahren als damals bekennender Linker die antikommunistische Grundhaltung der Zionisten unmittelbar erlebte. Allerdings, so konstatiert er weiter, sei der Hass gegenseitig gewesen. Im Besonderen habe die Presse der Komintern die Idee eines jüdischen Staates schon deshalb für utopisch gehalten, »weil sie der marxistisch-leninistischen Theorie widersprach«.[254]

Es bleibt dem Leser überlassen, das Geheimnis dieser Annahme aufzulösen. Die kommunistische Haltung habe sich nur deshalb in der Zeit der Staatsgründung selbst verändert, weil die USA und die Sowjetunion den Staat Israel gemeinsam aus der Taufe gehoben hatten. Immerhin weiß Eschwege vom zionistischen Chauvinismus, der sich u. a. darin äußert, dass die Zionisten nicht einsähen, »dass sie es waren, welche die Araber zum Widerstand, zum Kampf um ihre nationale Existenz trieben«.[255] Es ist in diesem Zusammenhang zu betonen, dass die Ablehnung der israelischen Aggressionspolitik im Nahen Osten, um die es meistens ging, keinerlei Identität mit einer Akzeptanz oder Vertretung von Antisemitismus hatte. Der Staat Israel war damals ebenso aggressiv, wie er sich heute verhält. Damals kam noch konzentrierter Antikommunismus hinzu. Die Ablehnung der aggressiven Politik Israels war nicht zu identifizieren mit Antisemitismus.

Es ist durchaus verständlich, dass die Machtpolitiker Israels eine solche Identität behaupteten und behaupten, denn der Vorwurf »antisemitisch« impliziert die Erinnerung an die verbrecherische Vernichtung des Judentums in Auschwitz und anderswo und erwartet Toleranz insbesondere gegenüber der gegen die Palästinenser gerichteten imperialistischen Politik Israels. Zweifelsohne gab es auch für die Wirksamkeit der jüdischen Gemeinden gelegentlich Restriktionen, die allerdings der allgemeinen politischen Lage der DDR und einer Begrenztheit der Wirkung von DDR-Behörden geschuldet waren und jedenfalls nichts mit Antisemitismus zu tun hatten.

Peter Kirchner machte auf solche Probleme aufmerksam, wenn er auf die Frage, ob die Jüdische Gemeinde Stellung nehme zu den Entwicklungen in Israel, antwortete »Nein«, und dieses »Nein« in folgender Weise erläuterte: »Wir sind mit unseren staatlichen Institutionen so übereingekommen, dass wir keine Stellung zu der Situation im Nahen Osten beziehen und dass wir uns über den Konflikt im Nahen Osten nicht äußern, weil der Staat – und das ist das Positive daran – die Jüdische Gemeinde nicht in eine Konfliktsituation bringen möchte. Wir haben zu jeder Zeit betont, dass wir nach dem Krieg und vor allem nach der Massenermordung der Juden in Europa die Existenz eines solchen Staats für notwendig und völlig gerechtfertigt halten.

Aber wir nehmen eine sehr, sehr distanzierte und kritische Haltung gegenüber der politischen Entwicklung des Landes ein und können viele Entwicklungen – beispielsweise den Libanonkonflikt – nicht gutheißen. Der Staat weiß aber, dass es nicht sinnvoll wäre, wenn die hiesigen Jüdischen Gemeinden ein Urteil über den Libanonkonflikt abgeben würden und dass dies die Menschen hier in eine Konfliktsituation bringen würde. Aus diesem Grund wird dieses Thema ein wenig tabuisiert.«[256] Es ist dann schon merkwürdig, wie diese Schilderung Kirchners in einem 1991 veröffentlichten Aufsatz widergespiegelt wurde. »Kennzeichnend für die seinerzeit von politischen Sachzwängen geprägte ambivalente Haltung vieler Juden gegenüber der offiziellen Außenpolitik der DDR – besonders gegenüber dem Staat Israel – dürfte die Aussage des früheren Erfurter Gemeindevorsitzenden Herbert Ringer sein: ›Natürlich ist das eine etwas schmerzhafte Sache für uns. Die meisten von uns haben dort Freunde und Verwandte. Aber wir haben auch Verwandte und Freunde in den USA, und die Beziehungen zwischen der DDR und den USA bedrücken uns ebenso. Schließlich sind wir ein sozialistischer Staat, und Israel ist noch ein kapitalistischer Staat. Das erschwert eine harmonische Beziehung. Wir müssen realistisch sein und die Politik unserer Regierung unterstützen.‹ […].

Aufgrund dieser zwangspragmatischen Einstellung gaben die Gemeinden weder Stellungnahmen zu der DDR-Politik gegenüber Israel noch zur Entwicklung im Nahen Osten überhaupt ab. Nach Aussage von Peter Kirchner, dem einstigen Ost-Berliner Gemeindevorsitzenden, bestand eine Übereinkunft mit den staatlichen Institutionen, derzufolge die Jüdischen Gemeinden sich aller Kommentare gegenüber der Situation im Nahen Osten enthalten mussten (Kirchner 1988, S. 36).«[257]

Die Quellenangabe »Robin Ostow« ist identisch, nur aus dem dortigen originalen »tabuisiert« ist hier ein »mussten« geworden. So leicht lässt sich die zurückhaltende Diktion in eine politische Zwangsausübung seitens der DDR verändern! Es heißt: »Wir Bürger jüdischen Glaubens haben […], wie schon so oft erklärt, dass nur die UNO-Resolution 242 die Garantie für die Löschung des Brandherdes im Nahen Osten ist.«[258]

Im März 1978 war zu lesen: »Der Wunsch der im Staate Israel lebenden Menschen nach Anerkennung des Existenzrechtes dieses Staates in sicheren Grenzen kann und darf nicht durch Gebietsforderungen wider besseres Wissen zum Scheitern gebracht werden.«[259]

Eine ausführlichere Stellungnahme ist in den folgenden Worten enthalten: »Es bedurfte erst der Judenverfolgung während der faschistischen Herrschaftsperiode in Europa und der sechs Millionen jüdischer Opfer, dass die Gründung eines jüdischen Staates von der UNO bestätigt wurde. Die Urbarmachung weiter Landesteile und eine überwiegend physische Arbeit standen anfänglich im Mittelpunkt und bestimmten den moralischen Anspruch des jungen Staates in den ersten Jahren. Doch von Anbeginn zeigten sich auch die Schwierigkeiten. Ursprünglich war das Ziel der zionistischen Bewegung formuliert worden, dem Leid der Juden unter den unterschiedlichen antisemitischen Strömungen durch die ›Heimkehr in das Land der Vorväter‹ ein Ende zu bereiten. Dabei war die Tatsache übersehen oder verdrängt worden, dass der Befreiungskampf auf einem Gebiet geführt wurde, auf das gleichzeitig auch die Araber einen in Geschichte und Tradition wurzelnden Anspruch erhoben.

Kriegerische Auseinandersetzungen im Konflikt mit den im Lande lebenden Arabern sowie den den neuen Staat ablehnenden Nachbarvölker, zerstörten die Hoffnung auf eine problemlose Entwicklung. Neue Schwierigkeiten bereitete später die fehlende Bereitschaft, im Kriege 1967 eroberte Gebiete als Preis für einen Frieden aufzugeben. Die Unfähigkeit der israelischen Regierung, sich gegen chauvinistische Entwicklungen wie die Siedlungsbewegung *Gusch Emunin* durchzusetzen, schuf neue Hindernisse. Territoriale Ausweitung statt Stabilisierung auf dem ursprünglichen Grund und Boden, ständig steigende Militärausgaben bei einer sich immer mehr verschlechternden wirtschaftlichen Situation, eine zunehmende Polarisierung der politischen Kräfte im eigenen Lande sowie die rasant um sich greifende weltweite Isolierung gefährden die Zukunft dieses Landes. […]

Die Anerkennung der berechtigten Existenz eines jüdischen Staates in festgelegten Grenzen und eines eigenständigen palästinensischen Territoriums muss mit einer Beendigung jeglicher terroristischer Handlungen auf beiden Seiten einhergehen.«[260]

Der Schulterschluss zwischen den USA als dem Vorreiter des Imperialismus im Weltmaßstab und Israel als dem kapitalistischen Platzhalter im Nahen Osten bewirkte seitens der von Stalin geprägten Sowjetunion und den abhängigen Volksdemokratien eine krasse Feindhaltung. Eine Feindhaltung, die durchaus beidseitig bestand. Man sollte nicht so tun, als hätte es diese Feindstellung in der Realität nicht gegeben, sie sei lediglich eine fixe Idee Stalins gewesen. Und sie hat überhaupt noch nichts mit dem anderen Teil des zu behandelnden Problems zu tun, nämlich mit der Beurteilung des Judentums, der Judenheit, des jüdischen Menschen unter antisemitischen Hinterhältigkeiten. Antisemitismus ist nicht identisch mit der feindseligen Haltung des Zionismus gegen den Sozialismus und der feindseligen Beurteilung und Behandlung des Zionismus durch den Sozialismus.

Antisemitismus ist nicht identisch mit feindseligem Verhalten zum Zionismus, kann aber selbstredend ineinanderfließen. Die Verkündigung des »sich gesetzmäßig verschärfenden Klassenkampfes« durch Stalin und Moskaus sprichwörtliches Misstrauen gegen jede Form anderen Denkens als es die »Kommunistische Zentrale« für opportun hielt, erlebte nach dem Zweiten Weltkrieg einen neuen Höhepunkt.

Faktisch begann es mit der »Abtrünnigkeit« Jugoslawiens infolge der Position Josip Broz Titos, einen eigenen Weg zum Sozialismus zu gehen, was als kleinbürgerlicher Nationalismus verurteilt wurde. Der »Titoismus«[261], der Trotzkismus, der Zionismus und der jüdische bürgerliche Nationalismus wurden als Hauptgefahren postuliert. Der Staat Israel, dessen Gründung 1948 von Moskau mitgetragen worden war, hatte sich den USA angenähert und wandelte sich sukzessive zu einem Stützpunkt dieser Hauptmacht des Imperialismus. Reale Gegnerschaft gerierte zu abgrundtiefer Feindschaft. Stalins vorhandener Antisemitismus witterte umfassend Verrat und veranlasste schändliche Aktionen, deren letzte vor seinem Tod der beabsichtigte Prozess gegen jüdische Ärzte sein sollte.

Zuvor aber fanden in den sozialistischen Ländern sukzessive Prozesse gegen angebliche Feinde und Verräter statt, von denen der gegen Slansky und andere besonders prononciert als antizionistisch-antisemitischer Feldzug gestaltet wurde.

Antisemitismus und Antizionismus flossen in Stalins Denken infolge seines spezifischen Verfolgungswahns ineinander und verursachten zu seinen Lebzeiten die verbrecherischen Prozesse. Obwohl, das sei noch einmal betont, Antisemitismus und Antizionismus nicht ineinander verflochten sein müssen. Sie müssen es nur dann, wenn man meint, ohne Antisemitismus gäbe es keine Ablehnung des Zionismus. Nun vermag es der *Spiegel* aus seiner prinzipiell negativen Haltung gegenüber der DDR offenbar nicht, eine vernünftige Schlussfolgerung aus einer Tatsache zu ziehen, die mit folgenden Worten verkündet wird: »Während die jahrzehntelange antiisraelische SED-Politik keine Spuren hinterlassen hat, haben sich die meisten früheren DDR-Bürger eine Aversion gegen das NS-Regime bewahrt.« Einen inkorrekten Zusammenhang annehmend, schließt der *Spiegel* diesen Satz an: »Dazu die mit dieser Thematik seit Jahren befassten Berliner Soziologen Werner Bergmann und Rainer Erb: ›Auch der Antifaschismus war in der DDR verordnet, aber er entsprach bei vielen der eigenen Überzeugung.‹«[262] Die Anti-Israel-Haltung war eben im Verständnis der DDR-Spitze und davon abgeleitet der DDR-Bürger keine antisemitische Position. Sie richtete sich gegen den imperialistischen Staat Israel, nicht gegen *die* Juden.

Und die »Aversion« gegen das NS-Regime war das Ergebnis der langjährig zielgerichteten Aufklärung über das Wesen und die Verbrechen des Faschismus sowie die Politik, ein solches System nicht mehr zuzulassen. Aversion gegen das NS-Regime und Antifaschismus waren zwei Seiten einer Medaille und das Ergebnis überzeugter Kenntnisvermittlung.

Den verordneten Antifaschismus »oktroyierten« die Alliierten nach der Zerschlagung des deutschen Faschismus im Potsdamer Abkommen vom 2. August 1945[263], einem Dokument, das BRD-seitig nie anerkannt wurde und insofern auch ein böhmisches Dorf für die bundesdeutsche Bevölkerung blieb. Nicht aber für die DDR-Bürger. Es kann daher auch nicht verwundern, wenn in einer 1992 veröffentlichten Umfrage, in der die Frage zu beantworten war, ob die KZ-Berichte übertrieben seien, 86 % der Ostdeutschen das »Nein« betonten und konstatierten »Die meisten Berichte sind wahr«.

Ebenfalls mit einem Nein antworteten 69 % der Westdeutschen und für Deutschland insgesamt standen 73 %.[264]

Ist Antisemitismus Antizionismus und umgekehrt, oder ist Kritik an Israel Ausdruck von Antisemitismus?

Antisemitismus wird von interessierter Seite regelmäßig mit Antizionismus identifiziert und dieser wiederum als Feindschaft gegen Israel denunziert. So kann man lesen: »Neben den bekannten alten Traditionen des Antisemitismus trat seit der Gründung Israels der Antizionismus verstärkt in Erscheinung. In ihm leben traditionelle antijüdische Feindbilder fort, wie dies etwa in der Staatsdoktrin der DDR der Fall war.«[265]

Da wird schon einmal der Standpunkt des Bundestagsabgeordneten der Linkspartei Norman Paech, von Israel praktizierte Kriegshandlungen als »Vernichtungskrieg« zu brandmarken, flugs als eine antisemitische Begriffsverwendung denunziert. Der Trick besteht darin zu behaupten, dass man es bei der Feststellung Paechs, Israel sei während des Libanon-Krieges mit einem »Vernichtungskrieg gegen Milizen und Bevölkerung im Libanon« vorgegangen, mit einem »implizite(n) Vergleich zwischen dem Verhalten Israels und dem Nazideutschlands« zu tun habe, denn der Begriff »Vernichtungskrieg« stehe »zweifelsfrei in diesem deutlichen Zusammenhang«.[266] In dem Zeitungsartikel wurde nun kritisiert, dass es seitens der Linkspartei keine Konsequenzen gegen Paech gegeben habe.

Apologeten der israelischen Kriegspraxis maßen sich mithin das Recht an, kritische Standpunkte als nazistisch zu verteufeln. Man kann es auch anders herum angehen. Ist deutlich, dass es sich bei der Kritik an Israel um Kritik an der Politik Israels in Sachen Nahost handelt, kann eine solcher Zusammenhang, eine solche Identität nicht behauptet oder hergestellt werden.

Völlig zu Recht meint Werner Bergmann, dass eine »Gleichsetzung der israelischen Politik mit ›den Juden‹ [...] eine antisemitische Grenzübertretung« ist.[267]

Allerdings wird genau ein solcher Vorwurf von jenen erhoben, die die israelische Politik für rundum gerechtfertigt halten. Die Aggression vonseiten Israels im Sechs-Tage-Krieg war ein völkerrechtswidriger Präventivkrieg. Und bedauerlicherweise hat die Aggressivpolitik der USA nicht unwesentlichen Einfluss darauf, dass das Völkerrecht sukzessive ausgehöhlt wird. Israel nimmt diese Negation des Völkerrechts als eine nützliche Unterstützung der eigenen Politik. Und es ist inzwischen eine Tatsache, dass die Zahl der Bejaher einer solchen von Israel praktizierten Völkerrechtsnegation zunimmt.

Der Ausgangspunkt der Beschuldigung der DDR, antisemitisch gewesen zu sein, ist dabei der Vorwurf, die DDR habe sich intensiv um gute Beziehungen zu den arabischen Staaten bemüht, die grundsätzlich eine negative Haltung zur Existenz von Israel hatten. Dabei wird dem Grunde nach nicht akzeptiert, welche Voraussetzungen bei der Entscheidung der DDR, sich den arabischen Staaten anzunähern, eine Rolle gespielt haben. Es ging, einfach gesagt darum, die Blockadehaltung der BRD gegen die internationale Anerkennung der DDR zu durchbrechen.

Die Bundesrepublik Deutschland hatte mit arroganter Rigorosität des Alleinvertretungsanspruchs das Prinzip verkündet, dass Staaten, die die für die BRD nichtexistente DDR als souveränen Staat anerkennen würden, mit dem Abbruch gehabter diplomatischer Beziehungen mit der BRD bestraft werden. Es handelt sich um die Hallstein-Doktrin.

Gelegentlich vernimmt man die Ansicht, es habe verletzte Eitelkeit für die Entscheidung der DDR-Spitze die entscheidende Rolle gespielt, dass man sich den arabischen Staaten zuwandte. Das ist, gelinde gesagt, eine kleinliche Denkweise. Tatsächlich war die Blockadepolitik der BRD gegenüber der DDR mit weit größeren Problemen verbunden, als es eine fehlende diplomatische Anerkennung bedeuten konnte. Handels- und andere Wirtschaftsbeziehungen standen an vorderster Stelle. Es ist daher auch kein Wunder, dass nicht wenige Staaten, die noch zögerten, diplomatische Beziehungen aufzunehmen, unterhalb dieser Schwelle an Wirtschaftsbeziehungen ebenso interessiert waren wie die DDR. Aber Störungen waren wegen der fehlenden Anerkennung der DDR-Souveränität eben nicht ausgeschlossen.

Antisemitische Vorfälle – Beweis des antisemitischen Charakters der DDR?

Hätte es, wie heutzutage behauptet wird, in der DDR tatsächlich Antisemitismus als zumindest stillschweigend praktizierte ideologische und Staatsdoktrin gegeben, hätten jene keine Chance gehabt, die sich beispielsweise in Kunst und Literatur mit Jüdischem und dem Schicksal von Juden befassten.

Im Allgemeinen wird der DDR ja zeitgeistgemäß unterstellt, sie sei eine kommunistische totalitäre Diktatur gewesen. Wäre es so gewesen, dann hätte es nicht vieler Aktivitäten der zuständigen Organe bedurft, um jegliches positives Befassen mit dem Judentum zu unterbinden. Weder das eine noch das andere trifft zu: Weder war die DDR eine totalitäre Diktatur, noch praktizierte sie Antisemitismus als »Staatsräson«, wie es heutzutage ja wohl heißen würde.

Angemerkt sei an dieser Stelle, dass nicht selten darauf verwiesen wird, die DDR habe doch selbst damit argumentiert, dass die Schaffung einer »Diktatur des Proletariat« notwendig sei. Und in der Tat: Im Hochschullehrbuch »Marxistisch-leninistische Staats- und Rechtstheorie« gibt es den Abschnitt 2.1.3. »Die Begründung der Notwendigkeit der Diktatur des Proletariats«[268]

In diesem Abschnitt wird aus dem Brief von Karl Marx an Joseph Weydemeyer vom 5. März 1852 zitiert, in dem Marx verlautbart: »Was ich neu tat, war 1. nachzuweisen, dass die Existenz der Klassen bloß an bestimmte historische Entwicklungsphasen der Produktion gebunden ist; 2. dass der Klassenkampf notwendig zur Diktatur des Proletariats führt; 3. dass diese Diktatur selbst nur den Übergang zur Aufhebung aller Klassen und zu einer klassenlosen Gesellschaft bildet.«[269]

Die Schwierigkeit liegt nun darin, dass der Begriff »Diktatur« doppeldeutig ist. Einmal versteht der Marxismus darunter generell die staatliche Machtausübung durch eine oder mehrere

Klassen, weshalb beispielsweise die Machtausübung der Bourgeoisie im Kapitalismus als Diktatur der Bourgeoisie und die des Proletariats im Sozialismus als Diktatur des Proletariats benannt wird.

Zum anderen sind die verschiedenen Formen zu benennen in denen diese »Diktaturen«, also die Machtausübung der herrschenden Klasse, realisiert werden können. Und da beginnt die Schwierigkeit, denn »Diktatur« ist wie die parlamentarische Republik oder die bürgerliche Demokratie eben auch als eine Staatsform verstehbar. Allerdings als die Staatsform, die sich durch Massenmord, Rassismus, Aggressivität, Konzentrationslager, Brutalität und andere Übel »auszeichnet«, wie das beispielsweise im deutschen Faschismus, das heißt: der faschistischen Diktatur, Realität war. Im Bertelsmann Lexikon Geschichte heißt es: »Man kann den Faschismus im weiteren Sinne definieren als ein politisches System, das gekennzeichnet ist durch antiparlamentarische, oft antisemitische, totalitäre Führerstaatstendenzen u. sich vielfach einer sozialrevolutionären Ausdrucksweise bedient.«

»Demokratie [...], die Staatsform, in der die Staatsgewalt vom Volk ausgeht [...] u. direkt oder (und) indirekt von ihm, ausgeübt wird.«[270]

Spätestens seit Mitte der 50er Jahre ist für die staatspolitische Linie der SED festzustellen, dass ein wie auch immer sich gebärdender (individueller) Antisemitismus sich im Handeln des Staates DDR nicht niedergeschlagen hat. Was in dieser Hinsicht die CDU-Staatsministerin Hildegard Müller für die BRD in Anspruch nimmt, galt im übertragenen Sinne für die untergegangene DDR. Müller konstatierte, man habe in der BRD Antisemitismus und zwar »in einer zunehmenden Vielfalt«. Es gebe rechtsextremen Antisemitismus, Antisemitismus aus der islamistischen Szene sowie Antisemitismus, der sich aus »Antiamerikanismus speist und Antizionismus entwickelt.«[271]

Um das Gegenteil zu beweisen, wird darauf verwiesen, dass es die Affäre »Dr. Bernd Löwe von der Humboldt-Universität« gegeben habe. Galinski habe diese Sache dem Staatssekretär für Kirchenfragen Klaus Gysi vorgetragen.

Löwe hätte, so Galinski, »als offizieller Vertreter des DDR-Friedensrates bei einer Tagung in Amsterdam auf die Frage, ob er denn den Kölner Professor Franz Loeser kannte, geantwortet: ›Sie meinen doch nicht das Judenschwein Franz Loeser?!‹«[272]

Loeser habe sich daraufhin zweimal an den Generalstaatsanwalt der DDR gewandt, ohne eine Reaktion von dort. Daraufhin habe sich Loeser an Galinski gewandt und dieser im Juli 1987 an Klaus Gysi, allerdings ebenfalls ohne Ergebnis.[273]

Aber aus der Zeit vor dem Verlassen der DDR gibt es eine Verlautbarung Loesers, in der er sich in dem Zeitschriftenartikel »Antizionismus gleich Antisemitismus?« zum Thema äußerte.[274] Von einem Besuch in Tel Aviv zurückgekehrt, berichtete Loeser über seine Eindrücke. Er bejahte die UNO-Resolution, die den Zionismus als eine Form des Rassismus verurteilt hatte, und wandte sich gegen die Position des israelischen Ministerpräsidenten, Itzhak Rabin, der es für besonders verwerflich gehalten hatte, dass auch die DDR für diese Resolution gestimmt hatte. Loeser zitierte die Worte Theodor Herzl aus dessen Buch »Der Judenstaat«: »Für Europa würden wir (die Zionisten) in Palästina ein Stück des Walles gegen Asien bilden, wir würden den Vorpostendienst der Kultur gegen die Barbarei besorgen.«

Sodann wertete Loeser diese Aussage mit den Worten: »Das klingt wie ein Werbeslogan, und so war es auch gemeint. Die Zionisten versuchten, den kapitalistischen Großmächten die Errichtung eines jüdischen Staates schmackhaft zu machen, indem sie ihnen versicherten, der Zionismus werde die jüdischen Arbeiter und Intellektuellen von der revolutionären Bewegung in Europa abziehen und die Position des Imperialismus gegen die Bestrebungen der arabischen Völker, ihre nationale Unabhängigkeit zu erringen, verteidigen helfen.«

Loesers Artikel schloss mit den Worten: »Und noch ein Wort an die Adresse der Herren Moynihan, von Wechmar und Rabin. Ich habe, bevor ich in die sozialistische DDR kam, in mehreren kapitalistischen Ländern, darunter auch in den USA, gelebt. Nur in einem einzigen Land habe ich keinen Antisemitismus angetroffen – hier in der DDR.«[275]

Merkwürdig, wie Ortswechsel Meinungswechsel verursachen kann. Wie wir wissen, wurde Paul Merker tatsächlich juristisch verfolgt und verurteilt, ohne dass sich allerdings die Sache in der DDR so ausweitete, wie das bei den Prozessen in den anderen sozialistischen Ländern der Fall war.

Der Prozess gegen Slansky und andere enthielt direkt für bestimmte DDR-Bürger gefährliche Andeutungen. Im Verfahren wurde Paul Merker genannt.[276] Nachdem er bereits 1950 einem Parteiverfahren unterworfen worden war, wurde er im März 1955 in einem Prozess vor dem Obersten Gericht der DDR zu acht Jahren Gefängnis verurteilt.[277]

Norbert Podewin schreibt, dass im Dezember 1952 MfS-Ermittler einen deutschen »Slansky« präsentierten – Paul Merker. Er war zwar kein Jude, wurde jedoch »geschickt mit dem jüdischen Element verwebt.«[278] So wurde ihm vorgeworfen, er habe sich in Mexiko »insbesondere auf die Kreise der emigrierten jüdischen Kapitalisten« gestützt und »die Entschädigung der jüdischen Kapitalisten« propagiert.[279] Abgesehen davon, dass sich das offizielle Israel nach der Gründung des Staates tatsächlich dem Westen zugeneigt hatte, entsprechende politische Positionen bezog und kapitalistische ökonomische Entwicklungen vollzog, war der Kalte Krieg spätestens seit der Fulton-Rede Winston Churchills vom März 1946 erschreckende Realität.

In der Konsequenz entwickelten sich seitens der DDR zumindest abwehrende Haltungen auch gegen den Staat Israel, durchsetzt mit stalinistischen Aversionen. In Parenthese sei angemerkt, dass Jugoslawien inzwischen einen selbständigen Weg gewählt hatte und als Abweichler denunziert sowie bekämpft wurde. Hinzu kam die Stalinsche Phobie gegenüber dem Jüdischen[280], die erst endete, als Stalin im März 1953 verstarb.

Kennzeichnend einerseits für das schlechte Gewissen und andererseits für die Untergrundpraxis der DDR-Obrigkeit bei der Erledigung unangenehmer Vorfälle wurde Merker nach der Verurteilung im März 1955 bereits im Februar 1956 wieder aus der Haft entlassen und im Juli des Jahres von demselben Gericht unter Ausschluss der Öffentlichkeit freigesprochen und rehabilitiert.

Es ist schon bemerkenswert, wenn man feststellen muss, dass selbst gestandene Widerstandskämpfer gegen den deutschen Faschismus wie Alexander Abusch, er hatte lange Zeit unter anderem im Exil mit Merker zusammengearbeitet, in seinen Erinnerungen, die 1981 und 1986 veröffentlicht wurden, zwar seitenlang über diese Zusammenarbeit berichtet, aber kein Wort zu den Verfolgungen Merkers in der DDR verlor.[281]

Ob der Tod Stalins im Jahre 1953 für die DDR das erlösende Moment war oder ob bis dahin bereits gewisse realpolitische Überlegungen eine Rolle spielten, ist nur mit Vermutungen zu beantworten.

Der Beschluss des ZK der SED »Lehren aus dem Prozess gegen das Verschwörerzentrum Slansky« vom 20. Dezember 1952[282] enthielt zwar antisemitisch gefärbte Anwürfe und bewirkte Repressionen und bei einigen Betroffenen das Ausweichen in die Flucht aus der DDR, hatte aber nicht den brutalen Verfolgungscharakter eines der Prozesse in den anderen volksdemokratischen Ländern. In diesem Beschluss wurde betont, es seien von besonderer Bedeutung die »Enthüllungen über die verbrecherische Tätigkeit der zionistischen Organisationen« gewesen. »Unter jüdisch-nationalistischer Flagge segelnd, getarnt als zionistische Organisation und als Diplomaten der amerikanischen Vasallenregierung« hätten diese amerikanischen Agenten ihre Handwerk verrichtet. Es sei bewiesen worden, dass es eine Methode der Angeklagten gewesen war, »fortschrittliche Genossen durch die Bezichtigung des Antisemitismus zu diskreditieren«.[283]

Hypertrophierte Agentenfurcht prägte Anfang der 50er Jahre die sich sozialistisch verstehenden Länder Europas. Allerdings sollte nicht unbeachtet bleiben, dass sich in den 40er Jahren in den westlichen Gesellschaften das Aufspüren und Verfolgen von Kommunisten hysterisch entwickelte. Novick berichtet darüber, wie in den USA zudem Juden zu antikommunistischen Wortführern wurden. Es wandelte sich nach 1945 die Einstellung zur Sowjetunion und zu deren Anteil bei der Zerschlagung des Faschismus ins Negative.

An der antikommunistischen Hysterie hatten jüdische Organisationen einen wichtigen Anteil. Sie unterstützten den antikommunistischen Jäger in den USA, McCarthy. Man kann davon ausgehen, dass diese Entwicklung in der Sowjetunion und in den Volksdemokratien aufmerksam beobachtet wurde und die Einstellung zu Israel negativ beeinflusste.

Es muss daran erinnert werden, dass die UdSSR zu den Staaten gehört hatte, die der Staatsgründung Israel in Palästina zustimmten. Die sukzessive Hinwendung Israels an die westliche Welt wurde mit Missfallen konstatiert.

Bei aller notwendigen Zurückweisung der mit dem Slansky-Beschluss verbundenen Repressalien verschiedener Art sollte man anerkennen, dass es zu derartigen Verbrechen, wie sie auf Stalins Geheiß massenhaft geschehen sind[284], in der DDR nicht gekommen ist.

Es gab in der DDR zu keinem Zeitpunkt solche antijüdisch motivierten Exzesse wie in der Sowjetunion. Weder gab es einen Ärzteprozess mit der Beschuldigung, führende Partei- und Staatsfunktionäre ermorden zu wollen, noch gab es eine Ermordungsaktion wie die der Tötung der Mitglieder des *Jüdischen Antifaschistischen Komitees* (JAFK), das mit Billigung Stalins formiert worden war, um die nazistische Vernichtungspraxis gegen die Juden zu dokumentieren, und 1948 liquidiert wurde. Sowohl die antisemitischen Anklänge des Beschlusses wie auch die praktischen oder befürchteten Maßregelungen, die unter anderem auch eine Flucht von Juden in die BRD bewirkten, waren relativ zurückhaltend. Was die vielen Unrechtshandlungen nicht beschönigen kann und soll.

Es genügt, auf das Beispiel des Umgangs mit Paul Merker, Mitglied des Politbüros der SED, zu verweisen, der verurteilt wurde für Handlungen, die strafrechtlich nicht zu verurteilen waren.[285]

Es kann jedoch nicht außer Betracht bleiben, dass sich der Kalte Krieg massiv entwickelte. Nach dem Ende des Zweiten Weltkrieges zerbrach die alliierte Antihitlerkoalition, der Kalte Krieg entfaltete sich und die Front zwischen Kapitalismus und Sozialismus, von Churchill emphatisch als Errichtung eines eisernen Vorhangs bezeichnet, wurde Realität. Man kann nicht so tun, als habe es die diversen Angriffs- und Destabilisierungsoperationen des Imperialismus zur Unterminierung und Zerschlagung des sich herausbildenden sozialistischen Blocks nicht gegeben. Dabei wurden alle nur möglichen Methoden und Maßnahmen praktiziert, zu denen auch der Einsatz zionistischer Denk- und Organisationsformen gehörte. Kombiniert mit eindeutigem Antikommunismus, wurden Feindseligkeiten verschiedener Art realisiert. Was unter anderem auch Übertreibungen aufseiten des Sozialismus bewirkte und solche Praktiken zur

Folge hatte, die von tiefstem Misstrauen gegenüber den eigenen Genossen zeugten und auch Ungesetzlichkeiten beinhalteten.

Im Gegensatz zu der dargestellten negativen Situation Anfang der 50er Jahre ist für die spätere DDR eine antisemitische Grundhaltung nicht feststellbar.

Werner Bergmann hat auf eine entsprechende Frage betont, dass die Ostdeutschen generell weniger antisemitisch eingestellt seien. Anfang der 90er Jahre sei das besonders stark zu sehen, etwa im Verhältnis eins zu vier im Westen. Allerdings habe dieser Unterschied im Verlaufe des vergangenen Jahrzehnts abgenommen. Jugendstudien hätten dagegen ein völlig entgegengesetztes Bild gezeigt, nachdem Antisemitismus im Osten eine größere Verbreitung als im Westen habe. Jugendliche im Osten übernähmen Antisemitismus als einen Teil von Fremdenfeindlichkeit, die im Osten eine größere Verbreitung als im Westen habe.[286]

Dass diese Bewusstseinsveränderung bei den Jugendlichen auch bewirkt sein kann von der Tatsache, dass die Arbeitslosigkeit voll durchgreift und von der Rechten die Schuld dafür mit der Anwesenheit zu vieler Fremdarbeiter »begründet« wird, erwähnt Bergmann nicht. »Deutsche Arbeit für Deutsche!« ist eine durchaus wirksame Parole. Für die Älteren im Osten meint Bergmann dagegen, dass der Antisemitismus von der Fremdenfeindlichkeit abgespalten zu sein scheint. Hier wirke nach, dass der Faschismus als schlecht erkannt sei und als ein Teil desselben auch der Antisemitismus. Der im Westen verbreitete Zusammenhang zwischen Vergangenheitsbewältigung, Ablehnung einer historischen Schuld und Antisemitismus sei in der DDR kaum zu beobachten gewesen. Es scheine aber, als würde der »sekundäre« Antisemitismus jetzt, da auch die Ostdeutschen begännen sich als »beschuldigt« zu betrachten, in der ehemaligen DDR Fuß fassen.[287]

Alles in allem bestätigt diese Ansicht Bergmanns die Tatsache, dass die DDR nicht antisemitisch war.

Nach der Überwindung der Phase des Unterworfenseins unter stalinistischen Antisemitismus wuchsen in der DDR sukzessive die Akzeptanz gegenüber den jüdischen Bürgern und das Auftreten gegen antisemitisches Verhalten. Das schloss jedoch nicht das »normale« Verhalten der menschlichen Individuen aus, d. h. Aversionen gegen andere menschliche Individuen. Niemand ist allen Menschen gleich gut gesonnen. Individuelle Aversionen werden durch eine »unergründliche« Menge von Gedankenführungen und -eindrücken bestimmt. Dazu kann auch antisemitisches Denken und Verhalten gehören. Die Ursachen, d. h. die Art und Weise des »Anreicherns« antisemitischer Denk- und Verhaltensmuster sind keineswegs unerklärbar, aber eben vielfältiger Natur. Das trifft im übrigen »die Gelben« ebenso wie »die Schwarzen«, wie es umgekehrt aus der Sicht der anderen »die Weißen« treffen kann und wird.

Die Frage ist nur, ob derartige Aversionen staatsgeprägt und/oder staatsgefordert sind. Und da ist für die DDR als einem sozialistischen Staat ein kategorisches »Nein« zu erklären unter der Voraussetzung, dass die Phase des stalinistischen Antisemitismus‹ als dem Wesen eines sozialistischen Staates nicht immanent, abgelehnt und zurückgewiesen wird.

Da bleibt de facto nur die Entschuldigung bei denen, die diesem Grund der diversen Verfolgung unterfallen sind.

Es ist schon merkwürdig. 1990 – am Beginn des Befassens mit dem realen Lebens in der DDR – war die »ideologische Linie« offenbar noch nicht ganz klar, mit allen Mitteln und in Bezug auf alle Lebensbereiche der DDR die Kübel voll Unrat zu füllen und dann auszukippen. So konnte es alsdann wohl geschehen, dass man in der *Zeit* etwas Wohlwollendes über die DDR druckte. Die Rede ist von der Information über eine soziologische Untersuchung zur Einstellung gegenüber den Juden, deren Ergebnisse von den Sozialwissenschaftlern Werner Bergmann und Rainer Erb 1987 veröffentlicht wurden. Sie betraf damals verständlicher Weise nur die Alt-Bundesbürger. Die Ergebnisse waren durchaus nicht erfreulich, wenngleich man meinte feststellen zu können, dass es einen »kontinuierlicher Rückgang des Antisemitismus« gebe.

Die beiden Forscher schlussfolgerten: »Wie in allen westlichen Industrienationen hat die Bildungsexpansion das demokratische Potential gestärkt und zu einem Abbau stereotypen Denkens beigetragen«. Das bestritt der *Zeit*-Autor und verwies darauf, dass die von einer jüngst durchgeführten *Spiegel*-Befragung aus den neuen Bundesländern erbrachten Daten dort eine deutlich geringere Tendenz zum Antisemitismus als in Westdeutschland zeigten, »obwohl ja dort bis 1989 das ›stereotype Denken‹ gang und gäbe war: Vielleicht leistete die SED-Doktrin des Antifaschismus in dieser Hinsicht mehr Aufklärung, als wir wahrhaben möchten.«[288]

Was die heutige Behauptung anbelangt, die DDR sei antisemitisch gewesen, da konnte man 1995 noch etwas anderes lesen. In einer Betrachtung darüber, ob Juden nach der Zerschlagung des deutschen Faschismus wieder in Deutschland hätten leben können, wird geschrieben: »Von relativ wenigen Vorkommnissen abgesehen, konnten Juden im Nachkriegsdeutschland, in der Bundesrepublik wie in der DDR ohne sonderliche Anfeindungen und ohne Ängste leben.«[289]

Weiter heißt es dann: Wie sich der deutsch-deutsche Vereinigungsprozess von 1989/90 auf die jüdische Gemeinschaft im Lande auswirken werde, bliebe abzuwarten. Und wenn heutzutage von DDR-Bürgern in der Rückschau gelegentlich erklärt wird, man habe damals das Wort »Jude« nicht gekannt, dann kann man ihnen mindestens eine Bildungslücke bescheinigen.

So scheinen sie etwa das »Jugendlexikon a – z« nicht gekannt zu haben, dessen 1. Auflage 1968 erschien und das mit seiner 12. Auflage 1984 immerhin die stattliche Anzahl von einer Million Exemplare erreichte. Im Stichwort »Juden« dieses Lexikons heißt es: »Die deutschen Faschisten […] verfolgten die Juden in unmenschlicher Weise. Über sechs Millionen Männer, Frauen und Kinder, der größte Teil der jüdischen Bevölkerung Europas, wurde in Konzentrationslager gebracht und ermordet.«[290]

Sicher könnte man heute über die Exaktheit einzelner Aussagen dieses Stichwortes streiten, aber mindestens die Existenz der Juden und ihr Schicksal in der nazistischen Verfolgung waren unzweifelhaft dargelegt.

Spätestens am 9. November 1988 war Gelegenheit, eine Positionierung zu vernehmen, die Aufklärung verschafft hätte. Der Präsident der DDR-Volkskammer betonte in seiner Rede auf der Sondersitzung: »Wenn wir an diesem Tage des Gedenkens an die Opfer der Pogromnacht unserem Abscheu gegen die faschistische Barbarei Ausdruck geben, verweisen wir auf die faschistische Gleichstellung der Juden mit den Kommunisten in der gesamten Nazipropaganda. […] Die Hitlerfaschisten schrieen die unsinnigsten Losungen vom ›jüdischen Bolschewismus‹, von der jüdischen Weltverschwörung in die Welt, die ihr Zentrum natürlich in Moskau habe. Aber Wilhelm Pieck sagte schon 1922 vor dem Preußischen Landtag […], es ist überhaupt charakteristisch, dass der Faschismus, […], zwei Schlagworte scharf hervortreten lässt, nämlich ›gegen den Bolschewismus‹ und ›gegen das Judentum‹. Mit diesen Schlagworten versucht man, die Bevölkerung über die wahren Absichten der Faschistenbewegung zu täuschen. Diese Worte […] beweisen, dass die Kommunisten in ihrer Strategie und Taktik die Ablehnung des Antisemitismus als untrennbaren Bestandteil des Kampfes zur Verteidigung der sozialen und demokratischen Interessen des Volkes verstanden.«[291]

Es ist an anderer Stelle dargelegt, dass diese Erkenntnis in der DDR-Politik zeitweilig auf sträflichste Weise negiert worden ist.

Was die Problematik insgesamt angeht, wird man der Ansicht von Knut Mellenthin folgen können, der schrieb: »Die antijüdische Politik von 1951-52 erkannten die politisch Verantwortlichen der DDR offenbar bald als Fehler; die meisten Verhafteten und Verurteilten wurden in den Jahren 1955-56 entlassen, aber nicht oder nur heimlich und halbherzig rehabilitiert. Eine historische Aufarbeitung dieses schändlichen Kapitels fand bis zur ›Wende‹ nicht statt.«[292]

Es galt das von der DDR-Obrigkeit über die Jahrzehnte praktizierte Verhalten: »Im Vorwärtsschreiten das Problem überwinden« und »Keine rückwärtsgewandte Fehlerdiskussion!« Im Übrigen unterliegt die Beurteilung dessen, was die DDR hinsichtlich des Umgangs mit dem Jüdischen praktizierte, ganz offensichtlich dem Zeitgeist. So ist es schon merkwürdig, wie sich in Windeseile die Wertungen änderten, als die DDR untergegangen war.

Ein Muster ist bedauerlicherweise auch das Verhalten des damaligen Vorsitzenden des Zentralrates der Juden in Deutschland, Heinz Galinski. Vor dem Untergang der DDR verfügte er über lobende Worte und nahm Ehrungen dieser DDR gern entgegen. Danach waren andere Klänge zu vernehmen. Anlässlich des 50. Jahrestages der faschistischen Pogromnacht verlieh Erich Honecker »in Anerkennung bedeutenden Wirkens für Frieden, Verständigung und Zusammenarbeit zwischen den

Völkern« hohe Auszeichnungen. Heinz Galinski empfing den Orden »Stern der Völkerfreundschaft« in Gold.

In einem Interview mit Heinz Galinski erklärte dieser: »Wenn es um die Sache des antifaschistischen Vermächtnisses geht, um das Vermächtnis der Opfer des Faschismus, der über sechs Millionen ermordeten Juden, wird das in der DDR immer als eine Frage der politischen Moral angesehen.«[293]

Kurze Zeit später, im Prozess des Untergangs der DDR, las man es anders. Galinski: »Es gab in der DDR Antisemitismus und es gab Rassenschändungen.«

Auf die Frage des Interviewers, es beunruhige, dass es in der DDR zunehmend zu antisemitischen Provokationen käme und wo nach Galinskis Meinung die Wurzeln dafür lägen, antwortete er, dass im Zuge der Reformen auch diese negativen Erscheinungen an die Oberfläche kämen. Manche würden glauben, jetzt sei ihre Zeit gekommen. »Das hängt einmal damit zusammen, dass in der DDR ein falsches Geschichtsbewusstsein bei der jungen Generation geweckt wurde. Sie wurde in einem einseitigen antifaschistischen Sinne erzogen. Aber man hat sich hier auch etwas vorgemacht. Die Jugend hat sich ganz anderen Dingen zugewandt. Die Schulbücher z. B. müssen schleunigst aus dem Verkehr gezogen werden, denn sie sind überholt. Ja, ich halte sie für gefährlich.«[294]

Streitpunkte in den Jüdischen Gemeinden: Israel

Es versteht sich, dass gelegentlich Dissonanzen deutlich wurden. So spielte, wie oben bereits erwähnt, unter anderem der Leipziger Eugen Gollomb oftmals betont eine gegen die Politik der DDR gerichtete Rolle. Dem Grunde nach war das Verhältnis der DDR zum Staate Israel ein dauerhaftes Problem. Für einige Gemeindemitglieder war die wohlwollende Sympathie für Israel nicht von der Hand zu weisen. Was auch dazuführte, dass einige Kritiklosigkeit gegenüber Israel bewahrten bzw. einforderten.

Für die DDR war die aggressive Politik Israels gegen die auf dem Territorium lebenden Palästinenser, das im UN-Beschluss von 1947 über die Gründung zweier Staaten in Palästina für die Palästinenser vorgesehen war, sowie die Integration Israels in das von den USA angeführte internationale System die Grundlage der reservierten Haltung. Aus dieser Tatsache folgt auch das Bemühen des Staatssekretariats für Kirchenfragen zu erreichen, »dass die Leitungen der Jüdischen Gemeinden in der DDR politisch klare Aussagen zur Unterstützung der abgestimmten Außenpolitik der sozialistischen Länder treffen«. Es könne nicht länger geduldet werden, dass von einer Reihe von Vorsitzenden schwankende bzw. negative Positionen gegenüber der Politik der DDR zur imperialistischen Politik Israels und zum Zionismus bezogen würden. Man wolle verdeutlichen, dass »eine weitere Zurückhaltung in dieser politischen Frage notwendig dazu führen muss, dass objektiv die Hetze gegen die Sowjetunion und die Sozialststichen Länder toleriert wird.«

Die problematische Einstellung leitender Vertreter der Jüdischen Gemeinden werde auch an der »starken Zurückhaltung deutlich, die sie an den Tag legen, wenn es um die Wertschätzung der führenden Rolle der Sowjetunion im Kampf um den Frieden geht.«[295]

Es ist an dieser Stelle sinnvoll, auf den Missbrauch von Dokumenten einzugehen, den man bei Wolffsohn feststellen kann. In der ersten Anlage zu dieser von Frau Janott mit Datum vom 17. März 1976 ausgearbeiteten Konzeption hatte sie »Zur Haltung der Vorsitzenden der Jüdischen Gemeinden in der DDR gegenüber dem 2. Weltkongress in Brüssel« Stellung genommen.

Sie schrieb in der Anlage 1: »1. Eine wirklich positive Reaktion auf unsere Haltung dazu zeigte nur Dr. Kirchner. Er war auch sofort bereit, klar und politisch durchdacht dagegen Protest zu erheben. Der von ihm erarbeitete Text bedurfte keiner Änderung.«

Kirchner hatte ein Telegramm an das »Organisationskomitee des Weltkongresses Jüdischer Gemeinden« in Brüssel gerichtet, mit dem er dagegen verwahrte, dass dieser Kongress sich als »Fürsprecher aller Juden« offerierte. »Dies schließt die Anmaßung ein, auch im Namen der in den sozialistischen Ländern lebenden Bürger jüdischen Glaubens zu sprechen. Die auf der Grundlage völliger Gleichberechtigung aller Bürger entstandene sozialistische Gesellschaftsordnung garantiert auch für die in ihr lebenden Juden gleiche Rechte in allen Fragen. Der Versuch, diesen Umstand zu leugnen oder verfälscht darzustellen, lässt die wahren Beweggründe erkennen, nämlich eine gegen die Sowjetunion und die übrigen sozialistischen Staaten gerichtete Polemik betreiben zu können.«

Man müsse dieses Treffen eindeutig als bewusste Provokation gegen die weitere Entspannung in Europa und der Welt ansehen.[296]

In Ziff. 3 der von Frau Janott verfassten Anlage 1 heißt es: »3. Wie wir erfahren haben, erfolgte auf die Erklärung von Dr. Kirchner eine negative Reaktion von Gollomb, der ihm sinngemäß das Recht abgesprochen hat, für die Juden in der DDR zu sprechen (was Dr. Kirchner im Übrigen nicht gemacht hat).

Ob auch andere Vorsitzende auf die Erklärung reagiert haben, ist uns nicht bekannt. Wir wissen lediglich, dass von Mitgliedern der Gemeinde zustimmende wie auch skeptische Meinungen dazu geäußert wurden.«

Wolffsohn bietet nun einen Text, bei dem man überhaupt nicht erkennen kann, worum es eigentlich geht. Es handelt sich um eine Mixtur aus verschiedenen Zeiten und mit verschiedenem Inhalt.[297]

Das einzige Anliegen Wolffsohns bestand lediglich darin, Dr. Kirchner zu diffamieren.

Es ist anzumerken, dass Israel seinerseits aus seiner antikommunistischen Grundhaltung im Allgemeinen und seiner Ablehnung der DDR im Besonderen kein Hehl macht.

Für die jüdischen Bürger in den Jüdischen Gemeinden bestand in dieser Hinsicht in der Tat eine zwiespältige Situation. Einerseits anerkannten sie die antifaschistische Grundhaltung und -struktur der DDR, die die Ablehnung antisemitischer Tendenzen einschloss, andererseits waren sie reserviert gegenüber der Contraposition der DDR zu Israel.

1974 verwies Peter Kirchner in einem Aufsatz darauf, dass viele deutsche Juden wegen der Verfolgungen durch die Nazis nach Palästina auswanderten und deshalb enge familiäre Bande zwischen den heute in der DDR lebenden jüdischen Bürgern und ihren Verwandten in Israel bestünden, und betonte: »Diese persönlichen Beziehungen zu israelischen Bürgern sind jedoch nicht identisch mit einer Billigung der vom israelischen Staat betriebenen Politik. […] Leider stand die Existenz dieses Staates, der von seinen arabischen Nachbarn abgelehnt wurde, immer wieder im Mittelpunkt kriegerischer Auseinandersetzungen. Der erneute Ausbruch der Kriegshandlungen am 6. Oktober 1973 war unbestrittenermaßen die Folge der Besetzung arabischer Territorien durch israelische Truppen und eines seitdem nicht erreichten Friedens.«[298]

Nun hatte man über den Jom-Kippur-Krieg gestritten. Wolffsohn schildert das wie folgt: »Das Existenzrecht Israels stellten auch Aris und Kirchner nicht in Frage. Gollomb war jedoch wieder der DDR-Kritischste. ›Hetzende Aussagen gegen die palästinensische Befreiungsbewegung‹ wagte er. So nannte es die staatliche Seite.«[299]

Das ist alles, was Wolffsohn den entsprechenden Akten entnimmt.

Am 15. Juli 1974 hatten Eugen Gollomb und Ella Wittmann namens der Israelischen Religionsgemeinde zu Leipzig an den Verband der Jüdischen Gemeinden in der DDR/ Redaktions-Kollegium des *Nachrichtenblattes* geschrieben, dass sie für das nächste *Nachrichtenblatt* keine Beiträge liefern würden. Begründung: Sie hielten es für undemokratisch und für unrecht, dass die Redaktion »im *Nachrichtenblatt* Juni 1974 bei der Berichterstattung über die Seelenfeier am letzten Tage Pessach den Satz ›Auch gedachte er (*gemeint war Gollomb – D. J.*) dabei besonders der vor kurzem durch Terroristen auf bestialische Weise umgebrachten Männer, Frauen und Kinder aus Israel‹, gestrichen habe«.

Beide kündigten in ihrem Brief noch an, sie würden »den Empfängern des Blattes, das von Leipzig aus versandt wird, brieflich die Gründe mitteilen [...], warum wir keinen Beitrag geleistet haben zum jetzigen *Nachrichtenblatt*«.[300]

Der Präsident des Verbandes der Jüdischen Gemeinden in der DDR, Helmut Aris, hatte den zuständigen Mitarbeiter des Referats für Kirchenfragen des Rates des Bezirks Leipzig, Ullmann, über die Unstimmigkeiten informiert, und dieser schrieb an den zuständigen Stellvertretenden Vorsitzenden für Inneres, Bitterlich, Gollomb habe »einen Manuskriptbeitrag geliefert, der hetzende Aussagen gegen die palästinensische Befreiungsbewegung« enthalte. Er drohe in seinem Brief auch an, »Angriffe gegen die Politik der DDR [...] und zionistische Parolen als Meinung von DDR-Bürgern im Ausland zu verbreiten«.[301]

Bitterlich übersandte den Vorgang an den Staatssekretär für Kirchenfragen.[302]

Aus einer handschriftlichen Anmerkung auf dem Brief geht hervor, dass man sich im Staatssekretariat im September 1974 beratend mit der Sache beschäftigen wolle. Weiteres ist darüber nicht bekannt. Jedenfalls scheint die Angelegenheit seitens der DDR nicht weiter verfolgt worden zu sein.

Eigentlich nicht nebenbei bemerkt ist auf einen Brief zu verweisen, den Eugen Gollomb am 16. April 1974 an den Verband der Jüdischen Gemeinden in der DDR geschrieben hatte. In diesem Brief behauptete Gollomb allen Ernstes: »Die Regierung des Staates Israel handelt nicht aufgrund von Emotionen, sondern sie ist [...], verpflichtet, für die Sicherheit der Bürger Sorge zu tragen. Selbst die arabischen Staaten geben zu, den Jaum-Kippur-Krieg 1973 begonnen zu haben. [...]

Auch steht Israel auch heute noch, nach dem Jaum-Kippur-Krieg, zum Sicherheitsratsbeschluss Nr. 242 vom November 1967, zu dem auch wir jüdische Bürger der DDR uns bekennen. [...] Helmut Aris weiß doch genau, dass die Durchführung dieser Resolution Nr. 242 nur das Endziel einer friedlichen Lösung des Nahost-Konfliktes sein kann.

Diese friedliche Lösung hat aber die Anerkennung der Existenzberechtigung des Staates Israel durch seine arabischen Nachbarn zur Voraussetzung.«[303]

Inzwischen dürfte klar sein, dass Israel schon damals nicht einen einzigen UN-Beschluss respektierte. Schon gar nicht den Beschluss Nr. 242 (1967). Die 1967 besetzten Gebiete sind, mit Ausnahme des Gaza-Streifens, bis heute nicht geräumt, sondern inzwischen fester Bestandteil Israels, und wurden und werden sukzessive weiter ausgedehnt. In der Resolution hieß es jedoch: »Der Sicherheitsrat [...] 1. erklärt, dass die Verwirklichung der Grundsätze der Charta die Schaffung eines gerechten und dauerhaften Friedens im Nahen Osten verlangt, der die Anwendung der beiden folgenden Grundsätze einschließen sollte: Rückzug der israelischen Streitkräfte aus den Gebieten, die während des jüngsten Konflikts besetzt wurden«.[304]

In seinem Antwortbrief vom 22. April 1974 an Eugen Gollomb hatte der Präsident des Verbandes der Jüdischen Gemeinden, Helmut Aris, unter Bezugnahme auf Publikationen von Peter Kirchner nachgewiesen, dass die Behauptung Gollombs in seinem Brief, Aris habe die Schuld dafür, dass es im Nahen Osten keinen Frieden gebe, »einseitig den Machthabern des Staates Israels« zugeschoben, unrichtig sei.[305]

Kirchner hatte in einem Referat am 12. September 1973 erklärt, dass vor, während und nach den Jahren der Verfolgung durch den Faschismus viele deutsche Juden nach Palästina ausgewandert und Bürger des heutigen Staates Israel geworden seien. Daraus ergebe sich der Umstand, »dass von vielen unserer Glaubensgenossen Angehörige in jenem Staat leben, der ob seiner Politik im Mittelpunkt der Auseinandersetzungen im Nahen Osten steht. Damit ergibt sich die Tatsache, dass das Problem der Existenz dieses Staates wegen der familiären Bindungen für diese Menschen zu einem zutiefst emotionalen Problem geworden ist. Für mich ist es klar, dass eine Lösung des Konfliktes nur auf der Grundlage der UN-Resolution Nr. 242 von November 1967 möglich sein wird. Der Fortbestand des Staates Israel kann nicht durch militärische Vorherrschaft erzwungen werden, sondern nur durch die Anerkennung der Souveränität, territorialen Unversehrtheit und politischen Unabhängigkeit eines jeden Staates in diesem Gebiet, innerhalb sicherer und anerkannter Grenzen bei Wahrung der Rechte auch der arabischen Bevölkerung.«[306]

Wie man weiß, hat sich an der negativen Situation bislang nichts geändert. Israel ignoriert noch immer alle UN-Resolutionen. So auch die Nr. 242 vom 22. November 1967, die den Abzug von den okkupierten Gebieten fordert.

Wie oben dargestellt, hatte das Redaktionskollegium des *Nachrichtenblattes* verschiedentlich hervorgehoben, dass die Religionsausübung in der DDR ohne Probleme und ohne Behinderung möglich war. Im Nachhinein und der Linie der Diffamierung der DDR folgend, wurde dann später die folgende Interpretation angeboten: »Infolge der geringen Zahl von nur 350 Gemeindmitgliedern ließ sich an ihnen eindrucksvoll die vorgebliche Religionsfreiheit […] und die ideologisch motivierte antifaschistische Haltung des sozialistischen Staates demonstrieren. Hätten die Gemeinden eine stärkeren Zulauf erhalten, dann ist anzunehmen, dass man sie ebenso wie die christlichen Kirchen argwöhnisch beobachtet hätte und es zu Konflikten mit der Staatsmacht gekommen wäre.«[307] Die Betonung des Judentums in den Gemeinden habe sich strikt auf den rituellen und kulturellen Bereich beschränkt. Man habe aufgrund des Selbstverständnisses der DDR vermuten müssen, dass eine Überschreitung dieser Grenze, »also die Äußerung eines vorrangig jüdischen Selbstbewusstseins der Gemeindemitglieder anstatt eines der DDR verpflichteten«, von offizieller Seite nicht toleriert worden wäre – »allenfalls dann, wenn dies Vorteile für den Staat zur Folge gehabt hätte«. So mutmaßt der Autor.[308] Als ob ein jüdisches »Selbstbewußtsein« nur dann eines gewesen wäre, wenn es ein Anti-DDR-Bewusstsein gewesen wäre.

Dass im Prozess des Untergangs der DDR, wie bereits mitgeteilt, durch die letzte Volkskammer am 12. April 1990 in einer Erklärung aller Fraktionen »die Juden in aller Welt um Verzeihung« gebeten wurden[309], war ein ideologischer Vorgriff auf die späteren Delegitimierungshandlungen gegenüber der Haltung der DDR zu den Juden und ihren religiösen Gemeinden. Es zählte im Denken der Beschlussfassenden nichts mehr, was die Ursachen des distanzierten Verhältnisses der DDR zu Israel anbetraf. Es zählte auch nicht die Verantwortlichkeit Israels für diese Situation. Der konsequente Antikommunismus Israels beispielsweise wurde natürlich als durch die DDR verursacht betrachtet.

Die Ablehnung seitens der DDR, eine besondere Wiedergutmachungszahlung zu akzeptieren, sollte man auch noch unter einem gesellschaftspolitischen Aspekt beurteilen. Wie war vor dem nazistischen Machtantritt das Verhältnis »der« Judenheit zum linken politischen Spektrum, sprich speziell zu den Kommunisten?

Die Frage sollte auch unter dem Gesichtspunkt betrachtet werden, dass nach 1945 in der SBZ/DDR ein nichtkapitalistisches Gesellschaftssystem entstand, das keineswegs mit der Sympathie kapitalistischer Praxis rechnen konnte.

Die BRD war vom ersten Tage ihrer Existenz darauf aus, die »Ostzone« zu »befrein« und handelte entsprechend feindlich.

Die Vorwürfe gegen Links bezüglich der Haltung zur Judenschaft sind von höchster Eindringlichkeit. Sie vergessen allerdings, dass diese Judenschaft keineswegs einheitlich war und schon gar nicht im Hinblick auf die Beurteilung des Kommunismus und der Kommunisten.

Hinsichtlich der sozialen Stellung der Judenheit ist zu bedenken, dass sie eben durchaus keine geschlossene Einheit war und ist. Die soziale Differenzierung der Judenheit widerspiegelte die Klassensituation des Kapitalismus. »Unter den fast 14 Millionen Juden in der Welt gibt es eine erhebliche Vielfalt von Meinungen. Viele sind Sozialisten oder Kommunisten, viele freie Unternehmer oder kapitalistische Finanzleute, viele sind ausgesprochene Atheisten und viele fromme, zutiefst religiöse Gläubige, viele stehen ganz in der jüdischen Tradition und Kultur, während andere in ihren Ansichten und Zielen jedes jüdische Bewusstsein verloren haben. Die meisten Juden in der Welt sind fest verwurzelte und patriotische Bürger der Länder, in denen sie leben. Die Juden in der Welt sind – unabhängig von ihrem gemeinsamen Glauben – Mitglieder der unterschiedlichsten Klassen und unterscheiden sich dabei nicht von den anderen Konfessionen.«[310]

Das Verhalten zum linken Spektrum war ebenso differenziert, wie die Judenheit differenziert war. Anders gesagt: Das Verhalten war abhängig von der Klassensituation der sich Verhaltenden. Brenner gibt eine aufschlussreiche Information über das politische Engagement bei Wahlen. »Die deutschen Juden waren gegenüber der Weimarer Republik [...] zutiefst loyal. Sie stellten während der Weimarer Republik etwa 0,9 Prozent der Bevölkerung und waren im Allgemeinen recht wohlhabend: 60 Prozent von ihnen waren Geschäftsleute oder in freien Berufen tätig. Der Rest waren Handwerker, Büroangestellte, Studenten und ein kleiner Teil von ihnen Industriearbeiter. Die meisten deutschen Juden befürworteten den liberalen Kapitalismus, und so wählten 64 Prozent von ihnen die Deutsche Demokratische Partei (DDP). Ungefähr 28 Prozent wählten die gemäßigte Sozialdemokratische Partei Deutschlands (SPD) und nur vier Prozent die Kommunistische Partei Deutschlands (KPD). Der Rest verteilte sich auf die Parteien des rechten Spektrums.«[311]

Wie man sieht, waren die jüdischen Wähler der Kommunistischen Partei nicht sehr gewogen.

In seiner Studie zur politischen Strategie und Taktik des faschistischen deutschen Imperialismus gab Kurt Pätzold eine Darstellung zur sozialen Struktur der Deutschen jüdischer Abkunft am Beginn der 30er Jahre des 20. Jahrhunderts. Diese Minderheit sei so uneinheitlich gewesen wie die Bevölkerung Bayerns, Preußens oder irgendeines anderen Landes. Zu ihr gehörten Angehörige aller Klassen und Schichten eines kapitalistischen Staates. Es gab Ausbeuter wie Ausgebeutete, Reiche und Arme. Dementsprechend war das Sozialverhalten innerhalb der Gesamtgesellschaft, in der sie lebten. Uneinheitlich war die politische Denk- und Verhaltensweise der jüdischen Deutschen. Sie gehörten verschiedenen politischen Parteien und Organisationen an.

Mit anderen Worten: das soziale und politische Bild, das die jüdischen Deutschen 1933 boten, war ebenso bunt und konträr wie das der nichtjüdischen Deutschen.[312]

Wie widersprüchlich auch das Verhältnis von jüdischen Menschen zu Kommunisten war, hat Friedrich Wolf an der Auseinandersetzung Professor Mamlocks mit seinem Sohn Rolf gezeigt, als dieser versuchte, seinem Vater klarzumachen, dass der Reichstagsbrand im Februar 1933 »die große Wahlbombe der Nazis« sei. Mamlock weist den Standpunkt seines Sohnes mit den Worten zurück, er verbitte »sich solchen Zynismus, solche bodenlose Frechheit in dieser Stunde! Man hat im Kampf auch den schärfsten Gegner zu achten und ihm nicht Infamien zuzutrauen, deren man vielleicht selbst fähig ist!«[313]

Empört forderte Sohn Rolf von seinem Vater die Rücknahme dieser Ansicht, und sie schieden letztlich nach weiterer Auseinandersetzung voneinander.

»Professor Mamlock« wurde im November 1934 in Zürich mit großem Erfolg aufgeführt. 62 Vorstellungen fanden statt, wobei Schweizer Faschisten elfmal versucht hatten, die Vorstellung zu stören. Zum Schutze des Stücks fanden Demonstrationen statt.

Nach der Zerschlagung des deutschen Faschismus erlebte das Stück seine Aufführung in der DDR und wurde von Konrad Wolf mit Wolfgang Heinz in der Titelrolle 1961 verfilmt.

Man darf die geschichtlichen Ereignisse nicht nach rückwärts projizieren. So wäre es absolut unrichtig, den Staat Israel lediglich nach dem zu beurteilen, was er heute zu verantworten hat. Dennoch kann die Rückschau nicht ausbleiben, wenn festgestellt werden muss, dass es Erscheinungen gibt, die bereits in der Vergangenheit Realität waren und sich mit dem heutigen Handeln potenzieren. Heute ist von Kriegsverbrechen die Rede, die gegen die Palästinenser praktiziert werden und auf das Negativ-Konto Israels gehören. Und genau dieses imperialistische Verhalten war von Anbeginn der Existenz des Staates Israel angelegt und Wirklichkeit.

Die Politik Israels wurde bereits kurze Zeit nach der Staatsgründung 1948, die bekanntlich insbesondere mit Unterstützung durch die Sowjetunion erfolgen konnte, nach dem Westen ausgerichtet. Insbesondere die USA wurden zum Vorzugspartner. Die US-amerikanische Beziehung zu Israel und Bindung an Israel ist wesentlich mit der Tatsache verbunden, dass Israel die Bastion im Nahen Osten ist, gewissermaßen der Kontrapunkt inmitten der arabischen Staaten. Bis in die Gegenwart, wobei sich das heute gelegentlich anders gestaltet, scheiterten Beschlussfassungen in der UNO gegen die Politik

Israels an der Haltung der USA. Eine besondere Rolle spielt zudem das Verhalten der politischen Spitzen in der BRD, die sich fast bedingungslos an den Positionen der Herrschenden in Israel orientieren.

Es ist daher durchaus interessant, was der israelische Publizist und Friedensaktivist Uri Avnery auf die Frage antwortete, wie er die Medienberichterstattung Deutschlands über den israelisch-palästinensischen Konflikt beurteile. Avnery: »Die deutsche Berichterstattung über Israel ist ein Skandal. Es ist eine fälschliche Auslegung von der Pflicht, die Deutsche nach dem Holocaust haben. Diese vulgäre Ansicht, dass Deutsche nach dem Holocaust Israel nicht kritisieren dürfen, ist für mich ein verdrehter Antisemitismus. Ich habe immer den Eindruck, dass Philosemiten und Antisemiten sehr viel gemeinsam haben. Ich finde die Sonderbehandlung Israels in den deutschen Medien absolut falsch, unmoralisch. Wenn man israelische Politik nicht kritisierte, bezieht man Stellung gegen einen Teil von Israel. Wir haben eine Diskussion in Israel, wir sind eine demokratische Gesellschaft. Wir haben ein großes Friedenslager. Ich glaube, die Mehrheit der Israelis ist heute für einen Frieden, gegen die Politik der israelischen Regierungen, und für die Aufgabe der Siedlungen. Davon findet man in Deutschland kein Wort.«[314]

Zuvor hatte Avnery erklärt, dass die Friedenskräfte in Israel keinerlei Unterstützung durch die diversen Medien haben, weshalb der Eindruck entsteht, die Position der Herrschenden sei die Position aller Israelis. Es wird bei der angeblich von Antisemitismus getragenen ablehnenden Haltung der DDR zu Israel als Grund behauptet, die DDR habe sich damit der Wiedergutmachungspflicht gegenüber Israel entzogen.

In der BRD, so meint Micha Brumlik, habe sich nach 1945 die Einsicht Bahn gebrochen, dass das Volk der Bundesrepublik einzutreten hatte in die Verantwortung für die den Juden angetanen Verbrechen. Die Führung der DDR hingegen habe »diese Verantwortung durch ihre Weigerung, ›Wiedergutmachung‹, also Reparationen an jüdische Opfer, zu zahlen, nicht immer, aber doch lange Jahre abgelehnt«.[315]

Regelmäßig wird betont, die DDR habe »40 Jahre lang Wiedergutmachungsleistungen an den jüdischen Weltkongress oder Israel kategorisch« abgelehnt. Kein Wort dazu, dass die DDR jahrelang getreulich die Pflichten erfüllte, die sich aus den Reparationszahlungen an die Sowjetunion ergaben.[316]

Die Sowjetunion hatte ihre Reparationsforderungen gegenüber Deutschland auf zehn Milliarden Dollar zu den Preisen von 1933 beziffert. »Gemäß der von den Westmächten auf der Potsdamer Konferenz maßgeblich beeinflussten Reparationsregelung war die Sowjetunion darauf angewiesen, die ihr zuerkannten Reparationsansprüche fast ausschließlich aus ihrer Besatzungszone zu befriedigen. Die vereinbarten ergänzenden Lieferungen aus Demontagen in den Westzonen waren relativ gering; eine Einigung über die dafür auszusuchenden Objekte erwies sich als schwierig, und die Realisierung erfolgte schleppend oder gar nicht.« (S. 206)

Die Reparationen erfolgten auf drei Wegen: 1. durch Demontagen, 2. aus der laufenden Produktion und 3. Verpflichtung von deutschen Wissenschaftlern zu wissenschaftlich-technischer Arbeit für die Sowjetunion. Die Demontagen erfolgten unter anderem in folgendem Bereichen: »In der Reifenindustrie waren alle Produktionsmittel abgebaut. Die Demontage des Anlagevermögens belief sich beim Schienenfahrzeugbau auf 80 Prozent, im polygrafischen Maschinenbau auf zwischen 95 und 60 Prozent, im Werkzeugmaschinenbau auf 55 Prozent, in der Strick- und Wirkwarenindustrie auf 43 und in den Spinnereien auf 10,6 Prozent.«

Das zweite Gleis wurde auf dem Gebiet der Ostzone demontiert, so dass sich die Kilometerzahl von 6.081,27 im Jahre 1944 auf 1.063,09 im Jahre 1948 verringerte. Es versteht sich, dass sich daraus schwerwiegende Verpflichtungen für einen Neuaufbau der industriellen Grundlagen ergaben.

Das Ergebnis eines Gesprächs mit den Vertretern der jüdischen Gemeinden wurde in einer »Information« vom 28. Februar 1973 formuliert.[317] So verkündete Eugen Gollomb, wenn die DDR meine, sie sei nicht der legitime Erbe des Dritten Reiches, dann hätte sie auch an die sozialistischen Staaten keine Reparationen zu leisten, was sie aber in vollem Umfang getan habe. Gollomb missverstand offenbar die Tatsache, dass über die Reparationen die Sieger zu entscheiden hatten. Und sie hatten übereinstimmend bestimmt, dass aus der SBZ/DDR Reparationen in Höhe von zehn Milliarden Dollar an die Sowjetunion zu erbringen waren. Eine Verpflichtung, die die SBZ bzw. DDR unter großen Mühen erfüllte. Und zwar kumulativ für allen angetanen materiellen Schaden.

Eine Entschädigung – welcher Art auch immer – für eine bestimmte Personengruppe war nicht vorgesehen.

Es ist daran zu erinnern, dass auch die BRD keinerlei Entschädigungen gezahlt hatte, bis 1950 ein Vertrag zwischen Israel und der BRD abgeschlossen worden war. Mit dem Wiedergutmachungsabkommen von 1952 wurde »dem Staat deutsche Hilfe in Form von industriellen Investitionen« gewährt. Primor betont zugleich – und das kennzeichnet eigentlich die Situation –, dass (West-)Deutschland unter anderem auch »daran interessiert war, seine Industrie wieder anzukurbeln. Israel brauchte Investitionen [...], um eine Volkswirtschaft aufbauen, um Flüchtlinge und Überlebende aufnehmen zu können. Ungewollt hat diese Form von Wiedergutmachung die beiden Seiten zu einer sachlichen Zusammenarbeit gedrängt.«[318]

Es ist schon merkwürdig, wenn Meldungen durch die Presse gingen, nach denen Israelis im fortgeschrittenen Alter beklagten, dass sie vergessen worden seien. Wenn man mithin meinte, dass Wiedergutmachung in erster Linie den Opfern direkt zugewendet sein sollte, dann hat man sich offensichtlich geirrt. Die Position der DDR ist in der Erklärung des Sprechers des DDR-Außenministeriums, Wolfgang Meyer, dargelegt worden. »Auf Anfragen ausländischer Korrespondenten zu Wiedergutmachungsleistungen der DDR gegenüber jüdischen Bürgern erklärte der Sprecher des DDR-Außenministeriums [...]: Die DDR hat als ein seinem Ursprung und Wesen nach antifaschistischer Staat alle Wurzeln und Formen von Rassismus und Antisemitismus konsequent ausgemerzt und bewahrt den Opfern des Hitlerfaschismus stets ein ehrendes Gedenken. Sie hat alle juristischen und völkerrechtlichen Verpflichtungen zur Wiedergutmachung, wie sie sich aus dem Potsdamer Abkommen ergeben, strikt erfüllt. Das betrifft auch die Leistung der damals festgelegten Reparationen.«

In der Erklärung wird weiter auf die Gespräche Erich Honeckers mit führenden jüdischen Persönlichkeiten verwiesen und betont, dass Honecker bekräftigt hatte, dass die Bürger der DDR stets der Opfer des Hitlerfaschismus, der über sechs Millionen ermordeten jüdischen Menschen gedenken werde. »Ausdruck dessen sei auch die große Aufmerksamkeit des Staates und der gesellschaftlichen Kräfte für das Leben und Wirken der acht jüdischen Gemeinden im Lande. Ihnen werde jegliche Unterstützung, nicht zuletzt zur Erhaltung und Pflege ihrer Zentren, der Synagogen und Gebetshäuser zuteil.«

Darüber hinaus habe die DDR auf Ersuchen jüdischer Organisationen ihre Bereitschaft erklärt, humanitäre Hilfe für notleidende jüdische Opfer in anderen Ländern zu leisten. Über die Form und Höhe dieser Hilfe würden gegenwärtig Gespräche geführt.[319]

Im Übrigen sollte man bedenken, das die DDR zwar keine individuellen Entschädigungen an Verfolgte des Nationalsozialismus leistete, aber sowohl für verbesserte Sozialfürsorgeleistungen einstand als auch Ehrenpensionen zahlte.

Die Jüdischen Gemeinden in der DDR insgesamt wie einzelne Angehörige dieser Gemeinden hatten über die Zeit der Existenz der DDR ein durchaus zwiespältiges Verhältnis zur DDR hinsichtlich deren Stellung zu Israel. Es war letztlich geprägt von dem Trauma der mörderischen »Endlösung der Judenfrage«. Der autonome Staat erschien und erscheint als markante Garantie, dass es eine massenhafte Vernichtung von Juden niemals mehr geben würde. Daran änderte auch nicht, dass die politische Entwicklung Israels sukzessive die Ausprägung als imperialistischer Staat beinhaltete.

In der am 2. Juni 1976 verfassten »Information« ist das, was zur politischen Situation in den Gemeinden ausgesagt wurde, bis zum Ende der DDR durchaus zutreffend gewesen. »Die Repräsentanten der jüdischen Gemeinden und die Mehrheit der Mitglieder unterstützten und unterstützen den Aufbau der sozialistischen Gesellschaft. Soweit sie noch im Arbeitsprozess stehen, leisten sie einen guten Beitrag zur Erfüllung unserer Hauptaufgabe und zur allseitigen Stärkung unseres sozialistischen Staates Viele wurden mit hohen staatlichen Auszeichnungen geehrt.

Diese Bürger, die zumeist entweder als Verfolgte des Naziregimes oder als Opfer des Faschismus anerkannt sind und von denen eine ganze Anzahl Mitglieder der SED sind, empfinden die DDR als ihren Staat, in dem Nazismus und Antisemitismus beseitigt sind und anerkennen, dass ihnen durch die sozialistische Verfassung und die auf ihr beruhenden Gesetze Schutz gegen jede Form von rassischer und religiöser Diskriminierung gewährt und die völlige Gleichberechtigung in allen gesellschaftlichen Bereichen garantiert wird. Sie anerkennen und unterstützen die sozialistische Friedenspolitik.«[320]

Im Folgenden wird dann konstatiert, dass ihre Haltung gegenüber dem Staat Israel jedoch »unklar und im Wesentlichen von Emotionen bestimmt« war. »Obgleich von Anbeginn an die aggressiv-chauvinistische Politik der in Israel herrschenden zionistischen Kreise keinen Zweifel am imperialistischen Charakter dieses Staates ließ, sahen die Vertreter des jüdischen Glaubens in der DDR in Israel das ›Land der Väter‹, das vielen verfolgten Glaubensbrüdern und Verwandten Asyl gewährt hatte, und ordneten es unter Verkennung seines Klassencharakters als ein über den Klassen stehendes Phänomen ein. Das trat besonders 1967 in der Zeit des sogenannten Sechs-Tage-Krieges und danach in Erscheinung. Sie waren nicht bereit und vermochten nicht, den Klassencharakter des Nah-Ost-Konflikts zu sehen und zwischen den Interessen der israelischen und internationalen jüdischen Großbourgeoisie und den Lebensinteressen der israelischen Werktätigen zu unterscheiden.«[321]

Vernachlässigung des »Hauptopfers nazistischer Vernichtungspolitik« – Beweis einer antisemitischen DDR

Man kann den »Beweis« für eine antisemitische DDR auch schon früher ansiedeln, also zu einem Zeitpunkt, an dem sie noch nicht existierte, wenn man die Sache nach der Art von Karin Hartewig behandelt. Die Historikerin vom Jahrgang 1959 kritisierte, dass der Aufruf des Zentralkomitees der KPD vom 11. Juni 1945 es vermieden habe, »die Juden als Hauptopfer der nationalsozialistischen Vernichtungspolitik zu benennen«.[322] Nun bekundet der »Aufruf«, der im Übrigen die Verantwortung des deutschen Volkes für das Wüten des Nationalsozialismus schonungslos und unmissverständlich benennt, dass der Krieg, den das Hitlerregime verschuldete, »Millionen und aber Millionen Menschenopfer« verschlungen hat.[323] Das Hitlerregime habe sich als Verderber für Deutschland erwiesen, »denn durch seine Politik der Aggression und der Gewalt, des Raubes und des Krieges, der Völkervernichtung« habe Hitler unser Volk ins Unglück gestürzt »und es vor der gesamten gesitteten Menschheit mit schwerer Schuld und Verantwortung beladen«.[324]

Die Frage sei erlaubt: Wonach bemisst man eigentlich die Feststellung des »Hauptopfers«? Ist es allein die Zahl der Gemordeten? Dann wären »aufzurechnen«: sechs Millionen Juden gegen 20 Millionen Sowjetbürger, darunter mehr als drei Millionen sowjetischer Kriegsgefangener, 500.000 Sinti und Roma und so weiter und so fort. Oder ist deren Schicksal nicht »quanti- und qualifizierbar«, weil sie keine Juden waren? Warum also diese »Wertmessung«?

Es ist dieses versuchte Herausheben, eine Kritik über vorgeblich nicht Geleistetes, was die Anwürfe so unangenehm und unehrlich macht. Wenn Karin Hartewig die DDR eines angeblichen textlichen Versäumnisses beschuldigt, warum unterließ sie es, auch die Siegermächte zu kritisieren, die in ihren Dokumenten über die Zerschlagung des deutschen Faschismus die Ermordung der Juden mit keinem Wort hervorhoben, obwohl zum Zeitpunkt der Veröffentlichung beispielsweise des Potsdamer Abkommens die nazistischen Verbrechen einer »Endlösung der Judenfrage« bekannt waren? Es gibt lediglich die folgende Festlegung: »Alle nazistischen Gesetze, die die Grundlagen für das Hitlerregime geschaffen oder eine Diskriminierung aufgrund der Rasse, Religion oder politischer Überzeugungen festgelegt haben, müssen außer Kraft gesetzt werden. Keine derartige Diskriminierung – sei sie rechtlicher, administrativer oder irgendeiner anderen Art – wird geduldet werden.«[325]

Dass diese Regel insbesondere die antijüdischen »rechtlichen« Naziregeln einschloss, versteht sich von selbst.

Es gab für die Alliierten damals jedoch keine Veranlassung, die Verfolgung der Juden besonders hervorzuheben. Aber es ist schon klar: nicht die Alliierten sollen des Antisemitismus beschuldigt werden, sondern dieser Vorwurf ist gegen die DDR gerichtet.

Einen Generalangriff gegen das antifaschistische Verständnis der DDR und deren Haltung zur Judenheit führt Irene Runge mit folgenden Feststellungen: »Die Akzeptanz sowjetischer Erwartungen, später auch arabischer Intentionen, das Ringen um staatliche Anerkennung, der antikoloniale Zeitgeist und – wenngleich peinlichst übersehene – anti-semitische Akzente verankerten die DDR bis in die 80er Jahre auf der Seite der Feinde Israels. Das ist bekannt, auch, wie die DDR diverse PLO-Funktionäre politisiert und dem Terror entzogen hat, wobei das Gegenteil ebenfalls gestimmt haben soll.

Bis fast zuletzt war all das kein öffentliches Thema, so wenig wie die Frage, was die Gründung eines jüdischen Staates mit deutscher Vergangenheit der DDR verband. Für Desinformationen sorgte zudem zuverlässig die Abteilung Agitation beim Zentralkomitee der SED, während DDR-Zeithistoriker in einer verkürzten Faschismus-Analyse den Judenmord nicht als Kern der Nazipolitik werteten, dessen psychologische und kulturellen Folgen übergingen und stattdessen politökonomisch über die ungebremst pervertierte Herrschaft eines besonders aggressiven Teils des Monopolkapitalismus debattierten.«[326]

Analog meinen Gärtner/Begrich, »dass die antisemitische Politik der zentrale Bezugspunkt des NS-Staates war, wurde bis zum Ende der DDR von ihrer ökonomistischen Deutung des deutschen Faschismus überlagert«.[327]

Und von Annette Leo/Peter Reif-Spirek kann man lesen, das Fehlerhafte des »offizielle(n) Antifaschismus« wäre die Annahme gewesen, Faschismus sei als die offene, terroristische Diktatur der reaktionärsten Elemente des Finanzkapitals zu begreifen. Das sei eine »Engführung«. Damit wäre es unmöglich gewesen, die Spezifik des Nationalsozialismus zu erkennen. »Nicht der Antisemitismus, die rassistische Vernichtungspolitik und der Holocaust standen im Zentrum der DDR-Faschismustheorie, sondern der Gegensatz von ›reaktionärstem Finanzkapital‹ und Arbeiterbewegung, die unter kommunistischer Anleitung den Widerstandskampf geführt habe.« Und das sei eine reduzierte Perspektive »von oben«.[328]

Leo und Reif-Spirek liegen mit ihrer Ansicht im Zeitgeist, der konsequent bemüht ist, die eigentlich Verantwortlichen für die Existenz des jeweiligen politischen Systems des Kapitalismus zu verharmlosen bzw., was optimal wäre, außer Acht zu lassen. Dabei müsste einleuchten, dass in letzter Instanz die ökonomisch Herrschenden die ideologischen Grundlagen und die materiellen Voraussetzungen der politisch-staatlichen Machtstrukturen determinieren.

Man weiß inzwischen sehr genau, dass Hitler und sein Programm keineswegs von Anfang an von den finanzkapitalistischen Kreisen bejubelt wurden. Zu unbestimmt erschien die politische Zielstellung, zumal es Programm-Formulierungen gab, die antikapitalistisch zu sein schienen. Erst das Ausräumen jeglichen Zweifels über den Schutz des kapitalistischen Eigentums brachte die maßgebliche Unterstützung des Kapitals, wie sie in der Petition an Reichspräsident von Hindenburg vom November 1932 formuliert wurde.

Die Propagierung des Antisemitismus war nicht die Unterstützungsvoraussetzung durch das deutsche Kapital. Der Antisemitismus war die ideologische Stimulanz zur Gewinnung der breiten Massen, nicht für Repräsentanten des Kapitals.

Bekanntlich waren die Reden, die Hitler vor der politischen Machtübernahme vor den Kapitalisten hielt, keine antisemitisch gewürzten geistigen Emanationen. Es bleibt dabei: Hitler wurde von Kapital unterstützt nicht wegen seines Antisemitismus, sondern wegen seines Wirkens für die Erhaltung und Bereicherung des deutschen Kapitalismus. Es sei daran erinnert: Hitler begann mit seinem Machantritts keineswegs mit der »Endlösung«. Die Drangsalierung der Juden setzte frühzeitig ein, nicht jedoch die »Endlösung«. Demgegenüber war die Verfolgung der Kommunisten die erste organisierte Zwangsmaßnahme, die sofort nach dem 30. Januar 1933 praktiziert wurde. Was nur konsequent war, denn die kommunistische Bewegung war antikapitalistisch.

Trotz der beispiellosen Verbrechen an den Juden wird die primäre Zielstellung der faschistischen Machtergreifung mit der Behauptung, es habe sich um den »Kern der Nazipolitik« gehandelt, ebenso falsch erfasst, ja vernebelt, wie es die Ansicht von der angeblich lediglich »ökonomistischen« Deutung des Faschismus ist.

Über den zeitlich genauen Ursprung des Antisemitismus Hitlers wird gestritten. Nicht bestritten ist, dass Hitler bereits am Anfang der 20er Jahre Antisemit war. Und das unerschütterlich. Schwieriger ist es zu bestimmen, wie gewichtig die Verbindung zum Antikommunismus-Antibolschewismus war, sowie ob und wann der Antikommunismus in Hitlers Denken übergewichtig wurde. Dass in der Vermengung der Hauptgrund zu suchen ist, weshalb Hitler die Sympathie von Angehörigen des Finanz- und Großkapitals gewann, die letzten Endes den in der Petition vom November 1932 an Hindenburg fixierten Wunsch bewirkten, den »Führer der größten nationalen Gruppe« zum Reichskanzler zu berufen, dürfte nicht bezweifelt werden.[329]

Nicht der Antisemitismus Hitlers war der Grund für die Repräsentanten des Kapitals, ihn zu fördern – schließlich gab es zum damaligen Zeitpunkt nicht nur die eine antisemitische Organisationsform –, sondern Hitlers expliziter Antikommunismus, der die Bewahrung des Kapitalismus einschloss.[330]

Bereits frühzeitig wurde dazu Eindeutiges formuliert. Es hatte gelegentlich bei Kapitalisten Unklarheit darüber bestanden, ob die NSDAP nicht doch tendenziell antikapitalistisch sei. Besondere Unklarheit bestand zum Artikel 17 des NSDAP-

Programms: »Wir fordern eine unseren nationalen Bedürfnissen angepasste Bodenreform, Schaffung eines Gesetzes zur unentgeltlichen Enteignung von Boden für gemeinnützige Zwecke. Abschaffung des Bodenzinses und Verhinderung jeder Bodenspekulation.«[331]

Gottfried Feder, geistiger Vorkämpfer des Nazismus, schrieb, dass dieser Artikel »eine böswillige Missdeutung und gehässige Unterstellung durch unsere Gegner gefunden (hat). Adolf Hitler hat daher auf meinen Vorschlag am 13. April 1928 nachstehende Erklärung zu Punkt 17 abgegeben.«

Nebenbei bemerkt: die einzige Erklärung – hatte Hitler selbst doch postuliert: »Das Programm liegt fest, und niemals dulde ich, dass an den programmatischen Grundlagen der Gesamtbewegung gerüttelt wird.«[332]

Hitlers »Erklärung« also lautete: »Gegenüber den verlogenen Auslegungen des Punktes 17 des Programms der N.S.D.A.P. vonseiten unserer Gegner ist folgende Feststellung notwendig. Da die N.S.D.A.P. auf dem Boden des Privateigentums steht, ergibt sich von selbst, dass der Passus ›Unentgeltliche Enteignung‹ nur auf die Schaffung gesetzlicher Möglichkeiten Bezug hat, Boden, der auf unrechtmäßige Weise erworben wurde oder nicht nach den Gesichtspunkten des Volkswohls verwaltet wird, wenn nötig, zu enteignen. Dies richtet sich demgemäß in erster Linie gegen die jüdischen Grundspekulationsgesellschaften.«[333]

Feder fügte noch hinzu, dass »selbstverständlich gar keine Rede davon sein (kann), dass die N.S.D.A.P. den deutschen Grundbesitz in Stadt und Land in seinen wohlerworbenen Eigentumsrechten beschränkt […]. Keine Partei treibt eine klarere und zielsichere Bodenpolitik als gerade wir Nationalsozialisten. Aus Sinn und Geist unseres Gesamtprogramms geht mit absoluter Deutlichkeit hervor, dass es sich nur um eine Enteignung solchen deutschen Grund und Bodens handeln kann, der, besonders während der Inflation von ausländischen oder inländischen Schiebern und Wucherern, meist Juden, den deutschen Besitzern oft um ein sogenanntes Butterbrot abgegaunert worden ist.«[334]

Gegen die Behauptung Runges sprechen allein schon die von den Faschisten nach dem 30. Januar 1933, dem Tag ihrer durch Hindenburg verfügten Machtübernahme, unverzüglich vollzogenen Praktiken. Am 3. Februar 1933 sprach Reichskanzler Hitler vor den Befehlshabern des Heeres und der Marine in der Privatwohnung des Generals Freiherrn von Hammerstein-Equord und erklärte: »Ziel der Gesamtpolitik allein: Wiedergewinnung der pol. Macht. [...] 1. Im Innern: Völlige Umkehrung der gegenwärt. innenpol. Zustände in D. Keine Duldung der Betätigung irgendeiner Gesinnung, die dem Ziel entgegensteht (Pazifismus!). Wer sich nicht bekehren lässt, muss gebeugt werden. Ausrottung des Marxismus mit Stumpf und Stiel. [...] 4. Aufbau der Wehrmacht [...] muss Staatsführung dafür sorgen, dass die Wehrpflichtigen vor Eintritt nicht schon durch Pazif., Marxismus, Bolschewismus vergiftet werden oder nach Dienstzeit diesem Gifte verfallen.«[335]

Und am 20. Februar 1933 sprach Hitler vor führenden Industriellen, wo er ausführte: »Auch bei uns hat eine neue Geistesrichtung Boden gewonnen, die [...] Schrittmacher des Bolschewismus wurde.« Ferner verwies er in dieser Rede mehrfach auf die notwendige Abwehr des Kommunismus und dass sich der Kommunismus »immer tiefer in das deutsche Volk« hineingebohrt habe. »Innere Ruhe gibt es aber nicht eher, als bis der Marxismus erledigt ist. Hier liegt die Entscheidung, der wir entgegengehen müssen und ist der Kampf auch noch so schwer.«[336]

Von Juden war nicht die Rede. Auf die an Hermann Göring gerichtete Feststellung von Justice Jackson im Nürnberger Hauptkriegsverbrecherprozess, nach dem Reichstagsbrand am 27. Februar 1933 habe es eine größere »Säuberungsaktion« gegeben, bei der viele verhaftet wurden, antwortete Göring: »Verhaftungen fanden im Zusammenhang mit dem Reichstagsbrand verhältnismäßig wenige statt. Die Verhaftungen, die Sie auf den Reichstagsbrand zurückführen, sind die Verhaftungen der kommunistischen Funktionäre. Diese wären, das habe ich häufig gesagt und betone es noch einmal, völlig unabhängig von diesem Brande ebenfalls verhaftet worden. Der Brand hat ihre Verhaftung nur beschleunigt, die sorgfältig vorbereitete Aktion überstürzt und dadurch sind eine Reihe von Funktionären entkommen. [...] Wir hatten die Listen der kommunistischen Funktionäre, die verhaftet werden sollten, vorher bereits zum großen Teil schon festgelegt. Es war völlig unabhängig vom Brande im Deutschen Reichstag.«[337]

Bei der von Runge angenommenen hitlerschen Priorität des gegebenen Antisemitismus wäre es mit Blick auf die angeblichen »Protokolle der Weisen von Zion«[338] eigentlich logisch gewesen, einen Juden oder »die Juden« als Brandstifter zu benennen. Es ist bei dem verwurzelten Antikommunismus Hitlers jedoch nicht verwunderlich, dass er den Reichstagsbrand nicht den Juden anlastete, sondern den Kommunisten, wenngleich er, wie Theweleit schreibt, »leicht abgewandelt und rhetorisch aufgemöbelt, Teile aus den Protokollen« in seine Kannibalenbibel »Mein Kampf« übernommen hatte.[339]

In der fundamentalen »Holocaust Chronik« ist jedenfalls berechtigt zu lesen: »Hitler interpretierte diesen klaren Fall von Brandstiftung als erste Phase eines kommunistischen Aufstandes und drängte zur Verhaftung mehrerer deutscher Kommunistenführer und Vertreter der Kommunistischen Internationale. [...] Das Reichstaggebäude wird in Brand gesteckt. Die Nazis beschuldigen sogleich die Kommunisten der Brandstiftung.«[340] Die unmittelbar nach dem Reichstagsbrand am 28. Februar 1933 erlassene »Verordnung des Reichspräsidenten zum Schutz von Volk und Staat« beginnt folgerichtig mit dem Worten: »Aufgrund des Artikels 48 Abs. 2 der Reichsverfassung wird zur Abwehr kommunistischer staatsgefährdender Gewaltakte Folgendes verordnet:«[341]

Von Juden, Judentum und »Endlösung der Judenfrage« war zu jenem Zeitpunkt mit keinem Wort die Rede.

Es muss auch daran erinnert werden, dass die erste Aktion der Nazis nach der Reichstagswahl vom März 1933 die Missachtung der von der Kommunistischen Partei errungenen 81 Reichstagsmandate war. Sie wurden annulliert.[342]

Wie weit der Antikommunismus politisch dominant war, ist auch an der Haltung abzulesen, die die katholische Kirche gegenüber dem Nazismus einnahm. Dass der Abschluss des Reichskonkordats eine direkte Unterstützung für das internationale Ansehen der Naziherrschaft war, ist allgemein bekannt. Dass die Nazis danach gewisse Hemmnisse vollzogen, war dem Vatikan Veranlassung, im März 1937 die Enzyklika »Mit brennender Sorge« zu publizieren.

Diese Enzyklika wird gern beigezogen, wenn es gilt den »Widerstand« gegen Hitler zu dokumentieren. Es habe sich, meint Klaus Kühlwein, um »eine vielseitige Anklage gegen den Nationalsozialismus im Range einer Enzyklika« gehandelt. Allerdings: »Die Kirche sorgte sich vor allem um sich selbst« und »der Vatikan beschränkte die Auseinandersetzung mit den Nationalsozialisten aufs Theologische«.[343]

Die »brennende Sorge« stritt mit den Nazis praktisch um die Frage, wem die größere Einflussnahme auf das Individuum zukommt. Der nazistische Totalitarismus wollte das unter Hitler unterworfene Individuum in seiner Totalität. Die katholische Kirche forderte den total ergebenen Gottesknecht. Das war de facto der Widerspruch. Ansonsten war man sich einig – nämlich in der absoluten Ablehnung und Bekämpfung des Marxismus. Weder der Nazismus noch der Katholizismus griffen den Kapitalismus, das kapitalistische Eigentum an. Man stritt um die Oberhoheit über die Seelen.

Mit dem Verweis auf diese Enzyklika wird zugleich bis heute gern »vergessen«, dass nur eine Woche später, am 19. März 1937, eine weitere Enzyklika das Licht der Welt erblickte, die weit schärfer formuliert war. Ihr Titel: »Divini redemptoris – Über den atheistischen Kommunismus«. Im Vorwort zu einer Ausgabe dieses Enzyklika heißt es, man solle dem dringlichen Appell des Papstes folgen und »voll Mut und Zuversicht den dämonischen Mächten von Hammer und Sichel die strahlende Fahne des Kreuzes entgegen« halten.

Unter Verweis auf die bisherigen Sozial-Enzykliken schleudert Papst Pius XI. den Bannfluch gegen die »falsche Erlösungsidee« des Kommunismus. Der bolschewistische und atheistische Kommunismus sei »ein System voll von Irrtum und Trugschlüssen, das ebenso der gesunden Vernunft wie der göttlichen Offenbarung widerspricht. [...] Es ist Entrechtung, Entwürdigung und Versklavung der menschlichen Persönlichkeit.«

In diesem Stil geht es im Text fort. Wahrlich eine vorzügliche Unterstützung der nazistischen Machtausübung, die als Erstes die Kommunisten unter Verfolgung setzte. Es sei an dieser Stelle darauf hingewiesen, dass Kurt Pätzold in seiner als Buch veröffentlichten Habilitation »Faschismus – Rassenwahn – Judenverfolgung« unter anderem verdeutlichte, dass die nazistische Ausrottungspolitik erst allmählich und spät Gestalt angenommen hatte, weshalb ihre Herausbildung nicht vom Vernichtungslager Auschwitz her begriffen werden könne. »In Auschwitz endete die faschistische Judenverfolgung, und die Ideologie der Nazis enthielt diese Konsequenz von Anfang an.

Doch der entsetzliche Massenmord geschah nicht zwangsläufig. Zwischen 1920 und 1941, dem Jahr des Beginns der ›Endlösung‹, lagen Möglichkeiten, der deutschen Geschichte eine andere Richtung zu geben, als sie tatsächlich genommen hat. Kreuzwege sind vor und auch nach der Übergabe der Macht an die Hitlerfaschisten auffindbar.«[344]

Anfangs orientierte man darauf, die Juden zur Auswanderung zu veranlassen und sich dabei ihr Vermögen anzueignen. Die verschiedenen Drangsalierungen waren menschenunwürdig, aber noch nicht organisierte Tötung. Es war zum damaligen Zeitpunkt nicht nur Augenauswischerei, wenn beispielsweise in einem 1939 unter dem Titel »Du bist sofort im Bilde. Lebendig-anschauliches Reichsbürger-Handbuch« erschienenen Buch im Abschnitt »Das Juden-Problem« größter Wert darauf gelegt wurde, alles als gesetzlich geregelt zu erklären. »Vom Altertum bis in unsere Zeit hinein haben immer wieder die Völker gegen das jüdische Schmarotzertum Abwehrmaßnahmen ergriffen. Oft genug verliefen derartige Notwehraktionen blutig. Als erstes Land der Welt hat Großdeutschland auf gesetzlichem Wege eine reinlich Trennung des jüdischen Fremdvolkes durchgeführt.«

Es handle sich für den Nationalsozialismus um eine Rassenfrage. »Nach der Entfernung der Juden aus dem Berufsbeamtentum, nach der Reinigung der Presse und des Kulturlebens war deshalb der wichtigste Schritt […] der Erlass der Nürnberger Rassengesetze.« Nunmehr gehe es nicht einfach um Antisemitismus früherer Zeiten, sondern um »die endgültige Auseinandersetzung mit dem Judentume«. Der Nationalsozialismus werde das Juden-Problem lösen. »Zwar auf gesetzlichem Wege, aber kompromisslos und endgültig. […]

Der Mord an Ernst vom Rath hat die gesetzlichen Maßnahmen zur Lösung des Juden-Problems nicht aufgehalten, sondern beschleunigt. Den in Deutschland lebenden Juden wurde für diese feige Mordtat zur Abschreckung eine Konventionalstrafe von einer Milliarde Reichsmark auferlegt.« Mit dem Stand von 1939 werden dann auf den folgenden Seiten eine Reihe von Gesetzen und Verordnungen zur Ausschaltung der Juden aus dem deutschen Wirtschaftsleben, dem kulturellen Bereich und auf anderen Lebensgebieten mitgeteilt, die »die Judenfrage in Deutschland auf allen Gebieten der endgültigen Lösung näher(bringen)«.[345]

Das Gesagte soll nun keineswegs als ein Beweis verstanden werden, dass der Antisemitismus Hitlers und der Nazifaschisten von sekundärer Bedeutung gewesen sei. Die Ermordung von sechs Millionen Juden ist Beweis genug für den nazistischen Judenhass.

Und das damit verbundene Verständnis und Gefühl bei Menschen wie Victor Klemperer hat seine reale Bedeutung. So schrieb er, dass es klar auf der Hand läge, dass der Antisemitismus »das Zentrum und in jeder Hinsicht das entscheidende Moment des gesamten Nazismus gebildet hat. [...] Antisemitismus und Rassendoktrin sind für die deutsche Masse Synonyma. Und durch die wissenschaftliche, vielmehr pseudowissenschaftliche Rassenlehre begründet und rechtfertigt man alle Ausschweifungen und Ansprüche der nationalistischen Überheblichkeit, jede Eroberung, jede Tyrannei, jede Grausamkeit und jeden Massenmord«.[346] Es sollte nur nicht außer Betracht bleiben, dass der nazistische Faschismus insgesamt für das Kapital systemstabilisierende Funktion hatte, was primär den Antikommunismus beinhaltete.

Noch einmal zurück zum »Fehler« einer angeblich »ökonomistischen« Deutung des Faschismus.

Kurt Pätzold, anerkannter Faschismus-Forscher der DDR, erhielt als einen Grund seiner Entlassung aus der Universität bescheinigt, er sei noch immer Anhänger der Formel der Kommunistischen Internationale über das, was Faschismus ist. In einem Schreiben vom 21. August 1992 begründete ihm die Präsidentin der Berliner Humboldt-Universität die Kündigung seines Arbeitsverhältnisses mit den Worten: »Noch in den 70er Jahren gehen Sie in Ihren Arbeiten zum Faschismus ganz dogmatisch von der Faschismusformel der Kommunistischen Internationale vom Dezember 1933 aus.«[347]

Fürwahr ein Muster von Wissenschaftsfreiheit.

Unermüdlich wird behauptet, in der marxistischen Wissenschaft sei der Faschismus definitorisch nicht umfassend erfasst worden, ergo unwissenschaftlich. Das ist letztlich die »Begründung« dafür, den Zusammenhang von Faschismus und politischer Herrschaft der Monopole und des Finanzkapitals auseinanderzudividieren. Dabei gilt, dass man das Einzelne wissenschaftlich nur dann begreifen kann, wenn man das Wesen der Erscheinung verstanden und definiert hat.

Der »gewöhnliche Faschismus« – ein Begriff, den Michael Romm als Titel eines Dokumentarfilmes einführte und der sodann zum Bestandteil der Analyse des Faschismus wurde –, wird erst dann verstanden, wenn sein Wesen festgestellt wird. Und das geschah mit der Definition, die der VII. Weltkongress der Kommunistischen Internationale 1935 zum Wesen des Faschismus formulierte. Dimitroff ist nicht der »Erfinder« dieser Definition, sondern hat sie aus dem Materialien für den Weltkongress bestätigend übernommen.

Dabei ist ausdrücklich zu betonen, dass das Wesen des Faschismus in längeren Diskussionen erarbeitet wurde.[348]

Zu diesem Problemkreis gehört meines Erachtens auch, was nach der »Wende« eine Rolle spielte. Beispielsweise tat sich der Historiker Olaf Groehler nach dem Untergang der DDR mit der kritischen Behandlung der Art und Weise hervor, mit der in der DDR bis etwa Anfang der 50er Jahre die Judenproblematik »behandelt« wurde.[349] Zweifellos war das eine Periode, in der antisemitische Praktiken das Klima vergifteten. Fragwürdig ist es allerdings, wenn über diese Zeit und diese Praktiken hinaus behauptet wird, »Reichskristallnacht, Judenverfolgung und Holocaust« seien in der DDR zu keinem Zeitpunkt ein beherrschendes Thema in der politischen und gesellschaftlichen Realität gewesen. Man müsste schon die Frage zu beantworten suchen, welche Anforderungen zu erfüllen gewesen wären, um Priorität anerkannt zu sehen.

Aber vielleicht hat Groehler generell gemeint, es hätte alles so sein müssen, wie er – allerdings kritisch – die Gedenkstättenpolitik beurteilt hat. Da nämlich, meinte er mit negativer Konnotation, habe die DDR bestimmte Gedenktage »in einer Weise politisch inszeniert, die des Massenaufgebots und seiner Akklamation« dringend bedurften. Mit Gedenkstätten und

Gedenktagen, die einen Bezug zum NS-Regime hatten, sei man umgegangen, als habe man es mit einer »staatspolitische(n) Angelegenheit höchsten Ranges« zu tun.

Als Beispiel dafür, was Groehler gemeint haben könnte, nenne ich die Feierlichkeiten zum 8. Mai, dem Tag der Befreiung, die regelmäßig mit einer großen Demonstration zum sowjetischen Ehrenmal in Berlin-Treptow verbunden waren. Sie erinnerten in der Tat an die Sachlage, dass die UdSSR nur dank überragender Kraftanstrengungen und unter großen menschlichen Opfern Europa vom Faschismus befreit hatte.

Der »Endlösung der Judenfrage« mit sechs Millionen Toten war tatsächlich kein herausgehobenes Datum gewidmet.

Dass das Ereignis aber keine Rolle gespielt habe, stimmt keineswegs. Insbesondere über Kunst und Kultur ist auf unterschiedliche Weise der Verfolgung der jüdischen Menschen gedacht worden.

Dass die Überwindung des Faschismus prioritär behandelt und gefeiert wurde, betraf den Urgrund, nämlich die Machtausübung des Nazismus, die auch die Ermordung der Juden auf dem Gewissen hat. Im Übrigen: Die vereinzelte Konzentration auf den 20. Juli hat Groehler offensichtlich nicht im Auge gehabt.

Eine neue »Erkenntnis« zum Faschismusverständnis hat Anetta Kahane geliefert. Nachdem sie die oben benannte Faschismusdefinition zitiert hatte, schrieb sie weiter: »Das Finanzkapital war also, laut Dimitroff, letztlich schuld am Faschismus. Zwar außerhalb der Definition, aber doch leicht erkennbar, ist diese Behauptung antisemitisch konnotiert[350]: Man denkt an den ›reichen Juden‹, den ›jüdischen Banker‹. Das erinnert an Karl Marx. In seiner Schrift *Zur Judenfrage* schreibt er: ›Die Emanzipation vom Schacher und vom Geld, also vom praktischen, realen Judentum wäre die Selbstemanzipation unsrer Zeit‹.«[351]

Dass der marxistische Faschismus-Begriff vehement abgelehnt und ihm unwissenschaftliche Einseitigkeit unterstellt wird, hat mit der Tatsache zu tun, dass er eben das Wesen des Faschismus als ein politisches Instrument der Kapitalherrschaft kennzeichnet, wobei die konkreten Formen durchaus unterschiedlich sein können und sind. Man erinnere sich des

Bemühens, mit dem in der Bundesrepublik die Verantwortlichkeit des Kapitals für den Faschismus in der Versenkung verschwindet.

Als Beispiel sei aus hier gegebenem Anlass auf die Rolle verwiesen, die IG Farben in Auschwitz spielte. Das KZ lieferte Juden als Arbeitskräfte, die bis zu ihrer Vernichtung ausgebeutet wurden. Als ein Zeuge im bundesdeutschen Auschwitz-Prozess auf die Rolle von IG Farben verweisen wollte, wurde er vom Gerichtsvorsitzenden Hofmeyer zum Schweigen veranlasst, da dieser Themenkomplex »nicht zur Prozessmaterie« gehöre.

Dass diese Seite beim DDR-Prozess gegen den KZ-Arzt Dr. Horst Fischer selbstverständlich eine Rolle spielte, war für Christian Dirks Veranlassung, sich über den Prozess diffamierend zu äußern. So meint er mit Bezug auf die Aussage, die Fischer anlässlich der Amtshilfe der DDR für den bundesdeutschen 2. Auschwitz-Prozess gegenüber den westdeutschen Juristen machte, dass deutlich herauszulesen gewesen sei, dass das MfS ihm das Aufdecken der Verantwortlichkeit der IG Farben als Stoßrichtung vorgegeben hätte.

Allerdings betonte Dirks, dass Fischer dabei nicht von dem abwich, was er in den vorherigen Vernehmungen zu Protokoll gegeben hatte.

Wenn Dirks nun behauptet, dass MfS habe die Stoßrichtung gegen IG Farben vorgegeben, dann wäre es wohl sinnvoller, darauf zu verweisen, dass für bundesdeutsche Gerichte das Heraushalten des Konzerns richtunggebend war.[352]

Warum die Erklärung des Faschismus von seiner Grundlegung in den kapitalistischen Verhältnissen so vehement bekämpft und verneint wird, wird verständlich, wenn man sich der Erkenntnis erinnert, die von Henry Ashby Turner jr. verkündet wurde. »Entspricht die weit verbreitete Ansicht, dass der Faschismus ein Produkt des modernen Kapitalismus ist, den Tatsachen, dann ist dieses System kaum zu verteidigen.«[353]

Mehr oder weniger deutlich wird von »objektiven« Historikern ein Bogen um die marxistische Bestimmung des Faschismus gemacht bzw. wird sie als inkorrekt zurückgewiesen.

Der Wirklichkeit angenähert ist die Darstellung im Bertelsmann Lexikon Geschichte: »Man kann den Faschismus im weiteren Sinne definieren als ein politisches System, das gekennzeichnet ist durch antiparlamentarische, oft antisemitische, totalitäre Führerstaatstendenzen und sich vielfach einer sozialrevolutionären Ausdrucksweise bedient. Der an die Macht gelangte Faschismus lässt jedoch die bestehende Gesellschaftsordnung grundsätzlich unangetastet.«[354]

Es ist an dieser Stelle durchaus angebracht, auf die Behauptung einzugehen, dass die materialistische Geschichtsauffassung unbrauchbar sei. Den Beweis liefere die Tatsache, dass mit dieser Theorie angeblich nicht möglich sei, den Massenmord an den Juden logisch zu erklären. Nach materialistischer Geschichtsauffassung wäre nicht zu erklären, warum die Nazis den Massenmord selbst dann noch fortsetzten, als die jüdischen Arbeitskräfte schon allein deswegen nicht hätten getötet werden dürfen, weil sie wegen der hohen deutschen Menschenverluste an den Fronten den akuten Arbeitskräftemangel hätten beheben können.

Das schnöde materialistische Herangehen erkläre die Mordpraxis der Nazis nicht.

Der Historiker Kurt Pätzold hatte sich dieser Problematik zugewandt und in seiner Habilschrift behandelt.[355]

Die erste organisierte und direkte antisemitische Aktion der Nazis war die Anordnung der Parteileitung der NSDAP vom 28. März 1933 über die Durchführung antisemitischer Maßnahmen. Es handelte sich um die Organisierung der »praktischen, planmäßigen Durchführung des Boykotts jüdischer Waren, jüdischer Ärzte und jüdischer Rechtsanwälte«, der am 1. April 1933 beginnen sollte.[356]

In der »Holocaust Chronik« heißt es dazu: »1. April 1933: Die deutsche Regierung leitet den ersten offiziellen Boykott jüdischer Anwälte, Ärzte und Kaufleute ein. Die internationale Empörung darüber und die Gleichgültigkeit vieler nichtjüdischer Deutscher gegenüber der Verordnung veranlassen Hitler, die Aktion auf lediglich einen Tag zu beschränken.«[357]

Der Boykott-Aktion folgt der Erlass des antisemitisch orientierten Gesetzes zur Wiederherstellung des Berufsbeamtentums vom 7. April 1933, mit dem auch die Entlassung der Juden einsetzte. Die eigentlich zu stellende Frage: »Warum sollten die Juden Europas ermordet werden? Welche Zwecke und Ziele wurden mit dem Massenmorden verfolgt?«[358] geht bei der apodiktischen und falschen Behauptung Runges von einer angeblich verkürzten Faschismus-Analyse verloren. In der Einleitung zum ersten Band einer Publikationsreihe wird mit vollem Recht gegen die These Front gemacht, die antijüdische Politik der Nazis sei von Anfang an zielklar und vorgegeben gewesen.[359]

Zweifelsohne hat der Judenmord von Anfang an seinen Platz in den politischen Überlegungen und Absichten der Nazis gehabt. Hitlers »Mein Kampf« reflektiert das an verschiedenen Stellen. Der Antisemitismus war unverhüllt. Was so weit führte, dass er in seinen Auslassungen über den Ersten Weltkrieg bedauerte, dass man keine Juden vergast habe. Der deutsche Arbeiter und der deutsche Soldat seien dem Vaterland im Verlaufe des Krieges in dem Maße verloren gegangen, wie sie in die Hand marxistischer Führer zurückkehrten

Und wörtlich heißt es mit Bezug auf den Ersten Weltkrieg weiter: »Hätte man zu Kriegsbeginn und während des Krieges einmal zwölf- oder fünfzehntausend dieser hebräischen Volksverderber so unter Giftgas gehalten, wie Hunderttausende unserer allerbesten deutschen Arbeiter aus allen Schichten und Berufen es im Felde erdulden mussten, dann wäre das Millionenopfer der Front nicht vergeblich gewesen. Im Gegenteil: Zwölftausend Schurken zur rechten Zeit beseitigt, hätte vielleicht einer Million ordentlicher, für die Zukunft wertvoller Deutscher das Leben gerettet.«[360]

Dass diese Infamie offenbar nicht für ernst gehalten wurde, kann man meines Erachtens an der Tatsache erkennen, dass selbst als die Mordlager funktionierten, die Nachrichten über die Judentötungen, die beispielsweise nach England gelangten, nicht für zwingend wahr gehalten wurden. Bekanntlich hat der nazistische Antisemitismus einen Massenmord anfangs nicht praktiziert.

Mit Brachialgewalt wurden allerdings nach dem 30. Januar 1933 Kommunisten und Sozialdemokraten nach vorbereiteten Listen unverzüglich in Konzentrationslager verbracht und gepeinigt. Zunächst setzten die Nazis auf Pressionen, die die Juden veranlassen sollten auszuwandern, wobei sie zugleich ausgeplündert wurden. Von den etwa 500.000 Juden in Deutschland konnten bis Mitte 1938 etwa 150.000 emigrieren. Die »Endlösung der Judenfrage« wird zielgerichtet erst nach der Wannsee-Konferenz vom 20. Januar 1942 in Angriff genommen.[361]

Die Repressalien und Drangsalierungen, die umfassender mit dem eintägigen Boykott jüdischer Geschäfte am 1. April 1933 einsetzten, waren bei aller Gemeinheit verhältnismäßig »milde«. Zunächst orientierte sich die Nazipolitik nicht auf die massenhafte Tötung der Juden, sondern darauf, ihnen das Leben in Deutschland so misslich wie nur möglich zu machen, dass sie den Ausweg in einer Auswanderung sehen sollten.[362]

Der primäre Grund für die Petition vom November 1932 an Hindenburg, in der um die Berufung Hitlers zum Reichskanzler ersucht wurde, war nicht der von Hitler in seinem Buch »Mein Kampf« unentwegt betonte Judenhass, sondern die Vernichtung der als Bedrohung des Kapitalismus empfundenen Wirksamkeit der marxistischen Kräfte.

Das wird auch nicht dadurch beeinträchtigt, dass Hitler in seinem ideologischen Machwerk »Mein Kampf« seinen Hass gegen den »jüdischen Bolschewismus« zum Ausdruck brachte.

Erinnert sei auch an die in Halders Kriegstagebuch wiedergegebenen Ausführungen Hitlers vom 30. März 1941 zum Vollzug des Krieges gegen die Sowjetunion. »Kampf zweier Weltanschauungen gegeneinander. Urteil über Bolschewismus, ist gleich asoziales Verbrechertum. Kommunismus ungeheure Gefahr für die Zukunft. Wir müssen von dem Standpunkt des soldatischen Kameradentums abrücken. Der Kommunist ist vorher kein Kamerad und nachher kein Kamerad.. Es handelt sich um einen Vernichtungskampf. [...] Vernichtung der bolschewistischen Kommissare und der kommunistischen Intelligenz. [...] Kommissare und GPU-Leute sind Verbrecher und müssen als solche behandelt werden. «[363]

Jedenfalls wusste Hermann Göring bei seiner Rede am 3. März 1933 auf einer Kundgebung der NSDAP in Frankfurt am Main, wer der Hauptfeind war: »Volksgenossen, ich will nicht all das wiederholen, was ich vorgestern im Auftrag der Reichsregierung im Rundfunk über die kommunistischen Bewegungen, über die kommunistischen Absichten, über die kommunistischen Verbrechen gesagt habe. Etwas anderes will ich wiederholen, was ich dort gesagt habe: die Herren müssen eins verstehen: Ich denke nicht daran, in bürgerlicher Manier und bürgerlicher Zaghaftigkeit nur einen Abwehrkampf zu führen. Nein, ich gebe das Signal, auf der ganzen Linie zum Angriff vorzugehen! Volksgenossen, meine Maßnahmen werden nicht angekränkelt sein durch irgendwelche juristischen Bedenken. Meine Maßnahmen werden nicht angekränkelt sein durch irgendeine Bürokratie. Hier habe ich keine Gerechtigkeit zu üben, hier habe ich nur zu vernichten und auszurotten, weiter nichts!

Dieser Kampf, Volksgenossen, wird ein Kampf gegen das Chaos sein, und solch einen Kampf führe ich nicht mit polizeilichen Machtmitteln. Das mag ein bürgerlicher Staat getan haben. Gewiss, ich werde die staatlichen und polizeilichen Machtmittel bis zum Äußersten auch dazu benutzen, meine Herren Kommunisten, damit Sie hier nicht falsche Schlüsse ziehen, aber den Todeskampf, in dem ich euch die Faust in den Nacken setze, führe ich mit denen da unten, das sind die Braunhemden!«[364]

Wohlgemerkt: Von Juden ist hier nicht die Rede!

Es sollte in Betracht bleiben: Die Unterstützung des großen Finanz- und Industriekapitals wurde dadurch gewonnen, dass Hitler unmissverständlich verdeutlichte, das revolutionäre Potenzial, welches sich in der Weimarer Republik insbesondere in Gestalt der Kommunistischen Partei formiert hatte, erbarmungslos zu zerschlagen.

Man muss sich schon daran erinnern: Am 27. Januar 1932 fand in Düsseldorf eine Industriellenkonferenz statt, auf der Hitler sein Credo verkündete. Bei einem Satz der Rede Hitlers verzeichnet die gedruckte Fassung des Stenogramms: »Stärkster Beifall«. Der Satz Hitlers lautete: »Wir haben den unerbittlichen Entschluss gefasst, den Marxismus bis zur letzten Wurzel in Deutschland auszurotten.«[365]

Die salbungsvollen Worte, mit denen einige prominente Vertreter des Bank- und Industriekapitals sowie des Großgrundbesitzes in einer Petition vom 19. November 1932 an Hindenburg von diesem forderten, die »Übertragung der verantwortlichen Leitung eines mit den besten sachlichen und persönlichen Kräften ausgestatteten Präsidialkabinetts an den Führer der größten nationalen Gruppe« vorzunehmen[366], können nicht verschleiern, dass Hitler die für das Kapital unsichere Situation »bereinigen« sollte und wollte.

Dass die Vernichtung jüdischen Lebens noch betrieben wurde, als der Sieg der Alliierten und der Untergang der Naziherrschaft bereits vor aller Augen sichtbar war, hat wohl etwas damit zu tun, dass der pathologische Hass Hitlers auf »die Juden« nunmehr alles überbordete.[367]

In der ersten Ansprache Hitlers vor den Befehlshabern des Heeres und der Marine am 3. Februar 1933 wird als Ziel der Gesamtpolitik die »Wiedergewinnung der politischen Macht« konstatiert, wozu gehört: »Ausrottung des Marxismus mit Stumpf und Stiel«.

Als Bestanteil des Aufbaus der Wehrmacht komme es darauf an, dafür zu sorgen, dass die Wehrpflichtigen vor ihrem Eintritt nicht schon durch »Pazifismus, Marxismus, Bolschewismus vergiftet werden.«[368]

Es wird davon ausgegangen, dass das faschistische Deutschland sechs Millionen Jüdinnen und Juden systematisch ermordet hat. Das rechtfertigt zweifelsohne, die Außerordentlichkeit dieser Vernichtungspolitik zu betonen. Allerdings sollte die Folge nicht sein, diesen Massenmord zum alleinigen Maßstab der Beurteilung faschistischer Machtausübung zu erheben und in der Geschichte eine Lesung aufzumachen, die dem Grunde nach die faschistische Mordpraxis fast ausschließlich mit der Judenheit und dem »Holocaust« verbindet.

Es darf nicht vergessen werden, dass schätzungsweise 500.000 Sinti und Roma dem ausrottenden Völkermord zum Opfer gefallen sind. Und es darf nicht übersehen werden, dass über drei Millionen sowjetischer Kriegsgefangener in den nazistischen Lagern systematisch und bewusst vernichtet worden sind.

Als Grundsatz galt, was Generaloberst Halder von der Rede Hitlers am 30. März 1941 festhielt: »Wir müssen von dem Standpunkt des soldatischen Kameradentums abrücken. Der Kommunist ist vorher kein Kamerad und nachher kein Kamerad.«[369]

In den »Richtlinien für das Verhalten der Truppe in Russland« vom 19. Mai 1941 heißt es unmissverständlich: »1. Der Bolschewismus ist der Todfeind des nationalsozialistischen deutschen Volkes. Dieser zersetzenden Weltanschauung und ihren Trägern gilt Deutschlands Kampf.«[370]

Am 6. Juni 1941 erließ Hitler die »Richtlinien für die Behandlung politischer Kommissare« (»Kommissarbefehl«), in denen es hieß, dass gefangengenommene Kommissare der Roten Armee »nach durchgeführter Absonderung zu erledigen« sind.[371]

Es darf auch nicht ignoriert werden, dass die faschistischen Machthaber den Tod von mindestens 60 Millionen Menschen verschuldeten, jeder dritte war ein Sowjetbürger. Nach nazi-deutscher Lesart »ein Bolschewist«.

Die Darstellung der Verbrechen an den Juden in Publikationen der SBZ/DDR ab 1945

Die DDR nachträglich zu beschuldigen, sie habe das Schicksal der jüdischen Menschen nach 1945 lange Zeit ignoriert, ist ungerecht und unwahr. Zwar stimmt es, dass der kommunistische Widerstand und die antifaschistische Haltung im Allgemeinen betont wurde, ohne jüdischen Widerstand besonders hervorzuheben, aber das Schicksal der Juden selbst wurde seitens der DDR insbesondere in den Bereichen Literatur und Kunst dargestellt.

Der Vorwurf, die SBZ/DDR habe sich nicht frühzeitig genug um die Beurteilung der massenhaften Judenvernichtung gekümmert, geht insofern an den Tatsachen vorbei, als der von den Nazis seit 1941 praktizierte Massenmord als »Endlösung der Judenfrage« auch nach der Zerschlagung des deutschen Faschismus in seiner Schrecklichkeit erst sukzessive in das Bewusstsein der Menschen Eingang fand.

Man sollte schon zur Kenntnis nehmen, dass beispielsweise das Potsdamer Abkommen vom 2. August 1945 kein Wort über die Juden und deren Schicksal verliert, wie Victor Klemperer in seinem Tagebuch mit offenkundiger Bestürzung vermerkte. Dabei war Auschwitz zu diesem Zeitpunkt längst bekannt.

Offensichtlich nahmen die Alliierten im Rahmen der Kenntnis des allgemeinen nazistischen Massenmords den Massenmord an den Juden in den Bestand der nazistischen Grausamkeiten auf, ohne die Spezifik dieses Massenmordes für besonders nennenswert zu erachten.

Wenn heutzutage westliche Autoren über die »jüdische Frage« und die »Endlösung« schreiben, dann wird oft so getan, als ob das nach und ab 1945 »schon immer« im öffentlichen Bewusstsein präsent war. Tatsächlich gab es Zeiten der »Öde« hinsichtlich des Erinnerns und des Wissens von der Massenvernichtung der Juden. Es ist insofern durchaus nützlich, sich daran zu erinnern, wann denn eigentlich die gewissermaßen als Vorreiter des Befassens mit dem nazistischen Verbrechen an den Juden angesehenen US-Amerikaner sich diesem Massenmord zugewandt haben.

Aufschluss gibt beispielsweise Peter Novick. Er schreibt: »Zwischen dem Kriegsende und den 1960er Jahren tauchte (*der Begriff – D. J.*) Holocaust im öffentlichen Diskurs der Vereinigten Staaten kaum auf. […] Auch im jüdischen Diskurs wurde er selten erwähnt – vor allem im Diskurs, der an Nichtjuden gerichtet war.« Es hätte sich nur eine Handvoll Bücher mit dem Holocaust befasst, und diese hätten kaum Leser gefunden. Eine Ausnahme habe »Das Tagebuch der Anne Frank« gebildet.

Die beiden historischen Darstellungen – gemeint ist Gerald Reitlingers »Die Endlösung« (engl. 1953) und Leon Poliakovs »Breviaire se la haine« (1951) – fanden *nicht* einmal das Interesse der größeren historischen Zeitschriften. In den Geschichtslehrbüchern für die High School und das College wurde der Holocaust »äußerst knapp behandelt – oft gar nicht. In nichtjüdischen Zeitungen und Zeitschriften wurde er nur selten und dann normalerweise beiläufig erwähnt«.

Vor den 1960er Jahren gab es im Kino nichts, eine Ausnahme bildete »Anne Frank«.[372] Selbst im jüdischen Lebensbereich spielte der Holocaust in den USA so gut wie keine Rolle.

In den Westzonen bzw. der BRD war die Judenermordung einige Zeit lang kein besonderes Thema. Aufmerksamkeit erregte 1958 der erste bundesdeutsche Prozess gegen NS-Verbrecher, das war der Ulmer Prozess gegen die Einsatzgruppenkommandos. Erst im Verlaufe der 60er Jahre gab es Ereignisse, in deren Folge diese NS-Vergangenheit Gegenstand einer öffentlichen Diskussion wurde. Mit Aufmerksamkeit wurde der Jerusalemer Eichmann-Prozess von 1961 verfolgt, wobei die Bonner Obrigkeit sorgsam bemüht war zu vermeiden, dass Hans Globke, bekanntlich Staatssekretär im Bundeskanzleramt und vordem ein NS-Verantwortlicher bei der Verfolgung jüdischer Menschen, in Verbindung zu Eichmann gebracht wurde. Wichtig war auch der Frankfurter Auschwitz-Prozess 1963, der gerichtsnotorisch fixierte, in welchem Umfang die systematische Tötung von Juden praktiziert wurde.

1961 war in den USA von Raul Hilberg »Die Vernichtung der europäischen Juden« veröffentlicht worden. Er hatte 1948 mit der Arbeit daran begonnen und war de facto allein mit dem Thema. »Der Gegenstand interessierte die Wissenschaft damals nicht.«[373] Es war das Standardwerk der Gesamtgeschichte der »Endlösung der Judenfrage«.

In der BRD erschien 1982, mithin zwei Jahrzehnte nach der amerikanischen Ausgabe, in einem kleinen Westberliner Verlag eine kleine deutsche Auflage. Das Buch wurde erst populär, als es der S. Fischer-Verlag übernahm und 1990 (!) eine Taschenbuchausgabe in drei Bänden herausbrachte. 2007 erschien die 10. Auflage.

Aufgrund der US-amerikanischen Fernsehserie »Holocaust«, die 1978 die ARD ausstrahlte, wurden auch in der Bundesrepublik endlich die nazistischen Verbrechen gegen die Juden Thema. Der Massenmord an den Juden gewann fortan in der Betrachtung der faschistischen Untaten einen gewissen Vorrang.

Es ist schon bemerkenswert, dass Victor Klemperer nach dem Krieg überlegte, welchen Vorrang in der Ausarbeitung und Publikation seine Arbeiten zur »LTI« oder seine Tagebücher haben sollten. Schließlich entschied er sich für »LTI«[374] mit der Bemerkung, LTI sei geeigneter zur Veröffentlichung als seine Tagebücher, die unförmig seien, die Juden belasteten und indiskret wären. Die erste Auflage von »LTI« erschien 1947.

Anzumerken ist hier, dass die Jahrzehnte später publizierten Tagebücher Klemperers zu einem Bestseller wurden.

Am 12. April 1945 hatte Klemperer kritisch vermerkt, dass man bei einer Veranstaltung, an der er teilgenommen hatte, politische Verse Heinrich Heines vortrug, nachdem eine kurze literaturhistorische Einführung gegeben worden war. Das Judentum Heines habe man verschwiegen.

Wenige Jahre später hatte sich diese Situation in der DDR grundlegend geändert.

Wenn nun kritisch erklärt wird, in den ersten Jahren habe man in der SBZ/DDR der Judenverfolgung und -vernichtung zu wenig oder unzulänglich oder verspätet Aufmerksamkeit geschenkt bzw. das Jüdische in der Öffentlichkeit außer Acht gelassen, so ist das für die Geschichtswissenschaft in bestimmtem Umfange zumindest hinsichtlich der Quantität an Publikationen zutreffend[375], nicht jedoch für die Bereiche Kunst und Literatur.

1992 löste der DDR-Historiker Olaf Groehler in der Zeitschrift *konkret* eine Diskussion darüber aus, ob die DDR-Geschichtsschreibung Hinreichendes zur »Aufarbeitung« der nationalsozialistischen Judenverfolgung getan habe. Groehler behauptete, dass »Gleichgültigkeit, Intoleranz und theoretische Enge« geherrscht habe. Was zum Thema geleistet wurde, sei im internationalen Vergleich unzureichend gewesen und dem antifaschistischen Selbstverständnis des Staates nicht gerecht geworden.[376]

Kurt Pätzold betonte in seinem Beitrag zur Diskussion, dass die DDR-Geschichtswissenschaft »bei weitem nicht die einzige, zeitlich nicht die erste und niemals die erstrangige Quelle (gewesen war), aus welcher der Bürgerschaft in Ostdeutschland Wissen über das Leben, Leiden und Sterben der Juden unter der Naziherrschaft zufloss«.[377] Die Auseinandersetzung mit der Rassenideologie und ihrer Ausprägung in der Praxis des Antisemitismus habe lange vor der Zeit begonnen, zu der sich die Geschichtswissenschaft dieser Thematik näherte.

Während in Kunst und Literatur frühzeitig das Schicksal der jüdischen Menschen differenziert, vielfältig und überzeugend dargelegt wurde, wandte sich die Geschichtswissenschaft in der Tat relativ spät verschiedenen Themen zu.

Allerdings gab es seit 1946 das von Alexander Abusch geschriebene Buch »Der Irrweg einer Nation« mit dem Untertitel »Ein Beitrag zum Verständnis deutscher Geschichte«, das in hoher Auflage erschien.[378] Abusch schrieb dort: »Der Nazismus griff bis in das Mittelalter zurück, um sich das primitive Rezept zur Ablenkung von den wahren Schuldigen an den Nöten des Volkes zu holen. Bei Hungersnöten, Pest oder anderen Seuchen ließen damals die Herrschenden einige ›Hexen‹ verbrennen, an deren Hexentum man das Volk glauben ließ, oder man organisierte Pogrome gegen die Juden, denen man [...] die Schuld zuschob.

Hitler vereinte beide Methoden: seine ›Hexe‹ war der ›internationale Jude‹, der ›an allem schuld‹ sei. Er musste verbrannt werden, nachdem sein Vermögen geplündert und in die

Taschen der allergetreuesten Nazis und der Monopolherren gewandert war.«[379]

Weiter heißt es beim dem SED-Kulturpolitiker Abusch: »Die Geschichte des deutschen Volkes ist die Geschichte eines durch Gewalt politisch rückständig gemachten Volkes. Aber jedes Volk, das den Anspruch erheben will, ein mündiges und selbstbestimmtes Volk zu sein, trägt die Verantwortung für seine eigene Geschichte und ihre falsche Entwicklung.«[380] Im Folgenden geißelt Abusch schonungslos die sozialen Schichten, die sich hemmungslos den Nazis verschrieben, betont aber zugleich in einem Abschnitt die »Mitverantwortung der deutschen Hitlergegner«.[381]

Siegbert Kahn konstatierte 1948 in seiner Broschüre, nachdem er den deutschen Widerstand gegen die Naziherrschaft gewürdigt hatte, dass, so schmerzlich das auch sei, zugegeben werden müsse, »dass es zu wenig dieser Aufrechten in Deutschland gegeben hat. Es ist nicht möglich, sich damit herauszureden, von alledem nichts gewusst zu haben. Dass die Wahrheit über die Verbrecher und ihre Opfer nicht das Kriegsgetöse übertönend hinausgeschrieen wurde, kann nur als ein Beweis dafür gewertet werden, dass das deutsche Volk in seiner Mehrheit den Barbarismus der Nazibestien geduldet hat, ohne einen weithin sichtbaren Widerstand dagegen zu leisten.«[382]

Auch wenn Thomas Haury behauptet, diese Broschüre sei wegen des Schuldverweises 1952/53 aus dem Handel gezogen worden[383], so war sie dennoch in der Welt.

Die zweite geschichtswissenschaftlich relevante Broschüre, erschien ebenfalls 1948: Stefan Heymanns »Marxismus und Rassenfrage«.

Es ist merkwürdig, dass, soweit ich das übersehen kann, keiner der Autoren es bemerkt zu haben scheint, dass es neben den Ausarbeitungen von Kahn und Heymann noch etwas anderes gegeben hat, nämlich Schulungsmaterial der KPD/SED.

Bereits im Januar 1946 publizierte das Zentralkomitee der KPD im ersten Heft ihrer theoretischen Zeitschrift *Neuer Weg – Monatsschrift für aktuelle Fragen der Arbeiterbewegung*, einen Aufsatz mit dem Titel »Das Wesen des Rassismus«, der dem »ideologischen Kampf« gewidmet war. Darin heißt es unter anderem, dass die nazistische Rassentheorie sich gegen andere

Völker richtete, »vor allem aber gegen die Juden und die slawischen Völker«, dass der Rassismus »in einer schamlosen Hetze gegen die Juden« gewirkt und zur »gewaltsamen Vernichtung von Millionen Juden« geführt habe.[384]

Nicht unwichtig war, dass für die Schulung der SED-Mitglieder in der Reihe »Sozialistische Bildungshefte« ein Heft zum Thema »Die Rassenlüge der Nazis« herausgegeben wurde.[385]

Behandelt wurde das Thema mit der Untergliederung: I. Die Rassenlehre der Nazis; II. Was haben wir zur Rassenlüge der Nazis zu sagen? III. Der Antisemitismus.

Dieses Kapitel war gegliedert in die Abschnitte:

1. Der Zweck des Antisemitismus,

2. Haben die Juden besondere rassische Eigenschaften?

3. Die Stellung der Juden in der deutschen Vergangenheit,

4. Unsere Vorkämpfer über den Antisemitismus,

5. Die Überwindung der nazistischen Rassenlüge und des Antisemitismus.

Wenn man weiß, dass das Parteilehrjahr der SED ein wichtiges und obligatorisches Institut für das Erreichen eines jeden Parteimitgliedes darstellte, ist auch zu berücksichtigen, dass die SED-Mitglieder als ideologische Multiplikatoren in der Gesellschaft wirkten. Selbst wenn naturgemäß von einer differenzierten Aneignung des Behandelten ausgegangen werden sollte, dürfte die Grundstimung und -erkenntnis gewesen sein, dass Antisemitismus ein grundlegendes Übel, ja ein Verbrechen bedeutet.

Über den Zweck des Antisemitismus heißt es in dem Heft: »Eine besondere Rolle spielte in der nazistischen Rassenlehre der Antisemitismus, die Hetze gegen die Juden. Vom Judenboykott im Jahre 1933 bis zu den Greueln von Auschwitz und Maidanek und der physischen Vernichtung von Millionen Juden in ganz Europa führte eine gerade Linie des Schreckens und des Grauens.« (S. 11)

Zum Gedenktag für die Opfer des Faschismus am 14. September 1947 gab der Hauptausschuss »Opfer des Faschismus« eine Broschüre heraus, in der Aufsätze von Heinz Galinski (»Vergesst es nie!«), Hermann Duncker (»Auf zum Kampf gegen den Antisemitismus«) und Julius Meyer (»Der Kampf geht weiter!«) veröffentlicht wurden, die sich konzentriert mit dem Schicksal der jüdischen Menschen und die sich daraus für die Gegenwart ergebenden Aufgaben befassten.

1947 veröffentlichte Albert Norden ein Buch, in dem er die politische Rolle des Finanzkapitals und der Junker behandelte. Das Kapitel »Das Dritte Reich der Reichen« enthält den Abschnitt: »Nutznießer der Judenpogrome«. Norden schilderte darin, auf welche Weise ein Punkt aus dem Programm der Nazipartei vom 24. Februar 1920 »erfüllt« wurde.

In Ziffer 16 hatte es unter anderem geheißen, man fordere die »sofortige Kommunalisierung der Groß-Warenhäuser und ihre Vermietung zu billigen Preisen an kleine Gewerbetreibende«.[386] Dazu schrieb Norden: »Und wie sah es mit den Warenhäusern aus, die das Naziprogramm hoch und heilig dem Mittelstand versprochen hatte? Sie wechselten in der Tat den Besitzer. Wirklich wurden die jüdischen Besitzer enteignet, aber an ihre Stelle trat kein Mittelständler, sondern ein Konsortium derselben großen Privatbanken, von denen wir soeben als Nutznießer der Reprivatisierung gesprochen haben.

So stärkten die Nazis in jeder Weise dasselbe ›Leihkapital‹, über das sie in der sogenannten ›Kampfzeit‹ die Schale ihres Zornes ausgegossen hatten. Nachdem im November 1938 in Paris ein Attentat auf den deutschen Botschaftsattaché Ernst v. Rath, einen Neffen des damaligen Aufsichtsratsvorsitzenden des IG-Farben-Trusts, verübt worden war, organisierten Göring und Goebbels wilde Judenpogrome, deren Hauptgewinn das deutsche Großkapital davontrug.

Je mehr Juden ermordet oder in die Konzentrationslager abgeschleppt wurden, um so mehr erhöhte sich der Reichtum der deutschen Finanzmagnaten. Sie ließen den SA- und SS-Mob alle menschlichen Gesetze unter seine langschäftigen Stiefel trampeln – inzwischen steckte die Dresdner Bank die Berliner Banken Gebr. Bleichröder und Gebr. Arnhold ein, und die deutsche Bank ergriff von der Mendelssohn-Bank Besitz. [...]

Auch die Kanonenkönige der Ruhr rissen sich um die Pogromprofite. Hitlers Judenverfolgung brachte dem Mannesmannkonzern die große Metallfirma Wolff, Netter & Jacobi mit acht weiterverarbeitenden Eisen- und Walzwerken sowie die Hahnschen Werke, durch deren Erwerb der Konzern seine Feinblechproduktion mit einem Schlag verdoppelte. [...]

So wurden […] die Weltkriegs-, Inflations- und Aufrüstungsgewinnler des Nazireiches auch Pogromgewinnler. […] Jüdisches Blut verwandelte sich in ›arisches‹ Gold, es war die große ursprüngliche Kapitalakkumulation des 20. Jahrhunderts, die ein Jahr später im Zweiten Weltkrieg eine vertausendfachte Fortsetzung finden sollte.«[387]

Wenn daher gemeint wird, es sei falsch, die antisemitische Verfolgung in einen Zusammenhang mit den Absichten des Monopol- und Finanzkapitals zu bringen, wie das seitens der DDR-Wissenschaft geschehen ist, dann dürfte ein Blick auf die obige Darstellung eigentlich verdeutlichen, dass das Nennen der »Hintermänner« zum Verständnis des Phänomens der massenhaften Tötung – in Sonderheit der Juden – wichtig ist.

Und es wird zugleich verständlich, warum Apologeten des »friedfertigen Kapitalismus« außerordentlichen Wert darauf legen, die »Endlösung der Judenfrage« für sich und ohne jeden Bezug zum Kapital zu behandeln.

Es soll auch daran erinnert werden, dass Otto Grotewohl, damals mit Wilhelm Pieck paritätischer Vorsitzender der SED und später Ministerpräsident der DDR, in seinem Referat »Die geistige Situation der Gegenwart und der Marxismus« auf dem Ersten Kulturtag der SED am 5. Mai 1948 mit Blick auf die nazistische Mordpraxis erklärte: »Die Vernunft wurde totgeschlagen. Die Bücher, die ihr dienten, wurden verbrannt. Die Stimme des Blutes wurde zur Richterin über Leben und Tod. Mit dem antisemitischen Ruf: ›Die Juden sind unser Unglück!‹ lenkte man bewusst die Empörung der Massen über die sozialen Missstände unter dem Kapitalismus von den wirklich Schuldigen ab und hetzte die unterdrückten Masseninstinkte gegen die schwache Minderheit.

Es sei nicht zum Ruhme für die freie deutsche Forschung vermerkt, dass es dem Universitätsprofessor Treitschke vorbehalten war, in den ›Preußischen Jahrbüchern‹ als erster diesen Ruf zu propagieren. Auch die andere Zierde der deutschen Universität, der Professor Paul de Lagarde, sei erwähnt, der durch seine vielgelesenen ›Deutschen Schriften‹ breite Kreise der deutschen Intelligenz derart antisemitisch vergiftete, dass später unter diesem antisemitischen Rufe Millionen von Juden ausgerottet werden konnten.«[388]

Am 1. September 1952 hielt Otto Nuschke, Stellvertreter des Vorsitzendem des Ministerrates der DDR, im Namen der Regierung der Deutschen Demokratischen Republik, anlässlich der Synagogeneinweihung in Erfurt eine Rede. Mit Ehrfurcht und einer verständlichen Scheu habe er das neue Gotteshaus betreten, erklärte er später. Im Geiste steige vor uns jene grausige Novembernacht herauf, wo der vertierte Nationalsozialismus seine ruchlosen Hände an die jüdischen Gotteshäuser legte. Waren zuvor bereits jüdische Friedhöfe das Ziel von Verwüstungen gewesen, so seien nun die Gotteshäuser selbst in Brand gesteckt worden, was ein furchtbares Entsetzen der gesitteten Menschheit hervorgerufen habe. Es sei damals nur die Hoffnung geblieben, dass »der rächende Gott auch in diesem Falle diese Untaten nicht ungestraft lassen würde«.

Diese Hoffnung habe sich als berechtigt erwiesen, die Hauptfrevler hätte ihr verdientes Schicksal erreicht. Die Millionen jüdischer Menschen, die Hitler gemordet habe, seien Blutzeugen einer Zeit, »die für immer zu den schwärzesten Blättern der deutsche Geschichte gehört«. Ihr Opfertod fordere gebieterisch, dass mit den Resten des Faschismus rücksichtslos aufgeräumt werden müsse. Unsere Verfassung stelle die Rassenhetze unter strenge Strafe, sie werde der Kriegshetze gleichgestellt. Wie alle anderen Bekenntnisse genieße auch das jüdische Bekenntnis den Schutz des Staates und der Verfassung.[389]

Eine besondere Bedeutung hatten zwei Publikationen, die 1956 bzw. 1957 veröffentlicht wurden. Es handelte sich um Dokumente aus dem Nürnberger Hauptkriegsverbrecherprozess. Das Protokoll dieses Prozesses war nach dem Abschluss des Verfahrens unverzüglich in dickleibigen Bänden erschienen. Es war faktisch nur in ausgewählten Bibliotheken verfügbar. Da es sich um den autoritären Beweis des verbrecherischen Charakters des deutschen faschistischen Staates handelte, hatte die Verfügbarkeit für den »normalen Leser« verständlicherweise eine besondere Bedeutung.

Bereits 1956 wurde von Fritz Köhler unter dem Titel »Geheime Kommandosache« eine Auswahl aus den Dokumenten des Nürnberger Prozesses gegen die Hauptkriegsverbrecher herausgegeben. In unserem Zusammenhang ist der Teil des Urteils wichtig, der sich mit der Judenverfolgung befasste.[390]

Verwiesen wurde in dem Urteil auch auf den Verbrechensbeweis in Form des Berichtes, den der SS-Brigade-General Stroop unter dem Titel »Das Juden Ghetto in Warschau existiert nicht mehr« als Ausweis seiner »Heldentat« hatte verfassen lassen.[391]

Köhler macht in einem Kapitel mit dem »Plan zur Ausrottung der jüdischen Bevölkerung« bekannt.[392] Er zitiert aus dem Urteil, der Anklageschrift und aus speziellen Dokumenten, die dem Prozess zugrunde lagen.

Dem Grunde nach war die früheste offizielle Dokumentation der Judenverfolgung und -vernichtung die Darstellung dieses Verbrechens während des Nürnberger Hauptkriegsverbrecherprozesses sowohl in der Anklageschrift als auch im Urteil, das am 1. Oktober 1946 verkündet wurde. In ihm war ein Abschnitt mit der Bezeichnung »Die Judenverfolgung« enthalten.[393]

Der Text dieses Gerichtsdokuments wurde in der DDR allgemein zugänglich, als Peter Alfons Steiniger 1957 Materialien des Prozesses unter dem Titel »Der Nürnberger Prozess« in zwei Bänden veröffentlichte. 1957 erschienen wegen des großen Interesses zwei Auflagen, eine dritte kam 1958, und eine fünfte Auflage wurde 1962 ediert.

Im 1. Band ist das Urteil und mit ihm der Abschnitt »Die Judenverfolgung« veröffentlicht.[394] Der zweite Band enthält Dokumente, die die Judenverfolgung zum Gegenstand hatten.

Es soll an dieser Stelle auf eine Tatsache verwiesen werden, die kennzeichnend für die Art und Weise ist, wie die Bundesrepublik Deutschland die Naziherrschaft »bewältigte«.

Zuvörderst ist zu nennen, dass die BRD zu *keinem* Zeitpunkt das Urteil gegen die Hauptkriegsverbrecher anerkannte. Permanent wurde und wird behauptet, es habe sich um Siegerjustiz gehandelt. Die Veröffentlichung der Prozessmaterialien erfolgte folglich in der BRD *nicht*. Das betrifft, nebenbei bemerkt, auch die Veröffentlichung von Materialien zu den zwölf Nachfolgeprozessen, die in Nürnberg vor einem US-amerikanischen Militärgericht stattfanden.

Die DDR hat auch hier mit der Veröffentlichung von Materialien eine grundsätzliche ideologische Pionierarbeit geleistet.

Steiniger hat anlässlich seiner Herausgabe von Materialien des Nürnberger Hauptkriegsverbrecher-Prozesses eine scharfsinnige Auseinandersetzung mit den Rechtsideologen, im doppelten Sinne verstanden, vollzogen, die sich gegen die Negierung des Nürnberger Tribunals richtet und noch heute ihre Bedeutung besitzt.[395]

Vor allem wenn man bedenkt, dass bei der sich heute rasant vollziehenden Negierung des Völkerrechts (aus Gründen einer angeblich notwendigen »humanitären Intervention«) gravierende Kriegsverbrechen erfolgen.

1957 erschien »SS im Einsatz.«[396] Der ersten Auflage folgten bis 1967 sieben weitere.

Im dritten Kapitel werden auf den Seiten 87 bis 142 »Dokumente und Berichte über die Verfolgung und Vernichtung jüdischer Menschen« dargeboten. Zur Gänze abgedruckt ist das berüchtigte »Wannsee-Protokoll« vom 20. Januar 1942 über die Pläne zur Vernichtung von elf Millionen Juden.

Es muss unbedingt erwähnt werden, dass in dieser Dokumentation auch jene Konzerne genannt werden, die, wie beispielsweise IG Farben, brutale Ausbeuter der in Auschwitz zusammengepferchten Juden waren.

Wenn man es hier auch nur mit wenigen Seiten zu tun hat, dürfte doch klar sein, dass auch aus Einzelblättern Wissen gewonnen wird. Natürlich besagt die Veröffentlichung noch nichts über die tatsächliche Wahrnehmung, ja, Verinnerlichung.

Um aber überhaupt wahrgenommen zu werden, muss ein Text erst einmal publiziert werden.

1960 gab es mit der Broschüre »Globke und die Ausrottung der Juden« eine umfassende Darstellung der faschistischen Judenverfolgung. Unmittelbarer Anlass war der Umstand, dass als rechte Hand von Bundeskanzler Adenauer im Bundeskanzleramt Hans Globke agierte, der sich in der Nazizeit um die Ausarbeitung und Kommentierung von Gesetzen zur Judenverfolgung »verdient« gemacht hatte. Unter anderem hatte er eine am 17. August 1938 beschlossene Verordnung maßgeblich formuliert, derzufolge Männer jüdischer Herkunft ihrem Namen »Israel«, Frauen als Zweitnamen »Sara« hinzufügen mussten. Die vom Ausschuss für Deutsche Einheit edierte Broschüre behandelte die Gesetze und Verordnungen, an denen Globke beteiligt gewesen war und die für Millionen rassisch Verfolgte »unerhörte Kränkungen und Ehrabschneidungen, Verfolgungen und Martyrium, Heimatlosigkeit und Vermögensraub, Kerker, KZ, Krematorium« bedeuteten, wie es in der Broschüre auf Seite 8 hieß.

Da die von der DDR dargelegten Untaten Globkes für den Bundeskanzler kein Grund waren, diesen als Staatssekretär zu entlassen oder gar juristisch zur Verantwortung ziehen zu lassen, erhob das Oberste Gericht der DDR 1963 Anklage. Am 23. Juli 1963 wurde das Urteil gefällt. In der Urteilsbegründung, die als Broschüre (»Im Namen der Völker. Im Namen der Opfer. Auszüge aus dem Protokoll des Prozesses gegen Dr. Hans Globke vor dem Obersten Gericht der DDR«) in Massenauflage verbreitet wurde, erhielten die DDR-Bürger umfassende Informationen über die »Endlösung der Judenfrage« in der Hitlerdiktatur. Das Urteil wurde zudem in der Fachpresse publiziert (*Neue Justiz* Nr. 15, S.449-512a).

1961 konnte man im Tatsachen-Roman »Die lange Nacht« von Fritz Selbmann über mehrere Seiten lang einiges über das Zusammenleben von Nichtjuden und Juden in einer Kleinstadt und über die Grausamkeiten lesen, mit denen die Nazis einen inhaftierten Juden traktierten, der sich des »Verbrechens« der »Rassenschande« schuldig gemacht hatte. Und man las dort: »Wenn ein Jude gleich am Tor (des KZ) auffällt, überlebt er die erste Nacht nicht.«

Selbmann schreibt von dem Attentat auf SS-Obergruppenführer Heydrich und verweist auf den Beginn der »Endlösung der Judenfrage«. »Zu Zehntausenden werden jüdische Männer und Frauen, Greise und Kinder in Viehwagen gepfercht und nach dem Osten abtransportiert, nach Lublin und Maidanek, nach Auschwitz und Birkenau. Die Alten und Kranken, die Schwachen und die Kinder werden in die Gaskammern geschickt und wandern in die Verbrennungsöfen der Krematorien.«[397]

Ebenfalls 1961 erschien in der DDR-Hauptstadt »Faschismus – Getto – Massenmord. Dokumentation über Ausrottung und Widerstand der Juden in Polen während des Zweiten Weltkrieges«.

1966 kam der 5. Band der »Geschichte der deutschen Arbeiterbewegung«. Es handelte sich um ein achtbändiges Werk über den Zeitraum von den Anfängen der deutschen Arbeiterbewegung bis Anfang 1963, das in hoher Auflage erschien und als *das* historische Handbuch für die Mitglieder der SED gedacht war.

Dort hieß es: »Ein wesentlicher Bestandteil der Kriegsführung des deutschen Imperialismus und Militarismus war die barbarische Ausrottung und Versklavung ganzer Völker. Hohe nazistische Beamte und SS-Offiziere beschlossen auf der ›Wannsee-Konferenz‹ im Januar 1942 zur ›Endlösung der Judenfrage‹ die Ermordung von elf Millionen jüdischer Bürger aus 27 europäischen Staaten. Damit wurde das größte Massaker in der Weltgeschichte eingeleitet, dem innerhalb von drei Jahren in Auschwitz, Belzec, Chelmno, Majdanek, Sobibor Terblinka und anderen faschistischen Vernichtungszentren etwa sechs Millionen Menschen zum Opfer fielen«.[398]

Wiedergegeben sind in diesem Band Bilder von der Verschleppung jüdische Menschen in Konzentrationslager. Der genannte Band enthält im Dokumententeil die in der Sonderausgabe der *Roten Fahne* publizierte Erklärung des ZK der KPD »Gegen die Schmach der Judenpogrome« vom November 1938.

1966 erschien, von Helmut Eschwege herausgegeben, der Band »Kennzeichen J. Bilder, Dokumente, Berichte zur Geschichte der Verbrechen an den deutschen Juden 1933-1945«. Die Einleitung verfasste Rudi Goguel, der die Haft in den Konzentrationslagern Bürgermoor, Sachsenhausen, Neuengamme sowie den Untergang des KZ-Schiffes »Cap Arkona« überlebt und der das Moorsoldatenlied vertont hatte. Dieses Buch wurde 1981 wieder aufgelegt.

Mit Redaktionsschluss Juli 1968 kam 1969 Band 1 und 1970 Band 2 des »Sachwörterbuchs der Geschichte« im Dietz-Verlag der SED heraus. Es handelt sich um ein umfangreiches Geschichtslexikon von insgesamt über 1.900 Druckseiten, das als ausgezeichnetes Nachschlagewerk fungierte. Bezogen auf unser Thema seien die Stichworte genannt, die sachkundig Auskunft erteilten – im Band 1: Antisemitismus (S.93-97), »Arisierung« der deutschen Wirtschaft (194), Auschwitz-Prozesse (212f.), Eichmann-Prozess (515f.), »Endlösung« der Judenfrage (533), Judenverfolgung (872-874), Konzentrationslager (1031-1033); im Band 2: Nürnberger Gesetze (203).

1969 publizierte ZK-Mitglied Fritz Selbmann seine Erinnerungen. Dabei spielte eine Rolle, wie er mit der »nazistischen Judenfrage« Bekanntschaft machte. Seine Gedanken können als exemplarisch für das Beurteilen des Verhaltens der Kommunisten in jener Zeit zu den Juden genommen werden. Sie machen deutlich, dass die Juden nach der Zerschlagung des deutschen Faschismus durchaus und prinzipiell als Opfer dieses unmenschlichen Systems beurteilt und behandelt wurden.

Im KZ beobachtete er ein »makabres Spiel«, das ein paar junge SS-Männer mit älteren Juden trieben. Sie ließen sie einen Sandberg auf dem Bauche hinaufkriechen, um sie dann den langen Berg hinunterzurollen, wobei heftige Stiefeltritte für das Tempo sorgten. Die SS-Männer trieben das Spiel so lange, bis fast alle Männer wimmernd, stöhnend und sich erbrechend in einer Sandkuhle lagen.

Selbmann schreibt, dass er nach dem Mitansehen dieser Massenquälerei begann, sein Verhältnis zu den Juden zu überdenken. Dabei habe ein Rolle gespielt, dass es sich bei den Juden im Lager vorwiegend um ehemals wohlhabende Bürger handelte. Sein Verhältnis zu den Juden sei von frühen Jugenderinnerungen bestimmt gewesen. Selbmann beschreibt das alltägliche Leben der jüdischen Familien und konstatiert, dass er später zu begreifen lernte, dass auch die »Judenfrage«, von der man in den 20er Jahren immer häufiger gesprochen habe, eine Klassenfrage war. Er lernte jüdische Arbeiter kennen, mit denen sich alle Gefühle der Klassensolidarität verbanden, und »jüdische Kapitalisten, die auf der anderen Seite der Klassenfront standen. [...] Der jüdische Arbeiter, der im Klassenkampf auf meiner Seite stand, war mein Freund und Genosse, der jüdische Kapitalist war mein Gegner.«

Seit damals, so Selbmann, habe sich einiges geändert. »Die Nazis hatten immer gegen die Juden geschimpft, aber ihr Antisemitismus war nicht sehr ernst genommen worden, der von Goebbels nicht und der von Streicher erst recht nicht. Nun aber regierten die Nazis, und ihr Antisemitismus war zur Weltanschauung von Millionen ihrer Mitläufer geworden. Es kamen die Judenboykotte, die Kristallnacht und der Judenstern. Die Nazis hassten und verfolgten die Juden, ich hasste und verachtete die Nazis; sie waren meine Feinde, also waren die Juden meine Freunde. Deshalb litt ich mit den bärtigen Männern am Sandberg […], mit den 90 Juden, die als erste […] am 29 Mai 1942 im Beisein hoher Beamter des Reichssicherheithauptamtes in der an diesem Tage eröffneten ›Station Z‹ ermordet wurden.«[399]

Genannt werden sollen für das Jahr 1972 Walter Mohrmanns »Antisemitismus, Ideologie und Geschichte im Kaiserreich und in der Weimarer Republik« und für 1973 das Buch von Klaus Drobisch, Rudi Goguel und Werner Müller »Juden unterm Hakenkreuz. Verfolgung und Ausrottung der deutschen Juden 1933-1945«.

In seiner Rezension von »Das Dritte Reich und seine Diener. Dokumente« von Leon Poliakow und Josef Wulf stellte Peter Kirchner, Vorsitzender der Jüdischen Gemeinde von Groß-Berlin, heraus: »Die Judenverfolgung während der Zeit der faschistischen Herrschaft wurde schon in vielen Publikationen, die in den Verlagen der DDR erschienen, dargestellt. Überwiegend sind es belletristische Werke, Sachbücher rangieren an zweiter Stelle. Um so erfreulicher, dass der Verlag Volk und Welt mit diesem Buch einen Titel verlegte, der die verbrecherische ›Judenpolitik‹ des deutschen Faschismus mit authentischen Materialien in eindringlicher Weise dokumentiert. Der Band ist eine wertvolle Ergänzung zu den erst kürzlich herausgekommenen wissenschaftlichen Studien ›Juden unterm Hakenkreuz‹ und ›Faschismus – Rassenwahn – Judenverfolgung‹.«[400]

Friedrich Karl Kaul berichtete 1972 in seinem Buch »In Robe und Krawatte« ausführlich über den bundesdeutschen Auschwitz-Prozess, der vom Dezember 1963 bis August 1965 stattfand. Es wäre in der DDR niemandem eingefallen, als Entschuldigung für nazistische Verbrechen das Argument einzubringen, ob nicht die von den Faschisten erlassenen Gesetze gegen die Juden eigentlich positiver Natur gewesen seien, da sie »den auf Gesetzlosigkeit beruhenden Terror der SS« erschwerten. Ein bundesdeutscher Richter stellte jedenfalls im Prozess diese Frage.[401]

Sie zielte durchaus auch auf eine Rechtfertigung solcher Nazis, die, wie Hans Globke, an Gesetzestexten des deutschen Faschismus mitwirkten. Globke war bekanntlich langjähriger Staatssekretär im Bundeskanzleramt. Er hatte bereits am 23. Dezember 1932, also noch vor dem Machtantritt der Nazis, als Regierungsrat eine für den internen Gebrauch bestimmte Anordnung erarbeitet, nach der jüdischen Bürgern die Genehmigung von Namensänderungen zu untersagen sei, sofern die Juden damit »ihre jüdische Abkunft [...] zu verschleiern« suchten.[402]

Friedrich Karl Kaul informierte in einem Aufsatz über die Schonung der faschistischen Täter in diesem KZ-Prozess.[403] Und er stellte dar, wie das bundesdeutsche Gericht sich mühte, Verweise auf die Rolle des IG Farben Konzerns zu unterbinden. Bekanntlich war dieser Konzern verantwortlich für die Errichtung eines speziellen KZ-Lagers, in dem Arbeitskräfte, vor allem Juden, die bis zu ihrer Entkräftung arbeiten mussten, für IG Farben zur Verfügung gestellt wurden. Das Ende ihrer Arbeitsfähigkeit bedeutete die Tötung der Juden durch Gas. In der DDR stand Jahre später der Auschwitz-Arzt Dr. Horst Fischer vor dem Obersten Gericht, das ihn zum Tode verurteilte. Über diesen Prozess wurde umfangreich berichtet.

Wie die Bemühungen der DDR, auch über die KZ-Vernichtungspolitik gegenüber den Juden zu informieren, nach dem Untergang der DDR in diffamierender Art und Weise bewertet werden, kann man an der als Buch erschienenen Dissertation von Christian Dirks studieren. Die Beurteilung des DDR-Prozesses selbst ist ein Meisterwerk der Diskreditierung. Es heißt dort: »Im Rahmen der Kampagnenpolitik der SED gegen die ›Nazi- Kriegsverbrecher in Bonn‹ fiel dem MfS mit Horst Fischer 1964 quasi ein propagandistisches Geschenk ersten Ranges in den Schoß: Während in Frankfurt am Main der erste Auschwitz-Prozess – nicht zuletzt als Folge der Verfahrensbeteiligung der DDR – für Aufsehen sorgte und am 20. August 1965 mit relativ milden Urteilen für die angeklagten SS-Männer endete, ging der Staatssicherheit mit dem ehemaligen SS-Hauptsturmführer unverhofft ein Fang ins Netz, der den operativen Interessen Ostberlins passgenau entgegenkam.

175

Die Analyse des Fischer-Prozesses zeigt geradezu exemplarisch, wie die Ahndung von NS-Verbrechen aus politischen Opportunitätsgründen von der SED-Führung mit Hilfe der Geheimpolizei und einer ihr bedingungslos ergebenen Justiz für die deutsch-deutsche Systemauseinandersetzung instrumentalisiert wurde.«[404]

Dieser ideologischen Selbst-Vorgabe folgend, sind von Dirks die Materialien und Umstände des Prozesses dann behandelt worden. So ist es selbstverständlich, dass aus ernsthafter Analyse und Darstellung des Verbrechens insbesondere an den Juden, wie sie im Prozess vorgenommen wurde, bei Dirks vorwurfsvoll und abwertend ein »Schauprozess« wird, der vor allem IG Farben brüskieren sollte.[405]

Zwischen 1974 und 1985 erschienen unter dem Titel »Deutschland im Zweiten Weltkrieg« in Berlin sechs Bände, an deren Erarbeitung fast die gesamte Gilde der DDR-Historiker beteiligt war, welche sich mit dem Faschismus befasste.[406] Das Werk umfasst über 4.000 Seiten. Eingefügt sind Erkenntnisse über die Juden und deren Schicksal unter dem mörderischen Nazisystem. Vorhanden ist sowohl umfangreiches Text- wie Bildmaterial. Es werden einige Verweise auf den Text bzw. auf die den Bänden beigefügten Bilder gegeben.

Das Folgende findet sich in Band 1/1974.

Auf den Seiten 79 und 80 wird ausführlich berichtet über den Inhalt und die Folgen der Gesetze über die Wiederherstellung des Berufsbeamtentums und des »Schutzes des Blutes« von 1933 bzw. 1935. Wer nicht »arischer Abstammung« war, verlor seinen Arbeitsplatz. Der Verlust aller bürgerlichen Rechte war umfassend. »Rassenschande« konnte selbst mit dem Tode bestraft werden. Verwiesen wird auf die Tatsache, dass die Judenverfolgungen für einen Teil der faschistischen Anhänger greifbare Vorteile brachten. Berichtet wird über die »Arisierungen« unter anderem im annektierten Sudenten Gebiet.

Auf weiteren drei Seiten (477-479) wird über die Verfolgung der polnischen Juden berichtet. Die Bilder in diesem Band zeigen den Judenboykott im April 1933, das Zusammentreiben von Juden für die Überstellung in ein Konzentrationslager (KZ) und in die Vernichtung, Razzien im Lubliner Ghetto.

Nachstehend im Band 2/1976:

Ein Abschnitt über vier Seiten (95-98) befasst sich mit den »Massendeportationen jüdischer Bürger Deutschlands«. Berichtet wird von dem Transport der Warschauer Juden in das Warschauer Ghetto. Im Faksimile wiedergegeben ist die »Polizeivorordnung über die Kennzeichnung der Juden« vom 2. September 1941.

Über den Massenmord an Deutschen jüdischer Herkunft berichten die S. 417/418. Umfassend (S. 423-427) wird die Wannsee-Konferenz vom 20. Januar 1942 und die geplante »Endlösung der Judenfrage« dargestellt. Informiert wird über die nazistischen Vernichtungskonzentrationslager sowie über die Art und Weise des Tötens mittels des Einsatzes von Giftgas. Die Ausrottung der jüdischen Bevölkerung in Polen wird auf den S. 444-447 behandelt. Die Bilder in diesem Band (hinter der Textseite 368) zeigen die Verschleppung polnischer Juden nach Auschwitz, Juden im Warschauer Ghetto 1942, Razzien in Frankreich und (hinter der Textseite 464) die »Verfolgung von Bürgern jüdischer Herkunft« und den »Massenmord in den Konzentrationslagern.

Es sei betont, dass hier nur jene Texte und Bilder erwähnt werden, die einen Zusammenhang mit der Vernichtung der jüdischen Menschen hatten.

Der Massenmord war eine generelle Praxis der deutschen Faschisten, die insbesondere bei den polnischen Menschen und den Bürgern der Sowjetunion vollzogen wurde.

Im Band 3/1979 wird in einem Abschnitt über »die letzte(n) große(n) Deportationen jüdischer Bürger Deutschlands« berichtet (S. 250-254).

In Auszügen ist der Bericht des SS-Inspekteurs für Statistik über die »Endlösung der europäischen Judenfrage« vom 19. April 1943 wiedergegeben, in dem verkündet wird, dass sich »das Judentum […] von 1933 bis 1943 […] im zeitlich-räumlichen Bereich der nationalsozialistischen Staatsführung, um rund 3,1 Millionen Köpfe vermindert« habe (S. 254).

Die antisemitische Hetze wurde aber keineswegs eingestellt. Der Leiter der Ostabteilung im nazistischen Propaganda-Ministerium, Eberhard Taubert, verlangte in einem Schreiben vom 7. Juni 1943: »Das Justizministerium soll uns sämtliche Urteile gegen Juden zur Kenntnis bringen, die sich irgendwie zur propagandistischen Auswertung eignen, damit dem deutschen Volk immer wieder vor Augen geführt wird, dass die meisten Verbrecher Juden sind und jeder Jude ein Verbrecher ist.«[407]

Band 3 verweist auf die Niederschlagung des Warschauer Ghetto-Aufstandes als Widerstand gegen die im Frühjahr 1943 begonnene Auflösung der Ghettos mit dem Ziel, die »Endlösung der Judenfrage« zu realisieren. Der Absicht der deutschen Faschisten die jüdische Einwohnerschaft des Warschauer Ghettos zu deportieren, wurde erbitterter bewaffneter Widerstand entgegengesetzt. (S. 370)

In diesem Band ist auch eine Karte abgebildet, die die Orte der Aktivitäten der Ghetto-Aufständischen verdeutlicht. (S. 500)

Im Band 5/1984 behandelt der Abschnitt »Fortgesetzter Massenmord an Juden« über sieben Druckseiten die Vernichtungsaktionen gegen Juden aus den von den Nazis besetzten Ländern Europas. Die Deportationstransporte konzentrierten sich auf Auschwitz: Männer, Frauen und Kinder wurden erbarmungslos vergast. Insbesondere aus Ungarn trafen Transporte mit Tausenden jüdischer Menschen ein. Informiert wird in diesen Abschnitt auch darüber, dass es im Ausland inzwischen definitive Kenntnisse über den Vergasungsmord gab. Den deutschen Faschisten wurde unmissverständlich bedeutet, dass sie die Mordtaten zu büßen haben würden.

Im 8. Kapitel des Bandes werden die Maßnahmen dargestellt, die in den besetzten europäischen Staaten unternommen wurden, um die dort noch lebenden Juden der Vernichtung zuzuführen. So wurde das Ghetto von Lodz, das letzte, das noch Einwohner hatte, im Frühjahr 1944 geräumt. 10.000 starben in den Wäldern von Chelmno und ungefähr 75.000 in Auschwitz. Die übrigen etwa 76.000 Insassen des Ghettos wurden mit Rücksicht auf ihren Einsatz in der Kriegsproduktion erst im Sommer zur Vernichtung nach Auschwitz transportiert. (S. 424).

1981 erschien Heinz Bergschickers »Deutsche Chronik 1933-1945«.[408]

Geschichtswissenschaftlichen Charakter haben die von Kazimierz Moczarski verfassten »Gespräche mit dem Henker«. Das polnische Original erschien 1977, vier Jahre später wurde es in der DDR veröffentlicht. Der Autor war fast neun Monate mit dem SS-Gruppenführer und General der Polizei Jürgen (Josef) Stroop in einer Zelle inhaftiert gewesen. Stroop war der Kommandierende SS-General, dessen »Verdienst« unter anderem die Zerschlagung des Warschauer Ghetto-Aufstandes von 1943 war. Moczarski gelang es, in seinen Gesprächen mit Stroop zu zeigen, wie aus dem Kleinbürger ein kaltblütiger Massenmörder wurde. In fünf Kapiteln mit insgesamt 86 Seiten wird bis ins Einzelne gehend der Aufstand der Juden und die Liquidierung des Warschauer Ghettos durch die Faschisten dargelegt. Von April bis Mai 1943 waren 71.000 polnische Juden umgebracht worden.

Einige Tage vor seiner Hinrichtung wurde Stroop vom Gefängnisvorsteher gefragt, ob er es mit seinem Gewissen als gläubiger Christ vereinbaren könne, selbst gemordet und zugesehen zu haben, wie seine Untergebenen im Warschauer Ghetto Kinder und Frauen töteten. Die Antwort Stroops: »Er habe deswegen keine Gewissensbisse, weil man Juden umgebracht habe.«[409]

Eines der bedrückendsten und bekanntesten Bilder zum Judenmord stammt vom Warschauer Ghetto-Aufstand. Es zeigt, wie deutsche Faschisten Juden aller Altersgruppen mit erhobenen Händen abführen. Im Vordergrund des Bildes läuft ein kleiner Junge. Seitlich steht ein SS-Mann mit der Waffe im Anschlag. Nach langwierigen Ermittlungen wurde der SS-Mann identifiziert und als Josef Blösche ermittelt, in der DDR vor Gericht gestellt und zum Tode verurteilt. Das Bezirksgericht Erfurt sprach das Urteil am 30. April 1969.

Blösche war schuldig an der Deportation von über 300.000 jüdischen Bürgern. Außerdem wurde ihm angelastet der Mord an einer nicht mehr feststellbaren Zahl, mindestens aber an bis zu 2.000 Menschen. Mehr als 600 Menschen hatte er persönlich erschossen. Das Urteil gegen Blösche wurde am 29. Juli 1969 vollstreckt.

Die Auseinandersetzung mit dem Antisemitismus war allseitig Gegenstand, sowohl was die Geschichte dieses Übels wie den Kampf dagegen betraf. Im Übrigen sollte man nicht übersehen, dass auch in Publikationen der DDR, die nicht expressis verbis Fragen des Judentums und der Judenverfolgung behandelten, Verweise auf das Schicksal jüdischer Menschen insbesondere während der Nazizeit enthalten sind. So z. B. in der 1964 veröffentlichten Sammlung von Schriften deutscher Künstler des 20. Jahrhunderts.

Der Leser erhält dort wichtige und oftmals bedrückende Informationen. So ist beispielsweise ein Brief des Präsidenten der Akademie der Künste vom 11. Dezember 1933 an den Minister für Wissenschaft, Kultur und Volksbildung abgedruckt, in dem dieser vom Ausscheiden von »nichtarischen« Mitgliedern aus der Akademie der Künste in Kenntnis gesetzt wird.[410]

Das früheste Theater-Ereignis nach der Zerschlagung des Faschismus war am 7. September 1945 die Premiere von Lessings »Nathan der Weise« mit Paul Wegener (später Robert Taube) in der Titelrolle im Berliner Deutschen Theater. »Das Publikum – es saß in Decken, Mänteln und Handschuhen, ausgehungert, erkältet und erschöpft im ungeheizten Theater, aber all das zählte nicht – das Publikum wuchs mit diesen Stück der ersten Stunde über sich hinaus. Zu Füßen des weisen alten Juden, der Lessings Credo sprach, saßen die Menschen und weinten. Mancher Zuschauer verlor die Beherrschung, verließ, da Nathan sich dem Klosterbruder eröffnet und über die Christengräuel zu Gath berichtet, aufschluchzend das Parkett, es gab Herzanfälle, Ohnmachten. […] Die Berührung der Kunst mit dem Leben war so nahe, dass manches Herz darüber versagte. Schmerzliche erste Schritte zur moralischen Wiedergeburt.«[411]

Die Vorstellungsreihe endete am 28. Juli 1950, nachdem es 245 Aufführungen gegeben hatte.

Zunächst ist festzustellen, dass von westlichen Autoren das, was seitens der DDR an Aktivitäten gegen den Antisemitismus getan wurde, gern negiert wird. Als Beispiel sei auf das *Spiegel-special* 4/1995 verwiesen. Das Heft befasste sich mit verschiedenen Aspekten des Lebens nach der Niederlage des deutschen Faschismus im Zeitraum 1945 bis 1948, so auch mit der Lage in der Filmproduktion.[412]

Frühzeitig hatte die Produktion von Filmen begonnen. Im Mai 1946 erteilten die sowjetischen Besatzungsbehörden Regisseur Wolfgang Staudte ein Lizenz, und bereits im Oktober des Jahres kam sein Film »Die Mörder sind unter uns« in die Kinos.

In *Spiegel* wird breit über die Produktion dieses Films berichtet. Der DEFA-Film zeigte einen jungen Arzt, der bei der faschistischen Wehrmacht Zeuge von Kriegsverbrechen wird. Als er in einem Fabrikanten seinen ehemaligen Kommandeur wieder erkennt, der im Osten unschuldige Menschen töten ließ, will er ihn erschießen, wird jedoch von einer jungen Antifaschistin an der Selbstjustiz gehindert und in ein besseres Leben geführt.[413]

Kein Wort jedoch verliert der *Spiegel* über jenen DEFA-Film, der für die Auseinandersetzung mit dem nazistischen Antisemitismus von besonderer Bedeutung war: »Ehe im Schatten« (1947, Regie Kurt Maetzig).

In jenem Kunstwerk wurde das tragische Schicksal des Berliner Schauspielerehepaares Gottschalk behandelt. Joachim Gottschalk lehnte es trotz aller Korrumpierungsversuche seitens der Nazis ab, sich von seiner jüdischen Frau scheiden zu lassen. Nach jahrelangem Druck der Faschisten nahm sich das Ehepaar das Leben. Ein erschütternder Film, der bei den Zuschauern »eine ungewöhnlich tiefgehende antifaschistische Wirkung hervorrief«.[414]

Im Dezember 1948 wurde auf dem Gebiet der Sowjetischen Besatzungszone (SBZ) der zutiefst beeindruckende polnische Auschwitz-Film »Die letzte Etappe« von Wanda Jakubowska aufgeführt.

In die Reihe dieser Filme gehört die 1948 in der Regie von Erich Engel produzierte »Affaire Blum«. Der historische Stoff war einem in der Weimarer Republik geführten Prozess entnommen, in dem der jüdische Fabrikant Blum verdächtigt wurde, seinen Buchhalter getötet zu haben. Der drohende Justizmord, zu dem die antisemitischen Richter durchaus fähig waren, wurde von einem ehrlichen Kriminalisten verhindert.[415]

Dieser Spielfilm zeigte, wie antisemitisch die Justiz bereits in der Weimarer Republik war, die später im nazistischen Volksgerichtshof kulminierte.

In der Folgezeit wurden neben weiteren antifaschistischen Filmen immer wieder speziell gegen den nazistischen Antisemitismus gerichtete Werke geschaffen, die das Publikum mit großer Anteilnahme zur Kenntnis nahm. Als Beispiele seien die Filme »Die Sonnenbrucks« (1951, Regie Georg C. Klaren), »Sterne« (1959, Regie Konrad Wolf), »Professor Mamlock«

(1961, Regie Konrad Wolf)[416] und »Nackt unter Wölfen« (1963, Regie Frank Beyer) genannt.

In einer bundesdeutschen Zeitschrift wurde 1953 konstatiert: »Als beste deutsche Nachkriegs-Filme werden in einer Zusammenstellung der westdeutschen ›Gilde deutscher Filmkunsttheater‹ unter anderem die Filmwerke ›Die Mörder sind unter uns‹, ›Ehe im Schatten‹, ›Affaire Blum‹, ›Wozzek‹ und ›Der Untertan‹ genannt.

Verschwiegen wird in der Aufstellung allerdings, dass es sich dabei um DEFA-Filme handelt.«[417]

Dass Unkenntnis selbst bei an sich aufgeklärten Persönlichkeiten Wirkung zeigt, kann man einem Bericht über eine Diskussion entnehmen, die sich mit dem Wissen über die »entsetzlichen Auschwitz-Geschehnisse« befasste. So meinte Luc Jochimsen, kulturpolitische Sprecherin der Linkspartei im Bundestag und von 1994 bis 2001 Chefredakteurin Fernsehen des *Hessischen Rundfunks*, ihr sei aufgefallen, dass wirklich bewegende Filme zu diesem Thema nicht aus Deutschland kämen.

Im Bericht über die Podiumsdiskussion heißt es dazu, dass sich bei dieser Behauptung einige im Publikum irritiert gefragt hätten, »ob die DEFA-Filme ›Jakob der Lügner‹, ›Sterne‹ oder ›Ehe im Schatten‹ tatsächlich so undeutsch oder so wenig berührend gewesen seien«.[418]

Der Film »Nackt unter Wölfen« kam 1963 in die Kinos der DDR. Das Buch sowie der Film wurden ein Welterfolg. Als Buch erschien »Nackt unter Wölfen« im Sommer 1958 und erreichte sowohl national wie international große Auflagenzahlen. Die Premiere des Films war im April 1963. Preisgekrönt wurde er auf dem Moskauer Filmfestival. 1963 angekauft hatten ihn 16 Länder: CSSR, Polen, Bulgarien, Sowjetunion, Ungarn, Rumänien, Belgien, Luxemburg, Holland, Jugoslawien, Kuba, Großbritannien, Griechenland, Albanien, Vietnam, Japan.

Nachdem es gelungen war, das Kind Stefan-Jerzy Zweig aufzufinden, wurde der Junge im Frühjahr 1963 in der DDR mit großer Herzlichkeit empfangen. Die Zeitung *BZ am Abend* brachte eine Serie unter den Titel »Ein Kind unter Wölfen«, die zudem in Sonderauflage verbreitet wurde.

In Anbetracht der Tatsache, dass es heutzutage nicht unterlassen wird, alles, was die DDR an Leistungen zur Bewältigung der nazistischen Vergangenheit erbrachte, zu verunglimpfen, sei aus einem Kapitel des *BZ*-Berichts zitiert, das mit der Überschrift »Der Roman und die Wirklichkeit« veröffentlicht wurde: »Das Internationale Lagerkomitee der politischen Häftlinge von Buchenwald kämpfte um das Leben vieler Kinder – deutsche, russische, polnische, französische, jugoslawische, tschechische und österreichische. Es waren meist Kinder jüdischer Eltern. 904 dieser Kinder und Jugendlichen erlebten den Tag der Befreiung im Lager am 11. April 1945. Sie waren den Mordgesellen der SS unter schwersten Opfern abgerungen, gerettet wurden sie von selbstlosen, mutigen antifaschistischen Häftlingen.

Mit seinem Roman ›Nackt unter Wölfen‹ hat Bruno Apitz diesem heroischen Kampf ein Denkmal gesetzt, in dem das Schicksal des Stefan-Jerzy Zweig für alle steht. Ein Roman ist kein Dokument. Der Dichter hat die Freiheit der Gestaltung historischer Ereignisse und Personen, und gewiss werden die Leser des Romans und der jetzigen Veröffentlichungen über die Gefangenschaft des Kindes im Detail Verschiedenheiten entdecken. Man wird auch gern berücksichtigen, dass Bruno Apitz zwei Kronzeugen fehlten bei der Zusammenstellung des Materials für diesen großen Roman: Vater Dr. Zacharias Zweig und Sohn Stefan-Jerzy.

Andererseits ist der Bericht Dr. Zweigs über das Geschehen in Buchenwald aus der Sicht der Einzelperson geschrieben, der naturgemäß jener Gesamtüberblick fehlen muss, den sich Bruno Apitz durch ausführliches Materialstudium verschaffen konnte und der ihn tiefer in die Zusammenhänge eindringen ließ. Unterschiede im Detail sind zum Beispiel die Tatsachen, dass nicht ein Fremder, sondern der Vater selbst sein Kind mit ins Lager brachte; dass das Kind nicht ins Lager geschmuggelt wurde, sondern wie andere Häftlinge durch die Lagerpforte trat. Das aber ist nach Aussagen der Häftlinge von Buchenwald in anderen Fällen bei Kindern geradeso gewesen, wie es Apitz darstellt. Die dokumentarischen Zeugnisse, die uns über Stefan-Jerzy heute zur Verfügung stehen, bestätigen, dass der Roman ›Nackt unter Wölfen‹ der Wahrheit und Wirklichkeit in vollem Maße gerecht wird, dass nur Einzelheiten dichterisch frei gestaltet wurden. Das sagte Dr. Zacharias Zweig mit den Worten: ›Ja, so war es!‹«

In einem 2007 in Frankfurt am Main verlegten Kulturlexikon zum Dritten Reich wird der Autor Bruno Apitz, der während der Nazi-Zeit elf Jahre in Zuchthäusern und KZ zubrachte, so denunziert: »Berühmt durch seinen Buchenwald-Roman *Nackt unter Wölfen*, 1963 in der DDR verfilmt (das Buch liest sich wie eine Heiligenlegende über edle KP-Häftlinge und hat mit der KZ-Wirklichkeit nichts zu tun).«[419]

Nennen wir nun jenes Buch, das bereits 1947 erschien und Generationen beschäftigen sollte. Victor Klemperer (1881-1960) veröffentlichte »LTI« (Lingua Tertii Imperii – Sprache des Dritten Reiches).

Das Buch gab einerseits eine Analyse der Wörter und Sätze, mit denen die nazistische Machtausübung und Repression eingeimpft und verfestigt sowie Handlungsgrundlage wurde. Das in den Formulierungen enthaltene Gift wurde gewissermaßen tröpfchenweise infiltriert und zur Selbstverständlichkeit des Handelns der im Nazireich lebenden Bürger nach den Weisungen der faschistischen Statthalter. Außerdem vermittelte Klemperer die Realität des Daseins eines Juden unter der permanenten Bedrohung und Verachtung. Willkür war Praxis.

Klemperer schrieb von den Schrecknissen, denen er ausgeliefert war. Diffamierung und Degradierung beherrschten das Leben. Willkür war tagtägliches Erleben. Der Jude war kein Mensch mehr, sondern ein überflüssiges Wesen, das dem Transport in die Vernichtung entgegen zu leben hatte. Wer dieses Buch zur Hand nahm, hatte es mit einem unaufdringlichen Lehrbuch zu tun, das vermittelte, was nazistischer Judenhass bedeutete. Es ist eine ergreifende Schilderung der Verhältnisse, unter denen Juden zu leben hatten.

Und Klemperer schrieb voller Hochachtung von den Menschen, die für Menschen wie ihn im wahrsten Sinne des Wortes lebensrettend waren. Er wisse, so formulierte er, »von einem noch viel trostloseren, noch viel stilleren Heldentum, von einem Heroismus, dem jede Stütze der Gemeinsamkeit mit einem Heer, einer politischen Gruppe, dem jede Hoffnung auf künftigen Glanz durchaus abging, der ganz und gar auf sich allein gestellt war. Das waren die paar arischen Ehefrauen […], die jedem Druck, sich von ihren jüdischen Ehemännern zu trennen, standgehalten hatten. […]

Welchen Lebenswillen mussten sie aufbringen, wenn sie krank lagen von all der Schmach und qualvollen Jämmerlichkeit, wenn die vielen Selbstmorde in ihrer Umgebung verlockend auf die ewige Ruhe vor der Gestapo hinwiesen! Sie wussten, ihr Tod werde den Mann unweigerlich hinter sich herzerren, denn der jüdische Ehegatte wurde von der noch warmen Leiche der arischen Frau weg ins mörderische Exil transportiert.«[420]

Allein das Kapitel XXVI »Der jüdische Krieg« ist ein Schnellkurs zum Kennenlernen des Ursprungs und der Wirksamkeit des nazistischen Antisemitismus. Auf zwölf Druckseiten wird die Erniedrigung des Juden durch die Gestapo minutiös geschildert und verdeutlicht, was es mit der These Hitlers auf sich hatte, die Juden für den Krieg verantwortlich zu machen.

In »LTI« analysierte Klemperer »kritisch den Jargon des ›Dritten Reiches‹«.[421] Diese »erste profunde Kritik der Sprache des Dritten Reiches« – so der Umschlagstext des Reclam-Buches –, erlebte in der DDR unzählige Auflagen und vermittelte wesentliche Informationen über die Praxis der Herrschaft der deutschen Faschisten im Allgemeinen wie ihre Verfolgung jüdischer Menschen im Besonderen.

Ganz im Gegensatz dazu ist festzustellen, dass sich erst spät ein Verlag in der BRD veranlasst sah, Klemperers »LTI« herauszubringen.

Merkwürdig ist eine Feststellung, die sich gegen Klemperers Erörterungen zur Rolle des Zionismus richtet. Da wird Klemperer mit den Worten kritisiert, seine absprechenden Bemerkungen über den Zionismus seien »völlig abwegig und aus dem Rahmen fallend«.[422] Angeblich erfahre man mit keinem Wort, worum es denn eigentlich gehe. Man hat eher den Eindruck, dass schon frühzeitig die berechtigte Kritik an zionistischen Praktiken, die ja bis heute nicht verstummt ist, verteufelt werden soll. Wenn hier betont auf Victor Klemperers »LTI« verwiesen wird, dann deshalb, weil dieses Buch sich bereits frühzeitig prononciert gegen Antisemitismus erklärte.

Genannt sei der 1952 erschienene Roman »Totentanz« von Bernhard Kellermann, der eine Abrechnung mit dem deutschen Faschismus und dessen Unmenschlichkeit darstellt. Darin widmet Kellermann unter anderem mehrere Seiten speziell der Verfolgung der Juden. Geschildert werden die Brandstiftungen vom 8. November 1938, denen die Synagogen zum Opfer fielen, sowie die unmittelbaren Verfolgungen jüdischer Menschen, von denen Tausende in die Konzentrationslager verbracht wurden, wo man sie barbarisch quälte.[423] Bedrückend auch die später geschilderten Deportationen von Juden in die Vernichtungslager. Unmenschlich war die Art und Weise, wie die Juden in die Güterwaggons gepresst und in dieser »Pressmasse« bei eisiger Kälte bis zum Bestimmungsort verbleiben mussten. Die geplante Tötung wurde in vielfacher Zahl bereits auf dem Transport vollzogen.[424]

Wie die Enteignung nicht weniger Juden über den erpressten Verkauf von Grundstücken praktiziert wurde, wird ebenfalls dargestellt.[425]

Beim Rütten & Loening erschien zwischen 1958 und 1962 in einer Übersetzung aus dem Polnischen der Sammelband »Im Feuer vergangen. Tagebücher aus dem Ghetto«. Das Buch erlebte sieben Auflagen.

1961 erschienen in einer Auflage von 5.000 Exemplaren Teile daraus in der Reclambroschüre »Tagebücher aus dem Ghetto«. Erschüttert konnte man darin den Bericht »Die Todesbrigade« von Leon Weliczker lesen. Er schilderte, wie jüdische »Brigaden« aus den Konzentrationslagern beim Herannahen der Roten Armee von den Faschisten gezwungen wurden, die Jahre zuvor ermordeten, beerdigten und teilweise hochgradig vermoderten jüdischen Männer, Frauen und Kinder wieder auszugraben und zu verbrennen in der Absicht, die Spuren ihrer Verbrechen möglichst zu beseitigen. Die Schrecknisse einer Inhaftierung in den deutschen Konzentrationslagern, denen massenhaft auch Juden unterfielen, behandelt Norbert Fryd 1959 an verschiedenen Stellen seiner »Kartei der Lebenden«.[426]

Zu den frühen Dokumenten über die Rolle der Juden im antifaschistische Kampf gehört das Buch von Stephan Hermlin »Die erste Reihe«. Es handelt sich um eine Sammlung von Biografien jener Menschen, die in ihrem Widerstand gegen den deutschen Faschismus ihr Leben lassen mussten. Das Buch erschien erstmals 1951 als »Organisationsausgabe für die Freie Deutsche Jugend«, der Jugendorganisation der DDR, was der Publikation einen breiten Leserkreis sicherte.

In unserem Zusammenhang sind Rudi Arndt und die Mitglieder der Gruppe Herbert Baum zu nennen, die jüdischer Herkunft waren. Diese Tatsache wurde ausdrücklich hervorgehoben. Rudi Arndt nahm sich im Konzentrationslager Dachau der jungen österreichischen Juden an, die im Frühjahr 1938 in das Lager gebracht und terrorisiert wurden. Im KZ Buchenwald wurde Arndt von der SS als Kapo eines von den Nazis speziell eingerichteten Reviers für Juden eingesetzt. Er rettete vielen von ihnen das Leben, indem er mit Hilfe nichtjüdischer Genossen Medikamente aus dem Hauptkrankenhaus herbeischaffte sowie es unter Lebensgefahr wagte, Kameraden vor den SS-Ärzten versteckt zu halten.[427]

Zu Beginn des Krieges 1939 pferchten die Faschisten zahllose polnische Juden im sogenannten »kleinen Lager« in Buchenwald zusammen, um sie dort langsam sterben zu lassen, indem ihnen nur die Hälfte der normalen Hungerration zugeteilt wurde. Arndt vermochte es, für sie eine ständige Zusatzration zu organisieren. »Es war diese Tat, die Rudi Arndts Ermordung nach sich zog« und ihm seitens der SS die hämische Bezeichnung »Judenkönig« eintrug.

Die »Gruppe Baum« zählte etwa hundert jüdische Jungen und Mädchen. Die meisten stammten aus dem jüdischen Mittelstand, ihre Väter waren Kaufleute, Handwerker, Akademiker. »Sie waren Kinder, als vor den Geschäften und Büros ihrer Väter Trupps in SA-Uniform erschienen, um Schaufenster und Schilder mit Farbe zu beschmieren und darauf zu achten, dass kein ›Deutscher‹, das heißt kein Nichtjude, diese Geschäfte und Büros betrat. Vor ihren Augen trieb man ihre Väter, ein Schild mit dem Wort ›Jude‹ um den Hals, unter Schlägen johlender, grinsender Straßen hinunter, auf denen sie, die Kinder, eben noch mit ihren nichtjüdischen Altersgenossen gespielt hatten. […]

Es gab keine Rettung vor dieser Welt, die sie anspie und ausspie. Dann kam die Kristallnacht. Die Synagogen brannten, der faschistische Pöbel plünderte jüdische Läden, die Männer wanderten in die Konzentrationslager, [...]

Mittlerweile war der Krieg ausgebrochen. Die jungen Juden [...] hatten jetzt einen gelben Stern am Rock zu tragen, den man von weitem schon sehen konnte.«[428]

Herbert Baum begann in Jahre 1941 vorsichtig eine Anzahl jüdischer Jugendlicher um sich zu scharen. Man kennt die genaue Mitgliederzahl der Gruppe nicht. Bisher (1951) hat man etwa fünfundsechzig Mitglieder festgestellt. Die Angehörigen der Gruppe verfertigten unter anderem antinazistische Flugblätter. Am 8. Mai 1942 wurde mit einem Brandbomben-Anschlag gegen die in Berlin stattfindende zutiefst antisowjetische Hetzausstellung »Das Sowjetparadies« Widerstand gegen die antikommunistische Diffamierung dokumentiert. Verrat ließ die Gruppe auffliegen. 27 Mitglieder wurden zum Tode verurteilt und hingerichtet, mehr als 50 erhielten hohe Zuchthaus- und Gefängnisstrafen.

Zu ihrem Andenken errichtete die DDR im Berliner Lustgarten – dem Ort der »Ausstellung« – einen Gedenkstein, der an den Brandanschlag erinnerte. Bedauerlicherweise wurde die jüdische Abkunft dieser Antifaschisten nicht vermerkt. Erst nach dem Untergang der DDR wurde dieser Mangel durch einen Zusatz beseitigt, der über die jüdische Herkunft der »Gruppe Baum« informiert.

Ein entsprechender Gedenk-Grabstein wurde bereits 1951 auf dem Jüdischen Friedhof in Berlin-Weißensee errichtet.

Bei Peter Edel konnte man allerdings schon seit 1969 lesen, dass es »junge Juden gewesen (seien), Kommunisten, wie geraunt wurde«.[429]

Am 22. Januar 1958 hatte in den Kammerspielen des Deutschen Theaters Berlin »Das Tagebuch der Anne Frank« Premiere. Im Stück von Frances Goodrich und Albert Hackett spielte Kati Székely die Anne Frank. Im Programmheft heißt es: »In der Amsterdamer Prinsengracht Nr. 263, im Hintergebäude eines Geschäftshauses, [...] lebten 25 Monate während des letzten Krieges acht Menschen, acht Juden. [...] 25 Monate lang, ohne sich tagsüber ungezwungen bewegen zu dürfen, [...] ohne hinaus zu dürfen aus der Enge dieses Verstecks. [...]

Am 1. August 1944 enden Annes Tagebuchaufzeichnungen. Am 4. August fand die SS das Versteck dieser bisher noch überlebenden Juden und verhaftete sie.«[430] Anne Frank starb in Bergen-Belsen. Der einzige Überlebende der Familie war der Vater. Im Programmheft abgebildet ist Anne Frank. Ein Bild zeigt eine Person beim Annähen des Femekennzeichens, den an der Kleidung offen zu tragenden Judenstern. Ferner zeigt ein Bild das Abführen eine Gruppe Juden nach der Niederschlagung des Warschauer Ghetto-Aufstandes, der vom 19. April bis Mai 1943 stattfand.

Nachdem es 107 Aufführungen gegeben hatte, fand die letzte Vorstellung am 8. Juni 1960 statt.

In der Zeitschrift *Sonntag* vom Februar 1958 wird die Wirkung einer Aufführung wiedergegeben. »Schweigend erhoben wir uns. Das Schicksal des jüdischen Mädchens Anne Frank [...] erschütterte auch die Zuschauer in den Kammerspielen des Deutschen Theaters. [...] Ende des Jahres 1939 lebten in Europa 9,5 Millionen Juden, bis 1945 wurden 6 Millionen von ihnen ermordet. Am 9. November 1954 wurde im *Bayerischen Rundfunk* folgender Kommentar gesprochen: ›Die wegen Beihilfe zum Totschlag in Bergen-Belsen verurteilte Hertha Ehlert bekommt vom Bund Heimkehrerentschädigung. Ein deutsches Gericht lehnte die Rente eines rassisch Verfolgten mit der Begründung ab, die fettarme Kost im KZ sei seiner Gesundheit förderlich gewesen.‹ Wo entschied dieses deutsche Gericht?«[431]

1960 erschien von Martin Riesenburger »Das Licht verlöschte nicht. Dokumente aus der Nacht des Nazismus«. Eine 2., um Predigten erweiterte Auflage, kam 1984. Es handelt sich um eine zutiefst erschütternde Beschreibung der Jahre des faschistischen antijüdischen Terrors.

Schon 1928 und 1931 hatte Heinrich Mann sich in Essays zum Antisemitismus geäußert. »Der Antisemitismus und seine Heilung« und »Gut geartete Menschen« waren die Überschriften. Mann setzte sich mit den gängigsten antisemitischen Vorurteilen auseinander. So konstatiert er beispielsweise, dass auch den Marxismus kein einzelner Marx erfunden habe. Proudhon und Saint-Simon seien vorher da gewesen, später habe ihn endgültig erst Lenin erfunden.[432]

1962 erschien der dritte Band der Essays von Heinrich Mann. Er enthält den im Jahre 1936 veröffentlichten Aufsatz »Die Deutschen und ihre Juden«, der den damaligen Erkenntnisstand der nazistischen Judenverfolgung darstellte. Es heißt eingangs: »Die deutschen Juden werden planmäßig vernichtet, daran ist nicht mehr zu zweifeln.« Dann behandelt Mann die Illusionen, die bei einigen Juden insofern bestanden, als sie der Annahme waren, dass die »Judengesetzgebung« der Nazis etwas mit Rechtsstaat zu tun haben würde. Das Schicksal der Juden sei furchtbar. Die Ausführungsbestimmungen der »Judengesetze« seien genau so kleinlich und peinlich, wie das bei der Hexen-Prozessordnung des Mittelalters der Fall gewesen war. Das sei deutsch, nur deutsch – die Genauigkeit im Abscheulichen. Derart seien jetzt die Blutmischungen sortiert, »drei viertel jüdisches, halbjüdisches, ein viertel jüdisches Blut, und jede Sorte wird besonderen Befehlen oder Verboten unterworfen. Vierteljuden dürfen nur arisch heiraten.«[433]

1965 erschien in der DDR der Band »Zeit und Werk« in der Werk-Ausgabe Thomas Manns. Er enthielt die Reden, die Mann in den USA zwischen Oktober 1940 und Mai 1945 über Radio an »Deutsche Hörer« gesprochen hatte. In unserem Zusammenhang ist hervorzuheben, dass Mann sich auch mit der Ermordung jüdischer Menschen befasste. Im Januar 1942 berichtete er, dass vierhundert junge holländische Juden nach Deutschland gebracht worden seien, um als Versuchsobjekte für Giftgas zu dienen.[434]

Am 27. September 1942 sprach er in einem umfassenden und detaillierten Beitrag darüber, dass man in Nazideutschland bei der Vernichtung zu dem Entschluss der völligen Austilgung der europäischen Judenschaft angelangt sei.[435] Und am 14. Januar 1945 sprach Mann über die Vernichtungslager Maidanek, Auschwitz und Birkenau. Auch über das Lesen der Werke von Mann konnte man mithin detailliert über die »Endlösung der Judenfrage« informiert werden.

Wenn man sich in der BRD über einen vorgeblichen Antisemitismus der DDR auslässt und der DDR im Hintergrund ein Schweigen über die Juden und deren Schicksal unter den Bedingungen der Naziherrschaft unterstellt, dann dürfte man sich allein dadurch eines Besseren belehren lassen, dass man die

Bücher Peter Edels (1921-1983) zur Kenntnis nimmt. 1969 erschien von seinem 1972 verfilmten Roman »Die Bilder des Zeugen Schattmann« die 1. Auflage. 1988 wurde die 12. Auflage publiziert, und 1979 veröffentlichte er die Autobiografie »Wenn es ans Leben geht. Meine Geschichte«.

Der politische Kleingeist etablierter Parteien vermochte es, Peter Edel nach dem Untergang der DDR die Ehre zu verweigern, die ihm zustand. Dem Kulturhaus Berlin-Weißensee wurde im Jahre 2000 der Name »Peter Edel« entzogen, weil Edel (1921-1983), eigentlich Peter Hirschweih, die Vernichtungslager Auschwitz, Sachsenhausen und Mauthausen überlebt hatte und mit dieser dort gemachten Erfahrung das MfS in seinem Dienst zum Schutz der DDR unterstützte. Als IM war er den regierenden Pharisäern unerträglich geworden. Den ihm 1970 verliehenen Nationalpreis und die 1979 erfolgte Auszeichnung mit dem Karl-Marx-Orden konnten die antisozialistischen Bilderstürmer ihm jedoch nicht aberkennen.

In »Die Bilder des Zeugen Schattmann« wird die Lebensgeschichte eines Juden in den Jahren 1933 bis nach 1945 erzählt. Der Autor selbst ist die Romanfigur Frank »Israel« Schattmann. Er schildert als Betroffener die Realität der nazistischen Gesetze gegen die Juden. Wer diese erschütternden Zeilen liest, ist am Ende »bestens« informiert über das Schicksal eines jüdischen Menschen, der bis zum Ende des »Dritten Reiches« die Praxis des nazistischen Antisemitismus erlebte. Schon die Schilderung des ganzen Wahnsinns der nazistischen Blutschutzgesetzgebung zu Beginn des Buches ist ergreifend.

Edel, als Zeuge in einem Prozess gegen nazistische Verbrecher aufgerufen, versetzt sich in Gedanken in die Zeit zurück, in der aus dem deutschen Jungen 1935 ein »Halbjude« beziehungsweise ein »Geltungsjude« geworden war. Verzweifelt konnte er nicht verstehen, wieso er plötzlich »anders-, fremdrassig« geworden sein sollte. Zur Zeit des Machtantritts Hitlers ist Schattmann Schüler eines Gymnasiums, dort die Gemeinheiten eines nazistischen Klassenlehrers erlebend, bis er als Jude die Schule verlassen musste. Er unterlag den Wirkungen des faschistischen Antisemitismus, die letzten Endes das Konzentrationslager bedeuteten, aus dem er glücklicherweise lebend befreit wurde.

Edel schreibt über den Unglauben, der lange Zeit unter den Juden darüber herrschte, was denn tatsächlich mit den »abgeholten« Juden geschah. Manche wollte es nicht wahrhaben und handelten dementsprechend erwartungsvoll passiv. Der Streit ging durch die jüdischen Familien. Edel beschrieb die sozialen Möglichkeiten der Juden, der nazistischen Verfolgung durch Auswanderung zu entgehen. Dies wurde bis gegen 1941 von den Faschisten gewünscht und gefördert. Sie war in der Weise möglich, wie die Juden über die finanziellen Mittel dafür verfügten. Die soziale Differenzierung in der Judenheit war unverkennbar. Die Judenschaft war sozial nie eine Einheit. Es gab Arme und Reiche. Die politische Entscheidung und Wahl vollzog sich nicht unwesentlich auf der Grundlage der sozialen Situation. Es sei an dieser Stelle beispielsweise daran erinnert, dass die deutschen Juden sich gegenüber der kapitalistischen Weimarer Republik zutiefst loyal verhielten.

Es sollte nicht unbeachtet sein, dass diese Realität durchaus auch nach der Zerschlagung des deutschen Faschismus die politische Einstellung linker Kräfte, Organisationen und Parteien gegenüber den Juden und deren politisch-ideologische und soziale Verfasstheit determiniert haben könnte. Antikommunistisch orientierte Juden dürften anders beurteilt worden sein, als Linksorientierte. Das mag auch einer der Gründe gewesen sein, weshalb Paul Merker von seinen Genossen attackiert wurde, als er in Verlautbarungen während des Krieges und danach beispielsweise Entschädigungen für von den Nazis enteigneten Juden forderte.[436]

Die Ungerechtigkeit und Voreingenommenheit der SED-Spitze wäre zu kritisieren. Ebenso ist aber zu betonen, dass diese Einseitigkeit in der Auffassung, die zweifellos den Anschein einer generellen antisemitischen Denk- und Verhaltensweise hervorrufen konnte, mindestens ab Mitte der 50er Jahre nicht mehr politische Bestimmtheit hatte. Insbesondere in der Behandlung des Jüdischen in Kunst und Literatur war das sichtbar.

Dafür sprechen auch solche Bücher wie die von Peter Edel. Erschütternd die Darstellung des Wartens auf den Stellungsbefehl für den Abtransport in die Vernichtung (S. 175). Allein wenn man liest, welche Gedanken und Worte der alte jüdische

Arzt Bernhard Marcus und seine Freunde und Anverwandten hatten, als er den Befehl für die Fahrt in die Ermordung zu befolgen hatte, ist man schmerzlich berührt, und es würgt einem in der Kehle (S. 199-207).

Wer solche Zeilen las, konnte Antisemitismus nicht akzeptieren. Im Buch werden unaufdringlich, aber durchgehend, die kleinen Gemeinheiten mitgeteilt, denen die mit dem gelben Stern gebrandmarkten Juden von »bewussten Volksgenossen« unterworfen waren. Geschildert wird aus der Sicht des Erlebens die Aktion der »Arierinnen«, die gegen die sogenannte Fabrik-Aktion der Gestapo opponierten, bei der ihre Männer in den Tod verbracht werden sollten. In der Berliner Rosenstraße hatten sich die Frauen versammelt, die in einer »Mischehe« mit jüdischen Männern lebten. Diese Männer waren bislang nicht abgeholt worden, was nun mit der Fabrik-Aktion geschehen sollte. Es war die einzige fast erfolgreiche wehrhafte Opposition gegen die Vernichtungspraxis der Nazis, bei der einige Männer freigelassen wurden (S. 368-391).

Wer Edels »Wenn es ans Leben geht« las, konnte neben anderen bemerkenswerten Bildern auch den Text der abgelichteten illegalen Sonderausgabe der *Roten Fahne*« von November 1938 zur Kenntnis nehmen (S. 268) und erfahren, dass die illegale Kommunistische Partei Deutschlands sich damals eindeutig an die Seite der verfolgten Juden stellte. In seinen Erinnerungen schildert Edel unter anderem seine Zwangsarbeit in dem Kommando des Blockes 18/19 des Konzentrationslagers Sachsenhausen, das Banknoten wie z. B. englische Pfundnoten, Briefmarken und Dokumente für die Nazis fälschen musste. Will man die Schrift Peter Edels insgesamt beurteilen, dann kann man sagen, dass sie in gewisser Hinsicht als ein Handbuch der Judenverfolgung im Hitler-Reich zu bezeichnen ist. Unaufdringlich ist deutlich erkennbar, wie der von den Nazis systematisch eingepflanzte Judenhass selbst nicht wenige einfache Menschen zu antisemitischem Verhalten stimulierte und organisierte. Und unmissverständlich ist die Folter- und Vernichtungspraxis gegenüber den jüdischen Menschen dargestellt.

1972 rezensierten Peter und Renate Kirchner den vierteiligen Fernsehfilm »Die Bilder des Zeugen Schattmann«, gestaltet nach Motiven aus dem gleichnamigen Roman von Peter Edel. Sie schrieben: »Da stehen sie noch einmal vor uns, jene jüdischen Menschen, die sich am Eingang des Sabbat im Hause des Sanitätsrates Marcus versammeln, nicht begreifend, warum sie ausgestoßen wurden aus dieser Gesellschaft, in die sie sich völlig integriert glaubten. Dieser Freitagabend, hervorragend in seiner differenzierten Gestaltung menschlicher Charaktere und Verhaltensweisen jüdischer Menschen in jener Zeit, ist von großer Aussagekraft.«[437]

Verschiedentlich hat Stephan Hermlin in seinen Publikationen auf den Antisemitismus und die Juden verwiesen. So analysierte er 1968 in einem Aufsatz über die »braune Presse«[438] die in München erscheinende *Nationalzeitung* und deren Befassen mit den Juden und dem Antisemitismus.

Er konstatierte, dass das DVU-Blatt bereit sei, jene Juden, die die nazistischen Mordtaten überlebten, »in gute und schlechte Juden einzuteilen. [...] Gute Juden, also jüdische Deutsche sind solche, die bereit sind zuzugeben, dass die Nazis keine sechs Millionen Juden umgebracht haben«.[439]

In seiner Rezension eines Buches über Treblinka, eines der von den Nazifaschisten in Polen errichteten sechs Todeslager, betonte Hermlin, dass es vor allem Juden vernichtete. Die deutschen Faschisten wurden durch die »Präparierung« des Opfers in die Lage versetzt, zum Massenmord überzugehen. »Für diese Präparierung selbst spielte der autochthone Antisemitismus litauischer, polnischer, ukrainischer Bevölkerungsteile seine finstere, von den Deutschen kalt einkalkulierte Rolle als Zutreiber. Dem Einmarsch der Deutschen folgten die Pogrome, wie sie jahrhundertelang stattgefunden hatten, bis ihnen die Sowjetmacht, wo es eine gab, ein Ende setzte. Als die Deutschen nach einigen Tagen die Errichtung von Gettos verfügten, glaubten nicht wenige Juden, ein militärisch bewachtes Getto sei einer amoklaufenden Menge von Totschlägern und Plünderern vorzuziehen. Die Auffüllung der Gettos stellte einen ersten Teil der faschistischen Operation dar. Der zweite bestand in der Entleerung der Gettos in die Vernichtungslager.«[440]

Treblinka war 13 Monate »in Betrieb« und löschte das Leben von siebenhunderttausend Menschen aus.

Am 10. November 1968 sprach Hermlin die einleitenden Worte zu einer »Kristallnacht-Gedenkstunde« des PEN-Zentrums der DDR: »Das Datum, mit seinen brennenden Synagogen und geplünderten Geschäften, den Toten der Pogrome und dem massenweisen Einbringen jüdischer Männer in die Konzentrationslager, markiert den halben Weg zwischen dem 1933 verkündeten Judenboykott und der bekannten Endlösung. Es wird mit Recht als beunruhigend empfunden, weil es den Trägern der Gesinnung, die zu ihm führte, und ihren Gegnern, zu denen wir uns rechnen können, zum Bewusstsein bringt, dass Antisemitismus, wie manches andere, unteilbar ist; noch seine geringste Manifestation riecht ganz leicht nach dem Rauch, in den er schließlich zielbewusst seine Opfer auflöst.

Aus dem von uns Erlebten, Begriffenen ergeben sich Folgerungen: Man kann keine Grenzlinie ziehen zwischen einem maßvollen, gemäßigten, nach Rechtfertigung suchenden Antisemitismus und seinen sogenannten Übertreibungen, sowenig man ein Virus gegenüber den von ihm hervorgerufenen Verheerungen in Schutz nehmen kann. Es handelt sich hier um ein intimes Thema: Jeder hat sich da selbst zu befragen. Zweitens: Der Antisemitismus ist da, wenn er nicht bekämpft wird, so wie die Krätze auftritt, wenn man seine Scheu vor dem Wasser nicht überwindet. Man kann den Antisemitismus nicht nach Belieben an irgendjemand, irgendwohin delegieren. Die Anfälligkeit für Antisemitismus ist nicht nur bei den Deutschen vorhanden. Sie ist nicht nur bei den Leuten der Rechten feststellbar. […]

Es wird zuwenig gesehen, dass Antisemitismus nicht nur Juden zur Strecke bringt. Diese freilich deutlich und nachhaltig. Er richtet sich aber auch gegen die von ihm Befallenen: Er zersetzt ganze Gruppen und Völker. Er ist eine Krankheit zum Tode.«[441]

Der Vollständigkeit halber sei auch auf Hermlins Erzählung »Die Zeit der Gemeinsamkeit« von 1949 verwiesen, die den Warschauer Gettoaufstand von 1943 zum Gegenstand hat.[442]

In einem Interview, das 1979 veröffentlicht wurde, äußerte Hermlin den Gedanken, dass für die DDR die Aufführung der US-Fernsehserie »Holocaust« im bundesdeutschen Fernsehen Veranlassung war, im DDR-Fernsehen alle alten antifaschistischen Filme wieder zu zeigen.[443] Seines Erachtens war eine Folge – und Hermlin nennt das als ein Beispiel –, dass ein Schriftsteller jüdischer Herkunft wie Peter Edel am 1. Mai die höchste Auszeichnung der DDR, den Karl-Marx-Orden, für seine Autobiografie eines jungen Juden im Dritten Reich, der in ein Vernichtungslager deportiert wurde, erhielt.

Unmissverständlich betonte Hermlin zugleich, und das dürfte eine Antwort auf die Behauptung sein, die DDR wäre auch antisemitisch gewesen: »Die Judenfrage, die für eine Reihe von Jahren bei uns unter dem Einfluss gewisser Entwicklungen in anderen sozialistischen Ländern verdrängt wurde – sagen wir verdrängt, alles andere wäre ungerecht der DDR gegenüber, die sich in dieser Frage bis heute ehrenhaft verhalten hat –, wird heute wieder ganz bewusst herausgestellt. Über die Judenverfolgung und die Vernichtung wird auch in den Schulen besonders viel gesprochen. […]

Immerhin hat es auch in der DDR gewisse Auswüchse gegeben und das unserer Regierung und uns gezeigt, dass es Vergangenheitsbewältigung nicht gibt, wenn sie nicht täglich geleistet wird.«[444]

Warum diese ausführlichen Zitate?

Weil sie beweisen, dass es zur Stellung der Juden und deren Schicksal nach 1945 in der SBZ/DDR *kein* verordnetes Schweigen gegeben hat, wie heute behauptet, sondern durchaus ein Befassen mit der jüdischen Frage.

Was allerdings nicht bedeutet, dass die genannte amerikanische TV-Serie nicht auch für die DDR einen erneuten Anstoß lieferte, sich der Notwendigkeit zu erinnern, unter anderem auch mit künstlerischen Mitteln die antifaschistische Bildungs- und Erziehungsarbeit umfassend zu stimulieren.

Es soll daran erinnert werden, dass die Bildhauerin Ingeborg Hunzinger (1915-2009) in den Jahren 1989 bis 1994 ihr Hauptwerk »Frauenprotest 1943« schuf. Das Mahnmal in der Berliner Rosenstraße erinnert an 1943, als Frauen erfolgreich dagegen protestierten, dass ihre jüdischen Ehemänner deportiert werden sollten.

Die Tatsache, dass es in Berlin bis dato kein einziges Denkmal gab, das an das Schicksal der Juden erinnerte, hatte die Bildhauerin, selbst jüdischer Herkunft, veranlasst, dem Kulturminister der DDR vorzuschlagen, ein solches Denkmal zu errichten. Der Vorschlag fand Zustimmung, und es entstand die Reliefarbeit.[445]

Auf die Frage, ob es stimme, dass in der DDR Jahrzehnte über den Holocaust geschwiegen worden sei, antwortete Rosemarie Schuder im *Neuen Deutschland* vom 24. Juli 2008, dass allein schon die Artikel und Bücher von Rudolf Hirsch, ihrem Ehemann, »die haltlosen Anwürfe widerlegen«. So habe Hirsch über den ersten und zweiten Auschwitz-Prozess in Frankfurt am Main in den 60er Jahren ebenso berichtet wie 1966 über den Prozess gegen den SS-Arzt Fischer in Berlin, 1975 bis 1979 über den Majdanek-Prozess in Düsseldorf und 1979/80 über den Lischka-Prozess in Köln.

Über den vor dem Obersten Gericht der DDR durchgeführten Prozess gegen den SS-Arzt Fischer, der unter anderem in Auschwitz »praktiziert« hatte, wurde in der DDR-Öffentlichkeit umfassend berichtet. Wobei in diesem Prozess im Besonderen die Zusammenhänge zwischen dem KZ, in dem vor allem Juden ermordet wurden, und dem IG Farben Konzern verdeutlicht wurden.[446] Eine Verfahrensweise, die BRD-seitig stets kritisiert wurde. Beziehungen zwischen den Nazi-Verbrechern und den Konzernen gehörten in der BRD zu den Tabu-Themen.

Als Israel den SS-Offizier Eichmann vor Gericht stellte, war seitens der DDR höchstes Interesse bekundet worden. In der Tat spielte dabei auch eine Rolle, über mögliche Vertuschungen der Einbeziehung von Nazis in das bundesdeutsche Staatsleben Kenntnisse zu vermitteln. Insbesondere war auch beabsichtigt, mittels der Informationen über den Prozess zu verdeutlichen, welche Infamie es war, dass Bundeskanzler Adenauer über Jahrzehnte Hans Globke als Staatssekretär im Bundeskanzleramt hielt. In der Literatur zu diesem Thema werden vor allem diffamierende Bemerkungen über die Tatsache verlautbart, dass die DDR sich bemühte zu erreichen, dass Friedrich Karl Kaul bei dem Prozess in Israel als Nebenkläger hätte wirken können.

Dafür gab es wenigstens zwei Gründe. Zum einen wurde demonstriert, wie ernsthaft die DDR handelte, wenn es galt, nazistische Verbrechen zu verfolgen und Faschismus nicht mehr zuzulassen.

Zum anderen konnte sichtbar werden, mit welchen Mitteln die BRD jahrelang gewirkt hatte, um selbst belastete Nazis in das bundesrepublikanische Herrschaftssystem einzugliedern.

Israel schottete sich in dieser Hinsicht insbesondere dadurch ab, dass Nebenkläger ausdrücklich nicht zugelassen waren. Von israelischer Seite wurde damit auch erreicht, die BRD im wahrsten Sinne herauszuhalten. Was nicht bedeutete, dass die BRD in Jerusalem zur Beobachtung des Prozesses nicht anwesend gewesen wäre.

Kurt Pätzold vermerkt, dass der teuerste Posten in der später gerügten Kostenrechnung der bundesdeutschen Beobachterdelegation in Jerusalem die als unentbehrlich angesehene telefonische Standleitung war.[447]

Für die BRD allerdings setzte der *Spiegel* die im Januar 1979 gesendete vierteilige US-Fernsehfolge »Holocaust« als Inauguration bundesdeutscher Holocaust-Kenntnis an. Die Serie habe alle Rekorde gebrochen. 20 Millionen Deutsche hätten vor dem Bildschirm gesessen und seien über die deutsche Vergangenheit und die Verbrechen an den Juden entsetzt gewesen. Ein *Spiegel-special* konstatierte, die Hollywood-Produktion habe zuwege gebracht, was zahllose Bücher, Theaterstücke, Dokumentationen und Filme nur unzureichend geschafft hätten: Auschwitz sei zu einem nationalen Thema geworden.[448]

In seinen »Erinnerungen« verweist Kurt Pätzold ablehnend auf den Begriff »Holocaust«. Es ist interessant, dass »Holocaust« zwar in den Medien so massenhaft verwendet wird, aber dennoch keine wahrheitsgetreue Bezeichnung für den Inhalt des nazistischen Massenmordes ist.

Im von Eberhard Jäckel verfassten Vorwort für die deutsche Ausgabe der »Enzyklopädie des Holocaust« wird darauf verwiesen, dass Shoa und Holocaust verschiedene Begriffe seien, die je einen eigenen Ursprung hätten. Beide entstammten der Bibel. Der Begriff Shoa sei der offizielle Begriff im Staat Israel und diene fast ausschließlich zur Kennzeichnung der Verfolgung und Ermordung der europäischen Juden unter den Nationalsozialismus. Das Wort sei eindeutig, habe jedoch den Nachteil, dass es nur mit »Katastrophe« oder »Unheil« übersetzt werden könne und daher in anderen Sprachen nicht hinreichend spezifisch sei. In anderen Sprachen habe sich der Begriff »Holocaust«

durchgesetzt. Luther habe es mit »Brandopfer« übersetzt. Wörtlich bedeute es: »Was ganz verbrannt wird.«

Dem Grunde nach sei dieses Wort unangebracht, denn es meine »ein Gott dargebrachtes Opfer«, was bei den Mordhandlungen der Nazis absolut unzutreffend war. Sie »opferten« nicht, sondern mordeten.

Dass der Titel der Enzyklopädie das Wort »Holocaust« an Stelle von »Shoa« enthält, hat lediglich pragmatische Erwägungen zur Ursache. Der Begriff »Holocaust« wurde in den beiden ersten großen Gesamtdarstellungen von Gerald Reitlinger (»Die Endlösung«) und Raul Hilberg (»Die Vernichtung der europäischen Juden«) »nicht an einer einzigen Stelle verwendet«.[449]

Im 1984 in erster Auflage publizierten Schul-Lehrbuch Geschichte für die 9. Klasse wird in folgender Weise auf die nazistische Judenverfolgung eingegangen.

Auf S. 132 ist der Text eines Plakates zu sehen, auf den mit folgenden Worten verwiesen wird: »Terrorplakat der Nazis gegen die Juden. Die wachsende antisemitische Hetze führt am 1. April 1933 zu den ersten Boykottmaßnahmen der Nazis gegen Geschäfte jüdischer Bürger.« Es folgt die Wiedergabe das Plakattextes: »Bis Sonnabend früh 10 Uhr hat das Judentum Bedenkzeit. Dann beginnt der Kampf! Die Juden aller Welt wollen Deutschland vernichten! Deutsches Volk! Wehr Dich! Kauf nicht beim Juden!«

Auf der folgenden Seite ist das weitgehend bekannte Bild von der »Massendeportation jüdischer Bürger nach der ›Kristallnacht‹ 1938« abgedruckt.

In Fortsetzung der auf der vorstehenden Seite mitgeteilten nazistischen Propaganda, die Deutschen seien ein »Volk ohne Raum«, in den Grenzen von 1918 könne man nicht leben, man brauche mehr Lebensraum, der im Osten erobert werden müsse, folgt auf der S. 133 der Lehrbuchtext: »Das ›Recht‹, diesen angeblich fehlenden ›Lebensraum‹ durch den Krieg gegen die Sowjetunion und andere Völker zu erobern, wurde aus der sogenannten Rassentheorie abgeleitet. Es wurde darin behauptet, dass der Deutsche ein ›Herrenmensch‹ sei und deshalb über die ›Untermenschen‹, wie die Angehörigen anderer, besonders slawischer Völker beschimpft wurden, zu herrschen und zu bestimmen habe.

Barbarischster Ausdruck der faschistischen Rassentheorie war der Antisemitismus. Er verunglimpfte die jüdischen Bevölkerungsteile Deutschlands und anderer Länder als angeblich Verantwortliche für alle Nöte und Schwierigkeiten im Zusammenleben der Völker und führte in Nazideutschland zu grausamen Judenverfolgungen. Sie begannen 1933 mit der Vertreibung jüdischer Bürger aus dem öffentlichen Leben und endeten mit den unmenschlichen Massenvernichtungen in den Jahren des Krieges.«

Auf der S. 133 befindet sich weiterhin ein »Kästchen« mit der Überschrift: »Beispiele der faschistischen Judenverfolgung«, das folgende Angaben enthält:

»1933: Terrorisierung der Juden und Boykott jüdischer Geschäfte und Warenhäuser. 1935: Erlass der ›Nürnberger Gesetze‹: Völlige Beseitigung der Gleichberechtigung der Juden. Verbot, Ehepartner ›deutschen Blutes‹ zu heiraten (›Rassenschande‹) und Tätigkeiten wie ›Betriebsführer‹, Arzt, Rechtsanwalt, Lehrer u. a. auszuüben.

9./10. November 1938: Faschistische Terroraktionen gegen die Juden in der so genannten Kristallnacht. Niederbrennen der Synagogen, Zertrümmerung Tausender jüdischer Geschäfte, Verschleppung von 20.000 jüdischen Menschen in die Konzentrationslager. Erpressung von 1,25 Milliarden Mark von jüdischen Bürgern als ›Buße‹ an den faschistischen Staat.

1938 Gesetze zur Enteignung der Juden, auf deren Kosten sich Monopolkapitalisten, Banken und Nazifunktionäre bereicherten.

1939 bis 1945: Die Verfolgung der Juden in Deutschland und in den vom faschistischen deutschen Imperialismus okkupierten Ländern Europas führte, organisiert von den SS-Führern Heinrich Himmler, Reinhard Heydrich, Adolf Eichmann und anderen, zur Vernichtung von etwa sechs Millionen Juden.«[450]

Von der in der DDR-Hauptstadt verlegten *Neuen Berliner Illustrierten* wurde 1987 anlässlich der 750-Jahrfeier in Massenauflage ein Sonderheft mit dem Titel »Berlin 750« veröffentlicht. Enthalten ist der Artikel Die »Toleranzstraße« von Heinz Knobloch.[451] Der Autor schrieb darin, dass dieser Name als Straßenschild nicht existiert, die Große Hamburger Straße aber so genannt werde. Hervorgehoben ist das Schicksal der Berliner Juden, die in dieser Straße agierten. 1672 war ein Friedhof angelegt worden, später erbaute man ein Krankenhaus und ein Altenheim. In das Altenheim zog 1942 die Gestapo ein und organisierte von dort aus den Transport der Juden in die Vernichtungslager. 50.000 Berliner Juden sind von diesem Sammellager aus nach Auschwitz oder Theresienstadt in den Tod verbracht worden.

Knobloch schrieb ausführlich über den Juden Moses Mendelssohn[452], der im Januar 1786 auf dem jüdischen Friedhof begraben wurde. Mendelssohn war Philosoph, Schriftsteller und Menschenfreund, schrieb Knobloch mit Recht. Er verfocht die kulturelle und bürgerliche Emanzipation der Juden in Preußen. Mendelssohn hatte unter König Friedrich II. – dem Großen« – den Status eines »Schutzjuden«. Er wurde nie Mitglied der Akademie der Wissenschaften, obwohl deren Mitglieder ihn mehrfach wählten. Friedrich verweigerte jedes Mal seine Zustimmung. So weit ging seine »Toleranz« denn doch nicht.

Seit 1906 gab es in der Großen Hamburger eine jüdische Knabenschule. Nach dem Verbot aller jüdischen Schulen verwandelte die Gestapo dieses Haus zum Ausgangsort der Deportation der alten jüdischen Menschen in die Gaskammern.

Auch dieser umfangreiche Artikel von Knobloch dürfte hinreichend bezeugen, dass vom Verschweigen des Schicksals jüdischer Menschen in der Nazizeit durch die DDR ebensowenig die Rede sein kann wie von der Behauptung, man habe in der DDR das Wort »Jude« nicht gekannt.

Und wer 1989, kurz vor dem Ende der DDR, noch etwas Genaueres und Gründliches über das Judentum, den Antisemitismus und die Abwehr dieses Übels erfahren wollte, der war gut beraten, wenn er zum einen die »Geschichten aus Galizien« von Leopold von Sacher-Masoch und zum anderen das ausgezeichnete und aufschlussreiche Nachwort von Adolf Opel zu diesem Buch zur Kenntnis nahm. Das Buch enthält zudem einen höchst informativen »Glossar« jüdischer Begriffe.

Saul Friedländer äußerte Sorge, dass die Erinnerung an die Shoa nach Meinung von Historikern zu »einer Erinnerung ohne Einbindung in einen Zusammenhang« zu werden scheint.[453] Offensichtlich spielt dabei eine Rolle, dass die Frage nach den Ursachen der Vernichtungslager neben dem abgrundtiefen antisemitischen Hass von Hitler und seinen Mitverbrechern die Konzerne zu benennen hätte, die aus der Zufuhr von dem Tode »geweihten« jüdischen Arbeitssklaven Profite schlugen.

Bekanntlich hat der bundesdeutsche Vorsitzende Richter im Prozess gegen einige Auschwitz-Mörder es sofort unterbunden, als ein ehemaliger Häftling, der als Zeuge vernommen wurde, auf die Rolle der IG Farben aufmerksam machen wollte. Das Schreiben der Konzernspitze, mit dem die »segensreiche Zusammenarbeit mit der SS« betont wurde, konnte in den Prozess nicht eingeführt werden. Es ist jedenfalls kein Zufall, dass nach dem Untergang der DDR das konkrete Handeln der Staatsorgane der DDR zur Verfolgung von Tätern, die sich antijüdischer Verbrechen schuldig gemacht hatten, diskreditiert wird.

Ein Beispiel ist die Art und Weise, wie Christian Dirks sich des Prozesses gegen den KZ-Arzt Horst Fischer annimmt.[454] Auf dem Buchumschlag kann man lesen, es handle sich um einen »von der Stasi initiierten Schauprozess«.

Dabei weiß Dirks sicher, dass nach der gesetzlichen Ordnung der DDR das MfS für die Ermittlung nazistischer Verbrechen zuständig war und die Ergebnisse dann der Staatsanwaltschaft und der Justiz zur endgültigen Bearbeitung übergeben wurden. Aber es ist so passend, die in der BRD kennzeichnende Verteufelung des MfS in diffamierender Weise allseitig einzusetzen. Im Buch mokiert sich Dirks an allem Möglichen. Vor allem stört ihn die Tatsache, dass seitens der DDR auf die Zusammenhänge zwischen Auschwitz und IG Farben verwiesen wurde. »Schnell ging es in der Anklage gegen Fischer nur noch um die IG Farben und ihre Zusammenarbeit mit der SS. Seitenlang wurde aus dem Schriftverkehr der IG mit der SS zitiert. [...]

Von der postulierten Interessenkongruenz von NS-Staat und den ›imperialistischen Konzernen‹ kam Streit (*der Generalstaatsanwalt – D. J.*) unmittelbar auf die personellen Kontinuitäten führender IG-Mitarbeiter in der Bundesrepublik zu sprechen.«[455]

Aus dem in der BRD durchgeführten Auschwitz-Prozess weiß man dagegen, dass der Vorsitzende Richter jegliche Versuche, auf diese Zusammenhänge zu verweisen, rigoros abwürgte.

Nach Dirks war der Verweis auf die Rolle der IG Farben »ein erwünschter Nebeneffekt: Die plakative Hervorhebung der großen ›Konzernherren‹ diente der Verschleierung einer breiten Partizipation der NS-›Volksgemeinschaft‹ an den Verbrechen des Regimes – auch in der ostdeutschen Bevölkerung.«[456]

Die »industrielle, fließbandartige Vernichtung von Millionen Menschen«, von der Friedländer meint, sie sei »auch mit unserer Vorstellung vom modernen Zeitalter nicht leicht zu vereinbaren«, weshalb der Versuch unternommen wurde, sie »durch das Heraufbeschwören individueller Schicksale zu konkretisierten«[457], ist nun keineswegs ein unerklärliches Phänomen. Zum einen erklärt sich der Massenmord an den Juden, darunter nicht wenige marxistisch-leninistische Führungspersönlichkeiten, durch die Fiktion der nazistischen Spitze im Allgemeinen und Hitler im Besonderen, dass die Juden der Stoßtrupp der endgültigen Vernichtung der arischen Rasse seien, die sich einerseits in den nazistischen Führern und andererseits in den Repräsentanten der monopolistischen Finanzoligarchie darstellt.

Zur schöngeistigen Literatur mit jüdischer Relevanz und von jüdischen Autoren

Eine Merkwürdigkeit sei vorab mitgeteilt. »Der 30. Jahrestag der Befreiung vom Faschismus war für viele Christen Anlass, Rückschau auf Vorgänge der nationalsozialistischen Herrschaft zu halten und sich insbesondere mit verschiedenen Fragen jüdischer Problematik – widergespiegelt in der Literatur – intensiv zu beschäftigen. Aus diesem Grunde wurde Frau Renate Kirchner, die Bibliothekarin ist, um mehrere Vorträge gebeten.«

Auf Bitten der »Evangelischen Verlagsgesellschaft« hielt sie einen Vortrag über ›Jiddische Literatur‹ und stellte »alle in der DDR erschienenen Titel der jiddischen Literatur vor«, zwei von ihnen ausführlicher.

Der Vortrag wurde als sehr informativ bezeichnet, und man äußerte den Wunsch, ihn als Manuskript zu erlangen, um ein Arbeitsmittel, insbesondere für die Berufsausbildung zu besitzen.

Bei anderer Gelegenheit sprach Frau Kirchner zum Thema »Belletristik mit jüdischer Thematik – Verlagsproduktion der DDR 1971 bis 1975.« Sie stellte drei Themenkomplexe vor: »Historische Romane und Erzählungen«, »Judenverfolgung in der Zeit des Faschismus« und »Jiddische Literatur«. Die Zeitbegrenzung zwang zur Begrenzung der Auswahl aus dem Verlagsangebot.

»Die Zahl von 16 vorgestellten Büchern (wurde) als relativ groß angesehen und das wesentlich umfangreichere Gesamtangebot von Titeln dieser Thematik mit Erstaunen registriert.«[458]

Dieses Erstaunen hätte eigentlich all jene befallen müssen, die es nach dem Untergang der DDR für gerechtfertigt hielten zu behaupten, das Jüdische sei in der DDR unterdrückt worden und hätte im Leben keine Rolle spielen dürfen. Tatsächlich wurde das Leben, die Rolle in der Gesellschaft, das Schicksal der Juden in der schöngeistigen Literatur in vielfältiger Weise vermittelt. Diverse Publikationen zum Thema spielten in der SBZ/DDR frühzeitig eine große Rolle.

Es ist schon merkwürdig, dass dieselben Autoren, die permanent von »Instrumentalisierung« sprechen und eine »Partei- und Staatsindoktrinierung« gegenüber der Bevölkerung anprangern, dann feststellen, dass umfangreich Werke gedruckt wurden, denen sie Hochachtung nicht versagen wollen. Dabei müssten sie eigentlich davon ausgehen, dass auch diese gelobten Werke dann Bestandteile dieser angeblichen ideologischen Indoktrination hätten sein müssen. Denn wenn alles »indoktriniert« war, hätte auch der Kunst- und Literaturbereich nicht ausgeschlossen bleiben können.

Unter dem merkwürdigen Titel »Der Born Judas« erschien 1958 beim Insel-Verlag ein Buch, das man als ein volkstümliches »Lehrbuch« jüdischen Denkens, Fühlens und Lebens betrachten kann. Es war 1916 erstmals verlegt worden, 1934 erneut, »als die Machthaber des Dritten Reichs ihr Vernichtungswerk am jüdischen Volke zunächst mit gesetzlichen Einengungen begannen« und wurde zu einer »Trostfibel einer von der beginnenden Heimsuchung betroffenen engeren Gemeinschaft« die darin – »in der symbolischen Sprache von Legende, Märchen und Volkserzählung – Weisheit, Mut und Glauben der Altvordern wieder fand«.[459]

Unaufdringlich werden neben fantastischen und wundersamen Märchen-Ereignissen Regeln des jüdischen Glaubens und der Lebensweise vermittelt. Man erlangt einen Einblick in jüdisches Denken sowie jüdische Gewohnheiten und Verhaltensweisen.

Das Buch enthält insbesondere im 7. Kapitel mit Rückgriff auf das Alte Testament Informationen zur Geschichte der Juden sowohl bezüglich der Verfolgungen, die sie zu erleiden hatten als zu Erlösungen, derer sie teilhaftig werden konnten. Unmissverständlich ist beispielsweise auf konzentrierte Weise eine der übelsten antisemitischen Praktiken dargestellt, die regelmäßig zu Pogromen Anlass gab. Da wird gemordet und geschändet. Zwei christliche Söldner mit besonderer Abneigung gegen Juden sinnen darüber nach, wie sie den Juden eine Falle stellen können. Der eine erklärt, seinen einzigen Sohn zu töten und in die Judengasse zu werfen. Bekanntlich werden die

Juden beschuldigt, Christenblut zu religiösen Manipulationen zu benötigen. Glücklicherweise misslingt der Plan, da die Übeltäter bei ihrem schändlichen Tun beobachtet werden.[460]

Erzählt wird die einem jüdischen Mädchen angetane Schandtat: »Als die aus Spanien Vertriebenen auf dem Wege nach Fez waren, […] erblickte ein Araber unter den Flüchtlingen ein schönes Mädchen; er bemächtigte sich ihrer und schändete sie vor den Augen ihrer Eltern. Danach machte er sich davon. Nach einer Weile aber kam er wieder mit einem Spieß in der Hand und erstach das Mädchen. Da schrieen die Leute: Grausamer, was hast du getan? Der Unhold erwiderte: Ich wollte nicht, das von mir Gezeugtes dem jüdischen Glauben verfalle.«[461]

Selbstredend muss man beim Lesen stets im Sinn haben, dass es sich nicht um die Vermittlung wissenschaftlicher Erkenntnisse handelt. Es sind insgesamt eben Märchen und Legenden. Aber sie sind eingebunden in reale Ereignisse und in Verhaltensregeln der Juden, oder sie geben Informationen über reale Zustände, unter denen die Juden leben mussten. Die Verleumdung, die Juden würden christliche Knaben zur Ehre ihres Gottes schlachten, ist ebenso schreckliche Realität wie die Tatsache, dass Herrscher eines Landes von denen bei ihnen befindlichen Juden »Schutzgelder« einforderten, andernfalls sie des Landes verwiesen würden.

Mehrere Texte schildern die Kümmernisse, welche Juden erleiden mussten, die sich nicht von ihrem jüdischen Glauben trennen wollten. Das Buch, das sei nochmals betont, reflektiert jüdischen Wunderglauben ebenso wie die Wunderwirkung der jüdischen Schriften. Es sind viele Texte, die geeignet sein sollten, das Wirken des eingreifenden Gottes sicht- und verstehbar zu machen, Märchen eben, die im Schwange waren und von den Juden für wahr gehalten wurden. Sie haben mit wissenschaftlichem Denken nichts zu tun. Vergnüglich ist es insbesondere, wenn man Geschichten lesen kann, in denen die Überzeugungskraft jüdischer Denk- und Diskussionsweise sichtbar ist.

Die DDR-Obrigkeit sah keine Veranlassung, die Publikation in der DDR nicht zu gestatten. Das Buch war frei verfügbar. Es dürfte wesentlich dazu beigetragen haben, Verständnis für die jüdischen Menschen und ihre Lebensweise zu wecken.

Das Befassen mit einer anderen Persönlichkeit soll nun zum Beweis herangezogen werden, dass die DDR nicht antisemitisch war: Heinrich Heine.

Dieser war von den deutschen Faschisten unverzüglich in Acht und Bann getan worden. Selbst seine »Lorelei« bekam als Autor den Verweis »unbekannt«.

Wie ist eigentlich zu bewerten, wenn gemeint wird, dass das Jüdische in den Anfangsjahren der SBZ/DDR angeblich nicht eine gehörige Aufmerksamkeit genoss, dass Walter Victor in seiner Reihe »Ein Lesebuch für unsere Zeit« einerseits bereits 1950 den Band »Heinrich Heine« veröffentlichte, der bis 1954 drei Auflagen mit insgesamt 100.000 Exemplaren erlebte[462], und andererseits zu lesen ist, dass Heine während der ersten Nachkriegsjahre im Schulunterricht der Bundesrepublik kaum zu finden gewesen sei.[463]

Es ist wohl auch mehr als peinlich für die sich nicht-antisemitisch sehende BRD, wenn man sich des Streits um die Verleihung von Heines Namen an die Universität Düsseldorf erinnert. Die Universität benötigte 20 Jahre zur Diskussion. Der Senat entschloss sich erst am 20. Dezember 1988 dazu.

Bereits der von Victor herausgegebene Band enthält unter dem Titel »Politisches Testament« die vollständige Fassung des »Vorworts zu französischen Ausgabe der ›Lutetia‹« vom 30. März 1855. Bekanntlich handelt es sich um skeptische Bemerkungen Heines über den von ihm vermuteten künftigen Umgang der armen Leute mit seinen Schriften.

Es kann außer Betracht bleiben dass es gewisse Unterschiede in den Fassungen dieser »Vorrede« gibt, die in der DDR publiziert wurden. Hans Kaufmann verweist darauf, dass die deutsche Fassung nicht absolut kongruent mit der französischen ist, der Erstfassung. Ebenso kann ignoriert werden, dass Kaufmanns Textfassung sich geringfügig von jener unterscheidet, die Walter Victor in seinem Heine-Band publizierte. Wichtig ist in unserem Zusammenhang lediglich, dass die kritischen Gedanken Heines über das mögliche Schicksal seiner Werke nach der Machtergreifung durch das Proletariat nicht unterschlagen wurden.

Nach seinem »Geständnis, dass den Kommunisten die Zukunft gehört«, verkündete Heine seine Besorgnis, dass diese sich als »Bilderstürmer« erweisen könnten, die seine »Marmor-bilder der Schönheit« zertrümmerten und sein »Buch der Lie-der« als »Tüten verwenden« würden, »um Kaffee und Schnupf-tabak darin zu schütten für die alten Weiber der Zukunft«.

Und dann gesteht er es freimütig, dass seine Sympathie den-noch jenen gehört, die den Armen das Recht zusprechen, sich so zu verhalten, weil sie »in der heutigen Welt der Ungerechtig-keit vielleicht eine solche Labung« wie Kaffee und Schnupfta-bak entbehren mussten. Es versteht sich, dass bei einer Veröf-fentlichung unter sozialistischen Verhältnissen dazu eine solche sinnvolle Erklärung notwendig war, wie sie der Herausgeber Hans Kaufmann gegeben hat.

Er meint, dass diejenigen durch diese Worte nicht erschreckbar seien, »die dafür sorgen, dass sein Werk wie alle Schätze der Kunst zum Besitz des Volkes werden«.[464]

Und in der Tat hat die DDR sich umfangreich mit der Ver-breitung des Werkes von Heine bemüht. So gab Wolfgang Harich bereits 1951 eine sechsbändige Heine-Werkausgabe heraus.[465]

Die mangelnde Betonung der jüdischen Abkunft Heines bei Victor sollte deshalb nicht zum Makel einer bewussten Aneignung Heines stilisiert werden. In seinem chronologischen Abriss hatte der Herausgeber Victor nicht expressis verbis dar-auf verwiesen, dass Heine Jude war, aber mit der Angabe, Heine habe sich 1825 taufen lassen[466], konnte jeder Leser schlussfolgern, dass Heine von Geburt Jude war.

Ansonsten betont Victor mehrfach, dass Heine »ein deut-scher Dichter« war, der unter der Herrschaft des Faschismus »ins Exil vertrieben« wurde und nach dessen Zerschlagung als »ein deutscher Dichter [...] seinem Volke wiedergewonnen« wurde.[467]

Es ist merkwürdig, dass Hans Kaufmann im 10. Band sei-ner Werke-Ausgabe zwar auf die »jüdischen Eltern« Heines ver-weist, aber 1972 einen Aufsatz über Heine schreibt, ohne dar-auf aufmerksam zu machen, dass er Jude war. Dabei gab es mindestens eine Stelle, an der es sich anbot, auf diese Tatsache hinzuweisen, denn er betont, dass es die Sowjetarmee mit der Vernichtung des Faschismus war, die dem deutschen Volk den »verbotenen Heine wiedergegeben« habe.[468]

Und auch Gerhard Leo hätte die Gelegenheit gehabt, auf die jüdische Herkunft Heines aufmerksam zu machen, als er darauf verwies, dass die 1884 nach Heine benannte Straße in Paris nach dem faschistischen Überfall auf Befehl der Kommandantur umbenannt wurde. Eine Handlung, die nach der Befreiung von Paris unverzüglich rückgängig gemacht wurde.[469]

Was hätte es ausgemacht, wenn die jüdische Abkunft Heines vermerkt worden wäre, so wie das beispielsweise im Band 9 der Brockhaus-Enzyklopädie getan wurde. Dort wird mitgeteilt, dass Heine »bis zur christlichen Taufe 1825« den Vornamen Harry trug und »Sohn eines jüd(ischen) Tuchhändlers« war.[470]

Was hätte es auch ausgemacht, in dem sich über eine ganze Druckseite erstreckenden Artikel in Meyers Neuem Lexikon[471], der sonst hervorragend informativ war, auch anzumerken, wie das die Mannheimer Enzyklopädie tat, dass Heine mit seinem Erzählungsfragment »›Rabbi von Bacharach‹ ein Sittengemälde über die mittelalterliche Judenverfolgung« gegeben hat[472]?

Im vierten Band der Werke-Ausgabe Kaufmanns ist dieses bedeutsame Fragment wiedergegeben.[473]

Ebenso findet man es in einem ausführlichen Auszug bei Walter Victor.[474] Und 1978 wurde die Erzählung als Prachtausgabe im Buchverlag »Der Morgen« mit elf Farblithographien von El Lissitzky veröffentlicht.

Zu Beginn seiner Erzählung verweist Heine auf die große Judenverfolgung, die mit den Kreuzzügen begann und um die Mitte des 14. Jahrhunderts am Ende der großen Pest am grimmigsten wütete. Wie üblich bei anderen öffentlichen Unglücken, wurde behauptet, dass dafür die Juden verantwortlich seien. Sie hätten den Zorn Gottes herabgeflucht und die Brunnen vergiftet. Ebenso wurde permanent verbreitet, die Juden würden geweihte Hostien stehlen und mit Messern bearbeiten, bis Blut herausflösse. Sie würden auch Christenkinder schlachten, um das Blut für ihre Gottesdienste zu gebrauchen. Heine erzählt dann in ergreifender Weise das Schicksal des Rabbis Abraham und seiner Frau Sara.

Allein wenn man dieses Fragment liest, konnte nur Abscheu gegen die Judenverfolgungen in ihren verschiedenen Variationen die Folge sein.

Über den Zusammenhang zwischen Kreuzzügen und Judenverfolgungen konnte man sich auch in der DDR sachkundig machen. So hielt beispielsweise Walter Zöllner vor den Studenten der Martin-Luther-Universität Vorlesungen, die die Grundlage bildeten für ein Buch, das 1975 abgeschlossen und 1977 in erster Auflage veröffentlicht wurde.[475]

1983 veröffentlichte die weit verbreitete *Neue Berliner Illustrierte* über vier Druckseiten einen mit Bildern und Zeichnungen versehenen Bericht über »Heine in Berlin«.[476] Am Schluss des Beitrages heißt es: »1831 verlässt er das Land, in dem er geboren wurde. Er, der größte deutsche Dichter nach Goethe, wie ihn Engels nannte, lebt von nun an in Frankreich.«

Am Rande sei hier eine alt-bundesrepublikanische Erfahrung mitgeteilt. Der Gymnasiallehrer Dr. Erhard Jöst schreibt in einem vom *Spiegel* veröffentlichten Leserbrief: »Für die Verwendung eines Heine-Zitats in meiner Hochzeitsanzeige (›Und fehlt der Pfaffensegen dabei, die Ehe wird gültig nicht minder‹) setzte 1981 der damalige baden-württembergische Schlagetot-Kultusminister Gerhard Mayer-Vorfelder eine dreifache Bestrafung an: ein Disziplinarverfahren, eine Probezeitverlängerung und eine Strafversetzung. Übrigens: Heine hatte mit seiner Aussage recht!«[477]

Gemeinhin kennen wir alle das berühmte Theaterstück Gotthold Ephraim Lessings »Nathan der Weise« von 1779. 1979 erschien das Reclamheft »Lessing: Frühe Komödien«. Es enthält den 1754 verfassten Einakter »Die Juden«.

Im Geleitwort zu diesem Stück hat der Herausgeber Wolfgang Stellmacher mitgeteilt, dass Lessing das Werk zunächst unter dem Titel »Der Jude« ankündigte, den Titel dann jedoch in »Die Juden« änderte, um von vornherein darauf hinzuweisen, dass er nicht einen, sondern *die* Juden gegen Hass und Verachtung, gegen ein allgemeines Vorurteil in Schutz nehmen wolle. Lessing sei sich des Wagnisses einer Veröffentlichung durchaus bewusst gewesen. Das Stück ist für seine Zeit ein Bekenntnis und »Zeugnis eines seltenen Freimuts«.[478]

Mark Twain ist bekannt als humoristischer Schriftsteller. Man denke beispielsweise nur an das Buch »Ein Yankee an König Arthurs Hof«. Die DDR brachte seine Werke in zwölf

Bänden heraus. Aber man denkt nicht sofort an einen kleinen Aufsatz von 1899 über die Juden, wenn man seinen Namen hört. Und dennoch ist es eine der besten Ausarbeitungen, die man sich über die Aufgabe denken kann, die gegen die Juden kolportierten Bösartigkeiten abzuwehren.

Obwohl in einigen Passagen einseitig, erteilt Twain auf 22 Druckseiten dem Antisemitismus eine geschliffene Zurückweisung. So konstatiert Twain, nachdem er über die verschiedenen Formen der Erniedrigung und des Verwehrens von Berufsbereichen berichtet hatte, »unter den dargelegten Bedingungen konnte ein Jude ohne Verstand nicht bestehen, und der Jude mit Verstand musste diesen beweglich und scharf erhalten, wenn er nicht verhungern wollte. Die jahrhundertelange Beschränkung auf das eine Werkzeug, welches das Gesetz ihm nicht zu nehmen vermochte – seinen Verstand – hat dieses Werkzeug außerordentlich leistungsfähig gemacht.«[479]

Sarkastisch das Folgende: »Vor einigen Jahren las ich in Berlin eine Rede, in der offen zur Austreibung der Juden aus Deutschland gedrängt wurde, und die Begründung des Aufwieglers war ebenso offen wie seine Forderung.

Sie besagte, 85 Prozent der erfolgreichen Rechtsanwälte in Berlin seien Juden, und etwa der gleiche Prozentsatz der großen und gewinnbringenden Unternehmen aller Art in Deutschland befänden sich in jüdischer Hand! Ist das nicht ein erstaunliches Eingeständnis? Es hieß lediglich mit anderen Worten, dass in einer Bevölkerung von 48 Millionen Menschen, von denen nur 500.000 als Juden registriert waren, 85 Prozent des Verstandes und der Ehrlichkeit des Ganzen in den Juden steckten.

Ich muss auf der Ehrlichkeit bestehen – sie ist insgesamt eine Grundvoraussetzung des Erfolges im Wirtschaftsleben. Natürlich schließt das Schurken nicht gänzlich aus, sogar unter den Christen, aber es ist dennoch eine gute Arbeitstheorie.«[480]

Allein die Veröffentlichung dieses Aufsatzes verdient höchstes Lob. Jedenfalls sollte diese Publikation als Zeugnis dafür gelten, dass die DDR kein antisemitischer Staat gewesen sein kann. Wer dem Volk einen solchen Artikel bietet, kann nicht gleichzeitig Feind jener sein, über deren Schicksal und Geschichte so aufschlussreich geschrieben wird.

Karl Emil Franzos, so schrieb Renate Kirchner, war es, »der die Ghettogeschichte zu hoher künstlerischer Meisterschaft führte«.[481] Es sei den Verlagen der DDR zu verdanken, dass dieser völlig zu Unrecht so wenig beachtete Autor wiederentdeckt und verlegt wurde.[482] Publiziert wurden Novellen in diversen Büchern. So unter anderem in den »Galizische(n) Erzählungen«.[483]

Das Thema sind die menschlichen Konflikte, die sich aus dem Ghettoleben und der den Juden feindlich gegenüberstehenden Umwelt ergeben wie auch das Schicksal von Menschen, denen Zwänge und Vorurteile das erhoffte Glück nicht ermöglichen.

Nietzsche, Antisemitismus und Marxismus

Von Nietzsche, der seit den Analysen von Hans Günther[484] und Georg Lukács[485] mehr oder weniger in die Ahnenreihe der nazi-faschistischen Ideologie integriert ist, kennt man durchaus widersprüchliche Feststellungen zu den Juden. Dass Nietzsches Werke in der DDR nicht zu den öffentlich zugänglichen gehör-ten, hängt mit der ideologischen Nazivorgängerschaft in bestimmter Hinsicht zusammen. Zweifellos überwiegen die dem Nazi-Faschismus »angenehmen« Aussagen Nietzsches.

Es ist insofern keineswegs an den Haaren herbeigezogen, wenn der später im Nürnberger Hauptkriegsverbrecherprozess zum Tode verurteilte Alfred Rosenberg verkündete, dass die Nazis nur Nietzsche, Lagarde und Chamberlain als »ihre Philo-sophen« anerkennen würden.[486]

Jedoch selbst Lukács, der durchaus zu den schärfsten Kriti-kern Nietzsches gehörte, hatte 1943 betont, dass Nietzsche der »führende Philosoph der Reaktion für die ganze imperialisti-sche Periode« sei, aber zugleich hinsichtlich des Verhältnisses zwischen dem deutschen Faschismus und Nietzsche geschrie-ben, dass dessen Lehre »selbstverständlich […] mit der offiziel-len Ideologie des Hitlerismus nicht identisch« sei.[487]

Die Beurteilung des Judentums durch Nietzsche entsprach mitnichten durchgängig der Naziideologie. Wie sonst wäre erklärlich, dass Lukács mit Blick auf die Äußerungen führender Nazis feststellte, man könne »auf viele einzelne Abweichungen hinweisen. So hat Nietzsche den Antisemitismus immer ver-achtet.«[488]

Bereits 1941/42 schrieb Lukács: » Auch verachtet Nietzsche den groben Antisemitismus seiner Zeitgenossen und hat Ach-tung und Verständnis für die geistigen und moralischen, ›ras-senmäßigen‹ Eigenschaften des Judentums; auch macht er die borniere Hetze der deutschen Chauvinisten gegen Heinrich Heine nie mit, sondern verehrt ihn als eine der letzten großen internationalen Erscheinungen, die Deutschland hervorgebracht hat.«[489] Nietzsche ist insofern durchaus als Denker gegen den Antisemitismus, und stellenweise mit Hochachtung über die Juden schreibend, aufrufbar.

Heinz Malorny hat deutlich darauf verwiesen, dass Nietzsche keineswegs mit den Faschisten identifizierbar sei. Vieles in dessen Philosophie sei den faschistischen Auffassungen direkt entgegengesetzt. Er sei »kein Rassist im eigentlichen Sinne« und habe sich wiederholt gegen den Antisemitismus seiner Zeit gewandt.[490]

Deshalb ist es meines Erachtens durchaus zulässig, dass ich Aussprüche Nietzsches ins Spiel bringe, wenn es gilt, Äußerungen von Marx zum Judentum zu beurteilen. Bekanntlich verfügte Marx, wie oben dargestellt, über eine spitze Feder und Zunge und vermochte verletzend zu sein. Dennoch kann man daraus nicht schlussfolgern, man habe es bei ihm mit einem Antisemiten zu tun.

Es sei ein längeres Zitat Nietzsches gestattet: »Beiläufig: Das ganze Problem der Juden ist nur innerhalb der nationalen Staaten vorhanden, insofern hier überall ihre Thatkräftigkeit und höhere Intelligenz, ihr in langer Leidensschule von Geschlecht zu Geschlecht angehäuftes Geist- und Willens-Capital, in einem neid- und hasserweckenden Maasse zum Uebergewicht kommen muss, so dass die litterarische Unart fast in allen jetzigen Nationen überhand nimmt – und zwar je mehr diese sich wieder national gebärden –, die Juden als Sündenböcke aller möglichen öffentlichen und inneren Uebelstände zur Schlachtbank führen. Sobald es sich nicht mehr um Conservirung von Nationen, sondern um die Erzeugung einer möglichst kräftigen europäischen Mischrasse handelt, ist der Jude als Ingredienz ebenso brauchbar und erwünscht, als irgend ein anderer nationaler Rest.

Unangenehme, ja gefährliche Eigenschaften hat jede Nation, jeder Mensch; es ist grausam, zu verlangen, dass der Jude eine Ausnahme machen soll. Jene Eigenschaften mögen sogar bei ihm in besonderem Maße gefährlich und abschreckend sein; und vielleicht ist der jugendliche Börsen-Jude die widerlichste Erfindung des Menschengeschlechtes überhaupt. Trotzdem möchte ich wissen, wie viel man bei einer Gesammtabrechnung einem Volke nachsehen muss, welches, nicht ohne unser Aller Schuld, die leidvollste Geschichte unter allen Völkern gehabt hat und dem man den edelsten Menschen (Christus), den reinsten Weisen (Spinoza), das mächtigste Buch und das wirkungsvollste Sittengesetz der Welt verdankt.

Überdies: in den dunkelsten Zeiten des Mittelalters, als sich die asiatische Wolkenschicht schwer über Europa gelagert hatte, waren es jüdische Freidenker, Gelehrte und Aerzte, welche das Banner der Aufklärung und der geistigen Unabhängigkeit unter dem härtesten persönlichen Zwange festhielten und Europa gegen Asien vertheidigten.«[491]

In einem »Vom Volke Israel« überschriebenen Aufsatz meinte Nietzsche: »Man hat sie verächtlich machen wollen, dadurch dass man sie zwei Jahrtausende lang verächtlich behandelte und ihnen den Zugang zu allen Ehren, zu allem Ehrbaren verwehrte, dafür sie um so tiefer in die schmutzigeren Gewerbe hineinstieß – und wahrhaftig, sie sind unter dieser Procedur nicht reinlicher geworden. Aber verächtlich? Sie haben selber nie aufgehört, sich zu den höchsten Dingen berufen zu glauben. […] Die Art, wie sie ihre Väter und ihre Kinder ehren, die Vernunft ihrer Ehen und Ehesitten zeichnet sie unter allen Europäern aus. Zu alledem verstanden sie es, ein Gefühl der Macht und der ewigen Rache sich aus eben den Gewerben zu schaffen, welche man ihnen überliess (oder denen man sie überliess).«[492]

Und schließlich ist des Nachdenkens wert, was Nitzsche in seiner Streitschrift »Zur Genealogie der Moral« mitzuteilen wusste. Dem jüdischen Volk habe zur Römerzeit eine volkstümlich-moralische Genialität sondergleichen innegewohnt. Man solle sie einmal mit verwandt-begabten Völkern wie den Chinesen oder den Deutschen vergleichen, um nachzufühlen, was ersten und was fünften Ranges sei. Wer von ihnen einstweilen gesiegt habe, Rom oder Judäa.

Man solle doch einmal erwägen, »vor wem man sich heute in Rom selber als vor dem Inbegriff aller höchsten Werthe beugt – und nicht nur in Rom, sondern fast auf der halben Erde, überall wo nur der Mensch zahm geworden ist oder zahm werden will –, vor drei Juden, wie man weiss, und einer Jüdin (vor Jesus von Nazareth, dem Fischer Petrus, dem Teppichwirker Paulus und der Mutter des anfangs genannten Jesus, genannt Maria). Dies ist sehr merkwürdig: Rom ist ohne allen Zweifel erlegen.«[493]

Wenn Marx, sarkastischer Bemerkungen wegen, als antisemitisch denkend belastet wird, was sollte man dann zu folgender Feststellung Nietzsches sagen: »Der Mensch kann die fürchterlichste Verachtung aushalten (wie die Juden), aber er muss das Gefühl der M(acht) irgend-worin haben (so dieses das Geld).«[494]

Dies zu konstatieren, dürfte wohl kaum als antisemitische Äußerung angesehen werden. Eben so wenig, wenn man lesen kann: »Ich gestehe, dass den Juden Fähigkeiten innewohnen, welche als Ingredienz bei einer Rasse, die Weltpolitik treiben soll, unentbehrlich sind. Der Sinn für Geld will gelernt, vererbt und tausendfach vererbt sein: jetzt noch nimmt es der Jude mit dem Amerikaner auf.«[495]

Oder wenn Nietzsche die Juden für die »geschicktesten Geldmenschen« hielt und meinte, »jeder Christ treibt Juden-Schacher.[496] Zugleich konstatierte Nietzsche die potenziell negativen Konsequenzen, die sich aus der geschichtlichen Entwicklung der jüdischen Lebens- und Verhaltensweisen ergeben konnten und ergeben hatten: »Die Gewöhnung um ganz kleine Gewinnste viel Geist und Beharrlichkeit dranzugeben, hat eine verhängnisvolle Furche in ihrem Charakter hinterlassen: so dass auch die achtbarsten Großhändler des jüdischen Geldmarktes es nicht über sich gewinnen, wenn die Umstände es mit sich bringen, die Finger //nicht// kaltblütig nach kleinen mesquinen Übervorteilungen auszustrecken, dergleichen einen preußischen Finanzmenschen schamrot machen würde.«[497]

Und weiter: »Seinen Neid gegen die Geschäfts-Klugheit der Juden unter Moralitäts-Formeln zu verstecken ist antisemitisch, ist gemein, ist plump canaille.«[498]

»Ah welche Wohltat«, so notierte Nietzsche, »ist ein Jude unter deutschem Hornvieh! Das unterschätzen die Herren Antisemiten. Was unterscheidet eigentlich einen Juden von einem Antisemiten: der Jude weiß, dass er lügt, wenn er lügt: der Antisemit weiß nicht, dass er immer lügt.«[499]

Nietzsche betonte, er habe mit Deutschen seine gute Laune, seinen Geist und nicht minder seine Zeit verloren. Anders stehe es, wenn der Deutsche zufällig Jude oder Jüdin war. Es sei wun-

216

derlich, wenn er nachrechne, dass er zwischen 1876 und 1886 alle seine angenehmen Augenblicke im Zufall des Verkehrs Juden oder Jüdinnen verdanke.[500]

Es sei noch auf die Hochachtung verwiesen, die Nietzsche Heinrich Heine entgegenbrachte

Für ihn ist gemeinsam mit anderen Persönlichkeiten Heine »ein europäisches Ereignis.«[501] Heine habe ihm »den höchsten Begriff vom Lyriker« gegeben, und er habe umsonst »in allen Reichen der Jahrtausende nach einer gleich süßen und leidenschaftlichen Musik« gesucht.[502]

»Deutschland hat nur Einen Dichter hervorgebracht, außer Goethe: das ist Heinrich Heine – und der ist noch dazu eine Jude.«[503] Kann man eigentlich noch hochachtungsvoller von einem Menschen schreiben?

Im Juli 1888 schrieb Nietzsche einen Brief, in dem es heißt: »Im Übrigen habe ich das Blatt (*die Zeitschrift* Kunstwart – *D. J.*) abgeschafft: auf einen jüngst eingetroffenen Brief des Hr. Avenarius, der sich schmerzlich über die Abmeldung beklagte, habe ich ihm kräftig die Wahrheit gesagt (das Blatt bläst in das deutschthümelnde Horn und hat z. B. in der schnödesten Weise Heinrich Heine preisgegeben – Herr Avenarius, dieser Jude!!!)«[504]

In einem Brief vom Oktober 1888 ist zu lesen: »Wissen Sie eigentlich, dass ich Herrn Avenarius im Sommer einen extrem groben Brief geschrieben habe, wegen der Art, mit der sein Blatt Heinrich Heine fallen ließ? – Grobe Briefe – bei mir das Zeichen von Heiterkeit [...]«[505]

Jedenfalls sollte man Nietzsche beiziehen, wenn es gilt, dem geistigen Unsinn entgegenzutreten, der heutzutage verbreitet und behauptet wird, Antisemitismus sei im Marxismus »strukturell« angelegt (Haury).

Von den Friedhöfen

In der Ausstellung »Das hat's bei uns nicht gegeben. Antisemitismus in der DDR« wird mit besonderer Empörung behauptet, dass es seitens der DDR keine konsequente Verfolgung von Friedhofsschändern gegeben habe und zudem wenig Achtsamkeit hinsichtlich der Existenz und Pflege der jüdischen Friedhöfe bestanden habe. Die DDR-Behörden hätten zwar Gelder zur Instandhaltung und Pflege zur Verfügung gestellt, aber die gesamte Betreuung, Verantwortung und Organisation habe bei den Gemeinden gelegen. Diese beantragten die Mittel, suchten Friedhofspfleger und besuchten die Friedhöfe nach Möglichkeit. Die festgestellten Schändungen aber seien von den staatlichen Stellen mehr oder weniger achtlos zur Kenntnis genommen worden.

Anderes – und wohl auch richtiger – verlautbarte Annette Leo in ihrem Aufsatz 2001. Ihr eröffnender Satz lautet: »Schändungen jüdischer Friedhöfe waren bis zur Wende in der DDR eher selten. Trotz restriktiv-autoritärer Maßnahmen gelang es den DDR-Behörden aber dennoch nicht, Übergriffe auf jüdische Friedhöfe ganz einzudämmen.«[506]

Dabei hat sich, das sei ausdrücklich angemerkt, die DDR zu keinem Zeitpunkt auf den Standpunkt von Jurek Becker gestellt, dem Autor des hoch zu lobenden Buches »Jakob der Lügner«, der in einer Rundfunksendung erklärte, er halte Friedhöfe für einen Anachronismus, für ein Relikt aus heidnischer Zeit, an dessen Pflege und Fortsetzung er nichts finden könne. Er halte nicht alle die, die auf Friedhöfe gingen und dort Blumen niederlegten, für Idioten, aber dies sei ein Ritus, mit dem er nichts am Hut habe. Er habe die Hoffnung, dass die Friedhofspflege irgendwann beendet werde.[507]

Zum Verständnis der Problematik soll aus einem Interview zitiert werden, dass Peter Kirchner gab. »Jüdische Friedhöfe sind von ihrer Grundkonzeption immer Anlagen, die für die Ewigkeit hin gestaltet werden. In der Vorstellung, dass nach dem Erscheinen des Messias, des Erlösers, die Menschen auferstehen, sind die Beerdigungsfelder als ewige Grabstätten angelegt. Und so findet man – da wo sie nicht zerstört wurden – alte jüdische Friedhöfe auch aus vergangenen Jahrhunderten. […]

Leider sind ja die meisten Gemeinden im Staatsgebiet der DDR heute nicht mehr vorhanden, so dass wir zwar fast 140 Friedhöfe verteilt auf das ganze Gebiet haben, aber in den meisten Fällen sind Fremdpersonen, Kirchengemeinden oder die Städte um die Erhaltung bemüht.«[508]

Wenn man die Jahrgänge des *Nachrichtenblattes der Jüdischen Gemeinde von Berlin und des Verbandes der Jüdischen Gemeinden in der deutschen Demokratischen Republik*, die von 1961 bis 1990 erschienen, liest, dann gibt es immer wieder kurze Informationen über die Situation der jüdischen Friedhöfe in den jeweiligen Gemeindebereichen. So heißt es beispielsweise im Septemberheft 1979: »Es ist nicht unbekannt, dass unserem Landesverband insgesamt 35 Friedhöfe im Lande Thüringen unterstehen, also in den drei Bezirken – Erfurt, Gera und Suhl. Es ist nicht immer ganz einfach, die geeigneten Betreuer für diese Friedhöfe zu haben; dazu kommt noch, dass sich viele dieser Friedhöfe weit außerhalb der Orte befinden. Glücklicherweise haben wir aber einige besonders gute Pfleger und dies ja auch in vorherigen Ausgaben unseres *Nachrichtenblattes* gewürdigt.

Wie freuen uns, wenn wir erfahren, dass Besucher feststellen, dass ein Großteil unserer ›Guten Orte‹ ein gepflegtes Aussehen hat.«

Es wird dann noch von einem US-amerikanischen jüdischen Ehepaar berichtet, das sich in einem Brief lobend über die gepflegte Anlage geäußert habe.[509]

Selbstverständlich wurde bedauert, dass es nicht wenige Fälle von Vandalismus gab. Aber man war sich auch darüber im Klaren, dass bei ca. 125 Friedhöfen auf dem Territorium der DDR und bei dem sprichwörtlichen Arbeitskräftemangel sowie der Tatsache, dass de facto die Zahl der in den Jüdischen Gemeinden versammelten jüdischen Bürger immer kleiner wurde, so dass von ihnen ein umfangreiches Kümmern um die letzten Ruhestätten nicht erwartet werden konnte, es mithin auch objektive Gründe für einen Prozess der Überwucherung und der natürlichen Verwahrlosung der Friedhöfe gab. Man muss schon berücksichtigen, dass die DDR im Allgemeinen unter einem Mangel an Arbeitskräften litt. Arbeitslosigkeit war bekanntlich ein Fremdwort. Pflegekräfte waren mithin Mangelware. Das zum Ersten.

Zum Zweiten ist unter Umständen zu bedenken, dass sich mit den Jahren die Respektlosigkeit insbesondere junger Menschen ohne Verständnis für die Würde solcher Anlagen durchaus entwickelt hat. Zerstörungswut war und ist ja durchaus keine Spezialität einer sozialistischen Gesellschaft. Man fragt sich mithin, ob das Ausmaß und die Art des Vandalismus, wie er auf den Ausstellungstafeln dargestellt wird, mit Blick auf den Zustand in der Vergangenheit, wie er von Jüdischen Gemeinden berichtet wurde, es rechtfertigt, der DDR Antisemitismus vorzuwerfen.

Man wird auch nicht daran vorbeigehen können, dass es in der Tat nicht selten Kinder und Jugendliche waren, die aus den verschiedensten Gründen vandalisch handelten. Neben einer Abenteuerlust und dem Wunsch, Taten zu begehen die die Erwachsenen verärgern und ihnen unangenehm sind, wirkte einfach Zerstörungswut. Das ist keine »faule Ausrede«, sondern reflektiert oftmals eine Unbekümmertheit, die es die jungen Menschen nicht als zweifelhaft erscheinen ließ, wenn sie Verwüstungen vollzogen. Im Übrigen ist nicht zu verheimlichen, dass es auch die Witterungsgegebenheiten sind, die nicht unwesentliche Schäden verursachen. Und wenn keinerlei Konservierungen stattfinden (können), dann ist das Umstürzen und/oder Zerbrechen der Gedenksteine programmiert.

Es ist auch darauf zu verweisen, dass die oftmals behauptete Handlungsweise von jüngeren Kindern, die als pure Ausrede belächelt wird, durchaus Realität sein kann. Man muss bedenken, dass die Aufstellung von Grabsteinen auf verschiedene Weise geschieht. Und je nachdem, welches Verfahren benutzt wurde, ist die Dauerhaftigkeit der Aufstellung festzustellen. So gibt es das Verfahren, den beschrifteten Teil des Steins auf einen festen Untergrund aufzusetzen. Die Verbindung wird durch Eisen- oder Stahlstifte vorgenommen. Und diese rosten unter Umständen, wozu insbesondere die Witterungsverhältnisse beitragen. Uralte Steine sind dadurch in höchstem Maße kipplig. Und da genügt dann ein Stoß.

Man muss sich wohl darüber im Klaren sein, dass die jüdischen Gemeinden die eigentlich verantwortlichen Verwahrer der jüdischen Friedhöfe waren und sind, obwohl sie mit eigenen Kräften immer weniger das Vermögen hatten, die Pflege zu garantieren. Die Zahl der eigentlichen Bewahrer dieses Erbes, der jüdischen Bürgerinnen und Bürger, wurde immer kleiner. Das war die Folge der nazistischen »Endlösung der Judenfrage« – der bis zur Zerschlagung des faschistischen Reiches vollzogene Massenmord. Es waren de facto wenig und an manchen Orten keine Menschen jüdischer Herkunft vorhanden, die sich der Pflege der Friedhöfe hätten widmen können. Die örtlichen staatlichen Organe haben nur in seltenen Fällen Wartungsarbeiten vorgenommen.

Und der Einsatz junger Menschen, z. B. von der Freien Deutschen Jugend, dem Jugendverband der DDR, oder von der Aktion Sühnezeichen, war im Wesentlichen ein Tropfen auf dem heißen Stein. Zu den mehr oder weniger großen Ausnahmen gehören die Berliner Friedhöfe in den Stadtbezirken Weißensee (Herbert-Baum-Straße) und Prenzlauer Berg (Schönhauser Allee).[510]

Auf einer Ausstellungstafel wird nun behauptet, dass die Friedhöfe die ortsansässige Bevölkerung unausgesprochen an die nationalsozialistischen Verbrechen gegen die Juden erinnerten. In einem gesellschaftlichen Komplex aus Schuld und Abwehr seien die Friedhöfe zu tabuisierten Orten geworden. Auch deshalb seien nicht wenige verwildert.

Dann heißt es weiter vorwurfsvoll: »Einige wurden zu offiziellen Gedenkstätten umgestaltet, manche dabei aber auch ihres Friedhofscharakters enthoben.« Die Behauptung der Ursachen für eine vorgebliche Tabuisierung dürfte wohl kaum zu beweisen sein.

Aber es geht den Ausstellern ja auch nicht um eine objektive Darstellung der Situation, sondern um den »Beweis« des Antisemitismus der DDR. So erklärt sich dann auch der folgende Tafel-Satz: »Schändungen jüdischer Friedhöfe waren in der SBZ und der DDR kein seltenes oder gar ein nicht vorhandenes Phänomen. Sie erreichten bereits 1947, wie in ganz Deutschland, einen ersten Höhepunkt. Übergriffe auf jüdische Friedhöfe fanden in der gesamten DDR kontinuierlich bis 1990 statt.«

Ist es ein Zufall, dass nach dem Verweis auf »ganz Deutschland« bis 1947 dann nur noch die DDR angeprangert wird?

Aber wir sind ja davon in Kenntnis gesetzt, dass für eine Forschung zum Thema hinsichtlich der BRD keine Finanzmittel verfügbar sind.

Die ideologische Unterfütterung für die Friedhofs-Ausstellungsthese findet sich in dem als Dokumentation angepriesenes Buch, das Monika Schmidt unter dem Titel »Schändungen jüdischer Friedhöfe in der DDR« publiziert hat.[511]

Wobei diese Publikation weit über das eigentliche Anliegen insofern hinausgeht, als die Situation in der DDR in apodiktischer Weise wie folgt bestimmt wird: »Der in den ersten Jahren hinzukommende stalinistisch geprägte Antisemitismus und der sich zunehmend ausbildende Antizionismus, beides staatlich betriebene Momente, formten ein spezifisches Konglomerat des Antisemitismus in der DDR für die folgenden Jahrzehnte. Dessen tragende Basis beruhte auf der Kontinuität eines latenten tradierten, eben erst rassistisch ausgelebten Antisemitismus, verwoben mit der Verdrängung und Verleugnung der nationalsozialistischen Verbrechen an den Juden.«[512]

Das ist eigentliches Ziel ihrer Meditationen: Die DDR war ein antisemitischer Staat. Monika Schmidt zeichnet sich überhaupt durch bemerkenswerte Schlussfolgerungen aus. Nachdem sie Erörterungen über die Umgestaltung von Friedhöfen zu Gedenkstätten angestellt hatte, die nach Meinung der Autorin dann ihren inhaltlich jüdischen Charakter verloren, kommt sie zu einer die marxistische Geschichtswissenschaft und die politisch Verantwortlichen der DDR pauschal verurteilenden Behauptung. Sie schreibt: »Vermittelt werden sollte eine gepflegte, ordentliche Anlage, die keine oder kaum historische Spuren aufwies, aber zweckdienlich war – als repräsentativer Ort für offizielles Gedenken.

Die Friedhöfe, im jüdischen Ritus der wichtigste zu erhaltende Ort und zugleich vielfältiges, brüchiges Zeugnis früherer jüdischer Geschichte, wurden so ihrer kulturellen und religiösen Bedeutung, ihrer Geschichte und Zeugenschaft bereinigt und enthoben. Der DDR-Staat errichtete sich beinahe leere Tableaus, die nun neu definiert werden konnten. Diese Leugnung und Missachtung jüdischen Vermächtnisses zeichnete auch die plakative Auseinandersetzung mit dem Nationalsozialismus und der nationalsozialistischen Judenverfolgung aus, sie sollte nicht konkret im Detail geführt werden.«[513]

Diese Missachtung eines tatsächlichen und echten antifaschistischen Anliegens dürfte wohl auch dafür verantwortlich sein, dass Monika Schmidt nicht ein Wort über die Tatsache verliert, dass sich die Jüdischen Gemeinden der DDR mit staatlicher Unterstützung 1966 in Tröbitz in der Nähe von Doberlug-Kirchhain einen jüdischen Ehrenfriedhof geschaffen haben.

Die Verwahrlosung und die sich über die Jahre erstreckenden Schändungen auch von jüdischen Friedhöfen sowie auch das Fehlen von erinnernden Verweisen auf Synagogen, jüdischen Gebäuden verschiedenster Nutzung, die sowohl den nazistischen Brandstiftungen als auch den Folgen des Krieges zum Opfer gefallen waren und derer nach 1945 nicht erinnernd besonders gedacht wurde, waren insbesondere nach dem Untergang der DDR passender Gegenstand für die Behauptung, auch diese Tatsachen bewiesen den antisemitischen Charakter der DDR, der von ihr selbst stets bestritten worden sei.

Ein Tafeltext behauptet folgerichtig, dass die Schändungen möglichst verschwiegen bzw. als »Rowdytum« und »Kinderstreiche« verharmlost wurden und bis heute nicht ins öffentliche Bewusstsein zur DDR-Geschichte gedrungen seien.

Nun sollten die bedauerlichen Erscheinungen mangelnder Erinnerung, sofern sie tatsächlich bestehen, durchaus Veranlassung sein, eine Änderung anzustreben. Bevor das aber geschieht sei erlaubt, ein Zitat zu unterbreiten, das das Heute in der Gesamt-BRD verdeutlicht, aber DDR-fixiert selbstverständlich nicht als Reflex einer antisemitischen BRD verstanden wird.

»Wer heute die hessische Provinz besucht, stößt allzu selten auf die zahlreichen Zeugnisse früheren jüdischen Lebens. Auf Landkarten ist jedes Hügelgrab verzeichnet; mit dem römischen Limes, Weltkulturerbe seit dem Jahr 2005, schmückt man sich gern; Schlösser, Burgen und andere Sehenswürdigkeiten sind akribisch vermerkt. In den Orten selbst wird der Besucher gezielt noch auf die kleinste Sehenswürdigkeit hingewiesen. Wo sich allerdings die über 340 jüdischen Friedhöfe befinden, erfährt der Hessenbesucher in der Regel nicht. Er kann sie

nicht entdecken, weil kein Hinweisschild ihn führt, kein Stadt-
plan ihm zeigt, wo sie abgeblieben sind. Ausnahmen bestätigen
die Regel.«[514]

Nebenbei bemerkt: In der Zeitschrift *konkret* (3/1992, S.
51) ist auf einer halben Druckseite ein Bild veröffentlicht, das
einen Blickausschnitt zu Ostern 1975 auf den jüdischen Friedhof Frankfurt am Main enthält. Sämtliche aufrecht stehende
Grabsteine sind mit dick gepinselten Hakenkreuzen »verziert«.

Wenn man nun über die DDR meditiert, kann man nicht
der Frage entgehen, wie es sich denn mit der Alt-BRD verhalten haben mag (und noch verhält).

Bei der Vorstellung des Buches von Monika Schmidt
erklärte Professor Wolfgang Benz, seine Institution habe leider
nur finanzielle Mittel für den Abschnitt DDR von der »Stiftung zur Aufarbeitung der SED-Diktatur« erhalten.

Das Geld reicht – durchaus nicht eigenartigerweise – immer
nur für Projekte zur Delegitimierung und Diffamierung der
DDR. Wir haben es hier wohl mit einem klassischen Fall ideologischer Manipulation zu tun, bei der nichtobjektive Einseitigkeit programmiert ist. Offenbar um eine möglichst große Zahl
an Schändungen zusammenzubringen, wurde der DDR die
Zahl 85 für die Zeit der SBZ 1945-1949 mit angerechnet.

In dem Buch von Schmidt gibt es eine merkwürdige Satz-
folge. Es heißt: »Die beschriebenen Fälle eröffnen zugleich
einen Blick auf das Spektrum dieser antisemitischen Delikte
und auf den Umgang mit den jüdischen Friedhöfen und den
Schändungen in der DDR. Als ein DDR-spezifisches Phänomen kann zudem die Umwandlung mancher jüdischer Friedhöfe in antifaschistische Gedenkstätten angesehen werden.«[515]

Offenbar soll man die Sache so verstehen, dass die Einrichtung antifaschistischer Gedenkstätten zur gewollten Vernichtung jüdischer Friedhöfe benutzt wurde.

Zu Beginn des ersten Kapitels zitiert Schmidt von Olaf
Groehler, dass im Herbst 1947 keine Woche vergangen sei, in
der »nicht in Deutschland ein jüdischer Friedhof geschändet
wurde«. Dann werden einige Städte in der SBZ bezeichnet und
dann ist – wieder als ein Zitat – davon die Rede, dass es 44
Friedhofsschändungen in verschiedenen Gegenden Deutschlands gegeben habe. Behandelt werden in der Folge dann aber

nur Friedhöfe auf dem Territorium der SBZ/DDR. Nur nebenbei wird auf die staatliche Förderung bei der Friedhofspflege verwiesen. Die zeitweilige Hilfe in der Friedhofspflege in Berlin-Weißensee durch Mitglieder der Jugendorganisation Freie Deutsche Jugend fehlt gänzlich.

Für den gleichen Zeitraum gibt es keine Informationen über Schändungen sowjetischer Ehrenfriedhöfe und antifaschistischer Mahnmale.

Bei der Buchvorstellung nannte Dr. Marion Neiss für den genannten Zeitraum 1.400 Fälle; seit 1990 (1990-2002) waren gesamtdeutsch 615 Fälle zu verzeichnen.

Es ist jedenfalls Rosstäuscherei, das relative Unvermögen der DDR-Behörden, die jüdischen Friedhöfe vor Vandalismus zu schützen, als staatlichen Antisemitismus zu dokumentieren. Man kann darüber sein Bedauern ausdrücken, dass offenbar nur geringe Abwehrmaßnahmen realisiert wurden. Aber man sollte bei den Anwürfen doch abwägen, was wichtiger war: Totale Abwehr von Vandalismus auf Friedhöfen oder diverse Handlungen, um die Bürger der DDR mit Kenntnissen über das Schicksal der Juden, über ihre Lebensweise, über ihr Denken und über ihr praktisches Handeln in der DDR zu versehen, was letzten Endes bereits im Schulunterricht seinen Anfang nahm.

Abschließend sei ein Beispiel dafür gegeben, wie mit Archivmaterialien Anti-DDR-Ideologie verbreitet werden kann. Der Leser möge das Zitieren entschuldigen, aber auf anderem Wege ist die geistige Manipulierung nicht darzustellen.

Behandelt wird eine im Juli 1983 vollzogene Schändung des jüdischen Friedhofs in der Erfurter Werner-Seelenbinder-Straße. Schmidt: »Am 9. Juli besah sich der Stellvertretende Vorsitzende der Jüdischen Landesgemeinde Thüringen Raphael Scharf-Katz die Schändung und machte eine Fotografie. Die auf dem Friedhof anwesenden Polizisten nahmen ihm mit der Begründung, die Ermittlungen seien noch nicht abgeschlossen den Fotoapparat ab und beschlagnahmten den Film trotz seines Protestes. Laut Protokoll eines späteren Gesprächs eines Stellvertreters des Oberbürgermeisters mit dem Gemeindevorsitzenden Herbert Ringer habe Herr Scharf-Katz ›im Nachhinein seine Zustimmung zur Sicherstellung des Filmes gegeben‹.«[516]

Ein Mitglied der Gemeinde habe erklärt, dass man über derartige Vorkommnisse nicht schweigen dürfe, sondern sie bekannt machen müsse. Der Vorsitzende Ringer habe seinen Leitungsmitgliedern eingegeben, über den Vorfall keine Interviews zu geben. »Genau registriert wurde auch, dass Ringer den Präsidenten des Verbandes der Jüdischen Gemeinden in der DDR Aris ›an einem offenen Telefonapparat‹ informiert hatte. Antisemitische Übergriffe galt es geheim zu halten.

Hier kommt auch eine Vermischung verschiedener staatlicher Aufklärungsinteressen, der sich die jüdische Gemeinde ausgesetzt sehen musste, zum Ausdruck. Einerseits stand sie selbst unmittelbar und konkret spürbar unter Beobachtung und Reglementierung, gleichsam als paralleles Untersuchungsobjekt. Andererseits gab es den eigentlichen Untersuchungsgegenstand der Friedhofsschändung, eine antisemitische Straftat, deren Aufklärung eindeutig im Interesse der jüdischen Gemeinde lag, nicht aber eindeutig im Mittelpunkt des Ermittlungstätigkeit der befassten Organe stand.

Dies wird im vorliegenden Fall allein anhand der zwei überlieferten Dokumente, eines Berichts und eines Gesprächsprotokolls, die eigentlich nur einzelne Versatzstücke des Geschehens dokumentieren, deutlich und liegt doch spürbar als allgegenwärtiger Parallelvorgang über dem gesamten Geschehen.«[517]

Soweit der Text nach Schmidt.

Der Zufall will es, dass es noch ein Dokument gibt: Die zur »Vertraulichen Dienstsache« erklärte »Information vom 13. Juli 1983«, geschrieben von Hartmann auf einem Kopfbogen »Rat des Bezirkes Erfurt, Stellvertreter des Vorsitzenden für Inneres«.[518] In dieser heißt es unter anderem: »Der Vizepräsident der jüdischen Gemeinden in der DDR bedankte sich für die staatliche Hilfe und Unterstützung und brachte auch seinerseits die Empörung über die Schändung des Friedhofes zum Ausdruck. Er informierte mich, dass er den Präsidenten der jüdischen Gemeinden in der DDR, H. Aris, am Sonnabendabend und am Sonntagfrüh über den Sachverhalt verständigt habe. Mit den beiden Vertretern der jüdischen Gemeinde wurde abgesprochen, dass sie, solange die Untersuchungen laufen, keinem anderen Personenkreis oder evtl. auftretenden Journalisten Auskünfte erteilen.

226

Durch die DVP wurde Herrn Scharf-Katz, der im Auftrage des Vorsitzenden der jüdischen Landesgemeinde am 9. Juli 1982 abends die Schändung der Grabsteine fotografierte, der Film eingezogen. Dabei wurde ihm diese Maßnahme erläutert, dennoch erhob er Einwände und bemerkte, dass er sich an den Genossen Hermann Axen wenden will.

In dem Gespräch, welches ich mit ihm führte, äußerte Herr Scharf-Katz Einsicht und sagte zu, von einem weiteren Vorgehen Abstand zu nehmen. Am 12. 7. 1983 wurde durch einen leitenden Offizier der Kriminalpolizei dem stellvertretenden Vorsitzenden der Film zurückgegeben. Dabei bekundete dieser sein Verständnis.

Weiterhin wurde zugesagt, dass der Vorsitzende der jüdischen Landesgemeinde Erfurt über die abgeschlossenen Untersuchungsergebnisse durch die DVP informiert wird.«

Die von Monika Schmidt angestellten Erörterungen über die bösen Absichten der DDR-Organe dürften nach dem Dargelegten obsolet sein.

In ihrer Broschüre wird der Friedhof von Bad Freienwalde in zwei Bildern vorgestellt. Das obere zeigt den, wie es in der Bildunterschrift heißt, »in der NS-Zeit geschändete(n) jüdischen Friedhof«. Man sieht umgeworfene und noch stehende Grabsteine.

Auf dem unteren Bild sieht man den an zentraler Stelle errichteten Gedenkstein mit dem Text »Gewidmet den jüdischen Bürgern der Kreisstadt Bad Freienwalde/Oder«.[519]

Man kann in der Tat darüber streiten, ob es angemessen war, bei in Folge der Verwüstungen seitens der Nazis völlig verwahrlosten Friedhöfen eine Umgestaltung vorzunehmen, indem man die Überreste zunächst beräumte und sodann einen Gedenkstein oder eine Gedenktafel errichtete. Hinsichtlich des jüdischen Friedhofs in Bad Freienwalde ist das offensichtlich geschehen. Im *Nachrichtenblatt* wurde konstatiert, dass dieser Friedhof »während der Judenpogrome in der Nazizeit das Schicksal vieler anderer in unserer Heimat geteilt« habe. Näher ausgeführt wurde allerdings nicht, was mit dem Friedhof konkret geschehen war.

Weiter heißt es dann: »Zum Gedenken an die jüdischen Mitbürger, die im dunkelsten Kapitel deutscher Geschichte ihr

Leben lassen mussten, hat die Stadt Freienwalde auf der terrassenförmigen Anlage des ehemaligen jüdischen Friedhofes im Jahre 1950 ein Denkmal errichtet.«[520]

Es seien noch die »Schlussbemerkungen« des Buches zitiert.

»Das Gros der Friedhofsschändungen wurde in der DDR erfolgreich verschwiegen. Noch heute wird im allgemeinen Bewusstsein mit der DDR die weitgehende Abwesenheit von Schändungen jüdischer Friedhöfe und anderen antisemitischen Äußerungen oder Übergriffen verbunden. Die staatstragende Ideologie des Antifaschismus, die selbst nicht frei von antisemitischen Momenten war, erlaubte vor allem nicht die konkrete, detaillierte Auseinandersetzung mit der systematischen Judenverfolgung im Nationalsozialismus. Antworten und Helden standen bereits fest.

Die jüdische Geschichte in Deutschland und die Geschichte des antijüdischen Handelns wie beispielsweise die der Bereicherung und der Verfolgung unter Beteiligung breitester Bevölkerungsschichten wurden weder in der Bundesrepublik noch in der DDR erzählt. Der Antisemitismus war unterschwellig weiterhin vorhanden. Auch mit ihm setzten sich Politik und Gesellschaft nicht auseinander. Dieses Konglomerat mag die Grundlage für die häufigen Friedhofsschändungen in der SBZ und der DDR gewesen sein. Ein Vergleich der Dimensionen der Friedhofsschändungen in Ost und West kann bisher nicht gezogen werden.

Das Ausmaß der Schändungen zeugt jedoch, dass sie auch in der DDR ein weit verbreitetes Phänomen waren und unbedingt zur Realität des SED-Regimes gehörten.«[522]

Wir haben es hier mit einem typischen Beispiel der Verschleierung realer historischer Gegebenheiten zu tun. Zunächst wird so getan, als habe es wesentliche Identität in der DDR und der BRD bezüglich des Verschweigens von Verantwortlichkeiten der deutschen Bevölkerung gegenüber den Juden während der Herrschaft des Nationalsozialismus gegeben.

Dann werden nur Friedhofsschändungen in der DDR angeprangert, weil man das in Bezug auf die BRD bisher nicht könne. Wir hatten ja bereits erfahren, dass dafür keine Finanzen zur Verfügung gestellte wurden und werden.

Und schließlich gehört Antisemitismus wesensgleich zum

»SED-Regime«, denn selbst der Antifaschismus ist »nicht frei von antisemitischen Momenten«.

Wie objektiv Monika Schmidt ihr Thema bearbeitet hat, kann man aus der Tatsache ersehen, dass sie getreulich ab 1949 die Jahre benennt, in denen Schändungen des Berliner Friedhofs in Weißensee bekannt wurden. Was sie aber offenbar nicht bemerkte, das waren die Bemühungen um die Bewahrung dieses Friedhofs, der in der Bezirksliste als »Denkmal der Kulturgeschichte« verzeichnet ist.

Nachlesen kann man das jedenfalls im *Nachrichtenblatt*. Informiert wird dort über den Abschluss der Arbeiten an der Friedhofsbegrenzungsmauer. Die Kosten beliefen sich auf 2,5 Millionen Mark, die der Magistrat der Hauptstadt der DDR zur Verfügung stellte. Nach einjähriger Arbeit erfolgte am 30. März 1984 die offizielle Übergabe der fertiggestellten Friedhofsbegrenzung an die Berliner Jüdische Gemeinde.

»Da die Errichtung aus Betonfertigplatten allein keinen genügenden künstlerischen Ausdruck erbracht hätte, entschloss sich der Projektant, die Felder durch Kunstschmiedegitter zu unterbrechen. […] Neben glattflächigen Platten wurde solche gesetzt, auf denen als Relief eine Menorah, d. h. ein siebenarmiger Leuchter, angebracht ist.«

Zwei Bilder vermitteln einen guten Eindruck von der künstlerischen Arbeit.[523]

Bei Schmidt erfahren wir davon nichts. In einem Interview erklärte Hermann Simon: »Wir haben gerade die neue Friedhofsmauer in Weißensee fertiggestellt. Das hat 2,5 Millionen (Ost-)Mark gekostet, und schon wird das Gerücht verbreitet, eine reiche Amerikanerin hätte das Geld gespendet. In Wirklichkeit hat es die Stadtverwaltung aus ihrem Etat für Wohnungsbau bezahlt. […]

Mir fällt ein, dass sich Besucher bei uns über den verwahrlosten Zustand der jüdischen Friedhöfe beschwert haben, sie seien mit Unkraut überwachsen, und die Gräber würden nicht richtig gepflegt. In diesem Zusammenhang möchte ich daran erinnern, dass Weißensee mit seinen 115.000 Grabstätten der größte jüdische Friedhof in Europa ist. Anfangs der 30er Jahre wurde er von 150 Angestellten betreut. Heute besteht die Jüdische Gemeinde hier aus weniger als 200 Mitgliedern. Mit anderen Worten, wir haben ein kostbares Erbe übernommen, dessen Betreuung weit über unsere Kräfte geht. Aber wir tun, was wir können, und werden vom Staat und von der Stadt in unseren Bemühungen unterstützt.«[524]

Vielleicht kann das Nachfolgende dazu beizutragen, das Verhältnis des Staates DDR zu den Juden und ihren Friedhöfen besser zu verstehen. Im *Nachrichtenblatt*[525] war zu lesen: »In Neubrandenburg führt eine Fliegerhorstkaserne der Nationalen Volksarmee den Namen der Widerstandsgruppe ›Herbert Baum‹. Der 18. August war der Hinrichtungstag dieser Gruppe. Im Gedenken an diesen Tag erschienen am 18. August 1969 eine Brigade (2 Offiziere und 10 Soldaten) sowie einige ehemalige Überlebende der ›Baumgruppe‹ und legten am Grabe Herberts Baums, auf unserem Jüdischen Friedhof in Weißensee, einen Kranz und Blumengebinde nieder.«

Dem Text ist ein Bild der Grabstätte beigegeben.

Abschließend sei eine Zeitungsmeldung mitgeteilt, die ohne Polemik einfach und nüchtern berichtet, was die Realität war: »Wie Dieter Weirauch im *Märkischen Volksblatt* kürzlich berichtete, ist der Friedhof in der Stadt Brandenburg als zerstört zu betrachten, doch auf einer Gedenktafel sind die Namen der in der NS-Zeit ermordeten jüdischen Bürger und auch derjenigen, die den Freitod wählten, genannt.

Andere Gottesäcker sind nicht mehr erkennbar, und wieder andere wie die in Treuenbrietzen und Wusterhausen (Dosse) wurden zu Parkanlagen umgeformt.

Als ›isoliertes Geländestück‹ wird der Friedhof in Fehrbellin bezeichnet, der in Luckenwalde als ›verwahrlost‹. In Nauen, Rathenow und Wittstock (Dosse), der letztere aus dem Jahre 1811, sind die Friedhöfe als gepflegte Gedenkstätten erhalten.

In Zehdenick und Kremmen erinnern einzelne Grabsteine an den ›Guten Ort‹.

In Neuruppin ist der jüdische Friedhof (1852) Teil des städtischen; hier konnten mehrere Grabsteine aufgerichtet werden.

In Meinsdorf im Kreis Jüterbog stehen noch acht Sandsteingräber mit Inschriften in zwei Sprachen – sie stammen aus der Zeit zwischen 1850 und 1871.

In Oranienburg und Märkisch-Buchholz, südwestlich von Berlin, geben die Friedhöfe ein vollständiges Bild.

Der in Friesack wurde anscheinend gerettet: 1984 gab es dort noch zwei stehende Grabsteine, der Rest war umgestürzt, lag in dichtem Gebüsch und unter Resten von Dachpappe – die verwendbaren Grabsteine wurden wieder aufgerichtet.«[526]

Nicht übergangen werden soll, dass der Friedhof Weißensee in der ideologischen DDR-Verteufelung noch eine besondere Rolle gespielt hat.

Es wurde bekannt, dass die DDR beabsichtigte, durch den Friedhof eine Straße zu führen. Juristisch, d. h. von der Eigentümerproblematik her gesehen, war wohl alles in Ordnung. Politisch aber scheint aufseiten der DDR eine gewisse Instinktlosigkeit eine Rolle gespielt zu haben.

Zunächst schrieb Peter Kirchner mit Datum vom 23. Juni 1982 an Klaus Gysi, den Staatssekretär für Kirchenfragen, dass mit Bezugnahme auf eine am 17. Mai 1982 auf dem Friedhof durchgeführten Aussprache mit Vertretern des Staatssekretariats für Kirchenfragen und des Magistrats von Berlin die gewählten Gemeindevertreter der Berliner Jüdischen Gemeinde über den Bau einer Schnellstraße auf dem Gelände des Weißenseer Friedhofs abgestimmt haben. Es wurden dabei Entscheidungen gefällt, die mit bestimmten Forderungen verbunden waren. Punkt 1 lautet: »Es wurde dem Bau einer weitgehend ebenerdigen Schnellstraße zugestimmt.«[527] Die anderen Punkte betrafen konkrete Maßnahmen im Zusammenhang mit dem beabsichtigen Baugeschehen.

Mit Schreiben vom 1. Juli 1982 an den Oberbürgermeister von Berlin, Erhard Krack, und den Minister für Verkehrswesen, Otto Arndt, informierte Klaus Gysi über diesen Sachstand.[528]

Das Bekanntwerden des Vorhabens löste entsprechende Proteste aus.

Zunächst wurde die Sache unter dem Aspekt der fluchwürdigen Absicht behandelt, dass ein neue Trasse geschaffen werden sollte, um die Durchfahrt von Wandlitz nach Berlin gefahrloser und schneller möglich zu machen. Es sei dahingestellt, ob es tatsächlich die Absicht gewesen war, eine »DDR-Protokollstrecke über den jüdischen Friedhof« zu bauen, wie man westlicherseits verlautbarte. In die Welt wurde es jedenfalls so gesetzt und die Proteste insbesondere aus dem Bereich der »Bürgerbewegten« nahmen ihren Lauf.

Juristisch war die Sache dem Grunde nach eigentlich klar. Bei der Festlegung zukünftiger Stadtplanungen zu Beginn des 20. Jahrhunderts war vom Magistrat Berlins im Jahre 1921 ein 35 Meter breiter Streifen des Friedhofs von der jüdischen Gemeinde abgekauft worden.[529] Diese Tatsache ließ durchaus zu, im Bedarfsfalle auch eine Autostraße über das Gelände des Friedhofs zu führen.

Im Laufe der Jahrzehnte waren auf diesem Streifen keine Bestattungen vorgenommen. In einer »Information« (ohne Datum /1986/ und Unterschrift) wird zu der obigen Sachverhaltdarstellung ausgeführt: »Obwohl die Vereinbarung aus dem Jahre 1921 formalrechtliche Gültigkeit besitzt, hat die damit verbundene Problematik durch die Entwicklung nach 1933 eine neue Dimension erhalten, die mit zu bedenken wäre.«[530]

Einer Aktennotiz vom 21. Januar 1986 über eine Besprechung im Roten Rathaus am 16. Januar 1986, an der als Vertreter der Jüdischen Gemeinde Herr Dr. Kirchner und Herr Etzold teilnahmen und bei der über das Projekt der Straßenführung über das Gelände des Friedhofs diskutiert wurde, ist zu entnehmen, dass geplant war, das Bauvorhaben frühestens im Jahr 1987/88 in Angriff zu nehmen.[531] Am 28. August 1986 erteilte der Oberbürgermeister der Hauptstadt der DDR den Auftrag, »Ausweichvarianten für den Verlauf der Nordostradiale ohne Nutzung des Jüdischen Friedhofs Berlin-Weißensee zu erarbeiten«.[532]

Und in der Information über ein Gespräch des Oberbürgermeisters von Berlin mit Dr. Kirchner am 24. September 1986 hieß es: »Genosse Krack informierte Herrn Dr. Kirchner im Auftrag des Vorsitzenden des Staatsrates der DDR, Genossen Erich Honecker, dass nach gründlicher Prüfung und unter Beachtung der Interessen der Jüdischen Gemeinde von einem früher ins Auge gefassten Bau einer Straße durch den Jüdischen Friedhof in Berlin-Weißensee staatlicherseits Abstand genommen und dass der im Volkseigentum befindlich ca. 35 Meter breite Geländestreifen der Jüdischen Gemeinde von Berlin unentgeltlich (sic) übereignet wird.«

Weiter hieß es in dieser Information: »Herr Dr. Kirchner bedankte sich sehr herzlich für diese Entscheidung im Interesse der Jüdischen Gemeinde und das großherzige Entgegenkommen des Staates. Er wertete dies als einen erneuten Ausdruck der sich ständig vertiefenden vertrauensvollen Beziehungen zwischen dem Staat der DDR und den Bürgern jüdischen Glaubens.«[533]

In einem Zeitungs-Interview erklärte Peter Kirchner, einer der Beweggründe, die ihm jetzt dafür genannt wurden, dass die Straße nicht durch den Friedhof gebaut werde, sei, dass Honecker sich nun auf den Standpunkt gestellt habe, »man habe eine solche Straße nicht in der Weimarer Republik gebaut, man habe sie unter den Nazis nicht gebaut, und es stehe einem sozialistischen Land schon gar nicht an, solch einen, wenn auch langfristig einmal vorgesehenen Plan zu verwirklichen und damit die Gefühle der Jüdischen Gemeinde zu verletzen«.[534]

Vom MfS beraubte tote Juden[535]

Eine erste Information über diese »typische DDR-Infamie«, tote Juden zu berauben, gab es 1999. Damals veröffentlichte Andreas Weigelt einen Aufsatz über das KZ-Nebenlager Jamlitz. Dort waren zu DDR-Zeiten die Gebeine von 577 ermordeten Juden gefunden worden. Und: Das MfS hatte danach 1.080 Gramm Gold-Zähne und -prothesen entnommen.

»Die Spur dieses Goldes verliert sich am 2. Juni 1975, als es ›zur Abverfügung an die Abt. Finanzen an die HA IX/12 übergeben‹ wurde«[536], hieß es weiter. Weigelt bemängelte, wohl mit Recht, dass die Überreste eingeäschert worden seien, was »die religiösen jüdischen Gebräuche verletzte«. Sein wenngleich kritischer Text über den Umgang mit dem KZ-Nebenlager bei der Gestaltung als Gedenkstätte ist alles in allem aber relativ sachlich und durchaus unaufgeregt.

Das allerdings änderte sich, als sich die auf DDR-Denunziation gebürstete Presse der Sache annahm.

»Das Politmagazin *Klartext* des *rbb* sprach am 2. Oktober 2001 vom »Skandal«. Michael Wolffsohn aus München gab in der Springer-*B.Z.* den Duktus vor: »Immer mehr Forschungen beweisen: Sogar die kältesten der Kalten Krieger haben die Unmenschlichkeit und Unmoral der SED und Stasi unterschätzt. Jetzt lesen wir, dass die Stasi sogar das Zahngold jüdischer KZ-Opfer aus einem 1971 gefundenen Massengrab geraubt hat.«[537]

»Historiker Weigelt sieht hier eine ›furchtbare Parallele‹ zwischen den Methoden der Nazis in Auschwitz und denen der ›DDR-Antifaschisten‹«, hieß es im Berliner Boulevard-Blatt *B.Z.* in einer mit »Skandal: Stasi scharf auf jüdisches Gold« überschriebenem Beitrag.[538] Katrin Starke schrieb in der *Berliner Morgenpost* (ebenfalls Springer-Verlag): »»Das ist eine unglaubliche Taktlosigkeit an jüdischen Toten‹. So bewertet Horst Seferenz, Sprecher der Stiftung Brandenburgische Gedenkstätten, den 1971 erhaltenen Auftrag des Ministeriums für Staatssicherheit, Leichen von Häftlingen aus dem KZ-Nebenlager Lieberose Zahngold zu entnehmen. In einer Kiesgrube bei Staakow hätten am 4. Mai 1971 Bauarbeiter ein Massengrab mit insgesamt 577 Skeletten entdeckt. Dabei hatte es sich vor allem um ungarische und polnische Juden gehandelt, die 1945 von der SS erschossen worden waren.

Bei seinen Forschungen über das Lieberoser Lager stieß der Historiker Andreas Weigelt […] in der Gauck-Behörde auf Akteneintragungen der Abteilungen IX/11 und XX/3 des MfS. Darin heißt es: ›Durch die willkürliche Bestattung im Massengrab war es nicht mehr möglich, die einzelnen Goldarbeiten einzelnen Skeletten zuzuordnen. Deshalb wurden die aufgefundenen Goldprothesen vor der Freigabe zur Feuerbestattung durch die Gerichtsmedizin Dresden an das Untersuchungsorgan (Anmerk. MfS) zur weiteren Verfügung übergeben.‹

›Ein Hohn für die Opfer‹, sagt der Historiker. ›Bei der Exhumierung der Leichen führten die Gerichtsmediziner umfangreiche Analysen und Kennzeichnungen durch.‹ Eine Zuordnung wäre deshalb ohne weiteres möglich gewesen, schätzt Weigelt ein. Die Spur des Goldes verliere sich am 2. Juni 1975 mit dem letzten Eintrag ›Zur Abführung an die Abteilung Finanzen an die HA IX/12 übergeben‹.«[539]

2007 begann die »Stasi-Ungeheuerlichkeit« auf einer Ausstellungstafel ihre Rundreise durch die Republik.

Hans Daniel untersuchte in der *jungen Welt* vom 5. Oktober 2007 diese mediale Inszenierung.

»Im Mai 1971 stoßen Bauarbeiter […] in einer nicht mehr ausgebeuteten Kiesgrube auf die Gebeine der dort von der SS verscharrten Menschen. Daraufhin übernehmen Angehörige der Volkspolizei die Grabungen. Sie fördern weitere Skeletteile und Schädel mit Einschusslöchern am Hinterkopf zutage.

Federführend für die ersten Ermittlungen wird die Bezirksstaatsanwaltschaft in Cottbus. Schnell steht fest, dass es sich hier um die Skelette der ermordeten Häftlinge aus den Februartagen des Jahres 1945 handelt – das größte Massengrab aus der Zeit des Faschismus, das auf DDR-Boden gefunden wurde. Darum wird die Bezirksverwaltung des Ministeriums für Staatssicherheit (MfS) verständigt, die ein Ermittlungsverfahren einleitet zur Aufklärung des Verdachts eines NS-Verbrechen gegen die Menschlichkeit.

Dafür gibt es im Ministerium die Hauptabteilung IX/10, eine Spezialabteilung zur Untersuchung von Nazi- und Kriegsverbrechen sowie Verbrechen gegen die Menschlichkeit. Die Generalstaatsanwaltschaft in Berlin zieht das Ermittlungsverfahren an sich. Gerichtsmediziner aus Dresden beginnen mit der Exhumierung und den Ermittlungen zu Todesursachen, Geschlecht, Alter, Herkunft der Opfer.

Parallel zu den Ermittlungen nach noch lebenden Tätern fahren MfS-Mitarbeiter nach Budapest, um hier Aufklärung über die Opfer zu erhalten, da die Hinterlassenschaften der SS keine personenbezogenen Daten der Ermordeten enthielt. So konnten auch keine Verwandten ermittelt und befragt werden. Ein Umstand, der mit dazu beigetragen hat, die ursprüngliche Absicht aufzugeben, die Skelette der Exhumierten nach Abschluss der gerichtsmedizinischen Untersuchungen und ihrer folgenden Freigabe in 30 Särgen in der Gedenkstätte Sachsenhausen beizusetzen.

Die sterblichen Überreste wurden am 24. Mai 1971 in das Krematorium Forst zur Feuerbestattung überführt. Das entsprach der damaligen Bestattungsordnung.

Das Kulturministerium entschied, in Lieberose/Jamlitz eine Gedenkstätte einzurichten. [...]«

Dr. Karli Coburger war zur damaligen Zeit Oberst und stellvertretender Leiter der Hauptabteilung IX/10 im MfS. In einem Gespräch mit der *jungen Welt* schildert er Mitte September 2007 die komplizierten Bergungsarbeiten durch die Gerichtsmediziner.

Diese stellten bei den Grabungen fest, dass »sich Goldzähne und andere Zahnkonstruktionen von den Körpern gelöst hatten bzw. bei der Exhumierung durch Austrocknung herausfielen. Eine Zuordnung der gefundenen Gegenstände zu den einzelnen Toten war nicht mehr möglich. Da es sich aber um mögliche Beweise handelte, die eventuell Auskunft über die Herkunft der Toten geben konnten, und auch, um illegale Zugriffe von Dritten auszuschließen, wurden diese Gegenstände gesammelt. Noch mit den skelettierten Körpern fest verbundene Goldzähne und Konstruktionen verblieben selbstverständlich in dem aufgefundenen Zustand.« In einem »Sachstandsbericht zum Untersuchungsvorgang gegen ›Unbekannt«« der Cottbuser Bezirksverwaltung des MfS vom 27. Mai 1971 wird festgestellt, dass aufgrund des Zahnstatus und anderer Kriterien, die eine Altersbestimmung möglich machten, ein Durchschnittsalter zwischen 25 und 35 Jahren, aber auch von Personen unter 18 und bis zu 60 Jahren ermittelt wurde.

»Durch das Gerichtsmedizinische Institut Dresden wird versucht, die Nationalität auf der Grundlage der Bestimmungen der Blutgruppen festzustellen. Außerdem werden in Verbindung mit einem Stomatologen Untersuchungen des Zahnstatus vorgenommen, um insgesamt aussagekräftige Hinweise zur Nationalität geben zu können.«

Alle Vorgänge der Exhumierung sind penibel protokolliert. »Wir hatten nichts zu verbergen und waren uns in Erinnerung an die faschistischen Verbrechen der hochsensiblen Problematik voll bewusst«, sagt Coburger.

Vor der Feuerbestattung sind, laut einem Protokoll der MfS-Bezirksverwaltung vom 17. Mai 1971, die aufgefundenen Goldprothesen »durch die Gerichtsmedizin Dresden an das Untersuchungsorgan übergeben« worden.

Die am Tatort gefundenen persönlichen Gegenstände der Toten (Medaillons, Schnitzfiguren u. a.) wurden, da das Ermittlungsverfahren noch nicht abgeschlossen war, einschließlich des geborgenen Zahngoldes als Beweismaterial in den Asservatendepots des MfS aufbewahrt.

Ein Aktenvermerk der zuständigen Hauptabteilung IX/10 des MfS vom 27. Juli 1972 hält dazu fest: »Die zusammen mit dem Gutachten der Gerichtsmedizin übergebenen Gegenstände, einschließlich der Edelmetalle, sind als Beweismaterial zu betrachten und dementsprechend zu sichern.«

Dazu Karli Coburger: »Es konnte nicht ausgeschlossen werden, dass aus dem In- und Ausland doch noch neue Erkenntnisse eingehen, die zur Identifizierung einzelner Opfer oder zur Wiederaufnahme des Ermittlungsverfahrens hätten führen können.«

Laut einer »Verfügung« vom 3. März 1975 »in der Strafsache gegen Unbekannt wegen Verbrechens gegen die Menschlichkeit im ehemaligen KZ Sachsenhausen, Außenlager Lieberose, wird das Verfahren gemäß § 150 (1) StPO vorläufig eingestellt.«

Für die Durchführung des Verbrechens seien nach den Feststellungen »mindestens 18 ehemalige SS-Angehörige verantwortlich. Zwei der Täter sind nachweislich gestorben. Zur Auffindung der übrigen 16 Täter wurden umfangreiche Maßnahmen eingeleitet, die bisher ergebnislos verlaufen sind. Daher wird das Verfahren vorläufig eingestellt.«

»Vorläufig eingestellt«, das heißt eindeutig, der »Vorgang« ist nicht abgeschlossen und kann jederzeit wieder aufgenommen werden. Entsprechend war also auch mit dem Beweismaterial umzugehen.

In einem Vermerk eines Hauptmanns der Cottbuser Bezirksverwaltung des MfS vom 26. März 1975 heißt es: »Nach Rücksprache mit Gen. Oberst Coburger, stellv. Leiter der HA IX, ist das Gold aus dem Vorgang gegen Unbekannt im derzeitigen Zustand, eingeschweißt, an die HA IX/10 zu übersenden. Es verfolgt Verwahrung bei der Kasse des MfS.«

Dazu gibt es ein »Übergabeprotokoll« vom 30. Mai 1975: »Am heutigen Tage, 30.5.75, werden der Hauptabteilung IX/10 aus dem Untersuchungsvorgang gegen ›Unbekannt‹ wegen Kriegs- und Naziverbrechen insgesamt 1.080 g (eintausendachtzig) Zahngold mit Zähnen (verpackt in einem Plastikbeutel) zur weiteren Verwendung übergeben.«

»Verwendung«, das heißt, wie ein weiteres Übergabeprotokoll mit Datum vom 16. Juli 1975 präzisiert, dass laut Weisung von Coburger diese 1.080 Gramm »Zahngold und Zahnprothesen mit Gold« dem Leiter der Abteilung Finanzen »zur Verwahrung übergeben« wurden. »Die Verwahrung soll sich vom Datum der Übergabe an auf fünf Jahre erstrecken. Nach Ablauf dieser Frist erfolgt die Entscheidung über den weiteren Verlauf. Die Herausgabe kann nur mit Genehmigung des Leiters der HA IX oder seines Stellvertreters erfolgen. Das Gold wird in einem mit der Petschaft Nr. 8011 versiegelten Päckchen übergeben.« Danach aber gerät der Vorgang als abgeschlossen in Vergessenheit. Das Päckchen liegt irgendwo in den Panzerschränken des Ministeriums. Ein Protokoll über eine »Abverfügung« oder eine Verarbeitung existiert nicht.

Coburger, der im Übrigen weder von einem der so eifrigen Enthüllungsjournalisten noch von den Ausstellungsmachern befragt worden ist, schließt die Möglichkeit nicht aus, dass sich womöglich auch jemand in den »wirren Tagen nach der Wende« unkorrekt verhalten habe. Der Abteilung Finanzen sei bei der Auflösung des MfS von der Staatsbank jedenfalls die völlige Korrektheit ihrer Bestände und Unterlagen bestätigt worden. Darüber gebe es auch ein Protokoll.

Nicht das Päckchen mit der Petschaft Nr. 8011, aber die Geschichte mit der Sicherung des Goldes bei der Exhumierung der Opfer des Faschismus aus dem Maitagen des Jahres 1971 taucht drei Jahrzehnte später wieder auf. Allerdings nicht als Erinnerung an das SS-Massaker in Jamlitz oder die Bemühungen der Gerichtsmediziner, der Justiz und des MfS bei der Bergung der Opfer.

Der *Ostdeutsche Rundfunk Brandenburg* lieferte am 2. Oktober 2001, als Beitrag zum »Tag der deutschen Einheit«, in der Sendung *Klartext* über die »geschändeten KZ-Opfer von Jamlitz« den Auftakt zur Verleumdungsaktion.

Mit etwas Abstand und weniger Krawall brachte die *Süddeutsche Zeitung* einen ganzseitigen Beitrag. In dem finden sich einige aufschlussreiche Details aus der Erinnerung von Dr. Karl-Heinz Frank, der damals an den gerichtsmedizinischen Untersuchungen beteiligt war. Sie fanden weder bei *Bild* noch in der *Welt* Erwähnung. Denn: Frank bestätigte weitgehend die Darstellungen von Karli Coburger: »An der Böschung liegen schräg an der Hangebene in einem 24 Meter langen und zwei bis vier Meter breiten Streifen die Skelette in mehreren Schichten, meist quer zum Hang oder mit Kopf und Brust oberflächlich, Becken und Beine von anderen Schichten bedeckt bzw. mit dem Kopf in der Tiefe und die Beine anderen Skeletten aufliegend. […] Die Toten mussten einfach abgekippt worden sein, ihre Knochen lagen unter- und übereinander, die Bergung war schwierig. Auf einer planierten Fläche wurden die Skelette in Reihen aufgebahrt und begutachtet.«

Dr. Frank weiter: »Ein Teil des Zahngolds war lose.« Die Kiefer seien durch Schüsse zertrümmert, Schädel von Baumwurzeln durchwachsen gewesen, Brücken und Prothesen hätten im Sand gelegen oder sich beim Umbetten gelöst. Es gab Bedenken, dass etwas verlorengeht oder gestohlen wird. Also hätten die Ärzte alles, was lose war, auch »das Zahngold in Beuteln gesammelt. Für jedes Skelett einen Beutel.«

Das alles, so Frank, sei 30 Jahre her, an viele Details erinnere er sich nicht mehr. »Er wisse nur, dass es keine Anordnung gab, Zahngold herauszubrechen«, notierte die *Süddeutsche Zeitung* am 8. November 2001 (S. 3: »Das Erbe einer doppelten Vergangenheit«).

Als Kronzeuge dieses exemplarischen Beitrags zur staatlich verordneten Kriminalisierung der DDR dient Andreas Weigelt. In der kleinen KZ-Gedenkstätte Lieberose hatte er eine ABM-Stelle zur Erforschung der beiden Lagergeschichten von Jamlitz erhalten. Die *Süddeutsche* weiß: »Inzwischen bezahlt eine Stiftung seine Stelle und die Fahrten in die Archive nach Berlin, Potsdam, Moskau. In Cottbus fand er die Ermittlungsakte Nr. 73 der Stasi.«

Das ist die Akte mit dem gesamten Vorgang Jamlitz und allen hier aufgeführten MfS-Dokumenten, die auch dem Autor (mit dem bei der Birthler-Behörde gebräuchlichen Stempel »Kopie BStU«) vorliegen. Sie werden nun von Weigelt auseinandergenommen, infrage gestellt, nach Gutdünken interpretiert und ausgedeutet. Der ob der Brisanz der Angelegenheit nachvollziehbare vorsorgliche Vermerk eines Mitarbeiters der DDR-Generalstaatsanwaltschaft »Die Opfer weisen zum Teil viel Zahngold auf. Dieser Faktor darf bei der Umbettung nicht ganz unberücksichtig bleiben« – wird als Aufforderung zum Raub interpretiert. »Er bleibt nicht unberücksichtigt«, kommentiert denn auch *Die Welt* am 27. Juli 2007. »Den weitgehend verwesten Leichen entnehmen (!) Männer der Staatssicherheit insgesamt 1.080 Gramm Zahngold, bevor die Leichen entgegen dem jüdischen religiösen Recht eingeäschert werden.«

Und dann die Stasi-Totschlagkeule: »Erschütternd daran: Nicht wesentlich anders haben es auch die Nazis gehalten – der SS-Hauptsturmführer Bruno Melmer lieferte ab 1942 insgesamt 76mal Zahngold bei der damaligen Reichsbank ab. Es war in den Vernichtungslagern aus den Kiefern ermordeter Juden herausgebrochen worden.«

Da war es: Die Bergung der Opfer eines faschistischen Massenmordes durch DDR-Organe wurde mit der industriemäßigen Ermordung der Juden in den Vernichtungslagern und der Verwertung des dabei geraubten Goldes für die Kriegsführung des Regimes durch die Firma Degussa gleichgesetzt.

Anmerkungen

1 Jot: Die »Geheimakte« des KZ Buchenwald. In: Unaufgefordert, 6. Jg., Nr. 62 vom 5. Dezember 1994, S. 33.

2 Lutz Niethammer (Hg.): Der »gesäuberte« Antifaschismus. Die SED und die roten Kapos von Buchenwald. Dokumente, Berlin 1994, S. 12.

3 Wenn nachstehend im Text das Wort »Ausstellung« ohne weitere Verweise auftaucht, dann ist stets diese Exposition gemeint.

4 Detlef Joseph: Vom angeblichen Antisemitismus der DDR, Berlin 2008.

5 Thomas Haury: Antisemitismus von links. Kommunistische Ideologie, Nationalismus und Antizionismus in der frühen DDR, Hamburg 2002.

6 ebenda, S. 460.

7 Karl-Dieter Bünting: Deutsches Wörterbuch, Chur 1996, , S. 38.

8 Thomas Haury, a. a. O., S. 432f.

9 Anetta Kahane: »Manche Dinge brauchen eben Zeit«. In: Richard Chaim Schneider: Wir sind da! Die Geschichte der Juden in Deutschland von 1945 bis heute, München 2000, S. 333f. (*Auslassung im Original - D. J.*)

10 »Ich war nicht gemacht für die DDR«. Interview mit Anetta Kahane. *taz.de* vom 30. August 2004.

11 »Weil für mich jeder Mensch etwas Besonderes ist« – Gespräch mit Anetta Kahane. In: *Jüdische Zeitung,* Mai 2006.

12 ebenda.

13 *Neues Deutschland* vom 12./13. März 2005.

14 Edmund Silberner: Sozialisten zur Judenfrage, Berlin 1962.

15 a. a. O., S. 6.

16 a. a. O., S. 127.

17 a. a. O., S. 127.

18 a. a. O., S. 127.

19 a. a. O., S. 127.

20 a. a. O., S. 128.

21 Karl Marx/Friedrich Engels: Werke (MEW) 6, S. 25f..

22 Silberner, a. a. O., S. 128.

23 MEW 7, S. 15.

24 Silberner, a. a. O., S. 128.

25 MEW 7, 25.

26 MEW 8, 151.

27 MEW 12, 27.

28 Silberner, a. a. O., S. 128.

29 ebenda.

30 MEW 14, 756.

31 Silberner, a. a. O., S. 128.

32 Silberner, a. a. O., S. 135.

33 MEW 8, 50.

34 Vgl. Lenni Brenner: Zionismus und Faschismus, Berlin 2007.

35 Silberner, a. a. O., S. 134.

36 MEW 10, 175f.

37 Silberner, a. a. O., S. 135.

38 MEW 10, 176.

39 Silberner, a. a. O., S. 136.

40 ebenda.

41 MEW 28, 224.

42 MEW 28, 226 – die fremdsprachigen Teile dieses Textes wurden hier ins Deutsche übertragen.

43 MEW 28, 495.

44 MEW 28, 604-609 (609).

45 MEW 28, 617.

46 MEW 29, 26- 28 (26).

47 MEW 29, 31.

48 MEW 29, 134.

49 MEW 29, 333. Beide ferner: 29/401, 402, 404, 408, 454.

50 MEW 29, 336, 349, 405, 454, 504; Bd. 30/ 14, 59, 276, 278, 279.

51 MEW 30, 26, 27, 30, 65, 68, 71, 73, 207, 258, 261, 270, 278, 280, 307, 322, 340, 344, 345, 350, 356, 368f., 403.

52 MEW 29, 31

53 MEW 29, 134.

54 MEW 30, 258 f.

55 Silberner, a. a. O., S. 137; MEW 30, 165.

56 MEW 30, 161

57 MEW 30, 717 Anm. 184.

58 MEW 30, 164.

59 MEW 30, 429.

60 MEW 30, 432 – die fremdsprachigen Ausdrücke wurden in Deutsch übernommen.

61 Brief von Karl Marx wird versteigert. In: *Neues Deutschland* vom 15./16. März 2008, S. 17.

62 MEW 31, 451-453.

63 MEW 35, 178.

64 MEW 31, 527f.

65 MEW 32, 7.

66 MEW 32, 32.

67 MEW 32, 81.

68 MEW 32, 290.

69 Heinrich Heine: Werke in zehn Bänden, Berlin-Weimar, Bd. 2, S. 163 u.178.

70 MEW, Ergänzungsband II. Teil, S. 414.

71 MEW, Ergänzungsband II. Teil, S. 355.

72 Silberner, a. a. O., S. 145.

73 Silberner, a. a. O., S. 146.

74 »Reforme«, zitiert in MEW 4, 389.

75 MEW 20, 104.

76 MEW 22, S. 570, Anm. 80.

77 MEW 22, 49ff.

78 MEW 36, 424.

79 Silberner, a. a. O., S. 155.

80 MEW 38, 155.

81 Silberner, a. a. O., S. 328, Anm. 100.

82 MEW 37, 8f. – die fremdsprachigen Worte wurden in Deutsch übernommen.

83 MEW 38, 228.

84 MEW 38, 40.

85 MEW 38, 234.

86 MEW 38, S. 620, Anm. 316.

87 MEW 38, 248. Siehe auch MEW 38, 405.

88 MEW 38, 403.

89 MEW 38, 518f.

90 Dokumente und Materialien zur Geschichte der Deutschen Arbeiterbewegung, Bd. III, 1871-1893, Berlin/DDR 1974, S. 399.

91 MEW 37, 76 (Brief vom 23. Juli 1888 an Laura Lafargue).

92 Renate Kirchner: Rezension zu Stefan Heym: Lassalle. In: *Nachrichtenblatt*, Dezember 1974, S. 23.

93 Silberner, a. a. O., S. 126.

94 MEW 32, 243.

95 MEW 32, 383.

96 MEW 32, 423.

97 MEW 32, 566f.

98 Die »Jüdische Gemeinde Adass Jisroel« wird in dieser Publikation ausdrücklich nicht behandelt. Der Standpunkt von Mario Offenberg, der
sich gegen einen »Alleinvertretungsanspruch der Jüdischen Gemeinde zu
Berlin« wendet, wird lediglich zur Kenntnis genommen (vgl.
scheinschlag, Juli/August 1991, S. 3).

99 Julius H. Schoeps: Jüdisches Leben in Nachkriegsdeutschland. In: Jüdische Lebenswelten. Essays, Berlin 1991, 373.

100 Hermann Matern: Über die Durchführung des Beschlusses des ZK der
SED »Lehren aus dem Prozess gegen das Verschwörerzentrum Slansky«,
Berlin 1954, S. 71-90.

101 Prozess gegen die Leitung des staatsfeindlichen Verschwörerzentrums
mit Rudolf Slansky an der Spitze, Prag 1953, S. 53f.

102 ebenda, S. 604.

103 Dokumente der SED, Bd IV, Berlin 1954, S. 199-219.

104 Dokumente der SED, Bd IV, Berlin 1954, S. 394-414.

105 Vgl. Angelika Timm: Hammer, Zirkel, Davidstern. Das gestörte Verhältnis der DDR zu Zionismus und Staat Israel, Bonn 1997, S. 111-126.

106 Michael Schmitz: »Jetzt weht ein freier Geist«. In: *Die Zeit*, Nr.17 vom
22. April 1988.

107 Als Beispiele: Ulrike Offenberg: »Seid vorsichtig gegen die Machthaber«. Die jüdischen Gemeinden in der SBZ und der DDR 1945 bis 1990, Berlin 1998; Lothar Mertens: Davidstern unter Hammer und Zirkel. Die Jüdischen Gemeinden in der SBZ/DDR und ihre Behandlung durch Partei und Staat 1945-1990, Hildesheim-Zürich-New York 1997.

108 Andreas Herbst: Großmutter im Sterben. Die Flucht der Repräsentanten der Jüdischen Gemeinden 1953 aus der DDR. In: Annette Leo/Peter Reif-Spirek:(Hrsg): Helden, Täter und Verräter: Studien zum DDR-Antifaschismus, Berlin 1999, S. 13-35.

109 ebenda, S. 18f.

110 Dokumente der Sozialistischen Einheitspartei Deutschlands, Bd. IV, Berlin 1954, S. 394-409.

111 Jutta Illichmann: Die DDR und die Juden. Die deutschlandpolitische Instrumentalisierung von Juden und Judentum durch die Partei- und Staatsführung der SBZ/DDR von 1945 bis 1990, Frankfurt am Main/Berlin/Bern/ New York/Paris/Wien 1997, Zugl. Bonn, Univ. Diss., 1997; S. 183.

112 a. a. O.; S. 189.

113 Betrifft: Jüdische Gemeinden in der DDR – SAPMO-BArch, DO 4, 1333, 635 ff.

114 SAPMO-BArch, DO 4, 1333, 587ff.

115 Protokoll über die außerordentliche Sitzung des Verbandes der Jüdischen Gemeinden in der DDR in Halle/Saale am 17. Januar 1960 – SAPMO-BArch-DO4/1333, 584f.

116 a. a. O., 621f.

117 a. a. O., 623 f.

118 *Nachrichtenblatt*, Dezember 1971, S. 7.

119 Protokoll vom 21. 11. 1962. SAPMO-BArch-DO4/1334, 1114 f.

120 a. a. O., S. 1118.

121 *Neues Deutschland* vom 11. Februar 1967.

122 Kurt Cohn: Die Unverjährbarkeit von Verbrechen gegen die Menschlichkeit ist ein Gebot des Friedens. In: *Nachrichtenblatt*, Juni 1967, S. 3-6.

123 Hans Wilke: Information zur Situation der jüdischen Gemeinden in der DDR vom 2. Juni 1976, SAPMO-BArch DO4/1334, S.1026..

124 a. a. O., S. 1027.

125 Konzeption vom 17. Januar 1973 zum Gespräch mit den Leitern jüdischer Gemeinden in der DDR am 30. Januar 1973. Vorlage für die Dienstbesprechung am Montag, dem 22. Januar 1973 – SAPMO-BArch DO 4/1341, 467-471.

126 Michael Wolffsohn: Die Deutschland Akte. Tatsachen und Legende, München 1995, S. 94 ff.

127 Zur Beurteilung des Aggressionskrieges von 1967 vgl. Tom Segev: 1967 –Israels zweite Geburt, München 2007, S. 403,

128 a. a. O., S. 407.

129 a. a. O., S. 433.

130 a. a. O., S. 434.

131 Brief Eugen Gollomb vom 16. April 1974 – SAPMO-BArch DO 4/ 1341, S. 508

131a Konzeption vom 17. Januar 1973 …, a. a. O., S. 125

132 Peter Kirchner: Ein schönes Finale. In: Ulrich Eckhardt/Andreas Nachama (Hg.): Jüdische Berliner. Leben nach der Schoa, Berlin 2003, S. 158.

133 a. a. O., S. 159.

134 ebenda.

135 SAPMO-BArch DO 4/1341, S. 463f.

136 Information vom 28. Februar 1973 über das Gespräch mit den Vorsitzenden der jüdischen Gemeinden in der DDR am 30.1.1973 – SAPMO-BArch DO 4/1341, S. 460-466.

137 Michael Wolffsohn, a. a. O., S. 94f.

138 SAPMO-BArch DO 4/1341, S. 464.

139 Brief von Peter Kirchner vom 28. Juni 1974. SAPMO-BArch DO 4/1341, S.498.

140 Kurt Cohn: Zur Geschichte der deutschen Juden in der Zeit von 1933-1938. In: *Nachrichtenblatt*, September 1974, S. 6f.

141 Hrsg. von Dieter Fricke u.a.: Lexikon zur Parteiengeschichte. Die bürgerlichen und kleinbürgerlichen Parteien und Verbände in Deutschland (1789-1945). In vier Bänden, Leipzig 1983-1986.

142 Peter Kirchner: Die Jüdischen Gemeinden in der DDR. In: *begegnung* 2/1974, S. 7ff.

143 a. a. O., S. 9.

144 Dr. Wilke: Vorlage an die Dienstbesprechung am 22.6.1981. SAPMO-BArch DO 4/ 1346, S. 253.

145 Brief an Klaus Gysi vom 16, Juli 1982. SAPMO-BArch DO 4/ 1337, S. 1344.

146 Peter Kirchner: Diskussionsbeitrag auf der Plenartagung des Friedensrates der DDR am 16. Juli 1982 in der Volkskammer. SAPMO-BArch DO 4/ 1337, S, 1345.

147 Michael Wolffsohn, a. a. O., S. 97.

148 Peter Kirchner: Diskussionsbeitrag …, a. a. O., S. 1346.

149 SAPMO-BA DO 4/1334, S. 1154 f.

150 Als Beispiel sei auf das *Nachrichtenblatt*, Dezember 1978, S. 20 verwiesen.

151 Oljean Ingster/Rüdiger Rätzke: Schalom ist hier nicht nur Wunsch. In: *Berliner Zeitung* vom 24. Januar 1989.

152 *Neues Deutschland* vom 16. Oktober 2008.

153 Dass jede sich bietende Gelegenheit zur Hetze gegen die DDR genutzt wird, kann man aus dem folgenden Satz entnehmen: »Mit der Wiedervereinigung erhielt die große Synagoge Polizeischutz. Im Polizeistaat DDR war dies nicht notwendig gewesen.« (Igal Avidan: Ein Leben wie auf einem Holzfloß. In: *Das Parlament* Nr. 39/2004: Beilage »Aus Poli-

tik und Zeitgeschichte«. Dass die ungefährdete Existenz der Synagoge möglicherweise der Tatsache geschuldet ist, dass es in der DDR eben keinen grassierenden Antisemitismus gab, darf nicht sein.

154 Bücher neben der Synagoge. In: *Wochenpost* Nr. 11/1988, S. 3.

155 Feststellungen Kirchners, zitiert in einem Zeitungsartikel von Oljean Ingster/Rüdiger Rätzke: Schalom ist hier nicht nur Wunsch. In: *Berliner Zeitung* vom 24. Januar 1989.

156 Peter Kirchner: Die Jüdische Gemeinde von Ost-Berlin. In: Robin Ostow: Jüdisches Leben in der DDR, Frankfurt am Main 1988, S. 39.

157 Igal Avidan: Ein Leben wie auf einem Holzfloß. In: *Das Parlament* Nr. 39 vom 20. September 2004.

158 Peter Kirchner. In: Wolfgang Herzberg (Hg.): Überleben heißt Erinnern. Lebensgeschichten deutscher Juden, Berlin-Weimar 1990, S. 390.

159 Kennzeichen J. Bilder, Dokumente, Berichte zur Geschichte der Verbrechen des Hitlerfaschismus an den deutschen Juden 1933-1945. Herausgegeben von Helmut Eschwege. Mit einem Geleitwort von Arnold Zweig, einer Einleitung von Rudi Goguel und einer Chronik der faschistischen Judenverfolgungen von Klaus Drobisch, Berlin/DDR 1966, 2., erw. Aufl. 1981. 1980 erschien eine Lizenzausgabe im Röderberg-Verlag, Frankfurt a. M.

160 Helmut Eschwege: Fremd unter meinesgleichen. Erinnerungen eines Dresdner Juden, Berlin 1991, S. 184.

161 »Jüdisches Leben in der DDR« – *Sender Freies Berlin* (SFB) III, 31. Mai 1987, 8.30 Uhr.

162 Lothar Mertens: Davidstern unter Hammer und Zirkel., Hildesheim-Zürich-New York 1997, S. 102.

163 a. a. O., S. 105.

164 a. a. O., S. 106.

165 Peter Ullrich: Begrenzter Universalismus. Sozialismus, Kommunismus, Arbeiter(innen)bewegung und ihr schwieriges Verhältnis zu Judentum und Nahostkonflikt, Berlin 2007, S. 28.

166 Lothar Mertens, Davidstern …, a. a. O., S. 102.

167 Hans Wilke: Information vom 2. Juni 1976 zur Situation der Jüdischen Gemeinden in der DDR. SAPMO-BArch DO 4/ 1334, S. 1031.

168 Horst Helas: Fast zwanzig Jahre später: Zur »linken« Streitkultur in Deutschland. In: *Rundbrief* 4/08 (AG Rechtsextremismus/Antifaschismus beim Bundesvorstand der Partei DIE LINKKE), S. 22.

169 Zu den beiden Genannten vgl. u. a. Peter Maser: Juden und Jüdische Gemeinden in der Innenpolitik der DDR. In: Werner Bergmann u.a. (Hsg.): Schwieriges Erbe. Der Umgang mit Nationalsozialismus und Antisemitismus in Österreich, der Deutschen Demokratischen Republik und der Bundesrepublik Deutschland, Frankfurt am Main/New York 1995, S. 351-353.

170 *Nachrichtenblatt*, März 1981, S. 24.

171 a. a. O., S. 28.

172 Norbert Podewin: Albert Norden. Der Rabbinersohn im Politbüro. Eine Biographie, 2. korr. Aufl., edition ost, Berlin 2003, S. 327f.

173 Peter Maser: Juden und Jüdische Gemeinden in den verschiedenen Phasen der SED-Diktatur. In: Materialien der Enquete-Kommission »Aufarbeitung von Geschichte und Folgen der SED-Diktatur in Deutschland« (12. Wahlperiode des Deutschen Bundestages) hrsg. vom Deutschen Bundestag, Bd. III. 3, S. 1550-1597.

174 a. a. O., S. 1583.

175 Kurt Pätzold (Hg.): Verfolgung, Vertreibung, Vernichtung. Dokumente des faschistischen Antisemitismus 1933 bis 1942, Leipzig 1983 (Reclam 1008).

176 Kurt Pätzold: Faschismus, Rassenwahn, Judenverfolgung. Eine Studie zur politischen Strategie und Taktik des faschistischen deutschen Imperialismus (1933-1935), Berlin/DDR 1975.

177 Kurt Pätzold/Irene Runge: Pogromnacht 1938, Berlin//DDR 1988.

178 Peter Maser: Juden und Jüdische Gemeinden in der Innenpolitik der DDR. In: Werner Bergmann/Rainer Erb/Albert Lichtblau (Hg.): Schwieriges Erbe. Der Umgang mit Nationalsozialismus und Antisemitismus in Österreich, der Deutschen Demokratischen Republik und der Bundesrepublik Deutschland, Frankfurt am Main/New York 1995, S. 349.

179 Arne Jörgensen: Israel intern. Ereignisse-Tatsachen-Zusammenhänge, Berlin/DDR 1984. Verwiesen sei noch auf: Günter Engmann: Spannungsherd Nahost. Kriege zwischen Israel und den Arabern, Berlin/DDR 1981; Martin Robbe: Kein Friede in Nahost? Die Araber, ihr Befreiungskampf und Israel, 2. überarb. U. erweiterte Aufl., Berlin/DDR 1982; Hans Lebrecht: Die Palästinenser. Geschichte und Gegenwart, Berlin/DDR 1984; Tom Freund: ZAHAL-Report. Geist und Moral der israelischen Armee, 2. verb. Auflage, Berlin/DDR 1988.

180 Siehe beispielsweise das Kapitel »Karin Mylius: Eine Hochstaplerin als Vorsitzende der Jüdischen Gemeinde zu Halle«. In: Frank Hirschinger: Fälschung und Instrumentalisierung antifaschistischer Biographien. Das Beispiel Halle/Saale 1945-2005, Göttingen 2007, S. 113-136.

181 Der Wortlaut der von Professor Dr. Kurt Steiniger vorgetragenen Laudatio ist veröffentlicht im *Nachrichtenblatt*, August 1961, S. 7-9. Der breiten Öffentlichkeit war die Laudatio zugänglich in der Zeitschrift *Forum* Nr. 28/1981, S. 4.

182 Peter Kirchner: Die Jüdischen Gemeinden in der DDR. In: Begegnung, 2/1974, S. 7

183 »Jüdisches Leben in der DDR« – *Sender Freies Berlin* (SFB) III – 31. Mai 1987, 8.30 Uhr.

184 *Nachrichtenblatt*, Dezember 1978, S. 2.

185 *Nachrichtenblatt*, September 1979, S. 2.

186 *Nachrichtenblatt*, Dezember 1979, S. 2.

187 *Nachrichtenblatt*, Juni 1981, S. 2.

188 *Nachrichtenblatt*, Dezember 1984, S. 2.

189 Zum Gespräch des Staatssekretärs mit dem Präsidium des Verbandes und den Vorsitzenden der Jüdischen Gemeinden in der DDR vom 16. Dezember 1980. SAPMO-BArch DO 4/ 1341, S. 459.

190 Harry Waibel: Kritik des Antisemitismus in der DDR. In: *www.stiftung-sozialgeschichte.de*.

191 Für Beispiele siehe Angelika Timm: Hammer Zirkel Davidstern. Das gestörte Verhältnis der DDR zu Zionismus und Staat Israel, Bonn 1997, S. 98-106.

192 Peter Kirchner. Brief vom 16. Juli 1982 an Staatssekretär Klaus Gysi. SAPMO-BArch DO 4/ 1337, S. 1344.

193 Kopie des Briefes von Dr. Peter Kirchner vom 15. Januar 1985 (*Archiv des Autors – D. J.*).

194 Kopie des Briefes von Chefredakteur Karl Heinz Semmelmann vom 22. Januar 1985 (*Archiv des Autors – D. J.*).

195 Kopie des Briefes von Stefan Heym vom 10. Dezember 1985 (*Archiv des Autors – D. J.*).

196 Kopie des Briefes vom 11. Dezember 1985 (*Archiv des Autors – D. J.*).

197 Kopie des Briefes von Chefredakteur Dieter Kerschek vom 18. Dezember 1985 (*Archiv des Autors – D. J.*).

198 *Nachrichtenblatt*, September 1974, S. 2.

199 *Nachrichtenblatt*, März 1975, S. 2.

200 *Nachrichtenblatt*, März 1977, S. 2.

201 *Nachrichtenblatt*, September 1989, S. 2.

202 Peter Kirchner. In: Wolfgang Herzberg (Hg.): Überleben heißt Erinnern. Lebensgeschichten deutscher Juden, Berlin-Weimar 1990, S. 412. »Die Gespräche wurden 1988 und in der ersten Hälfte des Jahres 1989 geführt« (S. 435).

203 SAPMO-BArch, DO 4/1341, 408.

204 *Nachrichtenblatt der Jüdischen Gemeinde von Groß-Berlin und des Verbandes der Jüdischen Gemeinden in der Deutschen Demokratischen Republik*, Dresden-Berlin, März 1973, S. 2.

205 SAPMO-BArch, DO 4/1341, 397.

206 Siegmund Rotstein, Dr. Peter Kirchner, Hans-Joachim Levy und Raphael Scharf-Katz: Unsere Meinung. In: *Nachrichtenblatt des Verbandes der Jüdischen Gemeinden in der Deutschen Demokratischen Republik*, Dresden, Dezember 1989.

207 Siegmund Rotstein, Karl-Marx-Stadt; Dr. Peter Kirchner, Berlin; Hans-Joachim Levy, Magdeburg; Raphael Scharf-Katz, Erfurt: »Unsere Meinung«. In: *Nachrichtenblatt des Verbandes der Jüdischen Gemeinden in der Deutschen Demokratischen Republik*, Dresden , März 1990, S. 2

208 *Nachrichtenblatt*, Juni 1990, S. 2.

209 Volkskammer der Deutschen Demokratischen Republik. Stenographische Niederschrift, 10. Wahlperiode, 2. Tagung, 12. April 1990, S. 23.

210 *Nachrichtenblatt*, September 1990, S. 2.

211 Peter Kirchner: Stellungnahme. (Archiv des Autors – D. J.)

212 Peter Kirchner: Ein schönes Finale …, a. a. O., S. 166.

213 »Man hofft, solange man atmet« -in: *Spiegel* 4/2005 (24.1.2005), S. 71.

214 Horst Helas, Fast zwanzig Jahre …, a. a. O., S. 22.

215 Angelika Timm, Hammer, Zirkel, Davidstern …, a. a. O., S. 391.

216 Conrad Taler: Nichts gelernt. In: *Neues Deutschland* vom 8./9. November 2008.

217 Norbert Podewin: Albert Norden …, a. a. O., S. 8f. Angemerkt sei, dass ein von Norden im Dezember 1926 veröffentlichter Artikel »Gegen den Zionismus« 1974 in seinem Buch »Fünf Jahrzehnte im Dienst seiner Klasse. Ausgewählte Aufsätze und Reden 1922-1974« publiziert wurde.

218 Anna Seghers: Glauben an Irdisches. Essays, Leipzig1969, S. 341.

219 Horst Helas: Fast zwanzig Jahre später …, a. a. O., S. 21f.

220 Thomas Grimm (Hg.): Was von den Träumen blieb, Berlin 1993, S. 100f.

221 Peter Kirchner: Preußische Verhaltensweisen in der deutsch-jüdischen Gemeinschaft. In: Robin Ostow: Juden aus der DDR und die deutsche Wiedervereinigung, Berlin 1996, S. 30f.

222 L. Joseph Heid: Unempfindlich bis immun. Zum 90. Todestag Rosa Luxemburgs. In: *Jüdische Zeitung*, Januar 2009

223 Ruth Werner: Sonjas Report, Berlin/DDR 1977.

224 Cecilie (1886-1954), geb. Prinzessin von Mecklenburg-Schwerin, seit 1905 mit dem deutschen Kronprinzen Wilhelm von Preußen verheiratet. (Brockhaus Enzyklopädie, Bd. 4, Mannheim 1987, S.377).

225 Angelika Timm: Aktuelle Aspekte der strategischen Kooperation USA – Israel. In: Asien, Afrika, Lateinamerika, Band 12, Heft 2/1984, S. 285ff.; dies.: Zionismus – Anspruch und Realität. Zur Rolle der zionistischen Weltorganisation in der Politik Israels. In: a. a. O., Band 12, Heft 5/1984, S. 877; dies.: Ergebnisse und Rückwirkungen der israelischen Okkupationspolitik. In: a. a. O., Band 15, Heft 6/1987, S. 1002ff.

226 Angelika Timm: Zionismus. Neue Sicht auf eine umstrittene Ideologie. In: *Horizont-International* 19/1990, S. 37.

227 *Nachrichtenblatt*, März 1984, S. 2.

228 Brief Dr. Peter Kirchner an den Staatssekretär für Kirchenfragen in der Deutschen Demokratischen Republik Hans Seigewasser vom 27. November 1975 – SAPMO-BArch DO 4/ 1371, S. 913-919.

229 a. a. O., S. 917f.

230 Klaus Wilczynski: Was ist denn nun Zionismus wirklich? In: *Berliner Zeitung* vom November 1975 (?)

231 Lenni Brenner: Zionism in the Age of the Dictators, Lawtence Hill & Co, 1983. Deutsch: Zionismus und Faschismus. Über die unheimliche Zusammenarbeit von Zionisten und Faschisten, Berlin 2007.

232 Michael Krupp: Die Geschichte des Zionismus, Gütersloh 2001, S. 7.

233 Bertelsmann Lexikon Geschichte, Gütersloh 1991, S. 827.

234 Michael Krupp: Die Geschichte des Zionismus, Gütersloh 2001, S. 42f.

235 Lenni Brenner: Zionismus und …, a. a. O.

236 Balfour-Deklaration aus Wikipedia, der freien Enzyklopädie.

237 Walter Laqueur: A dictionary of Politics, London 1973, S. 35 (engl.).

238 Arne C. Seifert: Üble koloniale Ränkespiele. In: *Neues Deutschland* vom 27./28. Oktober 2007.

239 Meyers Neues Lexikon, Bd. 8, Leipzig 1964, S. 900. (*Die im Stichwort gegebenen Abkürzungen wurden hier ausgeschrieben – D. J.*).

240 Taschenlexikon für Zeitungsleser (Neue Ausgabe), Berlin 1985, S. 273.

241 Sachwörterbuch der Geschichte Deutschlands und der deutschen Arbeiterbewegung, Bd. 2, Berlin 1970, S. 865.

242 »Weil für mich jeder Mensch etwas Besonderes ist« – Gespräch mit Anetta Kahane. In: *Jüdische Zeitung*, Mai 2006.

243 Meyers Neues Lexikon, Bd. 4, Leipzig 1962, S. 456-460.

244 Kleine Enzyklopädie Weltgeschichte, Bd. 1, Leipzig 1981, S. 510-515. Siehe auch: Kleine Enzyklopädie Weltgeschichte. Die Länder der Erde von A bis Z, Leipzig 1964, S. 391-394.

245 Asher Ben Nathan: »Wir benahmen uns, als wären wir die Besatzungsarmee«. In: Richard Chaim Schneider (Hg.): Wir sind da! Die Geschichte der Juden in Deutschland von 1945 bis heute, Berlin 2000, S. 212.

246 David Biale: Kommt der Erlöser? Kommt die Erlösung? In: Andreas Nachama u. a. (Hg.): Jüdische Lebenswelten. Essays, Berlin 1991, S. 51.

247 Walter Müller/Ingo Steiger/Horst Westphal: Völkerrechtliche Aspekte der aggressiven Rolle Israels im Nahen Osten. In: *Staat und Recht*, 10/1965, S. 1712-1730.

248 Helmut Eschwege: Fremd unter meinesgleichen. Erinnerungen eines Dresdner Juden, Berlin 1991, S. 113.

249 a. a. O., S. 112.

250 Angelika Timm: Israel in den Medien der DDR. In: Jahrbuch für Antisemitismusforschung – 2, Frankfurt-New York 1993, S. 154 ff.

251 Walter Müller/Ingo Steiger/Horst Westphal: Völkerrechtliche Aspekte der aggressiven Rolle Israels im Nahen Osten. In: *Staat und Recht*, 10/1965, S.1717f. Bei Timm zitiert auf S. 163.

252 Harald Biskup: Ein schwieriges Erbe. In: *Kölner Stadt-Anzeiger* vom 25. März 1988.

253 Justus Wertmüller: Das grüne Band der Sympathie. In: *konkret*, 5/1996, S. 23.

254 Helmut Eschwege: Fremd unter meinesgleichen. ..., a. a. O., S. 36f.

255 ebenda, S. 48.

256 Peter Kirchner: Die Jüdische Gemeinde von Ost-Berlin. In: Robin Ostow: Jüdisches Leben in der DDR, Frankfurt am Main 1988, S. 36.

257 Julius H. Schoeps: Jüdisches Leben im Nachkriegsdeutschland. In: Andreas Nachama u.a. (Hg.): Jüdische Lebenswelten. Essays, Berlin 1991, S. 375.

258 *Nachrichtenblatt*, Juni 1975, S. 2.

259 *Nachrichtenblatt*, März 1978, S. 2.

260 *Nachrichtenblatt*, März 1981, S. 2.

261 Resolution des Informationsbüros über die Lage in der Kommunistischen Partei Jugoslawiens. In: Neues Deutschland vom 30. Juni 1948;
Die theoretische und praktische Bedeutung der Entschließung des
Informationsbüros über die Lage in der KP Jugoslawiens und die Lehren für die SED. Entschließung des Parteivorstandes vom 16. September 1948. In: Dokumente der Sozialistischen Einheitspartei Deutschlands, Bd. II, Berlin/DDR 1950, S. 93 ff.
262 Jeder achte Deutsche ein Antisemit. In: *Spiegel* Nr. 4 vom 20. Januar
1992, S. 50.
263 Mitteilung über die Dreimächtekonferenz von Berlin, 2. August 1945.
In: Das Potsdamer Abkommen. Dokumentsammlung, Berlin/DDR
1975, S. 215-240.
264 Mehr verdrängt als bewältigt? In: *Spiegel* Nr. 3 vom 13. Januar 1992, S.
52.
265 Ursula Homann: Vorurteile ohne Ende? In: *Das Parlament* Nr. 46 vom
8. November 1996, S. 19.
266 Benjamin Weinthal: Kein Antisemitismus ohne Antisemiten. In: *Jüdische Zeitung*, Nr. 2 – Februar 2008, S. 5.
267 Die Täter als Opfer – Interview mit Werner Bergmann. In: *Neues
Deutschland* vom 17. Juni 2002
268 Marxistisch-leninistische Staats- und Rechtstheorie. Lehrbuch, Berlin
1975, S. 45-48.
269 MEW, 28, S. 508.
270 Bertelsmann Lexikon Geschichte, Gütersloh 1991, S. 236 und 172.
271 Hildegard Müller. In: *Das Parlament*, Nr. 17 vom 21. April 2008, S. 2.
272 Stefan Meining: Kommunistische Judenpolitik. Die DDR, die Juden
und Israel, Hamburg 2002, S. 222.
273 Vgl. Michael Wolffsohn: Die Deutschland Akte, München 1995, S. 320.
274 Franz Loeser: Antizionismus gleich Antisemitismus? In: *Die Weltbühne*
Nr. 50 vom 16. Dezember 1975, S. 1580-1582.
275 ebenda.
276 Prozess gegen die Leitung des staatsfeindlichen Verschwörerzentrums
mit Rudolf Slansky an der Spitze, Prag 1953, S. 137.
277 Oberstes Gericht der Deutschen Demokratischen Republik, Urteil vom
30. März 1955. In: Jeffrey Herf: Antisemitismus in der SED. Geheime
Dokumente zum Fall Paul Merker aus SED- und MfS-Akten. In: *Vierteljahreshefte für Zeitgeschichte*, 4/1994, S. 643ff.
278 Norbert Podewin: Albert Norden. Der Rabbinersohn im Politbüro, 2.
korr.. Auflage, Berlin 2003, S. 258.
279 Oberstes Gericht […], S. 647.
280 Arno Lustiger: ROTBUCH: Stalin und die Juden. Die tragische
Geschichte des Jüdischen Antifaschistischen Komitees und der sowjetischen Juden, Berlin 1998.
281 Im Personenverzeichnis des Buches »Der Deckname« (Berlin/DDR
1981) wird Merker 30 Mal und das des Buches »Mit offenem Visier«

(Berlin/DDR 1986) 37 Mal genannt, ohne jeglichen Verweis auf dessen Verfolgungen in der DDR.

282 Dokumente der Sozialistischen Einheitspartei Deutschlands, Bd. IV, Berlin/DDR 1954, S. 199ff.

283 a. a. O., S. 202.

284 Der Bericht N. S. Chruschtschows an den XX. Parteitag der KPdSU im Februar 1956 war nur die Spitze des Eisbergs. Nachfolgende Publikationen legten detailliert dar, welche Untaten insbesondere auch gegen sowjetische Juden verübt wurden. Vgl. unter anderem Louis Rapoport: Hammer, Sichel, Davidstern. Judenverfolgung in der Sowjetunion, Berlin 1992; Arno Lustiger: Rotbuch: Stalin und die Juden. Die tragische Geschichte des Jüdischen Antifaschistischen Komitees und der sowjetischen Juden, Berlin 1998. Erst 1963 wurden Rudolf Slansky und seine Mitangeklagten postum rehabilitiert.

285 Vgl. das Urteil des Obersten Gerichts der DDR vom 30. März 1955. In: *Vierteljahreshefte für Zeitgeschichte*, Heft 4/1994, S. 643ff.

286 Die Täter als Opfer – Interview mit Werner Bergmann. In: *Neues Deutschland* vom 17. Juni 2002.

287 ebenda.

288 Michael Haller: Der kollektive Wahn. In: *Die Zeit*, Nr. 40 vom 25. September 1992.

289 Alfred Paffenholz: Was macht der Rabbi den ganzen Tag? Das Judentum, Düsseldorf 1995, S. 10.

290 Jugendlexikon a-z, 12. Auflage, Leipzig 1984, S. 327.

291 Horst Sindermann: Wir stehen in den Traditionen des antifaschistischen Kampfes gestern, heute und morgen. In: *Neues Deutschland* vom 9. November 1988.

292 Knut Mellenthin: Wurzellose Kosmopoliten und Vorzeigejuden. In: *Die Weltbühne* Nr. 45 vom 3. November 1992, S. 1418.

293 Heinz Galinski: Die Hoffnungen auf Vernunft sind berechtigt. In: *Berliner Zeitung* vom 5./6. November 1988.

294 Heinz Galinski: Für Deutschland ist dies eine Bewährungsprobe. In. *Horizont*, Nr. 9/1990. S. 9.

295 Konzeption für das Gespräch des Staatssekretärs mit den Vorsitzenden der Jüdischen Gemeinden in der DDR am 22.3.1976, S. 1 – SAPMO-BArch DO 4/ 1341, S. 480.

296 Telegramm von Dr. Peter Kirchner vom 18. Februar 1976 – SAPMO-BArch DO 4/ 1343, S. 1384. U. a. die Nachrichtenagentur *KNA* informierte darüber am 21. Februar 1976.

297 Michael Wolffsohn: Die Deutschland Akte, München 1995, S. 95.

298 Peter Kirchner: Die Jüdischen Gemeinden in der DDR. In: *begegnung*, 2/1974, S. 9.

299 Michael Wolffsohn: Die Deutschland Akte, a. a. O., S. 95.

300 Brief vom 15. Juli 1974, SAPMO-BArch DO 4/1341.

301 Brief vom 26. Juli 1974, SAPMO-BArch DO 4/1341.

302 Brief vom 6. August 1974, SAPMO-BArch DO 4/1341.

303 a. a. O., S. 508.

304 Vereinte Nationen Sicherheitsrat. Resolution 242 (1967) vom 22. November 1967.

305 SAPMO-BArch DO 4/1341, S. 510.

306 *Nachrichtenblatt*, Dezember 1973, S. 14.

307 Julius H. Schoeps: Jüdisches Leben im Nachkriegsdeutschland. In: Andreas Nachama u. a. (Hg.): Jüdische Lebenswelten. Essays, Berlin 1991, S. 376.

308 ebenda.

309 Volkskammer der DDR. 10. Wahlperiode. 2. Tagung. Stenographische Niederschrift (12. April 1990), S. 23.

310 Peter Kirchner: Rezension. In: *Nachrichtenblatt*, September 1973, S. 19.

311 Lenni Brenner: Zionismus und Faschismus …, a. a. O., S. 68.

312 Kurt Pätzold: Faschismus – Rassenwahn – Judenverfolgung. Eine Studie zur politischen Strategie und Taktik des faschistischen deutschen Imperialismus (1933-1935), Berlin/DDR 1975, S. 88.

313 Friedrich Wolf: Professor Mamlock, Leipzig 1982, S. 24 (Reclam 234).

314 Um des Friedens willen. Interview mit Uri Avnery. In: *Jüdische Zeitung*, Februar 2009, S. 6.

315 Mich Brumlik: Wessen Mahnmal? In: *Neues Deutschland*, 10. Mai 2005.

316 Zum Nachfolgenden siehe: Autorenkollektiv: Deutsche Geschichte, Bd. 9. »Die antifaschistisch-demokratische Umwälzung, der Kampf gegen die Spaltung Deutschlands und die Entstehung der DDR von 1945 bis 1949, Berlin/DDR 1989, S. 206ff.

317 Barbara Janott: Information über das Gespräch mit den Vorsitzenden der jüdischen Gemeinden in der DDR am 30.1.1973 – SAPMO-BArch DO 4/1341, 460-466.

318 Avi Primor: Ein Abgrund wurde überwunden. In: *Das Parlament* Nr. 15 vom 11. April 2005.

319 Erklärung des Sprechers des DDR-Außenministerium. In: *Neues Deutschland* vom 9. Juni 1988.

320 Hans Wilke: Information vom 2. Juni 1976 zur Situation der jüdischen Gemeinden in der DDR, SAPMO-BArch DO 4/1334, 1028.

321 ebenda.

322 Karin Hartewig: Zurückgekehrt. Zur Geschichte der jüdischen Kommunisten in der DDR, Köln-Weimar-Wien 2000, S. 461. Monika Schmidt (»Schändungen jüdischer Friedhöfe in der DDR«) bemängelt im Gleichklang mit Hartewig ebenfalls die »Nichtnennung der Juden als Hauptopfer der Vernichtungspolitik im Aufruf des ZK der KPD vom 11. Juni 1945« (S. 24).

323 Aufruf des ZK der KPD vom 11. Juni 1945. In: Revolutionäre deutsche Parteiprogramme, Berlin/DDR 1967, S. 191.

324 ebenda.

325 Protokoll der Berliner Konferenz der drei Großmächte vom 1. August 1945, II A 4. In: Die Potsdamer (Berliner) Konferenz der höchsten Repräsentanten der drei alliierten Mächte – UdSSR, USA und Großbritannien, Moskau-Berlin 1986, S. 386.

326 Irene Runge: Nuancenreiches Nichtverhältnis. In: *Neues Deutschland* vom 10./11. Mai 2008.

327 Matthias Gärtner/David Begrich: So mustergültig war die Aufarbeitung nicht. In: *Neues Deutschland* vom 29. Juni 2007. Eine kritische Betrachtung zu den gesamten Artikel gab Rolf Richter: Zum Umgang mit Faschismus und Antisemitismus in der DDR. In: *Mitteilungen der Kommunistischen Plattform der Partei DIE LINKE*, Heft 10/2007, S. 1-10.

328 Annette Leo/Peter Reif-Spirek: Plädoyer für den genauen Blick. In: Annette Leo/Peter Reif-Spirek (Hg.): Helden, Täter und Verräter. Studien zum DDR-Antifaschismus, Erfurt 1999, S. 8.

329 Eingabe von Monopolisten und Junkern an den Reichspräsidenten Paul von Hindenburg. In: Geschichte der deutschen Arbeiterbewegung, Bd. 4, Berlin/DDR 1966, S. 600.

330 In einem Aufsatz über das Verhalten von Papst Pius XII. zur Judenverfolgung heißt es unter anderem: »Ernst Ludwig Ehrlich, der als jüdischer Berater von Kardinal Bea 1965 Anteil an der Konzilserklärung ›Nostra aetate‹ hatte, befand […] : ›Der Vatikan hat sich vor und nach Kriegsausbruch für die Juden so wenig interessiert wie das Internationale Komitee vom Roten Kreuz. Dem Schicksal der Juden gegenüber herrschte eine gewisse Gleichgültigkeit. Der eigentliche Feind war nicht der Nazismus, sondern der Bolschewismus.‹« (Hartmut Bomhoff: »Hier hören Sie das Schweigen des Papstes«. In: *Jüdische Zeitung*, Februar 2009, S. 22.

331 Gottfried Feder: Das Programm der N.S.D.A.P. und seine weltanschaulichen Grundgedanken, Vorwort zur 4. Auflage, 111.-115. Aufl., München 1933, S. 20f.

332 a. a. O., S. 3f.

333 a. a. O., S. 4f.

334 a. a. O., S. 5.

335 Geschichte der deutschen Arbeiterbewegung, Bd. 5, Berlin/DDR 1966, S. 445.

336 Reinhard Kühnl: Der deutsche Faschismus in Quellen und Dokumenten, 5. Aufl., Köln 1980, S. 200ff.

337 Der Prozess gegen die Hauptkriegsverbrecher vor dem Internationalen Militärgerichtshof, Bd. 9, Nürnberg 1947, S. 481.

338 Vgl. Klaus Theweleit: Irrsinn mit Methode und lebendige Lügen. In: *junge Welt* vom 3./4. und 5. Dezember 2005. Wolfgang Benz: Die Protokolle der Weisen von Zion. Die Legende von der jüdischen Weltverschwörung, München 2007.

339 Klaus Theweleit: Irrsinn mit Methode. In: *junge Welt* vom 3./4. Dezember 2005.

340 Die Holocaust Chronik, München 2000, S. 59.

341 Geschichte der deutschen Arbeiterbewegung, Bd. 5, Berlin/DDR 1966, S. 448.

342 Im »Gleichschaltungsgesetz vom 31. März 1933 lautet der § 4: »Die Volksvertretungen der Länder (Landtage, Bürgerschaften) werden mit Ausnahme des am 5. März 1933 gewählten Preußischen Landtags hiermit aufgelöst, soweit dies nicht bereits durch Landerecht geschehen ist. Sie werden neu gebildet nach den Stimmenzahlen, die bei der Wahlen zum Deutschen Reichstag am 5. März 1933 innerhalb eines jeden Landes auf die Wahlvorschläge entfallen sind. Hierbei werden die auf Wahlvorschläge der Kommunistischen Partei entfallenden Sitze nicht zugeteilt.« (RGBl I S. 153).

343 *Frankfurter Rundschau online* – 20. März 2007.

344 Kurt Pätzold: Faschismus …, a. a. O., S. 11.

345 Max Eichler: Du bist sofort im Bilde. Lebendig-anschauliches Reichsbürger-Handluch, Erfurt o. J. (1939), S. 139ff.

346 Victor Klemperer: LTI. Notizbuch eines Philologen, Leipzig 1966, S. 164 (Reclam 278).

347 Kurt Pätzold: Mehr als ein Definitionsstreit. In: *junge Welt* vom 11. Dezember 2008.

348 Elfriede Lewerenz: Zur Bestimmung des imperialistischen Wesens des Faschismus durch die Kommunistische Internationale (1922 bis 1935). In: Faschismusforschung. Positionen, Probleme, Polemik. Herausgegeben von Dietrich Eichholtz und Kurt Gossweiler, 2. Aufl., Berlin/DDR 1980, S. 21-47.

349 Olaf Groehler: Die Diskussion um die Judenverfolgung in SBZ und DDR (1947-1953). In: Mario Keßler (Hg.): Antisemitismus und Arbeiterbewegung. Entwicklungslinien im 20. Jahrhundert, Bonn 1993, S. 79ff; ders.: Zur Gedenkstättenpolitik und zum Umgang mit der »Reichskristallnacht« in der SBZ und DDR (1945-1988). In: Werner Bergmann/Rainer Erb/Albert Lichtblau (Hg.): Schwieriges Erbe, Frankfurt/New York 1995, S. 285ff.

350 »konnotiert« – soll hier wohl bedeuten, dass man assoziativ immer dann, wenn von Finanzkapital die Rede ist, sofort » Juden« mitdenken muss.

351 Anetta Kahane: Durchsetzt – pro. In: *Jüdische Allgemeine* vom 13. November 2008.

352 Christian Dirks: »Die Verbrechen der anderen« – Auschwitz und der Auschwitz-Prozess der DDR: Das Verfahren gegen den KZ-Arzt Dr. Horst Fischer, Paderborn/München/Wien/Zürich 2006, S. 242.

353 Henry Ashby Turner: Faschismus und Kapitalismus. In Deutschland. Studien zum Verhältnis zwischen Nationalsozialismus und Wirtschaft,

Göttingen 1972, S. 7. Zitiert nach: Kurt Gossweiler: Aufsätze zum Faschismus, Berlin/DDR 1986, S. 349.

354 Bertelsmann Lexikon Geschichte, Gütersloh 1991, S. 236.

355 Kurt Pätzold: Faschismus …, a. a. O.

356 Reinhard Kühnl: Der deutsche Faschismus in Quellen und Dokumenten, 5. Aufl., Köln 1980, S. 196.

357 Die Holocaust Chronik, München 2000, S. 61.

358 Kurt Pätzold: Judenmord – warum? In: *junge Welt* vom 29./30. November 2003.

359 Werner Röhr: Voller Wortlaut. In: *junge Welt* vom 18. Februar 2008.

360 Adolf Hitler, Mein Kampf, München 1939, S. 772.

361 Das »Wannsee-Protokoll« über die Pläne zur Vernichtung von 11 Millionen Juden. In: SS im Einsatz. Eine Dokumentation über die Verbrechen der SS, Berlin, 3. Aufl. 1960, S. 114-122. Siehe auch: Kurt Pätzold/Erika Schwarz: Tagesordnung Judenmord. Die Wanneseekonferenz, Berlin 1992.

362 Über den Verlauf der nazistischen Judenverfolgung bis zur »Endlösung der Judenfrage« informiert umfassend: Die Holocaust Chronik, Augsburg 2002.

363 Wolfgang Michalka (Hrsg.): Das Dritte Reich, Bd. 2: Weltmachtanspruch und nationaler Zusammenbruch 1939-1945, München 1985, S. 52f.

364 Der Nürnberger Prozess. Ausgewählt und eingeleitet von Peter Alfons Steiniger, Bd. II, Berlin/DDR 1957, S. 69 (Bd. XXIX, S. 26 f.)

365 Vortrag Adolf Hitlers vor westdeutschen Wirtschaftlern im Industrie-Klub zu Düsseldorf am 27. Januar 1932. zit. nach: Albert Norden: Lehren deutscher Geschichte. Zur politischen Rolle des Finanzkapitals und der Junker, Berlin, 3. unv. Aufl. 1948, S. 91.

366 Zitiert nach: Manfred Weissbecker/Kurt Pätzold: Adolf Hitler, Leipzig 1995, S. 215.

367 Es sei vermerkt, dass wohl auch der wellenförmige antijüdische Verfolgungswille Stalins pathologische Züge hatte.

368 Reinhard Kühnl: Der deutsche Faschismus in Quellen und Dokumenten, 5. Aufl., Köln 1980, S. 208.

369 Hamburger Institut für Sozialforschung (Hrsg.): Verbrechen der Wehrmacht. Dimensionen des Vernichtungskrieges 1941-1944. Ausstellungskatalog, Hamburg 2002, S. 69

370 a. a. O., S. 54.

371 a. a. O., S. 52.

372 Peter Novick: Nach dem Holocaust. Der Umgang mit dem Massenmord, Stuttgart-München 2001, S. 141.

373 L. Jospeh Heid: Keine einfache Erklärung auf die Frage nach dem Warum. In: *Jüdische Zeitung*, Nr. 9, September 2007.

374 Victor Klemperer, LTI. Notizbuch eines Philologen, Leipzig 1966 (Reclam Nr. 278),

375 Vgl. Kurt Pätzold: Legenden und Fakten. Über die Anfänge der Darstellung und Erforschung des Holoocaust in der DDR. In: Manfred Weißbecker (Hg.): Geschichtsschreibung in der DDR. Rück-Sichten auf Forschungen zum 19. Jahrhundert bis zur ersten Hälfte des 20. Jahrhundert, Jena 2000, S. 156ff.; ders., : Ihr waret die besten Soldaten. Ursprung und Geschichte einer Legende, Leipzig 2000, S.159ff.

376 Olaf Groehler: »Aber sie haben nicht gekämpft!« In: *konkret* 5/1992, S. 38-44.

377 Kurt Pätzold: Antifaschismus und NS-Geschichte. In: *konkret* 11/1992, S. 52.

378 Alexander Abusch: Der Irrweg einer Nation, Berlin 1946, 4. Aufl. (1947). Weitere Auflagen erschienen in überarbeiteter Fassung.

379 Alexander Abusch: Der Irrweg einer Nation, Berlin 1947, S. 248.

380 a. a. O., S. 252.

381 a. a. O., S. 255.

382 Siegbert Kahn: Antisemitismus und Rassenhetze. Eine Übersicht über ihre Entwicklung in Deutschland, Berlin 1947, S.86.

383 Thomas Haury: Antisemitismus von links, Hamburg 2002, S. 452.

384 Georg Schneider/Ernst Fischer: Das Wesen des Rassismus. In: *Neuer Weg*, Heft 1/Jan.-Febr. 1946, S. 12ff.

385 Die Rassenlüge der Nazis. In: *Sozialistische Bildungshefte* (der SED), 2. Jg., Heft 9/1947.

386 Das Programm der NSDAP (24.2.1920). In: Udo Sautter: Deutsche Geschichte seit 1815: Daten, Fakten, Dokumente, Bd. III: Historische Quellen, Tübingen-Basel 2004, S. 140.

387 Albert Norden: Lehren deutscher Geschichte. Zur politischen Rolle des Finanzkapitals und der Junker, dritte unveränderte Auflage, Berlin 1948, S. 133-135. Wenn Jeffrey Herf: Zweierlei Erinnerung. Die NS-Vergangenheit im geteilten Deutschland, Berlin 1998, S. 205, meint, Norden habe u.a. in seinen Aufsätzen die jüdische Katastrophe unerwähnt gelassen, dann entspricht das nicht den Tatsachen.

388 Otto Grotewohl: Die geistige Situation der Gegenwart und der Marxismus. In: Protokoll der Verhandlungen des Ersten Kulturtages der SED, 5. bis 7. Mai 1948, Berlin 1948, S. 26.

389 Otto Nuschke: Mahnung und Beispiel. Reden und Aufsätze aus den Jahren 1951 bis 1957, Berlin/DDR 1958, S. 74ff.

390 Der Prozess gegen die Hauptkriegsverbrecher vor dem Internationalen Militärgerichtshof. Nürnberg 14. November 1945 bis 1. Oktober 1956, Nürnberg 1947, Bd. 1, S. 277-283. Bei Steiniger: Band 1, S. 199-204.

391 a. a. O., S. 281. Siehe auch: Kazimierz Moczarski: Gespräche mit dem Henker, Berlin/DDR 1981.

392 Fritz Köhler: Geheime Kommandosache. Aus den Dokumenten des Nürnberger Prozesses gegen die Hauptkriegsverbrecher, Berlin/DDR 1956, S. 125-134.

393 Prozess gegen die Hauptkriegsverbrecher vor dem Internationalen Militärtribunal, Nürnberg 14. November 1945 bis 1. Oktober 1946, Bd. 1, Nürnberg 1947, S. 277-283.

394 Der Nürnberger Prozess. Ausgewählt und eingeleitet von Peter Alfons Steiniger, Berlin/DDR 1957, S. 199-204.

395 a. a. O., S. 7-54.

396 SS im Einsatz. Eine Dokumentation über die Verbrechen der SS, Berlin/DDR 1951. Dieser ersten Auflage folgten weitere acht.

397 Fritz Selbmann: Die lange Nacht, Halle/Saale 1961, S. 21-28, 31, 39, 210, 222-224.

398 Geschichte der deutschen Arbeiterbewegung in acht Bänden, Bd. 5, Berlin/DDR 1966, S. 322.

399 Fritz Selbmann: Alternative-Bilanz-Credo. Versuch einer Selbstdarstellung, Halle/Saale 1969, S. 312-314..

400 Peter Kirchner: Rezension. In: *Nachrichtenblatt*, März 1976, S. 22.

401 Friedrich Karl Kaul: In Robe und Krawatte. Vor Gerichten der BRD, Berlin/DDR 1972, S. 157.

402 Raul Hilberg: die Vernichtung der europäischen Juden, Bd. 1, Frankfurt am Main (10. Aufl.) 2007, S. 38.

403 Friedrich Karl Kaul: Der Auschwitz-Prozess. In: Ders.: Robe und Krawatte. Vor Gerichten der BRD, Berlin/DDR 1972, S. 149-229.

404 Christian Dirks: Die Verbrechen der anderen …, a. a. O.., S. 190.

405 ebenda.

406 Autorenkollektiv unter der Leitung von Wolfgang Schumann: Deutschland im Zweiten Weltkrieg, 6 Bände, Berlin/DDR 1974 bis 1985.

407 Deutschland im 2. Weltkrieg, Bd. 3, Berlin/DDR 1979, S. 254. Die Vernichtungspraxis der deutschen Faschisten war außerordentlich umfangreich. Insbesondere Polen und Sowjetbürger waren neben den Juden das Ausrottungsziel. Mit Rücksicht auf die Absicht, sich gegen die Behauptung zu wehren, die DDR sei antisemitisch gewesen, wird hier eine Eingrenzung auf die tödliche Verfolgung der jüdischen Menschen vorgenommen.

408 Heinz Bergschicker: Deutsche Chronik 1933-1945, Ein Zeitbild der faschistischen Diktatur, Berlin/DDR 1981.

409 Kazimierz Moczarski, Gespräche mit dem Henker, Berlin 1981, S. 385.

410 Diether Schmidt (Hg.): In letzter Stunde. Künstlerschriften II. 1933 bis 1945, Dresden 1964, S. 50ff.

411 Inge von Wangenheim: Die Traumvorstellung. In: 100 Jahre Deutsches Theater Berlin 1883-1983, Berlin/DDR 1983, S. 140.

412 Claudius Seidl: Die große Lüge. In: *Spiegel Special* – 4/1995 »Die Deutschen nach der Stunde Null«, S. 72f.

413 Kleine Enzyklopädie Film, Leipzig 1966, S. 424.

414 a. a. O., S. 425.

415 ebenda.

416 Für »Professor Mamlock« erhielt Friedrich Wolf 1949 den Nationalpreis.

417 Notizen. In: *Heute und Morgen* (Düsseldorf), Jg. 1953, Nr. 11, S. 870.

418 Wilfried Neiße: Gedenken braucht Stille, Zurücknahme. In: *Neues Deutschland* vom 6. November 2008.

419 Ernst Klee: Das Kulturlexikon zum Dritten Reich. Wer war was vor und nach 1945, Frankfurt am Main 2007, S. 18.

420 Victor Klemperer, LTI. Notizbuch eines Philologen, Leipzig 1966 (Reclam Nr. 278), S. 14. Klemperer unterlag den Pressionen der faschistischen Judenverfolgung und -vernichtung. Er erhielt am 13. Februar 1945 die Aufforderung zur Deportation, was seinen Tod bedeutet hätte. Der Bombenangriff auf Dresden rettet ihm das Leben, da er mit seiner Frau aus der Stadt fliehen und untertauchen konnte.

421 Meyers Neues Lexikon, Bd. 4, Leipzig 1962.

422 Alexander Bein: Der jüdische Parasit. Bemerkungen zur Semantik der Judenfrage. In: *VfZ* 2/1965, S. 122.

423 Bernhard Kellermann, Totentanz, Berlin 1952, S. 280-292.

424 a. a. O., S. 432-441.

425 a. a. O., S. 450-454.

426 Norbert Fryd: Kartei der Lebenden, Berlin/DDR 1959.

427 Stephan Hermlin: Die erste Reihe, Berlin 1951, S. 51.

428 a. a. O., S. 165ff.

429 Peter Edel: Die Bilder des Zeugen Schattmann, 2. Aufl. 1969, Berlin 1969, S. 366.

430 Programmheft der Kammerspiele »Das Tagebuch der Anne Frank« (1958), S. 2. In der DDR erschien das »Tagebuch« 1957 im Union-Verlag Berlin in mehreren Auflagen.

431 Warum sind die Menschen so töricht? In: *Sonntag*, Februar 1958 – zitiert nach: *www.berliner-schauspielschule.de/tagebuch_frank.htm*. In diesen Kontext passt, wie das Landessozialgericht Schleswig-Holstein im Jahre 1958 urteilte: »Reinhard Heydrich ist als Soldat im Kampf gefallen« und bestätigte die Ansprüche seiner Witwe Lina Heydrich, die auf der Kriegsverbrecherliste der CSSR stand, auf eine Beamtenpension (*konkret* 9/2002, S. 55).

432 Heinrich Mann: Essays. Zweiter Band, Berlin 1956, S. 469-477.

433 Heinrich Mann: Essays. Dritter Band, Berlin 1962, S. 117-123.

434 Thomas Mann: Zeit und Werk. Tagebücher, Reden und Schriften zum Zeitgeschehen, Berlin-Weimar 1965, S. 645.

435 a. a. O., S. 671-674.

436 So z. B. im Text des Urteils des Obersten Gerichts der DDR vom 30. März 1955 gegen Paul Merker. Abgedruckt in: Jeffrey Herf: Antisemitismus in der SED. In: *VfZ*, 4/1994, S. 643-650.

437 *Nachrichtenblatt*, September 1972, S. 9.

438 Stephan Hermlin: Lektüre 1960-1971, Berlin-Weimar 1973, S. 35ff. Erstveröffentlichung in: *Sinn und Form*, Heft 4/1968.

439 Stephan Hermlin: Lektüre 1960-1971, Berlin-Weimar 1973, S. 37.

440 Stephan Hermlin: Ein Buch über Treblinka. Ders.: Lektüre 1960-1971, Berlin-Weimar 1973, S. 177f. Der Text wurde am 29. Januar 1966 im DDR-*Deutschlandsender* gesprochen.

441 Stephan Hermlin: In diesem Bewusstsein. Ders.: Lektüre …, a. a. O., S. 227f.

442 Stephan Hermlin: Arkadien, Leipzig 1983. Recl.Bd. 1000, S. 109-165.

443 Wo sind wir zu Hause? Gespräch mit Klaus Wagenbach. In: Stephan Hermlin: Äußerungen. 1944-1982, Berlin-Weimar 1983, S. 400.

444 ebenda.

445 Christiane Hartmann-Kraatz: Kunst und Architektur in enger Harmonie. In: *Herbst-Blatt Treptow-Köpenick*, Nr. 76 /November-Dezember 2008, S. 20.

446 Vgl. Der Nürnberger Nachfolgeprozess gegen IG Farben, Teil I u. II. In: *junge Welt* vom 26./27. Juli und 28. Juli 2008.

447 Kurt Pätzold: Proarabisch, antiisraelisch. In: *konkret*, 8/1998, S. 31.

448 »Die Deutschen« – *Spiegel-special*, Heft 4/2005, S. 102.

449 Enzyklopädie des Holocaust. Die Verfolgung und Ermordung der europäischen Juden, München-Zürich 1995, S. XVII f.

450 Geschichte. Lehrbuch für Klasse 9, 2. Aufl., Berlin/DDR 1985, S. 132f.

451 Heinz Knobloch: Die Toleranzstraße. In: *Neue Berliner Illustrierte*, Sonderheft »Berlin 750« , S. 80-82.

452 Heinz Knobloch: Herr Moses in Berlin. Auf den Spuren eines Menschenfreundes, Berlin/DDR 1979. Die 5. Auflage erschien 1989, die 6. im Jahre 1993.

453 Saul Friedländer: Auseinandersetzung mit der Shoa: Einige Überlegungen zum Thema Erinnerung und Geschichte. In: Wolfgang Küttler/Jörn Rüsen/Ernst Schulin (Hg.): Geschichtsdiskurs Bd. 5 – Globale Konflikte, Erinnerungsarbeit und Neuorientierungen seit 1945, Frankfurt am Main 1999, S. 23,

454 Christian Dirks, Die Verbrechen der anderen …, a. a. O.

455 ebenda, S. 256.

456 ebenda, S. 271.

457 Saul Friedländer: Auseinandersetzung mit der Shoa …, a. a. O., S. 23.

458 *Nachrichtenblatt der Jüdischen Gemeinde von Berlin und des Verbandes der Jüdischen Gemeinden in der Deutschen Demokratischen Republik*, Dresden-Berlin, September 1975, S, 19.

459 Emanuel bin Gorion: Nachwort. In: Der Born Judas. Legenden, Märchen und Erzählungen. Gesammelt von Micha Josef bin Gorion. Neu herausgegeben und mit einem Nachwort versehen von Emanuel bin Gorion, Leipzig 1963, S. 781f.

460 ebenda, S. 618ff.

461 ebenda, S. 649f.

462 Heine. Ein Lesebuch für unsere Zeit. Von Walter Victor. 3. Aufl., Weimar 1954. Weitere Ausgaben erschienen 1960 und 1965.

463 Walter Hinck: Immer Ärger mit Harry. In: *Frankfurter Allgemeine Zeitung* vom 9. Dezember 1997.

464 Heinrich Heine. Werke und Briefe in zehn Bänden, Berlin/Weimar 1972, 2. Aufl., Bd. 10., S. 14. Herausgegeben von Hans Kaufmann. Die erste Auflage dieser Werke-Ausgabe erschien 1969, die zweite 1972 und die dritte 1980.

465 Heinrich Heine. Gesammelte Werke (in 6 Bänden), hrsg. von Wolfgang Harich, Berlin 1951. Nachauflagen 1954,1955,1956.

466 Heine. Ein Lesebuch für unsere Zeit. Von Walter Victor. 3. Aufl., Weimar 1954, S. XX..

467 ebenda, S. 3.

468 Hans Kaufmann: Der Sozialismus braucht Heines Werk ganz. Zum 175. Geburtstag des Dichters. In: *Einheit. Theoretische Zeitschrift der SED*, 12/1972, S. 1628.

469 Gerhard Leo: Rue d'Amsterdam 54, wo einst Heines »Matratzengruft« lag. In: *Neues Deutschland* vom 18./19. Juni 1983.

470 Brockhaus-Enzyklopädie, Bd. 9, Mannheim1989, S. 625.

471 Meyers Neues Lexikon, Bd. 4, Leipzig 1962, S. 87f.

472 Brockhaus-Enzyklopädie, Bd. 9, Mannheim1989, S. 625.

473 Heinrich Heine. Werke und Briefe in zehn Bänden, Berlin/Weimar 1972, 2. Aufl., Bd. 4, S. 14. Herausgegeben von Hans Kaufmann, S. 7-50.

474 Heine. Ein Lesebuch für unsere Zeit …, a. a. O., S. 255-263.

475 Walter Zöllner: Geschichte der Kreuzzüge, 4. Aufl., Berlin 1983.

476 Gudrun Friedrich: Heine in Berlin. In: *Neue Berliner illustrierte* Nr. 31/1983, S. 23 ff.

477 *Spiegel* Nr. 9/2006

478 Gotthold Ephraim Lessing: Frühe Komödien. Äußerungen Lessings zur Komödie, Leipzig 1979, S. 215-252

479 Mark Twain: Über die Juden. In: Ders.: König Leopolds Selbstgespräch, Berlin-Weimar 1967, S. 150.

480 ebenda, S. 151.

481 Renate Kirchner: Karl Emil Franzos – ein großer jüdischer Erzähler. In: *Nachrichtenblatt*, September 1973, S. 10.

482 Renate Kirchner: Buchbesprechung. In: *Nachrichtenblatt*, Juni 1973, S. 20.

483 Karl Emil Franzos: Galizische Erzählungen, Berlin-Weimar 1980.

484 Hans Günther: Der Herren eigner Geist. Ausgewählte Schriften, Berlin/Weimar 1981.

485 Georg Lukács: Die Zerstörung der Vernunft, Berlin/DDR 1954, S. 244-317 (3. Kapitel: »Nietzsche als Begründer des Irrationalismus der imperialistischen Periode«); Heinz Malorny: Friedrich Nietzsche und der deutsche Faschismus. In: Dietrich Eichholtz/Kurt Gossweiler (Hrsg.): Faschismusforschung. Positionen(Probleme/Polemik, Berlin 1980. S. 279-301.

486 Georg Lukacs: Der deutsche Faschismus und Nietzsche. In: Schicksalswende. Beiträge zu einer neuen deutschen Ideologie, Berlin 1948, S. 6.

487 ebenda, S. 5 u. 35.

488 ebenda, S. 36.

489 Georg Lukacz: Zur Kritik der faschistischen Ideologie, Berlin-Weimar 1989, S. 305.

490 Heinz Malorny: Friedrich Nietzsche und der deutsche Faschismus. In: Dietrich Eichholtz/Kurt Gossweiler (Hg.): Faschismus-Forschung. Positionen, Probleme, Polemik, 2. Aufl., Berlin 1980, S. 283.

491 Friedrich Nietzsche: Kritische Studienausgabe in 15 Bänden, herausgeben von Georgio Colli und Mazzino Montinari, München 1988, Bd. 2, S. 309f.

492 ebenda, Bd. 3, S. 181.

493 ebenda, Bd. 5, S. 286f.

494 ebenda, Bd. 9, S. 185.

495 ebenda, Bd. 11, S. 457.

496 ebenda, Bd. 11, S. 238 und 297.

497 ebenda, Bd. 11, S. 569.

498 ebenda, Bd. 12, S. 494.

499 ebenda, Bd. 13, S. 580.

500 ebenda, Bd. 13, S. 619.

501 ebenda, Bd. 6, S. 125.

502 ebenda, Bd. 6, S. 286.

503 ebenda, Bd. 11, S. 472.

504 Friedrich Nietzsche: Sämtliche Briefe. Kritische Studienausgabe in 8 Bänden, herausgegeben von Georgio Colli und Mazzimo Montinari, München 1986, Bd. 8, S. 362.

505 ebenda, Bd. 8, S. 462f.

506 Annette Leo, Der Friedhof, die Schule und die Erinnerung. In: Jahrbuch für Antisemitismusforschung, Bd. 10,2001, S. 67.

507 »Jüdisches Leben in der DDR« – *Sender Freies Berlin* (SFB) am 31. Mai 1987, 8.30 Uhr.

508 Keine Straße über den Jüdischen Friedhof in Berlin-Weißensee. In: *Die Kirche*, Nr. 45/1986

509 *Nachrichtenblatt*, September 1979, S. 26.

510 Rosemarie Köhler/Ulrich Kratz-Whan: Der Jüdische Friedhof Schönhauser Allee, Berlin 1992

511 Monika Schmidt, Schändungen jüdischer Friedhöfe in der DDR. Eine Dokumentation, Berlin 2007.

512 ebenda, S. 24.

513 ebenda, S. 42.

514 Karl-Josef Müller, Was geschah eigentlich nach 1945? In: *Jüdische Zeitung* Nr. 3/März 2008, S. 25.

515 Monika Schmidt, Schändungen …, a. a. O., S. 8.

516 ebenda, S. 132.

517 ebenda, S. 133.

518 SAPMO-BArch, DO 4/ 1548, S. 334.

519 Monika Schmidt, Schändungen …, a. a. O., S. 43.

520 *Nachrichtenblatt*, Dezember 1980, S. 4.

521 Monika Schmidt, Schändungen …, a. a. O., S. 42.

522 ebenda, S.142.

523 *Nachrichtenblatt*, Juni 1984, S. 13 f.

524 Hermann Simon: Die Jüdische Gemeinde und die Erhaltung der jüdischen Kultur in Ost-Berlin. In: Robin Ostow: Jüdisches Leben in der DDR, Frankfurt am Main 1988, S. 60.

525 *Nachrichtenblatt*, Dezember 1969, S. 19.

526 H. Istos: Jüdische Friedhöfe im Bezirk Potsdam. In: *Jüdische Wochenzeitung* (Bonn) vom 25. November 1988.

527 Brief vom 23. Juni 1982. SAPMO-BArch DO 4/ 1351, S. 394

528 SAPMO-BArch DO 4/1351, S. 393.

529 a. a. O., S. 354.

530 Information zum beabsichtigten Bau der Nordostradiale über den jüdischen Friedhof in Berlin-Weißensee . SAPMO-BArch DO 4/1351, S. 341.

531 a. a. O., S. 379.

532 Information, Stand vom 23. September1986 – SAPMO-BArch DO 4/1351, S. 351.

533 SAPMO-BArch DO 4/1346, S. 437.

534 Keine Straße über den Jüdischen Friedhof in Berlin-Weißensee. In: *Die Kirche*, Nr. 45/1986.

535 Der nachstehende Text ist wesentlich eine Übertragung des Artikels von Hans Daniel: Spurensuche in Jamlitz. Hintergründe einer Verleumdungskampagne über einen der »größten Skandale der DDR«. In: *junge Welt vom 5. Oktober 2007*. Die Wiedergabe erfolgt mit freundlicher Genehmigung der *jungen Welt*.

536 Andreas Weigelt: Die Asche der jüdischen Häftlinge auf dem »Galgenberg« in Lieberose. In: Annette Leo, Peter Reif-Spirek (Hg.): Helden, Täter und Verräter. Studien zum DDR-Antifaschismus, Berlin 1999, S. 54 und Anm. 63.

537 Michael Wolffsohn: Die Stasi und das Zahngold. In: *B.Z.* vom 2. Oktober 2001.

538 Skandal: Stasi scharf auf jüdisches Gold. In: *B.Z.* vom 2. Oktober 2001.

539 Katrin Starke: Die Spur des Stasi-Goldes. Wie in der DDR KZ-Opfer geschändet wurden. In: *Berliner Morgenpost* vom 4. Oktober 2001.

Renate Kirchner

*Jüdisches in Publikationen
aus DDR-Verlagen 1945-1990*

Eine Bibliografie

Mein Land ist mir zerfallen

Von Jürgen Rennert

Mein Land ist mir zerfallen.
Sein' Macht ist abgetan.
Ich hebe, gegen allen
Verstand, zu klagen an.

Mein Land ist mir gewesen,
Was ich trotz seiner bin:
Ein welterfahrnes Wesen,
Mit einem Spalt darin.

Mein Land hat mich verzogen,
Und gehe doch nicht krumm.
Und hat mich was belogen,
Und bin doch gar nicht dumm.

Mein Land hat mich mit Wider-
Willn an die Brust gepresst.
Und kam am Ende nieder
Mit mir, der es nicht lässt.

Mein Land trägt meine Züge,
Die Züge tragen mich.
Ich bin die große Lüge
Des Landes. (Wir meint: ich)

Inhalt

Einleitung

Warum diese Bibliografie?

Geblieben sind nur zwei Zeugnisse aus der Vergangenheit. Das eine, maschinenschriftlich, die »Bescheinigung«, ausgestellt von der »Evangelischen Hilfsstelle« (Büro Pfarrer Grüber, Berlin SO 36, Mariannenplatz 1-3) am 11. März 1946, mit dem Frau Gertrud R. »bescheinigt wird, als jüdischer Mischling, ersten Grades« dort registriert und betreut zu werden, wie auch deren Familienangehörige – der Ehemann »als jüdisch versippter Arier« und die beiden Kinder als »jüdische Mischlinge zweiten Grades«.

Das andere, der »Ausweis für Verfolgte der nationalsozialistischen Sondergesetzgebung«, Nr. 7947, ausgestellt vom »Hauptausschuss Opfer des Faschismus, Abt. Opfer der Nürnberger Gesetzgebung« (Magistrat von Groß-Berlin) am 24. November 1947 mit dem »bestätigt wird, dass Gertrud R. durch die nationalsozialistische Sondergesetzgebung verfolgt wurde«. Mit ihrer Unterschrift beglaubigt haben dies Julius Meyer und Fritz Katten.

Einundsechzig Jahre später gehörten die beiden zu den zehn ausgewählten Biografien, die in der Ausstellung *Zwischen Bleiben und Gehen – Juden in Ostdeutschland 1945 bis 1956* (Stiftung Neue Synagoge Berlin – Centrum Judaicum, 6. April bis 30. Juni 2008) dargestellt wurden und »bei denen es sich in erster Linie um Juden handelt, die mit ihrem Anspruch, in der DDR zu leben, gescheitert sind«.

Von Vorurteilen gegenüber Juden bis zu Repressionen in Ostdeutschland während des Kalten Krieges erzählte diese Ausstellung.

Sie war nicht die erste zum Thema. *»Das hat's bei uns nicht gegeben« – Antisemitismus in der DDR* wurde bereits im April 2007 als Wanderausstellung in die Öffentlichkeit gebracht.

Im November 2007 gab es zwei weitere. *Das Jüdische Kinderheim Berlin-Niederschönhausen 1945-1953 – Ein kleines Paradies zwischen Neuanfang und Repression* (Förderverein »Blindes Vertrauen« e. V. des Museums Blindenwerkstatt

Otto Weidt) und *Anne Frank und die DDR – Politische Deutungen – persönliche Lesarten* (Anne-Frank-Zentrum in Kooperation mit dem Amsterdamer Anne-Frank-Haus).

Monika Schmidt hat mit ihrem Buch *Schändungen jüdischer Friedhöfe in der DDR – Eine Dokumentation* (Metropol Verlag, Berlin 2007) den Negativzeichnungen des untergegangenen ostdeutschen Staates eine andere hinzugefügt.

Der unvoreingenommene Zeitgenosse mag sich fragen, ob es denn gar keine Gegendarstellungen gab oder gibt?

Doch, könnte man ihm antworten. Die Ost-West-Wochenzeitung *Freitag* eröffnete zum Beispiel mit dem Beitrag von Regina General *Worte sind manchmal wie Schiffe – Antisemitismus in der DDR. Hat der »verordnete Antifaschismus« auch dabei versagt?* (*Freitag*, 17. April 2007) eine Artikelserie, in der sich namhafte Wissenschaftler und Künstler kontrovers äußerten. Auch Leser mischten sich ein, teilten ihre Meinungen und eigene Erfahrungen mit, und auch die waren kontrovers.

Die Ausstellung *Das hat's bei uns nicht gegeben* hat Detlef Joseph in seiner Schrift *Vom angeblichen Antisemitismus der DDR* (Berlin 2008) einer wissenschaftlich-akribischen Analyse unterzogen. Verwiesen werden kann auch auf Matthias Krauß' *Völkermord statt Holocaust – Jude und Judenbild im Literaturunterricht der DDR. Ein Nachlesebuch* (Anderbeck 2007).

Während Kurt Pätzold im *Freitag* vom 22. Juni 2007 das Buch als »äußerst lesenswert« bezeichnete und dem Autor bescheinigte, er habe »der Dunkelheit des Vergessens entrissen, dass da Gedichte, Roman- und Novellentexte oder Dramen gelesen wurden, die dem Thema galten«, belehrte Torsten Harmsen die Leser der *Berliner Zeitung* am 10. Mai 2007 eines Besseren: Er stellt in seiner Rezension »Der ausgeblendete Holocaust – Eine DDR-Schulstudie zeigt: Fremdheit und Klassendenken prägten das Verhältnis zu den Juden« fest: »›Der Völkermord an den Juden wurde im DDR-Literaturunterricht […] nicht verschwiegen‹, lautet Krauß' Fazit. Nein, verschwiegen nicht, aber auch nicht zum Thema gemacht.«

Die Juden, ihre Geschichte und Kultur, ihre Verfolgung, insbesondere während der Zeit des Nationalsozialismus, ihr Selbstverständnis, ihre Daseinsweise – kein Thema in der DDR? Der interessierte Bürger hatte keine Möglichkeit, sich zu informieren? Und das in einem Land, das sich »Leseland« nannte? Also auch das nur eine Saga, wie so vieles, um dessen Aufdeckung und Entlarvung sich seit 1998 insbesondere die »Stiftung zur Aufarbeitung der SED-Diktatur« bemüht, die auch die genannten Ausstellungen und das Schmidt-Buch förderte?

Gertrud R. erhielt später keine Anerkennung als »Verfolgte des Naziregimes«, was mit einer Vielzahl von Zuwendungen und Vorteilen (VdN-Rente, VdN-Kuren, besondere ärztliche Betreuung, freie Fahrt mit allen öffentlichen Verkehrsmitteln etc.) verbunden gewesen wäre. Ob sie sich nicht genügend darum bemühte oder spätere Richtlinien dies aufgrund der vergleichsweise geringeren Verfolgung nicht zuließen, ist nicht mehr zu ermitteln.

Daraus abzuleiten, dass das Land, in dem sie lebte, antisemitische Verhaltensweisen zeigte, wäre ihr nicht in den Sinn gekommen. Ihre Kinder absolvierten die Schule und später, ihren Neigungen entsprechend, Ausbildungen. In ihren Berufen erfuhren sie Anerkennung, und die Tochter begann sich verstärkt für die jüdischen Wurzeln der Familie zu interessieren. Besondere Umstände erleichterten dies: Von 1974 bis 1977 schuf sie, neben ihrer hauptberuflichen Arbeit in einer Berliner Stadtbezirksbibliothek, die Grundlagen zur Eröffnung einer »Fachbibliothek für Judaica« am 16. November 1977.

Obwohl eine Einrichtung der Ostberliner Jüdischen Gemeinde, war diese von Anbeginn öffentlich, also für jedermann zugänglich; 3.490 Leser nutzten diese Möglichkeit ständig oder zeitweilig bis 1990.

Wahrheit ist nie absolut, sondern immer relativ. Die vorliegende Bibliografie ist meine persönliche »Bestandsaufnahme« zum Thema »Antisemitismus in der DDR«.

Das Thema

Die Bibliografie dokumentiert zuerst und vor allem Bücher, die dem Thema »Juden und jüdisches Schicksal« zuzuordnen und in Verlagen der DDR erschienen sind.

Zwangsläufig ergab sich dabei jedoch, insbesondere beim Themenkreis »Nationalsozialismus«, die Notwendigkeit, auch Titel aufzunehmen, die weit über die Judenverfolgung während dieses Zeitraumes hinausgehen. Beispiele: »SS im Einsatz« oder »Die faschistische Okkupationspolitik in Polen … Belgien … Frankreich«. Analog dazu wurden auch bei der Belletristik und den anderen berücksichtigten Genres der Literatur Bücher aufgenommen, in denen Juden zwar Handlungsträger sind, jedoch nicht unbedingt vordergründig.

Nicht entscheidend für die Aufnahme war, ob der Autor Jude ist, wenn von seinem Werk nicht wenigstens im Ansatz Jüdisch-Thematisches ablesbar ist.

Andererseits wurden jüdische Schriftsteller, die in ihrem Werk häufig jüdische Themen gestalteten, jedoch nicht ausschließlich, auch nur mit diesen berücksichtigt. Beispiele: Lion Feuchtwanger, Stefan Heym oder Arnold Zweig

Aufgenommen wurden auch Bücher, die nur in wenigen, teilweise nur in einem Beitrag Jüdisch-Thematisches aufweisen, wenn dies sonst keine oder kaum in der Literatur Erwähnung findet und ich Kenntnis davon hatte. Beispiele: Daniela Dahns »Prenzlauer Berg-Tour«. Darin: »Der Judengang«.

Oder Jürgen Rennerts »Märkische Depeschen«. Darin: »Altstädter Memorial« (Rabbi Löw u. a.).

In diesen Fällen wurde die Zuordnung zur Themengruppe von dem jeweiligen jüdischen Beitrag abhängig gemacht.

Eine Ausnahme zu dem zuvor Benannten bildet die Gruppe der Varia in Kapitel IX.

Hier wurde das Auswahlprinzip des Jüdisch-Thematischen in vielen Fällen nicht eingehalten. Erst im Verlauf der Arbeit an dieser Literaturzusammenstellung wurde erkennbar, dass sonst viele jüdische Schriftsteller, die durch die nazistische Gesetzgebung ausgegrenzt, vertrieben oder ermordet wurden, mit ihrem Werk oder Teilen davon, nicht oder nur ungenügend berücksichtigt hätten werden können. Beispiele: Erich Mühsam, Jura Soyfer, Kurt Tucholsky.

In der Gruppe der Varia sind aber auch Bücher dokumentiert, die als genreübergreifend eingestuft werden mussten oder Schwierigkeiten bei der Zuordnung zum gewählten Rahmen machten.

Neben Büchern weist die Bibliografie auch einige Aufsätze oder Beiträge in Periodika sowie Dissertationen und Diplomarbeiten nach. Diese Zusammenstellung informiert jedoch keinesfalls erschöpfend oder umfassend, sondern stellt lediglich eine kleine Auswahl dar.

Einige der wissenschaftlichen Arbeiten wurden, nach erfolgreicher Verteidigung, an die Bibliothek der Jüdischen Gemeinde übergeben – gleichsam als Dank für die dort erfahrene Unterstützung – und sind deshalb hier dokumentiert.

Sie wurden den jeweiligen Themengruppen angefügt.

Die Quellen

Eine der wichtigsten Quellen dieser Bibliografie war die eigene Bibliothek, für die systematisch, über Jahrzehnte hinweg, alles zum Thema Erschienene gesammelt wurde.

Im *Nachrichtenblatt der Jüdischen Gemeinden in der DDR* wurden ab 1971 in der Rubrik »Die Buchbesprechung« Bücher aus der Verlagsproduktion der DDR rezensiert, auf »Demnächst erscheinende Titel« hingewiesen und die »Neuerwerbungen der Bibliothek der Jüdischen Gemeinde Berlin« (ab März 1978) in einer Auswahl von jeweils 30 Titeln vorgestellt. Bei diesen handelte es sich jedoch nicht nur um Publikationen aus DDR-Verlagen.

Die Auswertung des *Nachrichtenblattes* war eine zweite, wesentliche Quelle.

Wichtige Titelhinweise konnte ich der Bibliografie von Rudi Goguel *Antifaschistischer Widerstandskampf 1933-1945* entnehmen, der unter dem Schlagwort »Judenverfolgung« dort 94 Bücher nachgewiesen hat.

Kurt Pätzold hat auf einer Tagung der Fachhochschule Düsseldorf-Köln im Februar 2006 zum Thema »Arisierung und deutsche Volksgemeinschaft« seinem dort gehaltenen Vortrag *Politische, künstlerische und wissenschaftliche Publizistik gegen den Antisemitismus – Zum Erbe der DDR* eine *Chronik (Auswahl) von DDR Publikationen gegen den Antisemitismus – Bücher – Spiel- und Dokumentarfilme* angefügt, die mir vorlag und ebenfalls hilfreich war.

Schließlich fand Detlef Joseph bei Recherchen für seine wissenschaftliche Arbeit unter den Archivalien des »Staatssekretärs für Kirchenfragen« eine umfängliche Bücherliste, die er mir dankenswerter Weise zur Verfügung stellte. (SAPMO-BArch DO 4/1352, S. 541-565)

Offensichtlich hatte diese Einrichtung sie für Yad Vashem, der Forschungs- und Gedenkstätte in Jerusalem erarbeitet, denn deren Wünsche »Bücher aus der DDR, an denen die Bibliothek von Yad Vashem interessiert ist«, befindet sich beiliegend. Datiert ist sie nicht.

Allgemeine Nachschlagewerke wie *Prosa aus vier Jahrhunderten* (Verlag Volk und Wissen, Berlin/DDR 1979) oder *Romanführer A-Z, Band 1-3* (Verlag Volk und Wissen, Berlin/DDR 1974-1979) wurden ebenfalls in die Recherche einbezogen.

Die Online-Kataloge der »Deutschen Nationalbibliothek Leipzig« und des »Verbund(es) der Öffentlichen Bibliotheken Berlins« halfen insbesondere bei der Ermittlung der benötigten bibliografischen Angaben und auch des Standortes vieler der Titel, von denen ich zuvor keine Kenntnis hatte. Hier war oft eine Vertiefung in den Text unerlässlich, da Fehlerquellen möglichst ausgeschlossen werden sollten.

Die »Berliner Stadtbibliothek« mit ihren Beständen und der schnellen Bereitstellung und Benutzbarkeit bot hierbei besonders gute Möglichkeiten.

Die Systematik

Der Aufbau einer Bibliografie, der nach zeitlichen, geografischen oder sachlichen Gesichtspunkten erfolgen kann, muss natürlich ihre Aufgabenstellung berücksichtigen.

Im vorliegenden Fall ist dies der Versuch, möglichst umfassend zu dokumentieren, welche Bücher zum Thema »Juden« in der DDR publiziert wurden. Dabei erschien es mir wichtig, nicht nur zu zeigen, wie viele Titel erschienen sind, sondern wo die Schwerpunkte lagen, welche Themen kaum behandelt wurden oder besonders präsent waren.

Bei dem Bemühen, inhaltlich Zusammengehöriges an einer Stelle nachzuweisen, ergab sich die Notwendigkeit, möglichst umfassende, allgemeine Benennungen zu finden, weil jede differenziertere viele Überschneidungen möglich und damit

Mehrfachzuordnungen nötig gemacht hätte. Bei der gewählten Form musste also entschieden werden, wo der jeweilige Titel der Hauptsache nach hingehört und ist deshalb auch nur dort und nur einmal mit allen bibliografischen Angaben zu finden.

Bei den einzelnen Themengruppen gibt es im Regelfall nur zwei Unterteilungen: *Sachliteratur* und *Erzählende Literatur*.

Insbesondere in der Gruppe »Nationalsozialismus und Judenverfolgung« wurden jedoch, wegen des Umfangs, weitere Differenzierungen vorgenommen.

Bei den »Memoiren – Zeitzeugenberichte« ergab sich zudem die Schwierigkeit, dass die Darstellungen zwar die Jahre 1933-1945 einschließen, aber zeitlich oft darüber hinausgehen.

Das bedeutet, sowohl Reflexionen und Erlebnisse des Lebens davor als auch des »Danach« wurden berücksichtigt. Diese Entscheidung kam ebenso bei den anderen Genres der Erzählenden Literatur zur Anwendung.

Bei den »Erinnerungen und Memoiren« handelt es sich mitunter auch um die der nichtjüdischen Partner, wenn deren Lebenswege durch die Verfolgung davon in besonderer Weise »berührt« wurden, was im Regelfall geschah. Beispiele: Tilla Durieux, Hans Grundig.

Das auch später fortwährende Trauma der Verfolgten, das sich auf vielfältige Weise äußerte, hat gerade bei diesem Komplex sehr vielfältige literarische Zeugnisse hervorgebracht, und es wurden auch andere Formen künstlerischer Selbstbehauptung (Lieder, Zeichnungen) aufgenommen. Beispiele: Leo Haas, Herbert Sandberg.

Andere Themengruppen, die weitere Untergliederungen notwendig und sinnvoll erscheinen ließen, sind: Geschichte (IV.) und Die Welt der Ostjuden (V.)

Das Ordnungsprinzip innerhalb der Themengruppen ist das Alphabet (Verfasser oder Titel bei Sachtitelschriften). Bestimmte und unbestimmte Artikel am Anfang eines Titels werden bei der Einordnung nicht berücksichtigt. Der Name des Herausgebers, Bearbeiters o. ä. erscheint in diesem Falle dann nur im Alphabetischen Personenregister.

Alle ausgewiesenen Verlage befanden sich von Anbeginn auf dem Territorium der späteren DDR, d. h. auch die Publikationen der ersten Nachkriegsjahre wurden hier gedruckt. Beispiele: Friedrich Wolf »Professor Mamlock« (Aufbau-Verlag, Berlin 1946); Ernst Sommer »Revolte der Heiligen« (Dietz Verlag, Berlin 1946); Victor Klemper »LTI« (Aufbau-Verlag, 1947)

Diese Verlage bestanden bis zum Ende der Existenz der DDR und verlegten immer wieder Bücher zum Thema.

War, in Einzelfällen, kein Verlag zu ermitteln, wurde die herausgebende Institution wie ein solcher behandelt.

Der Zeitraum, in dem die ausgewählten Titel erschienen, umfasst die Jahre 1945 bis 1990. Ganz wenige, deren Erscheinungsjahr sich durch die Wirren der Vereinigung verzögerten, wurden trotzdem aufgenommen, weil sie ursprünglich für 1990 angekündigt waren. Beispiele: Helmut Sakowski »Stiller Ort – Oll mochum« (Verlag Neues Leben, Berlin 1991); Arnold Zweig »Bilanz der deutschen Judenheit« (Reclam Verlag, Leipzig 1991).

Dem Benutzer wird auffallen, dass bestimmte Verlage besonders viele Bücher zum Thema verlegt, sich also um die Edition jüdisch-thematischer Literatur sehr verdient gemacht haben. Einige Titel wurden nicht nur mehrfach aufgelegt, sondern mitunter schien es sogar, als würden die Verlage, insbesondere wenn es um die bildkünstlerische Gestaltung ging, geradezu wetteifern. Heinrich Heines »Der Rabbi von Bacherach« erschien zum Beispiel mit Lithographien von Max Liebermann im Aufbau-Verlag (1971) und mit Farblithographien von El Lissitzky im Buchverlag Der Morgen (1978).

Und Scholem Alejchems »Tewje«, die Vorlage zu dem weltberühmten Musical »Anatevka«, wurde nicht nur vom Verlag Volk und Welt, dem überaus verdienstvollen Verlag für internationale Literatur, herausgegeben (1955, 1977), sondern auch der Verlag der Kunst (Dresden, 1967) und der Reclam Verlag (Leipzig, 1984) legten sehr schöne Ausgaben vor. Durch die beigefügten Lithographien von Anatoli L. Kaplan waren diese Bücher besonders unter den Freunden des bibliophilen Buches beliebt und meist schnell vergriffen.

Der Vollständigkeit halber wurden auch einige Publikationen aus Verlagen befreundeter Staaten, die Bücher zum Thema in deutscher Sprache veröffentlichten, in die Sammlung aufgenommen, weil sie im »Vorankündigungsdienst für den Buchhandel« angezeigt wurden und in der DDR erworben werden konnten. Beispiele: H. D. Oliver: »Wir, die Geretteten oder Wie die Juden in Bulgarien vor den Todeslagern bewahrt wurden« (Sofia: Fremdsprachenverlag, 1967); Leo Pavlat: »Jüdische Märchen« (Prag: Artia, 1985).

Zu den Titeln, die hin und wieder aus linken Verlagen der Bundesrepublik ebenfalls im »Vorankündigungsdienst« angezeigt und in der DDR gekauft werden konnten, gehörten zum Beispiel von Jakob Goldberg »Der Nahost-Konflikt« (Frankfurt/Main, in : *Marxistische Blätter*, 1972) oder Max Oppenheimer u. a. »Als die Synagogen brannten« (Köln: Pahl-Rugenstein Verlag, 1978).

Auch sie wurden deshalb in das Verzeichnis aufgenommen.

Die bibliografischen Angaben

Die Büchernachweise basieren auf den Prinzipien der bibliothekarischen Katalogisierung (leicht modifiziert), d. h. grundsätzlich wird zunächst zwischen Verfasser – (ein bis drei Autoren) und Sachtitelschriften unterschieden. Sie bilden auch das Ordnungswort.

Die weitere Beschreibung beinhaltet im Regelfall: Titel, Zusatz, Herausgeber, Bearbeiter, Verfasser von Vor- und Nachworten, Übersetzungsvermerk, bildkünstlerische Beigaben, Auflagebezeichnung, Impressum, Seitenzahl, Reihenvermerk.

Die Aufnahme dieser Namen (sogenannte »beteiligte Personen«) in das Alphabetische Personenregister erfolgte nur, wenn ein erheblicher Bekanntheitsgrad vorlag und/oder dieses Wissen für den Benutzer von Wert sein könnte. Beispiele: »Ghetto. Berichte aus dem Warschauer Ghetto 1939-1945«. Vorwort von Rudolf Hirsch. Adolf Burger: »Des Teufels Werkstatt«. Zeichnungen von Peter Edel.

Alle aufgenommenen Titel wurden fortlaufend beziffert. Das ist vor allem für die Benutzung der Register nötig, weil der Hinweis auf das jeweilige Buch nur über das Aufsuchen der hinter dem Namen oder Erscheinungsjahr ausgewiesenen Nummer möglich ist.

Die Titelaufnahme geschah entweder nach dem mir vorliegenden Original oder nach den unter »Quellen« beschriebenen Titellisten.

Dabei ergab sich, dass mitunter wichtige Angaben fehlten, die jedoch durch die Inanspruchnahme der Online-Kataloge der »Deutschen Nationalbibliothek« (Leipzig) und des »Verbund(es) der Öffentlichen Bibliotheken« (Berlin) meist ergänzt werden konnten.

Wenn sich bei dieser Recherche ergab, dass andere Ausgaben eines Buches vorlagen, wurden diese zusätzlich aufgenommen. In diesem Zusammenhang ist jedoch der Hinweis wichtig, dass dies dann mehr oder weniger zufällig geschah. Eine grundsätzliche nochmalige Überprüfung sämtlicher Titelnachweise, im Hinblick auf ihre verschiedenen Auflagen oder Ausgaben und deren Dokumentation, erfolgte nicht.

Angestrebt wurde jedoch die jeweils *1. Auflage* eines Titels (deshalb bei der Titelaufnahme weggelassen) zu ermitteln und die letzte, wenn dies für mögliche Interpretationen wichtig erschien. Wurden andere Auflagen und/oder Ausgaben nachgewiesen und aufgenommen, sind nur die Abweichungen und Veränderungen gegenüber der Primäraufnahme dokumentiert (z. B. anderer Titel, Bearbeiter, bildkünstlerische Beigaben, Verlag, Erscheinungsjahr, Seitenzahl), eine weitere, komplette Titelaufnahme erfolgte in diesen Fällen nicht.

Bei der Titelbeschreibung wurden die gängigen Abkürzungen benutzt, ein Abkürzungsverzeichnis findet sich im Buch.

Das Alphabetische Personenregister

Das Alphabetische Personenregister soll den Zugang zu den einzelnen Titeln erleichtern, d. h. den Nachweis dafür erbringen, welcher Autor in der Bibliographie vertreten ist und andererseits auch sogenannte »beteiligte oder behandelte Personen« berücksichtigen.

Das hat den Vorteil, dass der Benutzer die gesuchten Autoren auf einen Blick entdeckt bzw. das an verschiedenen Stellen des Buches »Versteckte«, was sich durch die Ordnung nach Themengruppen zwangsläufig ergibt, findet. (Siehe dazu unter »Systematik«).

»Behandelte Personen« würden mehr oder weniger zufällig oder gar nicht gefunden, während mit der Aufnahme ihres Namens in das Alphabetische Personenregister der direkte Weg zum entsprechenden Buch möglich ist.

Das Register vereint also, unabhängig davon, ob es sich um Autoren, anderweitig beteiligte oder behandelte Personen handelt, die jeweiligen Namen in alphabetischer Reihenfolge.

Bei den »behandelten Personen« werden die Nummern, zur Unterscheidung, unterstrichen hervorgehoben. <u>Beispiele:</u> Wachsmann, Konrad (Architekt) – Michael Grüning: Der Wachsmann-Report (*988*); Luxemburg, Rosa – Maria Seidemann: Rosalie (*1020*).

Insbesondere dabei wird jedoch deutlich, dass nur die Kenntnis bzw. das Vorliegen des Buches es möglich machte, die Namen zu ermitteln und in das Register aufzunehmen.

Es war also objektiv nicht möglich, alle potentiellen Namen zu berücksichtigen und andererseits eine subjektive Entscheidung, welche Personen als so bedeutsam angesehen wurden, dass sie Erwähnung finden.

Die Chronologie des Erscheinens

Neben dem Alphabetischen Personenregister erschien mir eine Übersicht über die Erscheinungsjahre der nachgewiesenen Titel besonders wichtig.

Der Vorwurf, die Juden seien von Anbeginn in der DDR kein Thema gewesen, kann so am ehesten bestätigt, entkräftet oder sogar ad absurdum geführt werden.

Es könnten Tendenzen abgelesen werden, in welchen Jahren besonders viele, wenige oder keine Bücher erschienen sind, die Rückschlüsse oder – was besser wäre – wissenschaftliche Untersuchungen zulassen und unterstützen, um den pauschalen Aburteilungen zu begegnen.

Auch bei diesem Versuch und Bemühen ergibt sich jedoch die Tatsache, dass eine absolute Vollständigkeit des Nachweises nicht gegeben ist. Dies würde nämlich auch sämtliche Nachauflagen eines Titels beinhalten müssen, was zu recherchieren, auch unter Berücksichtigung der häufig festgestellten lücken- und fehlerhaften Angaben in den Katalogen, fast unmöglich erscheint.

Der hier geführte Nachweis zeigt grundsätzlich nur die jeweils ermittelte 1. Auflage eines Titels (wie bereits unter *Die bibliografischen Angaben* ausgeführt). Seine anderen, eventuell unterschiedlichen, Ausgaben und Auflagen wurden bei dieser Chronologie nicht berücksichtigt.

Der Zugang zum jeweiligen Titel geschieht auch hier, wie beim Alphabetischen Personenregister, durch das Aufsuchen der ausgewiesenen laufenden Nummer vor dem Buch.

Das Abkürzungsverzeichnis

Das Verzeichnis weist die wesentlichsten bei der Titelaufnahme benutzten Abkürzungen nach. Das geschieht im Regelfall. Sie unterbleiben mitunter beim Zusatz zum Sachtitel.

Eventuelle Irrtümer

Die Bibliografie erhebt zwar den Anspruch möglichst umfassend zum gewählten Thema zu informieren, jedoch kann nicht ausgeschlossen werden, dass Bücher unberücksichtigt blieben.

Andererseits besteht in dem Umstand, dass ich in vielen Fällen keine Einsicht in die Originale hatte, sondern auf andere Formen angewiesen war, die Gefahr, dass Literaturhinweise falsch interpretiert wurden und bestimmte Titel hier keinen Platz hätten finden dürfen.

Ich war jedoch bemüht, dies weitgehend auszuschließen.

Dank

Die Schriftstellerin und Publizistin Daniela Dahn war es vor allem, die mich immer wieder ermunterte und mit sanftem Druck mahnte, ihr »eine Liste mit Büchern zu jüdischer Thematik« zu erstellen, damit bei entsprechenden Diskussionen ein Arbeitsmaterial zur Hand ist.

Mein Mann, Dr. Peter Kirchner, von 1971 bis 1990 Vorsitzender der Jüdischen Gemeinde Berlin (Ost), hat während aller Phasen an dieser Arbeit wertvolle Unterstützung geleistet, vor allem aber beim Recherchieren in den »Online-Katalogen« und beim Erspüren möglicher Titel in den unter den Quellen aufgelisteten Nachschlagewerken.

Renate Kirchner,
Berlin, Winter 2009

I. Nationalsozialismus und Judenverfolgung

Allgemeines – Ausgrenzung – Exil – Illegalität – Widerstand – Vernichtung – Befreiung – Neubeginn – Erinnerung – Mahnung

I.1 Sachliteratur

1 *Abusch, Alexander:* Der Irrweg einer Nation. Ein Beitr. zum Verständnis dt. Geschichte. Berlin: Aufbau-Verl., 1946. 270 S., 8., neu bearb. Aufl. 1960. 329 S.

2 *Albertus, Heinz:* Kinder in Buchenwald. Verbrechen an Kindern u. Jugendl. im KZ Buchenwald u. d. Kampf d. illegalen antifaschist. Widerstandsorgan. um ihre Rettung. Weimar: Nationale Mahn- u. Gedenkstätte Buchenwald, 1981. 73 S., Abb., 3., erg. Aufl. 1984. 76 S.

3 *Alfred Frank.* Der Maler mit dem Stern. Nach d. gleichnamigen Fernsehfilm von Ursula u. Michael Tschesno-Hell. Berlin: Henschelverl., 1971. 111 S., Abb.

4 *An der Stechbahn.* Erlebnisse u. Berichte aus d. Büro Grüber in d. Jahren d. Verfolgung. Hrsg.: Evangel. Hilfsstelle für ehem. Rasseverfolgte in Berlin. Berlin: Evangel. Verlagsanst., 1951. 63 S., 3., durchges. u. erw. Aufl. 1960. 87 S.

5 *Antoni, Ernst:* KZ von Dachau bis Auschwitz. Faschist. Konzentrationslager 1933-1945. Frankfurt/M.: Röderberg-Verl., 1979. 144 S.

6 *Auschwitz.* Faschist. Konzentrationslager. Red.: Wanda Michalak. Aus d. Poln. Warschau: Interpress, 1978. 206 S., 3., erw. Aufl. 1988. 187 S., Abb.

7 *Bartoczewski, Wladyslaw:* Vergossenes Blut uns verbrüdert. Über d. Hilfe für Juden in Polen während d. Okkupation. Aus d. Poln. Warschau: Interpress, 1970. 272 S.

8 *Baum, Bruno:* Die letzten Tage von Mauthausen. Berlin: Militärverl. d. DDR, 1965. 156 S., Abb.

9 *Baum, Bruno:* Widerstand in Auschwitz. Berlin; Potsdam: VVN-Verl., 1949. 55 S. (Kleine VVN-Bücherei) Andere Ausg.: Berlin: Kongress-Verl., 1957. 108 S., Abb., 2. Aufl. 1962

10 Benvenisti, David: Die Rettung der bulgarischen Juden. 1941-1944. Aus d. Bulgar. Sofia: Sofia Press, 1988. 36 S.

11 Berenstein, Tatiana/ Rutkowski, Adam: Hilfsaktion für Juden in Polen 1939-1945. Aus d. Poln. Warschau: Polonia-Verl., 1963. 99 S., Abb.

12 Bergschicker, Heinz: Deutsche Chronik 1933-1945. Ein Zeitbild d. faschist. Diktatur. Wissenschaftl. Beratung: Olaf Groehler. Berlin: Verl. d. Nation, 1981. 543 S., Anh.: Fotos, Dok., Chroniken, Reg.

13 Braunbuch. Kriegs- und Naziverbrecher in d. Bundesrepublik. Staat, Wirtschaft, Armee, Verwaltung, Justiz, Wissenschaft. Hrsg.: Nationalrat d. Nat. Front d. DDR; Dokumentationszentrum d. Staatl. Archivverwalt. d. DDR. Berlin: Staatsverl. d. DDR, 1965. 340 S., 3., überarb. Aufl. 1968. 439 S.

14 Braunbuch über Reichstagsbrand und Hitlerterror. Faksimile-Nachdruck (des Original-Braunbuch v. 1933). Nachw. v. Alexander Abusch. Frankfurt/M.: Röderberg-Verl., 1973. 382 S. Andere Ausg.: Leipzig: Georgi-Dimitroff-Museum, 1989. 258 S.

15 Buchenwald – ein Konzentrationslager. Bericht d. ehemaligen KZ-Häftlinge Emil Carlebach u.a. Hrsg.: Lagergemeinschaft Buchenwald/Dora der BRD. Berlin: Dietz Verl., 1986. 190 S., Abb.

16 Buchenwald. Mahn- und Gedenkstätte. (Bildband) Bildautor: Ernst Schäfer u. a. Vorw. v. Arnold Zweig. Hrsg.: Kom. d. Antifaschist. Widerstandskämpfer in d. DDR. Berlin: Kongress-Verl., 1960. 187 S.

17 Buchenwald. Mahnung und Verpflichtung. Hrsg. im Auftr. der FIR von d. Internat. Buchenwald-Komitee u. d. Kom. d. Antifaschist. Widerstandskämpfer in d. DDR. Berlin: Kongress-Verl., 1960. 621 S., Abb.

18 Burger, Adolf: Des Teufels Werkstatt. Im Fälscherkommando d. KZ Sachsenhausen. Zeichn. v. Peter Edel u. Leo Haas. Berlin: Verl. Neues Leben, 1985. 221 S., Abb.

19 Damals in Sachsenhausen. Hrsg.: Kom. d. Antifaschist. Widerstandskämpfer in d. DDR. Berlin: Kongress-Verl. 1961. 169 S. Andere Ausg.: Ab 2. Aufl. Berlin: Dt. Verl. d. Wissenschaften, 1967. 172 S., Abb., 3. überarb. Aufl. 1970

20 *Damit die Nacht nicht wiederkehre.* Gedenken an d. faschist. Pogromnacht vom 9. Nov. 1938. Eine Dokumentation. Hrsg.: Verb. d. Jüd. Gemeinden in d. DDR. Dresden: Verl. Zeit im Bild, 1988. 111 S., Abb.

21 *Dem Vergessen entrissen.* Rostocker Antifaschisten u. Opfer d. Nazi-Terrors. Hrsg.: Rat d. Stadt. Rostock: Ostseedruck, 1986. 60 S., Abb.

22 *Demps, Laurenz/Hölzer, Reinhard:* Zwangsarbeiter und Zwangsarbeitslager in der faschistischen Reichshauptstadt Berlin 1939-1945. Berlin: Gesellschaft für Heimatgeschichte u. Denkmalpflege Berlin im Kulturbund d. DDR, 1986. 198 S. (Miniaturen zur Geschichte, Kultur- u. Denkmalpflege Berlins; 20/21)

23 *Die aussäen unter Tränen, mit Jubel werden sie ernten …* Die jüd. Gemeinden in d. Tschechoslowakischen Republik nach d. 2. Weltkrieg. Red.: Rudolf Iltis. Aus d. Tschech. Prag: Zentraler Kirchenverl., 1959. 215 S., Abb.

24 *Dodd, William E.:* Diplomat auf heißem Boden. Tagebuch d. US-Botschafters in Berlin 1933-1938. Aus d. Amerikan. Berlin: Verl. d. Nation, 1962. 537 S., 8. Aufl. 1977. 492 S.

25 *Das Dritte Reich und seine Diener.* Dokumente. Hrsg. v. Léon Poliakov u. Josef Wulf. Berlin: Verl. Volk u. Welt, 1975. 550 S.

26 *Drobisch, Klaus:* Widerstand hinter Stacheldraht. Aus d. antifaschist. Kampf im KZ Buchenwald. Berlin: Dietz Verl., 1962. 158 S.

27 *Drobisch, Klaus:* Widerstand in Buchenwald. Berlin: Dietz Verl., 1977. 175 S., Abb., 4. Aufl. 1989. 226 S.

28 *Durand, Pierre:* Die Bestie von Buchenwald. Aus d. Franz. Berlin: Militärverl. d. DDR, 1985. 191 S., 3. Aufl. 1987

29 *Ecke, Felix:* Die braunen Gesetze. Über das Recht im Unrechtsstaat. Berlin: Staatsverl. d. DDR, 1990. 187 S.

30 *Eichmann.* Henker – Handlanger – Hintermänner. Eine Dokumentation. Berlin: Ausschuss für Dt. Einheit, 1961. 93 S.

31 *Engelmann, Bernt:* Deutschland ohne Juden. Eine Bilanz. Berlin: Akademie-Verl., 1988. 493 S.

32 *Ermüdung und vorzeitiges Altern.* Folge von Extrembelastungen. V. Internat. Med. Kongress der FIR 21.-24.9.1970 in Paris. Hrsg.: Med. Kommission d. FIR.

Leipzig: Kommissionsverl. Johann Ambrosius Barth, 1973. 592 S., Abb.

33 *Es geschah vor unseren Augen 1933 – 1938 – 1945.* Lebensschicksal jüd. Menschen. Zu e. Ausstellg. gemeinsam gestalt. vom Kreiskom. d. Antifasch. Widerstandskämpfer Berlin-Köpenick u. vom Gemeindekirchenrat d. Evangel. Christophoruskirche … Hrsg.: Rat d. Stadtbez. Berlin-Köpenick. Red. Mitarb.: Rudolf Hirsch u. a. Berlin: Union-Druckerei, 1988. 31 S.

34 *Europa unterm Hakenkreuz.* Die Okkupationspolitik d. dt. Faschismus 1938-1945. *Bd. 1* Die faschistische Okkupationspolitik in Österreich und der Tschechoslowakei (1938-1945). Dokumentenausw. u. Einl.: Helma Kaden. Berlin: Dt. Verl. d. Wissenschaften, 1988. 284 S.

35 *Europa unterm Hakenkreuz. Bd. 2* Die faschistische Okkupationspolitik in Polen (1939-1945). Dokumentenausw. u. Einl.: Werner Röhr. Berlin: Dt. Verl. d. Wissenschaften, 1989. 418 S.

36 *Europa unterm Hakenkreuz. Bd. 3* Die faschistische Okkupationspolitik in Frankreich (1940-1944). Dokumentenausw. u. Einl.: Ludwig Nestler. Berlin: Dt. Verl. d. Wissenschaften, 1990. 352 S.

37 *Europa unterm Hakenkreuz. Bd. 4* Die faschistische Okkupationspolitik in Belgien, Luxemburg und den Niederlanden (1940-1945). Dokumentenausw. u. Einl.: Ludwig Nestler. Berlin: Dt. Verl. d. Wissenschaften, 1990. 288 S.

38 *Ewiges Gedenken.* Berichte über Auschwitz. Red.: Adolf Rudnicki. Aus d. Poln. Warschau: Fremdsprachenverl. Polonia, 1955. 188 S.

39 *Faschismus – Forschung.* Positionen, Probleme, Polemik. Hrsg. v. Dietrich Eichholtz u. Kurt Gossweiler. Berlin. Akademie-Verl., 1980. 459 S.

40 *Faschismus – Ghetto – Massenmord.* Dokumentation über Ausrottung u. Widerstand d. Juden in Polen während d. 2. Weltkrieges. Hrsg.: Jüd. Histor. Institut Warschau. Ausgew., bearb. u. eingel. v. Tatiana Berenstein, Artur Eisenbach u.a. Aus d. Poln. u. Jidd. Berlin: Rütten & Loening, 1960. 609 S., Abb., Kt., 2. Aufl. 1961

41 *Der faschistische Pogrom vom 9./10. November 1938.* Zur Geschichte d. Juden in Pommern. Kolloquium d. Sekt. Geschichtswissenschaft u. Theologie d. Ernst-Moritz-Arndt-Uni. Greifswald. Red.: Wolfgang Wilhelmus. Greifswald: E.-M.-A. Universität, 1989. 142 S.

42 *Frauen-KZ Ravensbrück.* Hrsg.: Kom. d. Antifaschist. Widerstandskämpfer in d. DDR. Von e. Autorenkoll. unter d. Ltg. von Guste Zörner. Berlin: Dt. Verl. d. Wissenschaften, 1971. 231 S., Abb., 5. Aufl. 1986. 200 S., Abb.

43 *Gedenke! Vergiss nie!* 40. Jahrestag d. faschist. »Kristallnacht« – Pogroms. Eine Dokumentation. Hrsg.: Verb. d. Jüd. Gemeinden in d. DDR. Berlin: Unionverl., 1979. 125 S., Abb.

44 *Geschichte der deutschen Arbeiterbewegung in acht Bänden.* Hrsg.: Institut für Marxismus-Leninismus beim ZK d. SED. Von e. Autorenkoll. Bd. 5 Von Januar 1933 bis Mai 1945. Berlin: Dietz Verl., 1966. 664 S., 80 Bilds., Dok., Reg.

45 *Giordano, Ralph:* Wenn Hitler den Krieg gewonnen hätte. Die Pläne d. Nazis nach d. Endsieg. Berlin: Verl. Volk u. Welt, 1990. 383 S. (Volk- u. Welt-Report)

46 *Globke, der Bürokrat des Todes.* Neue Dokumente. Berlin: Ausschuss für Dt. Einheit, 1963. 264 S.

47 *Globke und die Ausrottung der Juden.* Über d. verbrecherische Vergangenheit d. Dr. Hans Globke, Staatssekretär im Bundeskanzleramt. 1. u. 2. Aufl. Berlin: Ausschuss für Dt. Einheit, 1960. 95 S.

48 *Goguel, Rudi:* Antifaschistischer Widerstandskampf 1933-1945. Bibliographie. Hrsg.: Kom. d. Antifaschist. Widerstandskämpfer d. DDR, Zentralleitung. Berlin: Eigenverl. der ZL d. Antifaschist. Widerstandskämpfer d. DDR, 1974. 253 S.

49 *Goldstein, Bernard:* Die Sterne sind Zeugen. Der Untergang d. poln. Juden (Warschau April 1943 u. Aug. 1944). Aus d. Engl. Berlin: Dietz Verl., 1969. 308 S.

50 *Hartung, Günter:* Literatur und Ästhetik des deutschen Faschismus. 3 Studien. Berlin: Akademie-Verl., 1983. 314 S. (Literatur u. Gesellschaft)

51 *Heise, Wolfgang:* Aufbruch in die Illusion. Zur Kritik d. bürgerl. Philosophie in Deutschland. Berlin: Dt. Verl. d. Wissenschaften, 1964. 498 S.

52 *Heym, Stefan:* Reden an den Feind. Hrsg. v. Peter Mallwitz. Berlin: Verl. Neues Leben, 1986. 381 S.

53 *Hinze, Sibylle:* Antifaschisten im Camp Le Vernet. Abriß d. Geschichte des KZ Le Vernet 1939-1944. Berlin: Militär-verl. d. DDR, 1988. 336 S.

54 *Die Hölle von Kamienna.* Hrsg. v. Hans Frey. Berlin; Potsdam: VVN-Verl., 1949. 93 S.

55 *Horsky, Slavomir:* Verbrechen, die nicht verjähren. Aus d. Tschech. Prag: Presseagentur Orbis, 1984. 140 S.

56 *In jenen Tagen.* Schriftsteller zwischen Reichstagsbrand u. Bücherverbrennung. Eine Dokumentation. Hrsg. v. Friedemann Berger. Leipzig; Weimar: Gustav Kiepenheuer Verl., 1983. 590 S.

57 *Juden in Leipzig.* Eine Dokumentation zur Ausstellg. anlässl. d. 50. Jahrestages d. faschist. Pogromnacht im Ausstellungs-zentrum d. Karl-Marx-Universität Leipzig, 5.11.-17.12.88. Bearb. v. Manfred Unger u. Hubert Lang. Leipzig: Rat des Bezirks, Abt. Kultur, 1989. 239 S., Abb.

58 *Juden unterm Hakenkreuz.* Verfolgung u. Ausrottung d. dt. Juden 1933-1945. Von Klaus Drobisch, Rudi Goguel, Werner Müller, unter Mitwirk. von Horst Dohle. Berlin: Dt. Verl. d. Wissenschaften, 1973. 437 S.

59 *Judenhass und Judenmord.* Unerklärlich! Unbegreiflich? Beitr. e. Veranstalt. d. Friedrich-Schiller-Universität Jena u. d. Bezirkskomitees Gera d. Historischen Gesellschaft d. DDR am 27.9.1988. Jena: Verlags-Abt. d. Friedrich-Schiller-Universität, 1990. 87 S.

60 *Kaul, Friedrich Karl:* Ärzte in Auschwitz. Berlin: Verl. Volk u. Gesundheit, 1968. 337 S.

61 *Kaul, Friedrich Karl:* Der Fall des Herschel Grynszpan. Berlin: Akademie-Verl., 1965. 182 S., Abb.

62 *Kaul, Friedrich Karl:* Der Fall Eichmann. Berlin: Das Neue Berlin, 1963. 365 S., 3. Aufl. 1967

63 *Kennzeichen J.* Bilder, Dokumente, Berichte zur Geschichte d. Verbrechen d. Hitlerfaschismus an d. dt. Juden 1933-1945. Hrsg. v. Helmut Eschwege. Mit e. Geleitw. v. Arnold Zweig, e. Einl. v. Rudi Goguel u. e. Chronik d. faschist. Judenverfolgung v. Klaus Drobisch. Berlin: Dt. Verl. d. Wissenschaften, 1966. 378 S., 2., durchges. u. erg. Aufl. 1981. 405 S.

64 *Klimaszewski, Tadeusz:* Verbrennungskommando Warschau. Aus d. Poln. Berlin: Volk u. Welt, 1962. 196 S.

65 *Kraus, Ota/Kulka, Erich:* Massenmord und Profit. Die faschist. Ausrottungspolitik u. ihre ökonom. Hintergründe. Aus d. Tschech. Berlin: Dietz Verl., 1963. 438 S., Abb.

66 *Kraus, Ota/Kulka, Erich:* Die Todesfabrik. Aus d. Tschech. Berlin: Kongress-Verl., 1957. 238 S. Andere Ausg.: Die Todesfabrik Auschwitz. Berlin: Dietz Verl., 1991. 375 S.

67 *Kreschnak, Werner:* Die Verfolgung der Juden in Chemnitz während der faschistischen Diktatur von 1933-1945. Ein Beitr. zum 50. Jahrestag d. faschist. Pogromnacht. Karl-Marx-Stadt: Stadtarchiv, 1988. 48 S., Abb.

68 *Kühnrich, Heinz:* Judenmörder Eichmann – kein Fall der Vergangenheit. Berlin: Dietz Verl., 1961. 154 S. (Wahrheiten über den dt. Imperialismus; 4)

69 *Kühnrich, Heinz:* Der KZ-Staat. Die faschist. Konzentrationslager 1933-1945. Berlin: Dietz Verl., 1960. 142 S., 2., neubearb. Aufl. 1980. 229 S.

70 *Kulisová, Tána:* Kleine Festung Theresienstadt. Aus d. Tschech. Prag: Nase vojsko, 1963. 79 S., Abb. (Dokumente d. Verbandes d. Antifaschist. Widerstandskämpfer; 143) 2. Aufl. 1966

71 *Kunst und Literatur im antifaschistischen Exil 1933-1945 in sieben Bänden. Bd. 1* Exil in der UdSSR. Autoren: Klaus Jarmatz, Simone Barck u. a. Leipzig: Reclam, 1979. 661 S., Abb. (RUB; 806)

72 *Kunst und Literatur im antifaschistischen Exil 1933-1945 in sieben Bänden. Bd. 2* Exil in der Schweiz. Autor: Werner Mittenzwei. Leipzig: Reclam, 1978. 446 S., Abb. (RUB; 768)

73 *Kunst und Literatur im antifaschistischen Exil 1933-1945 in sieben Bänden. Bd. 3* Exil in den USA mit einem Bericht »Schanghai – Eine Emigration am Rande«. Autoren: Eike Middell, Alfred Dreifuss u. a. Leipzig: Reclam, 1979. 586 S., Abb. (RUB; 799)

74 *Kunst und Literatur im antifaschistischen Exil 1933-1945 in sieben Bänden. Bd. 4* Exil in Lateinamerika. Autor: Wolfgang Kießling. Leipzig: Reclam, 1980. 577 S., Abb. (RUB; 847)

75 *Kunst und Literatur im antifaschistischen Exil 1933-1945 in sieben Bänden. Bd. 5* Exil in der Tschechoslowakei, in Großbritannien, Skandinavien und in Palästina. Autoren: Ludwig Hoffmann, Rudolf Hirsch u. a. Leipzig: Reclam, 1980. 746 S., Abb. (RUB; 848)

76 *Kunst und Literatur im antifaschistischen Exil 1933-1945 in sieben Bänden. Bd. 6* Exil in den Niederlanden und in Spanien. Autoren: Klaus Hermsdorf, Hugo Fetting u. Silvia Schlenstedt. Leipzig: Reclam, 1981. 423 S., Abb. (RUB; 861)

77 *Kunst und Literatur im antifaschistischen Exil 1933-1945 in sieben Bänden. Bd. 7* Exil in Frankreich. Autoren: Dieter Schiller, Karlheinz Pech u. a. Verantwortlich: Klaus Hermsdorf. Leipzig: Reclam, 1981. 629 S., Abb. (RUB; 867)

78 *Litschke, E.:* Nationale Mahn- und Gedenkstätte Ravensbrück. Museum. Fürstenberg/H.: Nationale Mahn- u. Gedenkstätte Ravensbrück, 1989. 12 S., Abb.

79 *Lukács, Georg:* Zur Kritik der faschistischen Ideologie. Berlin; Weimar: Aufbau-Verl., 1988. 463 S. (Dokumentation, Essayistik, Literaturwissenschaft)

80 *Madajczyk, Czeslaw:* Die Okkupationspolitik Nazideutschlands in Polen 1939-1945. Aus d. Poln. Berlin: Akademie-Verl., 1987. XIII, 702 S.

81 *Mann, Erika:* Zehn Millionen Kinder. Die Erziehung d. Jugend im Dritten Reich. Einf. von Thomas Mann. Berlin: Verl. Neues Leben, 1988. 204 S.

82 *Mann, Heinrich:* Der Hass. Dt. Zeitgeschichte. Nachw. v. Werner Herden. Berlin; Weimar: Aufbau-Verl., 1983. 206 S.

83 *Mann, Heinrich:* Verteidigung der Kultur. Antifaschist. Streitschriften u. Essays. Berlin; Weimar: Aufbau-Verl., 1971. 527 S.

84 *Mark, Bernard:* Der Aufstand im Warschauer Ghetto. Entstehung u. Verlauf. Aus d. Poln. 1. u. 2. Aufl. Berlin: Dietz Verl., 1957. 428 S., Abb., 3., neubearb. u. erw. Aufl. 1959. 478 S., Abb.

85 *Medizin im Faschismus.* Symposium über d. Schicksal d. Medizin in d. Zeit des Faschismus in Deutschland. Protokoll. Hrsg. v. Achim Thom. Berlin: Akademie für Ärztl. Fortbildung in d. DDR, 1983. VIII, 384 S.; Andere Ausg.: Berlin: Verl. Volk u. Gesundheit, 1985. 291 S.

86 *Meier, Kurt:* Kirche und Judentum. Die Haltung d. evangel. Kirche zur Judenpolitik d. Dritten Reiches. Halle; Leipzig: Niemeyer Verl., 1968. 153 S., 2. Aufl. 1971

87 *Müller-Hegemann, Dietfried:* Zur Psychologie des deutschen Faschisten. Rudolstadt: Greifenverl., 1955. 117 S.

88 *Nippert, Erwin:* Prinz-Albrecht-Straße 8. Berlin: Militärverl. d. DDR, 1988. 204 S. (Ereignisse, Tatsachen, Zusammenhänge)

89 *Nippert, Erwin:* Der Todesengel von Auschwitz. Berlin: Militärverl. d. DDR, 1989. 48 S., Abb.

90 *Ogiermann, Otto:* Bis zum letzten Atemzug. Das Leben u. Aufbegehren d. Priesters Bernhard Lichtenberg. Leipzig: St. Benno-Verl., 1968. 296 S., 4., neubearb. Aufl. 1983. 264 S.

91 *Oliver, H. D.:* Wir, die Geretteten oder Wie die Juden in Bulgarien vor den Todeslagern bewahrt wurden. Aus d. Bulgar. Sofia: Fremdsprachenverl., 1967. 183 S., Abb.

92 *Pätzold, Kurt:* Faschismus Rassenwahn Judenverfolgung. Eine Studie zur polit. Strategie u. Taktik d. faschist. dt. Imperialismus (1933-1945). Berlin: Dt. Verl. d. Wissenschaften, 1975. 318 S.

93 *Pätzold, Kurt/Weißbecker, Manfred:* Hakenkreuz und Totenkopf. Die Partei d. Verbrechens. Berlin: Dt. Verl. d. Wissenschaften, 1981. 429 S., Abb.

94 *Pätzold, Kurt/Runge, Irene:* Pogromnacht 1938. Berlin: Dietz Verl., 1988. 260 S., Abb. (Schriftenreihe Geschichte)

95 *Pikarski, Margot:* Jugend im Berliner Widerstand. Herbert Baum u. Kampfgefährten. Berlin: Militärverl., d. DDR, 1978. 235 S.

96 *Pikarski, Margot:* Sie bleiben unvergessen (Widerstandsgruppe Herbert Baum, Berlin). Berlin: Verl. »Junge Welt«, 1968. 144 S., Abb. (Schriftenreihe zur Geschichte der FDJ; 10)

97 *Pilichowski, Czeslaw:* Es gibt keine Verjährung. Aus d. Poln. Warschau: Interpress, 1980. 203 S., Abb.

98 *Poteranski, Waclaw:* Das Warschauer Ghetto. Zum 30. Jahrestag d. bewaffneten Aufstandes im Warschauer Ghetto 1943. Aus d. Poln. Warschau: Interpress, 1973. 86 S., Abb.

99 *Raddatz, Karl:* Totengräber Deutschlands. Geleitw. v. Rolf Helm. Berlin: VVN-Verl., 1950. 95 S., 2. u. 3. Aufl. 1952. 108 S.

100 *Ramme, Alwin:* Der Sicherheitsdienst der SS. Zu seiner Funktion im faschist. Machtapparat u. im Besatzungsregime d. so genannten Generalgouvernements Polen. Berlin: Militärverl. d. DDR, 1970. 324 S. (Militärhistorische Studien. Neue Folge; 12)

101 *Die Rettung der Juden in Bulgarien 1941-1944.* (Album e. Ausstellg. d. ZL d. Sozialorgan. d. Juden für kulturelle Aufklärung in d. VR Bulgarien). Bearb. v. Albert Koen. Aus d. Bulgar. Sofia: Verl. Septemvri, 1977. 176 S., Abb.

102 *Russell of Liverpool, Lord:* Geißel der Menschheit. Kurze Geschichte d. Nazikriegsverbrechen. Aus d. Engl. Berlin: Volk u. Welt, 1955. 369 S., 2. Aufl. Ungekürzte Volksausg. 1956. 263 S., 4. Aufl. 1961. 255 S.

103 *Sachsenhausen.* Hrsg.: Kom. d. Antifaschist. Widerstandskämpfer in d. DDR. Texte: Peter Edel u. a. Fotos: Ernst Schäfer. Berlin: Kongress Verl., 1962. 186 S., S. 57-144 Abb.

104 *Sachsenhausen.* Dokumente, Aussagen, Forschungsergebnisse. Von e. Autorenkoll. unter Ltg. v. Gustav Buttgereit. Berlin: Dt. Verl. d. Wissenschaften, 1974. 193 S., Abb., 4. Aufl. 1982. 162 S., Abb.

105 *Sánchez Salazar, Gustavo A./Reimann, Elisabeth:* Barbie in Bolivien. Aus d. Span. Berlin: Verl. d. Nation, 1989. 181 S.

106 *Sasuly, Richard:* I. G. Farben. Aus d. Amerikan. v. Walter Czollek. Berlin: Volk u. Welt, 1952. 368 S.

107 *Schmidt, Walter A.:* Damit Deutschland lebe. Ein Quellenbuch über d. dt. antifaschist. Widerstandskampf 1933-1945. Berlin: Kongress Verl., 1958. 759 S., 2. Aufl. 1959. 836 S.

108 *Schneider, Wolfgang:* Kunst hinter Stacheldraht. Ein Beitr. zur Geschichte d. antifaschist. Widerstandskampfes. Bildband. Leipzig: E. A. Seemann Verl., 1976. 190 S.

109 *Schröder, Frank/Ehlers, Ingrid:* Zwischen Emanzipation und Vernichtung. Zur Geschichte d. Juden in Rostock. Stadtarchiv, 1988. 96 S., Abb. (Schriftenreihe d. Stadtarchivs Rostock; 9)

110 *Schuder, Rosemarie/Hirsch, Rudolf:* Der gelbe Fleck. Wurzeln u. Wirkungen d. Judenhasses in d. dt. Geschichte. Essays. Berlin: Rütten & Loening, 1987. 748 S., Abb., 3. Aufl. 1990

111 *Schwarz, J. C.:* Die sechste Kolonne oder Der Henker will nicht hängen. Halle/ Saale: Mitteldt. Verl., 1963. 337 S.

112 *Simonow, Konstantin:* Ich sah das Vernichtungslager (Majdanek). Aus d. Russ. Berlin: Verl. d. Sowjet. Militärverwaltung in Deutschland, 1946. 19 S., 2. Aufl. 1947. 28 S., Taf.

113 *SS im Einsatz.* Eine Dokumentation über d. Verbrechen d. SS. Hrsg.: Kom. d. Antifaschist. Widerstandskämpfer in d. DDR. Red.: Heinz Schumann u. Heinz Kühnrich. Berlin: Kongress Verl., 1957. 649 S., Abb. Andere Ausg.: 8., verb. Aufl. Berlin: Dt. Militärverl., 1967. 590 S., Abb.

114 *Stärker als die Angst.* Den sechs Millionen, die keinen Retter fanden. Hrsg. v. Heinrich Fink. Berlin: Union Verl., 1968. 260 S.

115 *Sturz ins Dritte Reich.* Historische Miniaturen u. Porträts 1933/35. Hrsg. v. Helmut Bock. Leipzig; Jena; Berlin: Urania-Verl., 1983. 424 S., Abb., 2. Auflage. 1985

116 *Thiele, Manfred:* Im Schatten des gelben Sterns. Zur Erinnerung an jüd. Bürger Mühlhausens. Mühlhausen: Kreiskabinett für Kulturarbeit, 1990. 79 S.

117 *Thompson, Dorothy:* Kassandra spricht. Antifaschist. Publizistik 1932-1942. Aus d. Amerikan. Leipzig; Weimar: Gustav Kiepenheuer Verl., 1988. 293 S.

118 *Über die Ätiopathogenese und Therapie der Erschöpfung und vorzeitigen Vergreisung bei Kämpfern gegen den Faschismus und Verfolgten des Faschismus.* Auswertung d. IV. Internat. Med. Kongresses d. FIR in Budapest vom 22. bis 27.6.1964. Berlin: Ministerrat d. DDR; Ministerium für Gesundheitswesen in Gemeinschaft mit d. Kom. d. Antifaschist. Widerstandskämpfer in d. DDR, 1965. 101 S.

119 *Und lehrt sie: Gedächtnis!* Eine Ausstellg. d. Ministeriums für Kultur u. d. Staatssekretärs für Kirchenfragen in Zusammenarb. mit d. Verb. d. Jüd. Gemeinden in d. DDR zum Gedenken an d. faschist. Novemberpogrom vor 50 Jahren. Red. d. Katalogs: Jörn Grabowski. Berlin: Staatliche Museen zu Berlin, 1988. 112 S., Abb.

120 *Verfolgung – Vertreibung – Vernichtung.* Dokumentation d. faschist. Antisemitismus von 1933 bis 1942. Hrsg. u. mit e. Einl. von Kurt Pätzold. Leipzig: Reclam, 1983. 363 S. (RUB; 1008), 3. Aufl. 1987

121 *Die Wahrheit über Oberländer.* Braunbuch über d. verbrecherische faschist. Vergangenheit d. Bonner Ministers. Berlin: Ausschuss für Dt. Einheit, 1960. 191 S., Abb., 2., erw. Aufl. 1960. 207 S.

122 *Westheim, Paul:* Karton mit Säulen. Antifaschist. Kunstkritik. Weimar: Gustav Kiepenheuer Verl., 1985. 344 S.

123 *Wieland, Günther:* Das war der Volksgerichtshof. Ermittlungen – Fakten – Dokumente. Berlin: Staatsverl. d. DDR, 1989. 217 S.

124 *Wir haben es nicht vergessen.* 1939-1945. Dokumentenband. Aus d. Poln. Warschau: Polonia-Verl., 1961. 266 S.

125 *Wirth, Günther:* Heinrich Grüber: Donna nobis pacem! Rettet das Leben! Berlin: Union Verl., 1987. 42 S. (Christ in der Welt; 66)

126 *Zweig, Arnold:* Bilanz der deutschen Judenheit. Ein Versuch. Hrsg. u. mit e. Nachw. v. Kurt Pätzold. Leipzig: Reclam, 1991. 301 S. (RUB; 1391)

I. 1. 1 Strafrechtliche Verfolgung von NS-Verbrechen

127 *Angeklagter Nr. 6.* Eine Auschwitz-Dokumentation. Hrsg. v. F. K. Kaul u. Joachim Noack. Berlin: Akademie-Verl., 1966. 185 S.

128 *Auschwitz-Prozess Frankfurt am Main.* Schlussvortrag d. Prof. F. K. Kaul im Strafverfahren gegen Mulka u. a. vor dem Schwurgericht beim LG Frankfurt. Hrsg.: Kom. d. Antifaschist. Widerstandskämpfer in d. DDR; Nationalrat d. Nat. Front d. demokrat. Dtl.. Berlin: Kom. d. Antifaschist. Widerstandskämpfer in d. DDR, 1965. 107 S.
Dokumente zum Auschwitz-Prozess:
1. I. G. Farben, Auschwitz, Massenmord. 120 S.
2. NS-Juristen, Auschwitz, Massenmord. 97 S.
3. I. G. Farben, Auschwitz, Experimente. 79 S.

129 *Busse, Horst/Krause, Udo:* Lebenslänglich für den Gestapokommissar. Der Prozess gegen d. Leiter d. Judenreferats bei d. Dresdner Gestapo, SS-Obersturmführer Henry Schmidt, vor d. Bezirksgericht Dresden vom 15.-28.9.1987. Berlin: Staatsverl. d. DDR, 1988. 108 S.

130 Fall 3: Das Urteil im Juristenprozess, gefällt am 4. 12. 1947 im Militärgerichtshof III der Vereinigten Staaten von Amerika. Hrsg. u. mit e. Einl. v. P. A. Steiniger u. K. Leszczynski. Berlin: Dt. Verl. d. Wissenschaften, 1969. 320 S.

131 Fall 5: Anklageplädoyer, ausgewählte Dokumente, Urteil des Flick-Prozesses mit einer Studie über die »Arisierungen« des Flick-Konzerns. Einl. v. Klaus Drobisch. Autor d. Studie u. Hrsg.: Karl-Heinz Thielecke. Berlin: Dt. Verl. d. Wissenschaften, 1965. 501 S.

132 Fall 6: Ausgewählte Dokumente und Urteil des I. G. Farben-Prozesses. Hrsg. u. mit e. Einl. v. Hans Radandt. Berlin: Dt. Verl. d. Wissenschaften, 1970. 325 S.

133 Fall 9: Das Urteil im SS-Einsatzgruppenprozess, gefällt am 10.4.1948 in Nürnberg vom Militärgerichtshof II der Vereinigten Staaten von Amerika. Einl. v. Siegmar Quilitzsch, hrsg. v. K. Leszczynski. Berlin: Rütten & Loening, 1963. 259 S.

134 Hirsch, Rudolf: Um die Endlösung. Prozessberichte über den Lischka-Prozess in Köln u. d. Auschwitz-Prozess in Frankfurt/M. Rudolstadt: Greifenverl., 1982. 271 S., 3. Aufl. 1986

135 Hirsch, Rudolf: Zeuge in Ost und West. (Gerichtsreportagen). Rudolstadt: Greifenverl., 1965. 333 S.

136 I. G. Farben, Auschwitz, Massenmord. Dok. zum Auschwitz-Prozess über die Blutschuld der I.G. Farben. Berlin: Kom. d. Antifaschist. Widerstandskämpfer in d. DDR, Arbeitsgr. Ehemalige Häftlinge d. KZ Auschwitz, 1964. 120 S.

137 Kaul, Friedrich Karl: Auschwitz-Prozess Frankfurt/M. Schlussvortr. u. Erwiderung vor d. Schwurgericht beim Landgericht Frankfurt/M. Berlin: Kom. d. Antifaschist. Widerstandskämpfer in d. DDR; Nationalrat d. Nat. Front d. Demokrat. Dtl., 1965. 105 S.

138 Der Nürnberger Prozess. Aus d. Protokollen, Dok. u. Mat. d. Prozesses gegen d. Hauptkriegsverbrecher vor d. Internat. Militärgerichtshof. Hrsg. v. P.A. Steininger. Berlin: Rütten & Loening, 1952. Bd. 1-2: 1. 318 S.; 2. 612 S.; 4. Aufl. 1960

139 Der Oberländer-Prozess. Gekürztes Protokoll d. Verhandl. vor d. Obersten Gericht d. DDR v. 20.-27. u. 29.4.1960. Berlin: Ausschuss für Dt. Einheit, 1960. 240 S.

140 *Polewoi, Boris:* Nürnberger Tagebuch. (Korrespondent beim N. P.). Aus d. Russ. Berlin: Volk u. Welt, 1971. 307 S.

141 *Poltorak, Arkadij:* Nürnberger Epilog. (Gerichtsoffizier beim N. P.). Aus d. Russ. Berlin: Militärverl. d. DDR, 1971. 627 S., 5. Aufl. 1988. 534 S., 8 Bl. Abb.

142 *Przybylski, Peter:* Zwischen Galgen und Amnestie: Kriegsverbrecherprozesse im Spiegel von Nürnberg. Berlin: Dietz Verl., 1979. 205 S., Abb., 4. Aufl. 1983

143 *Schuldig im Sinne des Rechts und des Völkerrechts.* Auszüge aus d. Protokoll d. Prozesses gegen den KZ-Arzt Fischer vor d. Obersten Gericht d. DDR. Berlin: Arbeitsgr. d. ehem. Häftlinge d. KZ Auschwitz beim Kom. d. Antifaschist. Widerstandskämpfer in d. DDR; Nationalrat d. Nat. Front d. demokrat. Dtl., 1966. 120 S., Abb.

144 *Wieland, Günther:* Der Jahrhundertprozess von Nürnberg. Nazi- u. Kriegsverbrecher vor Gericht. Berlin: Staatsverl. d. DDR, 1986. 158 S. (Recht in unserer Zeit; 70)

I. 1. 2 Periodika

145 *Jaedicke, Martin:* Die Blinden von Theresienstadt. In: Die Brücke. Jahrbuch d. Blinden- u. Sehschwachen-Verb. d. DDR, 1987

146 *Kaul, Friedrich Karl:* Das SS-»Ahnenerbe« und die »jüdische Schädelsammlung« an der ehemaligen »Reichsuniversität Straßburg«. In: Zeitschrift für Geschichtswissenschaft. H. 11/1968

147 *Lukács, Georg:* Der Rassenwahn als Feind des menschlichen Fortschritts. In: Aufbau. Kulturpolitische Monatsschrift. H. 1/1945

148 *Meier, Kurt:* Kristallnacht und Kirche. Die Haltung d. Evangel. Kirche zur Judenpolitik d. Faschismus. In: Wissenschaftliche Zeitschrift der Karl Marx Universität Leipzig. H. 1/1964

149 *Scheer, Regina:* Bürstenfabrik Otto Weidt. In: Temperamente. Blätter für junge Leute. H. 3/1984

150 *Scheer, Regina:* Jüdische Blinde im »Dritten Reich«. In: Die Brücke. Jahrbuch d. Blinden- u. Sehschwachen-Verb. d. DDR. 1986

151 *Thielecke, Karl-Heinz:* Staatsmonopolistische Konkurrenz und Aggressivität der Monopole, dargestellt am Beispiel der »Arisierung« des Petschek-Besitzes durch den Flick-Konzern. In: Wissenschaftliche Zeitschrift der HUB. H. 2/1966

152 *Unger, Manfred:* Die »Endlösung« in Leipzig. Dok. zur Geschichte d. Judenverfolgung 1933-1945. In: Zeitschrift für Geschichtswissenschaft. H. 5/1963

I. 1. 3 Diplomarbeiten und Dissertationen

153 *Dohle, Horst:* Die Stellung der Evangelischen Kirche in Deutschland zum Antisemitismus und zur Judenverfolgung zwischen 1933 und 1945. Phil. Diss. Berlin: HUB, 1963.

154 *Flocken, Jan von:* Die Verfolgung der jüdischen Deutschen 1938 und die Konferenz von Evian. Dipl.-Arb. Berlin: HUB, 1984. 73 S.

155 *Görschler, Henry:* Das soziale Wesen und die politisch-theoretischen Voraussetzungen des faschistischen Rassen-Antisemitismus in Deutschland 1933-1945. Gewi. Diss. Berlin: Institut für Gesellschaftswissenschaften, 1964. T. 1-2

156 *Kersten, Margita:* Berlins jüdische Schulen in der Zeit der Weimarer Republik und des Faschismus. Dipl.-Arb. Berlin: HUB, 1984. 94 S.

157 *Müller, Ursula:* Antisemitische Theorie und Politik im deutschen Katholizismus seit Beginn der allgemeinen Krise des Kapitalismus bis zur Zerschlagung der faschistischen Diktatur in Deutschland. Phil. Diss. Leipzig: Franz-Mehring-Institut, 1969.

158 *Pätzold, Kurt:* Antisemitismus und Judenverfolgung. Eine Studie zur pol. Strategie u. Taktik d. faschist. dt. Imperialismus (Jan. 1933 bis Aug. 1935). Phil. Habil. Berlin: HUB, 1973.

159 *Richter, Kornelia:* Bibliotheksarbeit im Ghetto Theresienstadt. Dipl.-Arb. Berlin: HUB, 1987. 85, 6 S.

160 *Schlaefer, Kristine/Schröder, Frank:* Jüdische Häftlinge im Frauenkonzentrationslager Ravensbrück (1937/39 – 1942).

Dipl.-Arb. Berlin: HUB, 1987. T. 1-2: 1. Text. 74 S. 2. Anmerk., Quellen , Literaturverzeichn. S. 75-96, XVIII S.

161 *Thielecke, Karl-Heinz:* Die »Arisierungen« des Flick-Konzerns. Eine Studie zur Geschichte. d. staatsmonopolist. Kapitalismus. Wiwi. Diss. Berlin: HUB, 1963.

162 *Vogel, Wolfgang:* Die Wiedergutmachung faschistischen Unrechts in der DDR. Jur. Diss. Berlin: HUB, 1952.

I. 2 Erzählende Literatur

I. 2. 1 Memoiren – Zeitzeugenberichte – Biografien – Tagebücher – Briefe

163 *Abusch, Alexander:* Der Deckname. Memoiren. Berlin: Dietz Verl., 1981. 599 S., Abb.

164 *Abusch, Alexander:* Mit offenem Visier. Memoiren. Berlin: Dietz Verl., 1986. 366 S., Abb.

165 *Anders, Günther:* Die Schrift an der Wand. Tagebücher 1941-1966. Nachw. v. Günther Wirth. Berlin: Union Verl., 1969. 439 S.

166 *Andreas-Friedrich, Ruth:* Der Schattenmann. Tagebuchaufzeichnungen 1938-1945. Nachw. v. Klaus Drobisch. Berlin: Union Verl., 1972. 295 S.

167 *Ben Gershom, Ezra:* David. Aufzeichnungen e. Überlebenden. Berlin: Evangel. Verlagsanst., 1989. 359 S.

168 *Bergner, Elisabeth:* Unordentliche Erinnerungen. Berlin: Henschelverl., 1987. 223 S., Abb.

169 *Bois, Curt:* Zu wahr, um schön zu sein. (Bildbiografie). Berlin: Henschelverl., 1980. 162 S.

170 *Brandstaetter, Roman:* Die Bibel auf dem Tisch. Aus d. Poln. v. Karin Wolff. Leipzig: St. Benno-Verl., 1980. 167 S.: 2. Aufl. 1983

171 *Der Briefwechsel zwischen Louis Fürnberg und Arnold Zweig.* Dokumente e. Freundschaft. Hrsg. im Auftr. d. Akademie d. Künste d. DDR v. Rosemarie Poschmann u. Gerhard Wolf. Berlin; Weimar: Aufbau-Verl., 1978. 396 S., Abb.

172 *Canetti, Elias:* Das Augenspiel. Lebensgeschichte 1931-1937. Berlin: Volk u. Welt, 1986. 329 S.

173 *Canetti, Elias:* Die gerettete Zunge. Geschichte e. Jugend. Berlin: Volk u. Welt, 1979. 449 S.

174 *Canetti, Elias:* Zwiesprache. 1931-1976. Berlin: Volk u. Welt, 1980. 678 S.

175 *Diekmann, Miep/Hilarová, Dagmar:* Ich habe keinen Namen. Aus d. Holländ. u. Tschech. Berlin: Verl. Neues Leben, 1982. 151 S.

176 *Dreifuss, Alfred:* Ensemblespiel des Lebens. Erinnerungen e. Theatermannes. Berlin: Buchverl. Der Morgen, 1985. 279 S.

177 *Durieux, Tilla:* Meine ersten neunzig Jahre. Erinnerungen. Berlin: Henschelverl., 1980. 438 S.

178 *Durieux, Tilla:* Eine Tür steht offen. Erinnerungen. Berlin: Henschelverl., 1965. 295 S., 3. Aufl. 1968

179 *Edel, Peter:* Wenn es ans Leben geht. Meine Geschichte. Mit Fotos, Dok. u. Zeichn. d. Autors. Berlin: Verl. d. Nation, 1979. Bd. 1-2: 1. 451 S.; 2. 420 S., 3. Aufl. 1980

180 *Edel, Peter:* Wenn es ans Leben geht. 20 Zeichn. zu seiner Autobiografie. Gestalt.: Detlef Becker. Berlin: Staatliche Museen zu Berlin, 1982. 20 Bl. in e. Mappe

181 *Edvardson, Cordelia:* Gebranntes Kind sucht das Feuer. Aus d. Schwed. Berlin: Evangel. Verlagsanst., 1988. 111 S.

182 *Ehrenburg, Ilja:* Menschen, Jahre, Leben. Memoiren. Aus d. Russ. Nachw. v. Ralf Schröder. Berlin: Volk u. Welt, 1978; 1990. Bd. 1-4: 1.-3. 1978. 1. 420 S.; 2. 547 S.; 3. 644 S., 2. Aufl.; 1982; 4. 1990. 284 S.

183 *Erkämpft das Menschenrecht.* Lebensbilder u. letzte Briefe antifaschist. Widerstandskämpfer. Hrsg. vom Inst. für Marxismus-Leninismus v. Heinz Schumann u. Gerda Werner. Berlin: Dietz Verl., 1958. 694 S., 219 Bilder, 35 Faks.

184 *Feuchtwanger, Lion/Zweig, Arnold:* Briefwechsel. 1933-1958. Hrsg. v. Harold v. Hofe. Berlin; Weimar: Aufbau-Verl., 1984. Bd. 1-2: 1. 1933-1948. 599 S.; 2. 1949-1958. 546 S., 2. Aufl. 1986

185 *Feuchtwanger, Lion:* Der Teufel in Frankreich. Nachw. v. Alfred Kantorowicz. Rudolstadt: Greifenverl., 1954. 274 S. Andere Ausg.: Der Teufel in Frankreich. Erlebnisse. Mitarb.: Marta Feuchtwanger (Die Flucht). Hrsg. v. Hans Dahlke. Berlin; Weimar: Aufbau-Verl., 1982. 302 S.

186 *Feuchtwanger, Martha:* Nur eine Frau. Jahre, Tage, Stunden. Berlin: Aufbau-Verl., 1984. 322 S., Abb.

187 *Frank, Anne:* Das Tagebuch der Anne Frank. 14.6.1942 bis 1.8.1944. Aus d. Holländ. Berlin: Union Verl., 1957. 296 S., 6. Aufl. 1990. Andere Ausg.: Berlin: Der Kinderbuchverl., 1986. 284 S. (Alex Taschenbücher; 112)

188 *Frei, Bruno:* Männer von Vernet. Ein Tatsachenbericht. Berlin: Dietz Verl., 1950. 253 S.

189 *Frick, Hans:* Die blaue Stunde. Berlin: Berlin; Weimar: Aufbau-Verl., 1978. 137 S. (Edition Neue Texte)

190 *Friedländer, Vera:* Späte Notizen. Berlin: Verl. Neues Leben, 1982. 272 S.

191 *Fürnberg, Louis:* Briefe. 1932-1957. Auswahl. Hrsg. im Auftr. d. Akad. d. Künste d. DDR v. Lotte Fürnberg u. Rosemarie Poschmann. Berlin; Weimar: Aufbau-Verl., 1986. Bd. 1-2: 1. 1932-1954. 814 S.; 2. 1954-1957. 692 S.

192 *Geschonneck, Erwin:* Meine unruhigen Jahre. Hrsg. u. mit e. Nachw. v. Günter Agde. Berlin: Dietz Verl., 1984. 301 S., 130 Abb., 3. Aufl. 1986

193 *Ghetto.* Berichte aus d. Warschauer Ghetto. Hrsg. v. Bernard Mark, Vorw. v. Rudolf Hirsch. Aus d. Jidd. Berlin: Union Verl., 1966. 506 S.

194 *Gies, Miep:* Meine Zeit mit Anne Frank. Aus d. Engl. Berlin: Verl. Neues Leben, 1989. 278 S., 24 Fotos

195 *Ginzburg, Natalia:* Mein Familien-Lexikon. Aus d. Italien. Berlin: Rütten & Loening, 1966. 230 S.

196 *Goll, Claire:* Ich verzeihe keinem. Eine lit. Chronique scandaleuse. Nachw. v. Klaus Schuhmann. Aus d. Franz. Berlin: Rütten & Loening, 1980. 346 S., 2. Aufl. 1987

197 *Graumann, Samuel:* Deportiert! Ein Wiener Jude berichtet. Leipzig: Leipziger Kommissions- u. Großbuchhandels-Gesellschaft, 1947. 165 S.

198 *Grossman, Vasilij S.:* Die Hölle von Treblinka. Aus d. Russ. v. Lilli Becher. Moskau: Verl. für fremdsprachige Lit., 1946. 51 S.

199 *Grünstein, Herbert:* Der Kampf hat viele Gesichter. Berlin: Militärverl. d. DDR, 1988. 190 S. (Memoiren)

200 *Grundig, Hans:* Zwischen Karneval und Aschermittwoch. Erinnerungen e. Malers. Berlin: Dietz Verl., 1957. 428 S., 14 Bildbeil., 14. Aufl. 1986. 459 S., Abb.

201 *Grundig, Lea:* Gesichte und Geschichte. Berlin: Dietz Verl., 1958. 324 S., Abb., 10. Aufl. 1984. 362 S.

202 *Haas, Leo:* Terezín/Theresienstadt. 20 Aquatinta-Radierungen. Mit e. Nachw. v. Henryk Keisch u. e. Kurzbiografie. Berlin: Eulenspiegel Verl., 1971. 24 Taf. (Loseblattsamml., DIN A 3)

203 *Hellwig, Joachim/Deicke, Günther:* Ein Tagebuch für Anne Frank. 2. u. 3. Aufl. Berlin: Verl. d. Nation, 1959. 74 S., Abb.

204 *Hermlin, Stephan:* Abendlicht. Leipzig: Reclam, 1979. 139 S., 8. Aufl. 1990

205 *Hermlin, Stephan:* Äußerungen 1944-1982. Hrsg. v. Ulrich Dietzel. Berlin: Aufbau-Verl., 1983. 454 S.

206 *Hermlin, Stephan:* Die erste Reihe. Berlin: Verl. Neues Leben, 1951. 195 S., 4., durchges. Aufl. 1975. 170 S.

207 *Herzberg, Wolfgang:* Überleben heißt Erinnern. Lebensgeschichten dt. Juden. Berlin: Aufbau-Verl., 1990. 435 S., Abb.

208 *Heym, Stefan:* Nachruf. Berlin: Buchverl. Der Morgen, 1990. 843 S.

209 *Hiob – 1943.* Ein Requiem für d. Warschauer Ghetto. Ausgew. u. hrsg. v. Karin Wolff. Berlin: Evangel. Verlagsanst., 1983. 322 S.

210 *Im Feuer vergangen.* Tagebücher aus d. Ghetto. Vorw. v. Arnold Zweig. Aus d. Poln. Berlin: Rütten & Loening, 1958. 608 S., 7. Aufl. 1962. Andere Ausg.: Auswahl. Leipzig: Reclam, 1961. 411 S. (RUB; 8934/38)

211 *Jacobus, Hans:* Die Urkunde. Erlebtes u. Erinnertes. Halle; Leipzig: Mitteldt. Verl., 1988. 59 S.

212 *Jaldati, Lin/Rebling, Eberhard:* Sag nie, du gehst den letzten Weg. Erinnerungen. Berlin: Buchverl. Der Morgen, 1986. 488 S., Fotos, 2. Aufl. 1988. 459 S.

213 *Die Jugend in Theresienstadt 1941-1945.* Literarisches Vermächtnis. Aus d. Tschech. Prag: Staatl. Jüd. Museum, 1985. 36 S., Abb.

214 *Kerschbaumer, Marie-Thérése:* Der weibliche Name des Widerstands. 7 Berichte. Nachw. v. Silvia Schlenstedt. Berlin; Weimar: Aufbau-Verl., 1986. 216 S.

215 *Kertész, Imre:* Mensch ohne Schicksal. Aus d. Ungar. Berlin: Rütten & Loening, 1990. 225 S.

216 *Kinderzeichnungen aus dem Konzentrationslager Theresienstadt.* Ausstellungskatalog. Prag: Staatl. Jüd. Museum, 1959. 38 S.

217 *Kinderzeichnungen und Gedichte aus Theresienstadt 1942-1944.* Red.: Hanna Volavková. Nachw. v. Jiri Weil. Aus d. Tschech. Prag: Staatl. Jüd. Museum, 1959. 81 S.

218 *Kisch, Egon Erwin:* Briefe an den Bruder Paul und an die Mutter. 1905 – 1936. Berlin; Weimar: Aufbau-Verl., 1978. 500 S.

219 *Klein, Walter:* Junger Mann aus Wien. Ein Lebensbericht. Berlin: Verl. Neues Leben, 1988. 348 S.

220 *Klemperer, Victor:* LTI. Notizbuch e. Philologen. Berlin: Aufbau-Verl., 1947. 300 S.
Andere Ausg.: Leipzig: Reclam, 1966. 349 S. (RUB; 278), 10. Aufl. 1990. 300 S.

221 *Klepper, Jochen:* Unter dem Schatten deiner Flügel. Aus d. Tagebüchern d. Jahre 1932-1942. Hrsg. v. Hildegard Klepper. Berlin: Union Verl., 1967. 675 S., 3. Aufl. 1972

222 *Knobloch, Heinz:* Der beherzte Reviervorsteher. Ungewöhnliche Zivilcourage am Hackeschen Markt. Berlin: Morgenbuch Verl., 1990. 177 S., Abb.

223 *Knobloch, Heinz:* Meine liebste Mathilde. Geschichte zum Berühren. Berlin: Buchverl. Der Morgen, 1985. 352 S., Abb.

224 *Kopf hoch, Kamerad!* Künstlerische Dok. aus faschist. Konzentrationslagern. Bearb. v. Inge Lammel. Geleitw. v. Wolfgang Langhoff. Berlin: Henschelverl., 1965. 115 S., 2. Aufl. 1966

225 *Koplowitz, Jan:* Das Brot der fremden Länder. Nachw. v. Manfred Jendryschik. Halle; Leipzig: Mitteldt. Verl., 1989. 442 S. (Edition Aurora)

226 *Krall, Hanna:* Dem Herrgott zuvorgekommen. Ein Tatsachenbericht. Aus d. Poln. Berlin: Volk u. Welt, 1979. 148 S.

227 *Kuczynski, Jürgen:* Dialog mit meinem Urenkel. 19 Briefe u. e. Tagebuch. Berlin; Weimar: Aufbau-Verl., 1983. 285 S., 9. Aufl. 1988

228 *Kuczynski, Jürgen:* Memoiren. Die Erziehung d. J. K. zum Kommunisten u. Wissenschaftler. Berlin; Weimar: Aufbau-Verl., 1973. 425 S., 4. Aufl. 1983. 458 S.

229 *Kunst in Theresienstadt 1941-1945.* Sammelband zur Ausstellg. Hrsg.: Gedenkstätte Theresienstadt. Terezín: Památník, 1972. 80 S.

230 *Landshoff, Fritz H.:* Amsterdam, Keizersgracht 333, Querido Verlag. Erinnerungen e. Verlegers. Berlin; Weimar: Aufbau-Verl., 1991. 559 S., Abb.

231 *Lazar, Auguste:* Arabesken. Aufzeichnungen aus bewegter Zeit. Berlin: Dietz Verl., 1957. 419 S., 8. Aufl. 1987

232 *Leo, Gerhard:* Frühzug nach Toulouse. Erlebnisbericht. Berlin: Verl. d. Nation, 1988. 342 S., Abb.

233 *Leschnitzer, Franz:* Wahlheimat Sowjetunion. Stadien u. Studien e. dt. Intellektuellen. Halle: Mitteldt. Verl., 1963. 369 S.

234 *Levi, Primo:* Das periodische System. Aus d. Italien. Berlin; Weimar: Aufbau-Verl., 1979. 299 S., 2. Aufl. 1988. 261 S.

235 *Liebermann, Mischket:* Aus dem Ghetto in die Welt. Autobiografie. Berlin: Verl. d. Nation, 1977. 360 S., 26 Fotos, 2. Aufl. 1979

236 *Lieder aus den faschistischen Konzentrationslagern.* Bearb. v. Inge Lammel u. Günter Hofmeyer. Leipzig: Hofmeister, 1962. 168 S., Noten, Abb. (Das Lied im Kampf geboren; 7)

237 *Litten, Irmgard:* Eine Mutter kämpft. Vorw. v. Rudolf Olden. Rudolstadt: Greifenverl., 1947. 264 S., Neuausg.: Eine Mutter kämpft gegen Hitler. 1984. 250 S.

238 *Loeser, Franz:* Die Abenteuer eines Emigranten. Erinnerungen. Berlin: Verl. Neues Leben, 1980. 348 S., Abb.

239 *Lubetkin, Zivia:* Die letzten Tage des Warschauer Ghettos. Berlin; Potsdam: VVN-Verl., 1949. 47 S., Ill. (Kleine VVN-Bücherei)

240 *Mann, Katia:* Meine ungeschriebenen Memoiren. Hrsg. v. Elisabeth Plessen u. Michael Mann. Berlin: Buchverl. Der Morgen, 1975. 191 S., Abb.

241 *Mann, Klaus:* Briefe. Hrsg. v. Friedrich Albrecht. Berlin; Weimar: Aufbau-Verl., 1988. 748 S.

242 *Mann, Klaus:* Der Wendepunkt. Ein Lebensbericht. Nachw. v. Friedrich Albrecht. Berlin; Weimar: Aufbau-Verl., 1974. 728 S.

243 *Moczarski, Kazimierz:* Gespräche mit dem Henker. Aus d. Poln. Berlin: Verl. d. Nation, 1981. 399 S., 4. Aufl. 1988. 379 S.

244 *Mühsam, Erich:* Namen und Menschen. Unpolitische Erinnerungen. Hrsg. v. Fritz Adolf Hünich. Leipzig: Volk u. Buch, 1949. 255 S. Andere Ausg.: Unpolitische Erinnerungen. Mit Vignetten d. Autors. Berlin: Volk u. Welt, 1958. 332 S. (Ausgew. Werke in Einzelausg.), 2. Aufl. 1961. 326 S.; Mit e. Nachw. v. Alfred Klein. Leipzig: Reclam, 1963. 292 S. (RUB; 9153/56)

245 *Mühsam, Paul:* Ich bin ein Mensch gewesen. Lebenserinnerungen. Hrsg. u. mit e. Nachw. v. Ernst Kretzschmar. Berlin: Union Verl., 1989. 336 S.

246 *Müller, Charlotte:* Die Klempnerkolonne in Ravensbrück. Erinnerungen d. Häftlings Nr. 10787. Berlin: Dietz Verl., 1981. 224 S., 67 Abb. (Schriftenreihe Geschichte), 5. Aufl. 1987

247 *Nagy, Lajos: Kellertagebuch.* Aus d. Ungar. Berlin: Volk u. Welt, 1978. 119 S.

248 *Nebenzahl, Leon:* Mein Leben begann von neuem. Erinnerungen an e. ungewöhnliche Zeit. Berlin: Dietz Verl., 1985. 166 S.

249 *Norden, Albert:* Ereignisse und Erlebtes. Berlin: Dietz Verl., 1981. 269 S.

250 *Oschlies, Renate:* Zum Beispiel Fritz Selbiger. Zeugen u. Zeugnisse zur faschist. Judenverfolgung. Hrsg.: Hauptvorstand d. CDU. Berlin: Union Verl., 1988. 26 S. (Hefte aus Burgscheidungen; 257)

251 *Perec, Georges:* W oder die Erinnerung an die Kindheit. Aus d. Franz. Berlin: Volk u. Welt, 1978. 190 S. (Spektrum; 114)

252 *Posmysz, Zofia:* Die Passagierin. Aus d. Poln. Berlin: Verl. Neues Leben, 1969. 242 S.

253 *Pozner, Vladimir:* Abstieg in die Hölle. Zeugnisse über Auschwitz. Aus d. Franz. Berlin: Volk u. Welt, 1982. 279 S., 2. Aufl. 1985

254 *Pozner, Vladimir:* Vladimir Pozner erinnert sich. Aus d. Franz. v. Stephan Hermlin. Berlin: Volk u. Welt, 1975. 253 S. Andere Ausg.: Leipzig: Reclam, 1986. 182 S. (RUB; 1167)

255 *Reinerova, Lenka:* Es begann in der Melantrich-Gasse. Erinnerungen an Weiskopf, Kisch, Uhse u. d. Seghers. Berlin; Weimar: Aufbau-Verl., 1985. 207 S., Abb.

256 *Reinerova, Lenka:* Die Premiere. Erinnerungen an e. denkwürdigen Theaterabend u. a. Begebenheiten. Berlin; Weimar: Aufbau-Verl., 1989. 187 S.

257 *Riesenburger, Martin:* Das Licht verlöschte nicht. Dokumente aus d. Nacht des Nazismus. Berlin: Union Verl., 1960. 88 S. Neuausg.: 2. erw. Aufl. (Mit Predigten aus »Also spricht dein Bruder«). 1984. 115 S.

258 *Rodenberg, Hans:* Briefe aus unruhigen Jahren. Hrsg. u. mit e. Vorw. v. Rolf Richter. Berlin: Henschelverl., 1985. 306 S.

259 *Rodenberg, Hans:* Protokoll eines Lebens. Erinnerungen u. Bekenntnisse. Hrsg. v. Rolf Richter. Berlin: Henschelverl., 1980. 217 S.

260 *Rost, Nico:* »Goethe in Dachau«. Vorw. v. Anna Seghers. Aus d. Holländ. Berlin: Volk u. Welt, 1948. 313 S.

261 *Rubinowicz, Dawid:* Das Tagebuch des Dawid Rubinowicz. Aus d. Poln. Berlin: Volk u. Welt, 1961. 126 S., Abb. Andere Ausg.: Neu hrsg. v. Walter Petri. Berlin: Der Kinderbuchverl., 1985. 110 S.

262 *Sandberg, Herbert:* Eine Freundschaft. 30 Holzschnittskizzen (Buchenwald). Berlin: Aufbau-Verl., 1949. 19 S., 30 Taf.

263 *Sandberg, Herbert:* Spiegel eines Lebens. Erinnerungen, Aufsätze, Notizen u. Anekdoten. Red.: Walter Püschel. Berlin; Weimar: Aufbau-Verl., 1988. 261 S., Abb.

264 *Sandberg, Herbert:* Der Weg. 70 Aquatinta-Radierungen (Buchenwald). Einl. v. Arnold Zweig. Dresden: Verl. d. Kunst, 1966. 75 Bl.

265 *Schramm, Reinhard:* Ich will leben … Bericht über Juden e. dt. Stadt. Weißenfels: Kom. d. Antifaschist. Widerstandskämpfer, 1990. 112 S.

266 *Schütte, Wolfgang U.:* Von Berlin nach Brissago. Auf d. Spuren von Leon Hirsch in d. Schweiz. Berlin: Buchverl. Der Morgen, 1987. 223 S.

267 *Schwarz, Hanns:* Jedes Leben ist ein Roman. Erinnerungen e. Arztes. Berlin: Buchverl. Der Morgen, 1975. 465 S., Abb., 2. Aufl. 1977

268 *Schwarz, Helga:* Internationalistinnen. 6 Lebensbilder. Berlin: Militärverl. d. DDR, 1989. 207 S.

269 *Segal, Lilli:* Vom Widerspruch zum Widerstand. Erinnerungen e. Tochter aus gutem Hause. Berlin; Weimar: Aufbau-Verl., 1986. 252 S.

270 *Seydewitz, Ruth:* Alle Menschen haben Träume. Meine Zeit – mein Leben. Berlin: Buchverl. Der Morgen, 1976. 485 S., 4. Aufl. 1985

271 *Seydewitz, Max:* Es hat sich gelohnt zu leben. Lebenserinnerungen e. alten Arbeiterfunktionärs. Hrsg.: Inst. für Marxismis-Leninismus beim ZK d. SED. Berlin: Dietz Verl., 1976. 484 S., Abb., 3. Aufl. 1984

272 *Spira-Ruschin, Steffi:* Trab der Schaukelpferde. Aufzeichnungen im Nachhinein. Berlin; Weimar: Aufbau-Verl., 1984. 248 S., 2. Aufl. 1988

273 *Stillmann, Günter:* Berlin – Palästina und zurück. Erinnerungen. Vorw. v. Rudolf Hirsch. Berlin: Dietz Verl., 1989. 169 S., 41 Abb.

274 *Tausk, Walter:* Breslauer Tagebuch 1933 – 1940. Hrsg. v. Ryszard Kincel. Berlin: Rütten & Loening, 1975. 264 S. 4. Aufl. 1988

275 *Tucholsky, Kurt:* Briefe. Auswahl 1913 bis 1935. Hrsg. u. mit e. Nachw. v. Roland Links. Berlin: Volk u. Welt, 1983. 703 S.

276 *Unikower, Inge:* Suche nach dem gelobten Land. Biografie. Berlin: Verl. d. Nation, 1978. 303 S.

277 *Victor, Walther:* Kehre wieder über die Berge. Eine Autobiografie. Berlin; Weimar: Aufbau-Verl., 1982. 462 S.

278 *Vidor, Katalin:* Unterm Zeichen des Sterns. Aus d. Ungar. Leipzig: Paul List Verl., 1963. 280 S.

279 *Wagner, Christa:* Geboren am See der Tränen. Ill. v. Fritz Cremer. Berlin: Militärverl. d. DDR, 1987. 415 S.

280 *Wagner, Wolf H.:* Der Hölle entronnen. Stationen e. Lebens. Biografie d. Malers u. Graphikers Leo Haas. Berlin: Henschelverl., 1987. 272 S.

281 *Wander, Maxie:* Tagebücher und Briefe. Hrsg. v. Fred Wander. Berlin: Buchverl. Der Morgen, 1980. 264 S., 10. Aufl. 1990. Andere Ausg.: Berlin: Aufbau-Verl., 1981. 244 S. (bb; 471), 3. Aufl. 1990

282 *Waterstradt, Berta:* Blick zurück und wundre dich. Aus meinen zerstreuten Werken. Ill. v. Elizabeth Shaw. Berlin: Eulenspiegel Verl., 1985. 118 S., 2. Aufl. 1987

283 *Weil, Grete:* Ans Ende der Welt. Berlin: Volk u. Welt, 1949. 107 S.

284 *Weinstock, Rolf:* »Rolf, Kopf hoch!« Die Geschichte e. jungen Juden. Berlin; Potsdam: VVN-Verl., 1950. 151 S.

285 *Weiß, Gittel:* Ein Lebensbericht. Berlin: Interessengemeinschaft für Denkmalpflege, Kultur u. Geschichte d. Hauptstadt Berlin, 1982. 95 S. (Miniaturen zur Geschichte, Kultur u. Denkmalpflege Berlin; 8)

286 *Weiss, Peter:* Abschied von den Eltern. Fluchtpunkt. Berlin: Rütten & Loening, 1966. 298 S.
Andere Ausg.: Abschied von den Eltern. Nachw. v. Christa Grimm. Mit 8 Collagen d. Autors. Leipzig: Reclam, 1980. 29 S. (Einmalige nummerierte Ausg. v. 1000 Expl.)

287 *Weiss-Rüthel, Arnold:* Nacht und Nebel. Ein Sachsenhausenbuch. Berlin: VVN-Verl., 1949. 195 S.

288 *Werner, Ruth:* Olga Benario. Die Geschichte e. tapferen Lebens. Berlin: Verl. Neues Leben, 1961. 451 S., 19. Aufl. 1989

289 *Werner, Ruth:* Sonjas Rapport. 2. Aufl. Berlin: Verl. Neues Leben, 1977. 342 S., Abb., 13. Aufl. 1988. Andere Ausg.: Berlin: Buchclub 65, 1979. 343 S.

290 *Wicclair, Walter:* Von Kreuzburg bis Hollywood. Autobiografie. Berlin: Henschelverl., 1975. 307 S., 21 Abb.

291 *Wiener, Ralph:* Als das Lachen tödlich war. Erinnerungen u. Fakten 1933-1945. Rudolstadt: Greifenverl., 1988. 254 S.

292 *Wiesel, Elie:* Die Nacht. Aus d. Franz. Leipzig: St. Benno-Verl., 1988. 120 S.

293 *Wolf, Lore:* Ein Leben ist viel zu wenig. Vorw. v. Anna Seghers. Berlin: Verl. Neues Leben, 1973. 184 S., 3. Aufl. 1986

294 *Wolf, Markus:* Die Troika. Berlin; Weimar: Aufbau-Verl., 1989. 352 S.

295 *Wolff, Jeanette:* Sadismus oder Wahnsinn. Erlebnisse in den dt. KZ im Osten. Dresden: Sachsenverl. 1946. 64 S. Andere Ausg.: Greiz: E. Bretfeld, 1947.

296 *Wüsten, Johannes:* Pseudonym Peter Nikl. Antifaschist. Texte u. Grafik aus d. Exil. Hrsg. u. mit e. Nachw. v. H. D. Tschörtner. Berlin: Verl. Tribüne, 1987. 269 S., 252 Abb.

297 *Zech, Paul:* Deutschland, dein Tänzer ist der Tod. Aus d. Nachlass. Rudolstadt: Greifenverl., 1980. 511 S.

298 *Zeugen sagen aus.* Berichte u. Dok. d. Judenverfolgung im »Dritten Reich«. Hrsg. u. mit e. Vorw. v. Gerhard u. Mira Schoenberner. Berlin: Union Verl., 1988. 448 S.

299 *Zinner, Hedda:* Selbstbefragung. (Autobiografie 1935-1945). Berlin: Buchverl. Der Morgen, 1989. 215 S.

300 *Zweig, Arnold:* Fahrt zum Acheron. Bericht nach Aufzeichn. v. Hilde Huppert (ursprünglicher Titel: Engpaß zur Freiheit). Berlin: VVN-Verl., 1951. 121 S. Andere Ausg.: Berlin: Union Verl., 1961. 166 S.

301 *Zweig, Stefan/Zech, Paul:* Briefe 1910-1942. Hrsg. v. Donald G. Daviau. Rudolstadt: Greifenverl., 1984. 327 S.

302 *Zweig, Stefan:* Die Welt von gestern. Erinnerungen e. Europäers. Berlin; Weimar: Aufbau-Verl., 1981. 509 S., 2. Aufl. 1985

I. 2. 2 Romane – Erzählungen – Novellen

303 *Abraham, Peter:* Die Schüsse der Arche Noah oder die anderen Irrtümer und Irrfahrten meines Freundes Wensloff. Ill. v. Klaus Ensikat. Berlin: Verl. Neues Leben, 1970. 419 S., 6. Aufl. 1986

304 *Aichinger, Ilse:* Die größere Hoffnung. Roman. Berlin: Volk u. Welt, 1979. 207 S. (Spektrum; 129)

305 *Ajar, Emile:* Du hast das Leben noch vor dir. Roman. Aus d. Franz. Berlin: Volk u. Welt, 1978. 222 S.

306 *Ajar, Emile:* König Salomons Ängste. Roman. Aus d. Franz. Berlin: Volk u. Welt, 1981. 245 S.

307 *Andersch, Alfred:* Efraim. Roman. Berlin: Volk u. Welt, 1990. 397 S.

308 *Andersch, Alfred:* Sansibar oder der letzte Grund. Roman. Leipzig: Reclam, 1990. 142 S. (RUB; 1331)

309 *Andrzejewski, Jerzy:* Die Karwoche. Roman. Aus d. Poln.
Vorw. v. Stephan Hermlin. Dresden: Sachsenverl., 1950.
215 S. Andere Ausg.: Warschauer Karwoche. Berlin; Weimar: Aufbau-Verl., 1966. 197 S.

310 *Apitz, Bruno:* Esther. Novelle. Ill. v. Heidrun Hegewald.
Halle; Leipzig: Mitteldt. Verl., 1988. 64 S.

311 *Apitz, Bruno:* Nackt unter Wölfen. Halle/Saale: Mitteldt.
Verl., 1958. 563 S., 41. Aufl. (und folgende) Mit 12 Zeichn. v. Fritz Cremer. 1979. 437 S., 56. Aufl. 1990
Andere Ausg.: Leipzig: Reclam, 1960. 546 S. (RUB;
8731/36), 21. Aufl. 1988. 399 S. (RUB; 92); Berlin: Aufbau-Verl., 1960. 339 S. (bb; 89/90); Berlin: Volk u. Welt,
1975. 377 S.

312 *Backhaus, Hans Joachim:* Heimkehr in die Fremde.
Geschichte d. Dr. Hans Loeser. Roman. Berlin: Verl.
Neues Leben, 1960. 386 S., 2. Aufl. 1961

313 *Bassani, Giorgio:* Ferrareser Geschichten. Roman. Aus d.
Italien. Berlin; Volk u. Welt, 1973. 370 S., 2. Aufl. 1975

314 *Bassani, Giorgio:* Die Gärten der Finzi-Contini. Roman.
Aus d. Italien. Berlin: Volk u. Welt, 1970. 347 S., 2. Aufl.
1981

315 *Becher, Ulrich:* Der schwarze Hut. Roman. Halle/Saale:
Mitteldt. Verl., 1957. 101 S.

316 *Becker, Jurek:* Der Boxer. Rostock: Hinstorff Verl., 1976.
303 S., 6. Aufl. 1990. Andere Ausg.: Berlin: Volk u. Welt,
1978. 110 S. (Roman-Zeitung; 337)

317 *Becker, Jurek:* Bronsteins Kinder. Roman. Rostock: Hinstorff Verl., 1987. 255 S., 2. Aufl. 1989. Andere Ausg.: Leipzig: Reclam, 1990. 220 S. (RUB; 1373)

318 *Becker, Jurek:* Erzählungen. Rostock: Hinstorff Verl., 1986.
209 S., 2. Aufl. 1988

319 *Becker, Jurek:* Jakob der Lügner. Berlin: Aufbau-Verl.,
1969. 269 S., Taschenbuchausg.: 1975. 300 S. (bb; 311)
Andere Ausg.: Rostock: Hinstorff Verl., 1976. 233 S.
7. Aufl. 1984; Berlin: Volk u. Welt, 1971. 126 S. (Roman-
Zeitung; 261); Leipzig: Reclam, 1988. 242 S. (RUB; 1218)

320 *Ben-gavriel, M. Y.:* Das Haus in der Karpfengasse. Berlin:
Volk u. Welt, 1968. 286 S., Neuausg.: 1985. 280 S. (ex
libris)

321 *Benski, Stanislaw:* Die Geretteten. Roman. Aus d. Poln. v. Karin Wolff. Berlin: Evangel. Verlagsanst., 1989. 139 S.

322 *Benski, Stanislaw:* Natan Glycynders Lachen. Erzählungen. Aus d. Poln. v. Karin Wolff. Berlin: Union Verl., 1986. 285 S.

323 *Berger, Uwe:* Flammen oder das Wort der Frau. Erzählung. Berlin; Weimar: Aufbau-Verl., 1990. 100 S.

324 *Berger, Zdena:* Morgen wird es anders sein. Roman. Aus d. Engl. Berlin: Evangel. Verlagsanst., 1965. 334 S.

325 *Bobrowski, Johannes:* Levins Mühle. 34 Sätze über meinen Großvater. Roman. Berlin: Union Verl., 1964. 294 S. 6. Aufl. 1969. Neuausg.: Mit Ill. nach Bleistiftzeichn. v. Anatoli. L. Kaplan. 1975. 267 S. Andere Ausg.: Leipzig: Reclam, 1971. 235 S. (RUB; 501)

326 *Bor, Josef:* Theresienstädter Requiem. Novelle. Aus d. Tschech. Nachw. v. Ortwin Schubert. Ill. von Bedrich Fritta u. a. Berlin: Buchverl. Der Morgen, 1964. 118 S., Neuausg.: 1975. 142 S., 2. Aufl. 1990

327 *Bor, Josef:* Die verlassene Puppe. Roman. Aus d. Tschech. Berlin: Buchverl. Der Morgen, 1964. 437 S.

328 *Borgen, Johan:* Ein Mann namens Holmgren. Roman. Aus d. Norweg. Berlin: Volk u. Welt, 1970. 362 S.

329 *Bredel, Willi:* Die Frühlingssonate. Erzählung. Ill. v. Karl Fischer. Berlin; Weimar: Aufbau-Verl., 1961. 52 S.

330 *Bredel, Willi:* Die Prüfung. Roman aus e. KZ. Berlin: Aufbau-Verl., 1946. 359 S., 8. Aufl. 1960. Neuausg.: 1962. 346 S. (Ges. Werke in Einzelausg.; Bd. 2), 4. Aufl. 1985. 274 S. Taschenbuchausg.: 1976. 301 S. (bb; 337) Andere Ausg.: Leipzig: Reclam, 1981. 314 S. (RUB; 871)

331 *Bredel, Willi:* Das schweigende Dorf und andere Erzählungen. Rostock: Hinstorff Verl., 1949. 182 S., 4. Aufl. 1954

332 *Brezan, Jurij:* Christa. Die Geschichte e. jungen Mädchens. Berlin: Verl. Neues Leben, 1957. 187 S., Ill., 30. Aufl. 1989. Taschenbuchausg.:1959. 192 S. (Kompass-Bücherei; 2)

333 *Brezan, Jurij:* Semester der verlorenen Zeit. Berlin: Verl. Neues Leben, 1960. 294 S., 16. Aufl. 1985. 275 S.

334 *Brüning, Elfriede:* … damit du weiterlebst. Roman. Berlin: Verl. Neues Leben, 1949. 247 S.

Andere Ausg.: Berlin; Potsdam: VVN-Verl., 1950. 247 S.; Halle/ Saale: Mitteldt. Verl., 1954. 247 S., 15. Aufl. 1985. 212 S.

335 *Bruns, Marianne:* Wiedersehen. Roman. Halle; Leipzig: Mitteldt. Verl., 1987. 226 S.

336 *Cseres, Tibor:* Kalte Tage. Aus d. Ungar. Berlin: Volk u. Welt, 1967. 215 S.

337 *Déry, Tibor:* Erdachter Report über ein amerikanisches Pop-Festival. Roman. Aus d. Ungar. Berlin: Volk u. Welt, 1974. 165 S. (Spektrum; 73)

338 *Diggelmann, Walter Matthias:* Die Hinterlassenschaft. Roman. Berlin: Volk u. Welt, 1966. 283 S.

339 *Djacenko, Boris:* Nacht über Paris. Halle/ Saale: Mitteldt. Verl., 1965. 289 S., 2. Aufl. 1966

340 *Dobraczynski, Jan:* Eva. Erzählung. Aus d. Poln. Berlin: Union Verl., 1959. 100 S., Ill., 2. Aufl. 1960

341 *Duhr, Peter:* Apage Satana. Ill. v. Klaus Poche. Berlin: Verl. d. Nation, 1958. 106 S.

342 *Duhr, Peter:* Inferno. Mit 8 farb. Ill. v. Leo Haas. Berlin: Rütten & Loening, 1956. 113 S., 3. Aufl. 1961

343 *Edel, Peter:* Die Bilder des Zeugen Schattmann. Ein Roman über dt. Vergangenheit u. Gegenwart. Mit e. Zeichn. d. Autors. Berlin: Verl. d. Nation, 1969. 710 S., 12. Aufl. 1989. 533 S.

344 *Ehlers, Heinrich:* Hamans Haus. Rostock: Hinstorff Verl., 1982. 391 S.

345 *Ehrenburg, Ilja:* Sturm. Roman. Nachw. v. Ralf Schröder. Aus d. Russ. Berlin: Volk u. Welt, 1980. 762 S., 2. Aufl. 1987

346 *Ember, Maria:* Schleuderkurve. Aus d. Ungar. Berlin: Verl. Neues Leben, 1988. 352 S.

347 *Fabian, Karel:* Das Hundekommando. Roman. Aus d. Tschech. Berlin: Verl. d. Nation, 1962. 272 S.

348 *Feuchtwanger, Lion:* Erfolg. Drei Jahre Geschichte e. Provinz. Roman. Berlin: Aufbau-Verl., 1948. 848 S. (Wartesaal-Trilogie; Bd. 1), 4. Aufl. 1954. 806 S., Neuausg.: 1963. 780 S. (Ges. Werke in Einzelausg.; Bd. 10.), (5.) Aufl. 1989. 808 S.
Andere Ausg.: Berlin; Leipzig: Verl. Volk u. Wissen, 1950. 776 S.; Berlin: Buchclub 65, 1969. 780 S.

349 *Feuchtwanger, Lion:* Exil. Roman. Rudolstadt: Greifenverl., 1948. 587 S. (Wartesaal-Trilogie; Bd. 3), (2.) Aufl. 1951. 691 S.
Andere Ausg.: Berlin: Aufbau-Verl., 1956. 815 S.
Neuausg.: 1963. (Ges. Werke in Einzelausg.; Bd. 12) 5. Aufl. 1988. 852 S.

350 *Feuchtwanger, Lion:* Die Geschwister Oppermann. Roman. Rudolstadt: Greifenverl., 1949. 333 S. (Wartesaal-Trilogie; Bd. 2), Andere Ausg.: Berlin: Aufbau-Verl., 1963. 372 S. (Ges. Werke in Einzelausg.; Bd. 11), 3. Aufl. 1988. 366 S.

351 *Fichte, Hubert:* Das Waisenhaus. Roman. Berlin: Volk u. Welt, 1985. 171 S. (Spektrum; 196)

352 *Frank, Bruno:* Der Reisepass. Roman. Berlin: Buchverl. Der Morgen, 1980. 355 S.

353 *Frank, Bruno:* Die Tochter. Berlin: Buchverl. Der Morgen, 1979. 284 S., Andere Ausg.: Berlin: Volk u. Welt, 1985. 157 S. (Roman-Zeitung; 425)

354 *Frank, Leonhard:* Die Jünger Jesu. Berlin: Aufbau-Verl., 1956. 319 S., 5. Aufl. 1965

355 *Friedländer, Vera:* Mein polnischer Nachbar. Erzählungen. Berlin: Verl. Neues Leben, 1986. 137 S.

356 *Fryd, Norbert:* Kartei der Lebenden. Roman. Aus d. Tschech. Berlin: Volk u. Welt, 1959. 567 S., 4. Aufl. 1969

357 *Fühmann, Franz:* Das Judenauto. 14 Tage aus zwei Jahrzehnten. Berlin: Aufbau-Verl., 1962. 185 S., 2. Aufl. 1969 Andere Ausg.: Leipzig: Reclam, 1965. 190 S. (RUB; 215) 2. Aufl. 1987. 163 S.; Das Judenauto. Kabelkran und blauer Peter. 22 Tage oder Die Hälfte des Lebens. Rostock: Hinstorff Verl., 1979. 519 S.

358 *Fürnberg, Louis:* Das Jahr des vierblättrigen Klees. Skizzen, Impressionen, Etüden. Aus d. Nachlass hrsg. v. Lotte Fürnberg, Kuba u. Gerhard Wolf. Berlin: Dietz Verl., 1959. 217 S., 2. Aufl. 1960
Andere Ausg.: Mit Ill. v. Werner Klemke. Berlin; Weimar: Aufbau-Verl., 1967. 300 S., 3. Aufl. 1983. 211 S.

359 *Fuks, Ladislav:* Herr Theodor Mundstock. Aus d. Tschech. Berlin: Rütten & Loening, 1966. 270 S.

360 *Gerlach, Hubert:* Niemandes Bruder. Berlin: Union Verl., 1988. 163 S.

361 Gerlach, Johannes Rolf: Der Bräutigam. Berlin: Verl. d. Nation, 1971. 204 S., 2. Aufl. 1973

362 Giersch, Willy: Begegnungen im Schatten. Halle/ Saale: Mitteldt. Verl., 1961. 323 S.

363 Ginzburg, Natalia: Die Stimmen des Abends. Ausgew. Erzählungen. Aus d. Italien. Berlin: Rütten & Loening, 1984. 606 S.

364 Gmeyner, Anna: Manja. Roman um 5 Kinder. Leipzig; Weimar: Gustav Kiepenheuer Verl., 1987. 499 S.

365 Goes, Albrecht: Das Brandopfer. Erzählung. Berlin: Aufbau-Verl., 1955. 64 S.; Andere Ausg.: Unruhige Nacht. Das Brandopfer. Erzählungen. Berlin: Union Verl., 1959. 132 S.

366 Graf, Oskar Maria: Unruhe um einen Friedfertigen. Roman. Berlin: Aufbau-Verl., 1948. 447 S., 5. Aufl. 1986. 505 S.; Andere Ausg.: Berlin: Verl. d. Nation, 1953. 456 S. (Roman für alle; 11)

367 Gregor, Martin: Jüdisches Largo. Roman. Halle/ Saale: Mitteldt. Verl., 1956. 293 S.

368 Grosman, Ladislav: Der Laden auf dem Korso. Aus d. Tschech. Berlin: Verl. d. Nation, 1967. 137 S. (Roman für alle; 171)

369 Günther, Egon: Rückkehr aus großer Entfernung. Roman. Berlin: Das Neue Berlin, 1970. 261 S. Andere Ausg.: Berlin: Aufbau-Verl., 1974. 257 S. (bb; 291)

370 Habe, Hans: Die Mission. Roman. Berlin; Weimar: Aufbau-Verl., 1966. 381 S.

371 Hadzis, Dimitrios: Das zerstörte Idyll. Erzählungen. Aus d. Griech. Berlin: Volk u. Welt, 1965. 264 S.

372 Hänisch, Gottfried: Nachts leuchten die Sterne hell. Berlin: Evangel. Verlagsanst., 1964, 70 S.

373 Härtling, Peter: Felix Guttmann. Roman. Berlin; Weimar: Aufbau-Verl., 1986. 278 S.

374 Härtling, Peter: Eine Frau. Berlin; Weimar: Aufbau-Verl., 1976. 317 S.

375 Hahnfeld, Ingrid: Villa Ruben. Roman. Berlin: Verl. Neues Leben, 1988. 294 S.

376 Harris, Rosemary: Kein Happy-End für Miss Brenning. Aus d. Engl. Berlin: Volk u. Welt, 1971. 266 S., 2. Aufl. 1973

377 *Heller, André:* Schattentaucher. 61 Beschreibungen aus d. Leben des Ferdinand Alt. Berlin: Volk u. Welt, 1990. 147 S. (Spektrum; 264)

378 *Hermlin, Stephan:* Drei Erzählungen. Leipzig: Insel-Verl., 1990. 138 S. (Insel-Bücherei; 1094)

379 *Hermlin, Stephan:* Zeit der Gemeinsamkeit. Erzählungen. Berlin: Volk u. Welt, 1949. 191 S. Andere Ausg.: Berlin: Aufbau-Verl., 1951. 210 S., 3. Aufl. 1959. 171 S.; Mit e. Nachw. v. Hans Mayer. Leipzig: Reclam, 1961. 173 S. (RUB; 8599/ 8600)

380 *Hirsch, Rudolf:* Patria Israel. Roman. Rudolstadt: Greifenverl., 1983. 327 S.

381 *Jasik, Rudolf:* Die Liebenden vom St.-Elisabeth-Platz. Roman. Aus d. Slowak. Berlin: Verl. d. Nation, 1974. 315 S.

382 *Joó, Katalin:* Ein unheilvoller Sommer. Aus d. Ungar. Berlin: Verl. Neues Leben, 1985. 157 S.

383 *Jung, Cläre M.:* Aus der Tiefe rufe ich. Roman. Berlin: Aufbau-Verl., 1946. 153 S.

384 *Kant, Hermann:* Der Aufenthalt. Roman. Berlin: Rütten & Loening, 1977. 599 S., 10. Aufl. 1988

385 *Kardos, György G.:* Das Ende der Geschichte. Roman. Aus d. Ungar. Berlin: Volk u. Welt, 1981. 409 S.

386 *Kardos, György G.:* Die sieben Tage des Abraham Bogatir. Aus d. Ungar. Berlin: Volk u. Welt, 1980. 459 S.

387 *Kaufmann, Walter:* Stimmen im Sturm. Roman. Berlin: Verl. d. Nation, 1977. 249 S.

388 *Kaufmann, Walter:* Wohin der Mensch gehört. Roman. Berlin: Verl. Neues Leben, 1957. 375 S.

389 *Kellermann, Bernhard:* Totentanz. Berlin: Aufbau-Verl., 1948. 485 S., 5. Aufl. 1953. Andere Ausg.: Berlin: Volk u. Welt, 1960. 543 S., 2. Aufl. 1983; Berlin: Buchclub 65, 1983. 511 S.

390 *Kellner, Wolfgang:* Abenteurer wider Willen. Die wechselvolle Jugend d. Heinz Stielke. Roman. Berlin: Verl. Neues Leben, 1984. 398 S., 2. Aufl. 1986

391 *Keszi, Imre:* Elysium. Roman. Aus d. Ungar. Budapest: Corvina Verl., 1964. 408 S.

392 *Kis, Danilo:* Garten. Asche. Autobiogr. Roman. Aus d. Serb. Leipzig; Weimar: Gustav Kiepenheuer Verl., 1981. 178 S.

393 *Klein, Eduard:* Anschluss 8 – streng geheim. Berlin: Verl. Neues Leben, 1988. 190 S.

394 *Klein, Eduard:* Nächstes Jahr in Jerusalem. Berlin: Verl. Neues Leben, 1976. 404 S.

395 *Königsdorf, Helga:* Respektloser Umgang. Berlin: Aufbau-Verl., 1986. 113 S. (Edition Neue Texte)

396 *Koeppen, Wolfgang:* Der Tod in Rom. Halle/ Saale: Mitteldt. Verl., 1956. 267 S., 2. Aufl. 1987. Andere Ausg.: Leipzig: Reclam, 1977. 169 S. (RUB; 679)

397 *Körber, Lilli:* Die Ehe der Ruth Gompertz. Leipzig; Weimar: Gustav Kiepenheuer Verl., 1988. 303 S.

398 *Koplowitz, Jan*: »Bohemia« – mein Schicksal. Eine Familiengeschichte. Roman. Halle; Leipzig: Mitteldt. Verl., 1979. 670 S., 11. Aufl. 1989. 718 S.

399 *Koplowitz, Jan:* Geschichten aus dem Ölpapier. Halle/ Saale: Mitteldt. Verl., 1972. 679 S.

400 *Koplowitz, Jan:* Karfunkel und der Taschendieb. 3 Geschichten. Halle; Leipzig: Mitteldt. Verl., 1988. 316 S.

401 *Kraze, Hanna-Heide:* Üb immer Treu und Redlichkeit … Roman. Berlin: Union Verl., 1965. 326 S.

402 *Kühn, August:* Wir kehren langsam zur Natur zurück. Fragment. Berlin: Volk u. Welt, 1985. 155 S.

403 *Kunert, Günter:* Im Namen der Hüte. Roman. Ill. v. Jürgen Schäfer. Berlin: Eulenspiegel Verl., 1976. 250 S.

404 *Kusnezow, Anatoli:* Babi Jar. Ein dokumentarischer Roman. Aus d. Russ. Berlin: Volk u. Welt, 1968. 353 S.

405 *Lánik, Jozef:* Was Dante nicht sah. Roman. Aus d. Slowak. Berlin: Verl. d. Nation, 1967. 291 S., 2. Aufl. 1968

406 *Le Fort, Gertrud von:* Das fremde Kind. Berlin: Union Verl., 1987. 102 S.

407 *Lem, Stanislaw:* Provokation. Essay. Aus d. Poln. Berlin: Volk u. Welt, 1985. 103 S. (Spektrum; 198)

408 *Levett, Oswald:* Papilio Mariposa. Roman. Hrsg. u. mit e. Nachw. v. Olaf R. Spittel. Berlin: Verl. Das Neue Berlin, 1989. 164 S.

409 Lustig, Arnost: Demanten der Nacht. Aus d. Tschech. Prag: Artia, 1964. 447 S.

410 Lustig, Arnost: Gebet für Katharina Horowitz. Aus d. Tschech. Prag: Pragopress, 1968. 140 S.

411 Maltz, Albert: Geschichte eines Januar. Roman. Aus d. Amerikan. Berlin; Weimar: Aufbau-Verl., 1965. 183 S.

412 Mann, Klaus: Der Vulkan. Roman unter Emigranten. Nachw. v. Friedrich Albrecht. Berlin; Weimar: Aufbau-Verl., 1969. 668 S.

413 Mathi, Maria: Wenn nur der Sperber nicht kommt. Roman. Weimar: Gustav Kiepenheuer Verl., 1956. 214 S.

414 May, Lizzy Sara: Schmerzpunkte. Roman. Aus d. Holländ. Berlin: Volk u. Welt, 1978. 121 S.

415 Mensch auf der Grenze. 25 Erzählungen aus d. antifaschist. Exil. Hrsg. v. Fritz Hofmann. Berlin: Verl. d. Nation, 1981. 527 S.

416 Meras, Icchokas: Die Mondwoche. Aus d. Littau. Berlin: Verl. Kultur u. Fortschritt, 1968. 187 S.

417 Meras, Icchokas: Remis für Sekunden. Aus d. Littau. Berlin: Verl. Kultur u. Fortschritt, 1966. 177 S., 2. Aufl. 1967
Andere Ausg.: Leipzig: Reclam, 1969. 135 S. (RUB; 447)

418 Meras, Iccokas: Worauf ruht die Welt. Aus d. Littau. Berlin: Verl. Kultur u. Fortschritt, 1967. 157 S., 2. Aufl. 1968

419 Merle, Robert: Der Tod ist mein Beruf. Roman. Aus d. Franz. Berlin: Aufbau-Verl., 1957. 346 S., 3. Aufl. 1972. 321 S.

420 Mertl, Veroslav: Die Suche nach dem Feuer. Aus d. Tschech. Berlin: Union Verl., 1979. 215 S., Ill.

421 Mezei, András: Legende von der Gerechtigkeit. Kurzroman. Aus d. Ungar. Berlin: Volk u. Welt, 1971. 137 S. (Spektrum; 33)

422 Mitten im kalten Winter. Geschichten 1933-1945. Hrsg. v. Gerda Zschocke. Berlin: Verl. Neues Leben, 1985. 398 S.

423 Morcinek, Gustav: Das Mädchen von den Champs-Elysées. Erzählungen aus Dachau u. Auschwitz. Bearb. u. mit e. Nachw. v. Alois Hermann. Berlin: Union Verl., 1965. 154 S.

424 Natonek, Hans: Die Straße des Verrats. Publizistik, Briefe u. e. Roman. Hrsg. u. mit e. Nachw. v. Wolfgang U. Schütte. Berlin: Buchverl. Der Morgen, 1982. 375 S.

425 *Nowak, Kurt:* Stechow oder ein Fluchtversuch. Rudolstadt: Greifenverl., 1978. 372 S.

426 *Ossowski, Leonie:* Stern ohne Himmel. Ill. v. Gerhard Oschatz. Berlin: Verl. Neues Leben, 1981. 192 S.
Andere Ausg.: Berlin: Verl. d. Nation, 1959. 283 S. (Autorenname: Jo von Tiedemann, das ist L. O.)

427 *Otcenásek, Jan:* Romeo und Julia und die Finsternis. Aus d. Tschech. Berlin: Verl. d. Nation, 1960. 159 S.

428 *Palotai, Boris:* Als die Vögel verstummten. Roman. Aus d. Ungar. Berlin: Verl. d. Nation, 1970. 253 S.

429 *Panitz, Eberhard:* Das Mädchen Simra. Halle/Saale: Mitteldt. Verl., 1961. 141 S.

430 *Pavel, Ota:* Der Tod der schönen Rehböcke: Aus d. Tschech. Berlin: Volk u. Welt, 1973. 174 S.

431 *Pavel, Ota:* Wie ich den Fischen begegnete. Erzählungen. Aus d. Tschech. Berlin: Volk u. Welt, 1976. 159 S. (Spektrum; 97)

432 *Phantom der Angst.* 33 Erz. aus Deutschland u. Österreich 1933-1945. Hrsg. v. Fritz Hofmann. Mit 76 Grafiken. Berlin: Verl. d. Nation, 1987. Bd. 1-2: 1. 380 S.; 2. 430 S.

433 *Ploog, Ilse:* Lusi. Halle/S.: Mitteldt. Verl., 1963. 122 S., Ill.

434 *Pozner, Vladimir:* Das Wasser war viel zu tief. Erzählungen. Aus d. Franz. v. Stephan Hermlin. Berlin: Volk u. Welt, 1971. 236 S.

435 *Rauchfuss, Hildegard Maria:* Schlesisches Himmelreich. Roman. Leipzig: Paul List Verl., 1968. 695 S., 4. Aufl. 1975. Andere Ausg.: 8. Aufl. Halle; Leipzig: Mitteldt. Verl., 1983. 604 S.

436 *Reimann, Brigitte:* Ankunft im Alltag. Erzählung. Berlin: Verl. Neues Leben, 1961. 281 S., 7. Aufl. 1970. Andere Ausg.: Ankunft im Alltag. Kurzroman. Berlin: Verl. Tribüne, 1981. 254 S.

437 *Reinfrank, Arno:* Die Rettung durch Noah. Erzählungen. Berlin: Union Verl., 1989. 193 S.

438 *Remarque, Erich Maria:* Die Nacht von Lissabon. Roman. Berlin; Weimar: Aufbau-Verl., 1976. 320 S.

439 *Remarque, Erich Maria:* Zeit zu leben und Zeit zu sterben. Roman. Berlin: Aufbau-Verl., 1951. 415 S. Neuaufl.: 1983. 338 S. (bb; 507)

440 *Rinser, Luise:* Jan Lobel aus Warschau. Erzählung. Berlin: Union Verl., 1948. 76 S. Neuaufl.: 1962. Neuausg.: Die gläsernen Ringe. Jan Lobel aus Warschau. 1988. 295 S.

441 *Rolnikaite, Maria:* Ausweiskontrolle. Roman. Aus d. Russ. Berlin: Verl. Kultur u. Fortschritt, 1971. 261 S.

442 *Rolnikaite, Maria:* Gewöhn Dich ans Licht. Roman. Aus d. Russ. Berlin: Verl., Volk u. Welt, 1977. 319 S.

443 *Rolnikaite, Maria:* Mein Tagebuch. Aus d. Russ. Berlin: Union Verl., 1967. 271 S.

444 *Rudnicki, Adolf:* Goldene Fenster. 2 Erz. Aus d. Poln. Berlin: Aufbau-Verl., 1959. 211 S.

445 *Rudnicki, Adolf:* Das lebende und das tote Meer. Erzählungen. Aus d. Poln. Berlin: Aufbau-Verl., 1960. 505 S.

446 *Rybakow, Anatoli:* Schwerer Sand. Aus d. Russ. Berlin: Verl. Neues Leben, 1981. 364 S.

447 *Saavedra Santis, Omar:* Frühling aus der Spieldose. Roman. Aus d. Span. Berlin; Weimar: Aufbau-Verl., 1990. 301 S.

448 *Sachse, Wolfgang: Sternträger.* 12 Erz. aus unserer Zeit. Berlin: Union Verl., 1959. 76 S.

449 *Sakowski, Helmut:* Stiller Ort – Oll mochum. Novelle. Berlin: Verl. Neues Leben, 1991. 111 S.

450 *Sakowski, Helmut:* Wege übers Land. Dramatischer Fernsehroman. 1. u. 2. Aufl. Halle/ Saale: Mitteldt. Verl., 1969. 222 S., Fotos. Andere Ausg.: Wege übers Land. Ein Lesebuch. Hrsg. u. mit e. Vorw. v. Ilse Galfert. Berlin: Henschelverl., 1984. 374 S., 2. Aufl. 1985

451 *Schäfer, Paul Kanut:* Brand im Lustgarten. Erzählung. Berlin: Militärverl. d. DDR, 1969. 61 S. (Tatsachen; 89)

452 *Schnurre, Wolfdietrich:* Ein Unglücksfall. Roman. Berlin; Weimar: Aufbau-Verl., 1983. 409 S.

453 *Schulz, Max Walter:* Wir sind nicht Staub im Wind. Halle/ Saale: Mitteldt. Verl., 1963. 570 S., 16. Aufl. 1985. 553 S.; Andere Ausg.: Berlin: Verl. Kultur u. Fortschritt, 1964. 481 S.; Berlin: Buchclub 65, 1975. 592 S.

454 *Schwarz, Lisa:* Schiff ohne Anker. Roman. Berlin: Verl. d. Nation, 1960. 233 S.

455 *Schwarz-Bart, André:* Der Letzte der Gerechten. Roman. Nachw. v. Henryk Keisch. Aus d. Franz. Berlin: Volk u. Welt, 1961. 438 S., 4. Aufl. 1982. 440 S. (ex libris)

456 *Seghers, Anna:* Das siebte Kreuz. Berlin: Aufbau-Verl., 1946. 416 S., 24. Aufl. 1973. Neuausg.: 1973. 427 S. (Bibliothek d. Weltliteratur), 5. Aufl. 1987. 407 S. Andere Ausg.: Berlin; Leipzig: Verl. Volk u. Wissen, 1950. 421 S. (Bibliothek fortschrittl. dt. Schriftsteller); Leipzig: Reclam, 1958. 435 S. (RUB; 8326/30), 20. Aufl. 1988. 367 S. (RUB; 7: Belletristik); Mit Zeichn. v. Bernhard Heisig. 1986. 376 S., 2. Aufl. 1988; Berlin: Buchclub 65, 1975. 451 S., Ill.; Berlin: Verl. Neues Leben, 1975. 451 S., Ill.; Berlin: Volk u. Welt, 1976. 433 S. (Bibliothek d. Sieges)

457 *Seghers, Anna:* Die Toten bleiben jung. Berlin: Aufbau-Verl., 1949. 652 S. (Ges. Werke in Einzelausg.; Bd. 6), 14. Aufl. 1974. 594 S., Neuaufl.: 1976. 695 S., 3. Aufl. 1983

458 *Seghers, Anna:* Transit. Berlin: Aufbau-Verl., 1951. 262 S. (Ges. Werke in Einzelausg.; Bd. 5), 7. Aufl. 1974, Neuausg.: 1976. 285 S., 3. Aufl. 1988 Taschenbuchausg.: 1985. 256 S. (bb; 546); Andere Ausg.: Berlin: Verl. d. Nation, 1953. 249 S.; Leipzig: Reclam, 1965. 266 S. (RUB; 198), 4. Aufl. 1980. 236 S.

459 *Semprun, Jorge:* Die große Reise. Roman. Aus d. Franz. Berlin: Volk u. Welt, 1965. 292 S., 2. Aufl. 1966

460 *Somlyó, György:* Die Rampe. Aus d. Ungar. Berlin: Volk u. Welt, 1988. 251 S.

461 *Sommer, Ernst:* Revolte der Heiligen. Berlin: Dietz Verl., 1946. 212 S. Andere Ausg.: Mit 10 Grafiken v. Lea Grundig. Rudolstadt: Greifenverl., 1970. 211 S.

462 *Sós, György:* Die letzte Ehre. Aus d. Ungar. Berlin: Union Verl., 1965. 89 S.

463 *Stemmle, R. A.:* Affäre Blum. Berlin: Verl. d. Nation, 1949. 54 S. (Roman für alle). Andere Ausg.: Berlin: Henschelverl., 1960. 199 S. (6. Aufl., 1. Aufl. nicht nachweisbar)

464 *Stemmle, R. A.:* Reise ohne Wiederkehr. Der Fall Petiot. Berlin: Verl. Das Neue Berlin, 1968. 270 S.

465 *Viga, Diego:* Die Parallelen schneiden sich. Roman. Leipzig: Paul List Verl., 1974. 710 S.

466 *Viga, Diego:* Das verlorene Jahr. Roman. Halle; Leipzig: Mitteldt. Verl., 1980. 375 S.

467 *Vries, Theun de:* Stadt wider den Tod. Amsterdam 1941. Roman. Aus d. Holländ. Berlin: Volk u. Welt, 1965. 995 S.

468 *Wander, Fred:* Der siebente Brunnen. Berlin: Aufbau-Verl., 1971. 147 S., 5. Aufl. 1987, Taschenbuchausg.: 1976. 142 S. (bb; 344)

469 *Wander, Fred:* Ein Zimmer in Paris. Erzählung. Berlin: Aufbau-Verl., 1975. 175 S.

470 *Weil, Grete:* Generationen. Berlin: Volk u. Welt, 1985. 167 S.

471 *Weil, Grete:* Meine Schwester Antigone. Berlin: Volk u. Welt, 1982. 173 S. (Spektrum; 162)

472 *Weil, Jiri:* Leben mit dem Stern. Aus d. Tschech. Berlin: Verl. Volk u. Welt, 1973. 277 S.

473 *Weiss, Ernst:* Der Augenzeuge. Roman. Berlin; Weimar: 1973. 267 S.

474 *Welskopf-Henrich, Liselotte:* Jan und Jutta. Berlin: Verl. Tribüne, 1955. 593 S., 15. Aufl. 1963. 620 S. Andere Ausg.: Halle/ Saale: Mitteldt. Verl., 1965. 675 S., 22. Aufl. 1989

475 *Werfel, Franz:* Cella oder Die Überwinder. Versuch e. Romans. Berlin; Weimar: Aufbau-Verl., 1970. 333 S.

476 *Werner, Ruth:* Ein ungewöhnliches Mädchen. Roman. Berlin: Verl. Neues Leben, 1958. 306 S., 17. Aufl. 1988.

477 *Wilk, Werner:* Wesenholz. Potsdam: Rütten & Loening, 1949. 310 S.

478 *Wojdowski, Bogdan:* Brot für die Toten. Roman. Aus d. Poln. Berlin: Volk u. Welt, 1974. 410 S., 2. Aufl. 1981

479 *Zalka, Miklós:* Die Belagerung. Aus d. Ungar. Berlin: Militärverl. d. DDR, 1984. 292 S.

480 *Zarebinska-Broniewska, Maria:* Auschwitzer Erzählungen. Aus d. Poln. Berlin; Potsdam: VVN-Verl., 1949. 93 S.

481 *Zech, Paul:* Michael M. irrt durch Buenos Aires. Aufzeichn. e. Emigranten. Rudolstadt: Greifenverl., 1985. 463 S.

482 *Zinner, Hedda:* Arrangement mit dem Tod. Roman. Berlin: Buchverl. Der Morgen, 1984. 239 S.

483 *Zweig, Arnold:* Familie Klopfer. Erzählung. Leipzig: Insel-Verl., 1952. 87 S. (Insel-Bücherei; 370)

484 *Zweig, Arnold:* Traum ist teuer. Roman. Berlin; Weimar: Aufbau-Verl., 1962. 384 S., 4. Aufl. 1983. 357 S.

485 *Zweig, Arnold:* Über den Nebeln. Eine Tatra-Novelle. Halle/Saale: Mitteldt. Verl. 1950. 133 S. Andere Ausg.:

Mit Federzeichn. v. Karl-Georg Hirsch (Zum 80. Geb. d. Autors erscheint d. Novelle in bibliophiler Aufmachung). Berlin; Weimar: Aufbau-Verl., 1967. 166 S.

I. 2. 3 Lyrik – Dramatik

486 *Arno Reinfrank.* Ausw. v. Klaus Walther. Berlin: Verl. Neues Leben, 1985. 31 S. (Poesiealbum; 211)

487 *Celan, Paul:* Die Niemandsrose. Gedichte. Berlin: Volk u. Welt, 1983. 94 S.

488 *Celan, Paul:* Die Silbe Schmerz. Ausgew. Gedichte. Berlin; Weimar: Aufbau-Verl., 1980. 210 S.

489 *Ehrenstein, Albert:* Stimme über Barbaropa. Gedichte. Berlin; Weimar: Aufbau-Verl., 1967. 143 S., 2. Aufl. 1970

490 *Erich Mühsam.* Ausw. v. Chris Hirte. Berlin: Verl. Neues Leben. 1986. 31 S. (Poesiealbum; 224)

491 *Ficowski, Jerzy:* Aus der Asche gelesen. Gedichte. Aus d. Poln. u. nachgedichtet v. Karin Wolff. Berlin: Union Verl., 1986. 58 S.

492 *Fürnberg, Louis:* Der Bruder Namenlos. Ein Leben in Versen. Berlin: Dietz Verl., 1955. 117 S., 2. erw. u. veränd. Fassung 1955. 4. Aufl. 1957. Andere Ausg.: Berlin; Weimar: Aufbau-Verl., 1969. 130 S.

493 *Fürnberg, Louis:* El Shatt. Ein Gedichtzyklus. Mit 13 Zeichn. v. Lea Grundig. Berlin: Dietz Verl., 1960. 103 S.

494 *Harlan, Thomas Christoph:* Ich selbst und kein Engel. Dramatische Chronik aus d. Warschauer Ghetto. Berlin: Henschelverl., 1961. 89 S.

495 *Hilarová, Dagmar:* Hundert Farben hat der Regenbogen. Gedichte. Hrsg. u. aus d. Tschech. übertragen v. Rudolf Iltis u. Günther Deicke. Berlin: Verl. d. Nation, 1966. 112 S.

496 *Hochhuth, Rolf:* Der Stellvertreter. Schauspiel. Vorw. v. Erwin Piscator. Mit e. Anh.: Dok., zsgest. v. Klaus Drobisch. Berlin: Volk u. Welt, 1965. 338, 45 S., 3. Aufl. 1968 Andere Ausg.: Der Stellverteter. Ein christliches Trauerspiel. Mit e. Vorw. v. Erwin Piscator u. e. Essay »Die vereinsamte Position eines Erfolgreichen« v. Werner Mittenzwei. Leipzig: Reclam, 1975. 460 S. (RUB; 637), 2. Aufl. 1988

497 *Kipphardt, Heinar:* Bruder Eichmann. Schauspiel. Berlin;
   Weimar: Aufbau-Verl., 1984. 171 S. (dialog), 2. Aufl. 1985
498 *Kipphardt, Heinar:* Theaterstücke. Berlin; Weimar: Aufbau-
   Verl., 1982. 541 S. (Darin: In der Sache J. Robert Oppenheimer)
499 *Kolmar, Gertrud:* Die Kerze von Arras. Ausgew. Gedichte.
   Berlin: Aufbau-Verl., 1968. 158 S.
500 *Kolmar, Gertrud:* Das Wort der Stummen. Nachgelesene
   Gedichte. Mit e. Nachw. v. Uwe Berger (u. Erinnerungen
   an G. K. v. Hilde Benjamin). Berlin: Buchverl. Der Morgen, 1978. 53 S.
501 *Kreisler, Georg:* Heute abend: Lola Blau und Nichtarische
   Arien. Berlin: Henschelverl., 1985. 122 S. (dialog)
502 *Lommer, Horst:* Das Tausendjährige Reich (Gedichte). Berlin: Aufbau-Verl., 1946. 94 S., Ill.
503 *Paul Celan.* Ausw. v. Richard Pietrass. Berlin: Verl. Neues
   Leben, 1979. 31 S. (Poesiealbum; 137)
504 *Reinfrank, Arno:* Babylonische Lieder. Gedichtszyklus. Ill.
   v. Harry Jürgens. Berlin: Union Verl., 1985. 151 S.
505 *Rubinstein, Hilde:* Tiefgefrorenes Reh. Stücke, Lyrik, Prosa.
   Hrsg. v. Klaus Selbig. Berlin: Henschelverl., 1987. 224 S.
   (dialog)
506 *Sachs, Nelly:* In den Wohnungen des Todes. Zeichn. v.
   Rudi Stern. Berlin: Aufbau-Verl, 1947. 75 S.
507 *Sachs, Nelly:* Landschaft aus Schatten. Ausgew. Gedichte.
   Hrsg. v. Fritz Hofmann. Berlin; Weimar: Aufbau-Verl.,
   1966. 110 S.
508 *Selma Meerbaum-Eisinger.* Gedichte. Berlin: Verl. Neues
   Leben, 1981. 31 S. (Poesiealbum; 166)
509 *Stücke gegen den Faschismus.* Hrsg. v. Karl-Heinz Schmidt
   u. Christoph Trilse. Berlin: Henschelverl., 1970. 613 S.
510 *Szlengel, Wladyslaw:* Was ich den Toten las. Gedichte aus d.
   Warschauer Ghetto. Aus d. Poln. Mit 6 Grafiken. Leipzig;
   Weimar: Gustav Kiepenheuer Verl., 1990. 130 S.
511 *Weiss, Peter:* Die Ermittlung. Berlin: Rütten & Loening,
   1965. 261 S., 2. Aufl. 1966
512 *Welch Wort in die Kälte gerufen.* Die Judenverfolgung d. 3.
   Reiches im dt. Gedicht. Hrsg. v. Heinz Seydel. Berlin: Verl.
   d. Nation, 1968. 585 S.

513 *Wolf, Friedrich:* Besinnung. 4 Dramen. Berlin: Aufbau-Verl., 1946. 314 S. (Darin: Professor Mamlock) Neuausg.: Professor Mamlock. Schauspiel. (Mit 12 Fotos d. Aufführung d. Kammerspiele d. Dt. Theaters). 1960. 116 S. Andere Ausg.: Professor Mamlock. Ein Schauspiel. Berlin: Verl. Volk u. Wissen, 1952. 72 S., 4. Aufl. 1954. 78 S.; Leipzig: Reclam, 1958. 79 S. (RUB; 8391), 27. Aufl. 1988

514 *Zinner, Hedda:* Ravensbrücker Ballade. Tragödie. Berlin: Henschelverl., 1961. 189 S. Neuausg.: Stücke. 1973. 391 S. (Darin: Ravensbrücker Ballade)

I. 2. 4 Kinderbücher

515 *Abraham, Peter:* Fünkchen lebt. Ill. v. Gertrud Zucker. Berlin: Kinderbuchverl., 1988. 128 S.

516 *Abraham, Peter:* Pianke. Ill. v. Gertrud Zucker. Berlin: Kinderbuchverl., 1981. 172 S.

517 *Ascher-Pinkhof, Clara:* Sternkinder. Aus d. Holländ. Ill. v. Wolfgang Würfel. Berlin: Kinderbuchverl., 1989. 227 S. (Alex-Taschenbücher; 137)

518 *Bruckner, Winfried:* Die toten Engel. Berlin: Kinderbuchverl., 1984. 217 S., Ill. (Alex-Taschenbücher; 98), 2. Aufl. 1987

519 *Gehrts, Barbara:* Nie wieder ein Wort davon? Berlin: Kinderbuchverl., 1978. 157 S, Ill.

520 *Gotschlich, Helga:* Als die Faschisten an die Macht kamen. Berlin: Kinderbuchverl., 1982. 189 S., 167 Abb.

521 *Eine Handvoll Murmeln.* Geschichten aus Frankreich. Hrsg. v. Anna Mudry. Berlin: Kinderbuchverl., 1985. 197 S., Ill.

522 *Die Heuschlacht im Heidedorf.* Berichte, Erzählungen, Gedichte. Ausgew. u. bearb. v. Karl-Heinz Berger. Ill. v. Paul Rosié. Berlin: Kinderbuchverl., 1959. 307 S., 2. Aufl. 1961

523 *Karau, Gisela:* Der gute Stern des Janusz K. Ill. v. Manfred Butzmann. Berlin: Kinderbuchverl., 1972. 207 S. 4. Aufl. 1981

524 *Kaufmann, Walter:* Jenseits der Kindheit. Berlin: Edition Holz im Kinderbuchverl., 1985. 157 S.

525 *Kaufmann, Walter:* Kauf mir doch ein Krokodil. Geschichten. Berlin: Edition Holz im Kinderbuchverl., 1982. 131 S.

526 *Kaufmann, Walter:* Stefan. Mosaik e. Kindheit. Berlin: Edition Holz im Kinderbuchverl., 1966. 148 S., 3. Aufl. 1976

527 *Küchenmeister, Wera/Küchenmeister, Klaus:* Bilder aus dunk-
ler Zeit. Der dt. Faschismus in Dok. Berlin: Kinderbuchverl., 1984. 259 S., 2. Aufl. 1987

528 *Lazar, Auguste:* Die Brücke von Weißensand. Ill. v. Lea
Grundig. Berlin: Kinderbuchverl., 1965. 156 S., 3. Aufl.
1970

529 *Lazar, Auguste:* Jan auf der Zille. Dresden: Sachsenverl.,
1950. 204 S. Andere Ausg.: Berlin: Kinderbuchverl.,
1953. 181 S., 8. Aufl. 1964. 248 S., Ill.

530 *Lazar, Auguste:* Sally Bleistift in Amerika. Eine Geschichte
aus d. Jahre 1934. Dresden: Sachsenverl., 1949. 102 S., Ill.
Andere Ausg.: Berlin: Kinderbuchverl., 1952. 156 S., Ill.
7. Aufl. 1961. 152 S. (Robinsons billige Bücher; 16)
Taschenbuchausg.: 1977. 119 S., Ill. (Alex-Taschenbücher;
16), 4. Aufl. 1986; Sally Bleistift in Amerika. Die Brücke
von Weißensand. 1977. 239 S., Ill.

531 *Levoy, Myron:* Der gelbe Vogel. Aus d. Amerikan. Berlin:
Kinderbuchverl., 1985. 124 S.

532 *Meras, Icchokas:* Lasst Benjukas nicht allein. Aus d. Russ.
Berlin: Kinderbuchverl., 1972. 140 S.

533 *Orlev, Uri:* Die Insel der Vogelstraße. Aus d. Hebr. Berlin:
Kinderbuchverl., 1989. 175 S.

534 *Pawel, Henning:* Joschkas Hund. Berlin: Kinderbuchverl.,
1991. 48 S.

535 *Püschel, Walter:* Kaddisch für Liebermann. Eine Prenzlauer-
Berg-Geschichte (aus d. Jahre 1935). Ill. v. Ronald Paris.
Berlin: Edition Holz im Kinderbuchverl., 1985. 127 S.

536 *Samson, Meta:* Spatz macht sich. Berlin: Altberliner Verl.,
1990. 168 S., Ill.

537 *Schollak, Sigmar:* Das Mädchen aus Harrys Straße. Ill. v.
Thomas Schallnau. Berlin: Kinderbuchverl., 1978. 80 S.
(Die kleinen Trompeterbücher; 125), 3. Aufl. 1980

538 *Schulenburg, Bodo:* Markus und der Golem. Mit Zeichn. v.
Kindern aus d. KZ Theresienstadt. Berlin: Verl. Junge
Welt, 1987. 47 S.

539 *Selber, Martin:* Hanna und Elisabeth. Berlin: Kinderbuchverl., 1981. 171 S.

540 *Sonne hinter Stacheldraht.* Menschen im Widerstand 1933-
1945. Hrsg. v. Burkhard Heiland. Berlin: Kinderbuchverl.,
1987. 156 S., Ill.

541 *Tetzner, Lisa:* Die Kinder aus Nr. 67. Dresden: Sachsenverl., 1949-1950. Bd. 1-4: Bd. 1 Erwin und Paul (und das
Mädchen aus dem Vorderhaus). 1949. 255 S.; Bd. 2 Erwin
kommt nach Schweden. 1949. 167 S.; Bd. 3 Das Schiff
ohne Hafen. 1949. 183 S.; Bd. 4 Die Kinder auf der Insel.
1950. 183 S.

542 *Zimmering, Max:* Die Jagd nach dem Stiefel. Berlin: Kin-
derbuchverl., 1953. 190 S., Ill. Ab 5. Aufl. 1959 in der
Reihe (Robinsons billige Bücher; 38), 11. Aufl. 1974
Taschenbuchausg.: 1977. 136 S., Ill. (Alex-Taschenbücher;
18), 5. Aufl. 1989. Andere Ausg.: Berlin: Verl. Volk u.
Wissen, 1971. 80 S. (Schulausgabe), 4. Aufl. 1978

543 *Zolkiewska, Wanda:* Eine Chance für Heniek. Aus d. Poln.
Berlin: Kinderbuchverl., 1981. 286 S., Ill.

II. Antisemitismus – Rassismus

II. 1 Sachliteratur

544 *Antisemitismus in Westdeutschland.* Judenfeinde u. Juden-
mörder im Herrschaftsapparat d. Bundesrepublik. Eine
Dokumentation d. Verb. d. Jüd. Gemeinden in d. DDR.
Berlin: Verband d. Jüd. Gemeinden in d. DDR, 1967. 87
S., Abb.

545 *Görschler, Henry:* Die Schande von Köln und Bonn.
Drahtzieher, Ursachen u. Ziele d. Antisemitismus in
Westdtl. Berlin: Dietz Verl., 1960. 91 S.

546 *Heymann, Stefan:* Marxismus und Rassenfrage. Berlin:
Dietz Verl., 1948. 56 S.

547 *Kahn, Siegbert:* Antisemitismus und Rassenhetze. Eine
Übersicht über ihre Entwicklung in Dtl. Berlin: Dietz
Verl., 1948. 94 S.

548 *Katz, Jacob:* Vom Vorurteil bis zur Vernichtung. Der Antisemitismus 1700-1933. Berlin: Union Verl., 1990. 375 S.

549 *Löwenthal, Leo:* Untergang der Dämonologien. Studien über Judentum, Antisemitismus u. faschist. Geist. Leipzig: Reclam, 1990. 284 S. (RUB; 1376)

550 *Mohrmann, Walter:* Antisemitismus. Ideologie u. Geschichte im Kaiserreich u. in d. Weimarer Republik. Berlin: Dt. Verl. d. Wissenschaften, 1972. 219 S.

551 *Oppenheimer, Max/Stuckmann, Horst/Schneider, Rudi:* Als die Synagogen brannten. Antisemitismus u. Rassismus gestern u. heute. Köln: Pahl-Rugenstein Verl., 1978. 146 S. (Röderberg-Programm), 2. Aufl. 1988

552 *Raddatz, Karl:* Faschismus und Krieg. Das Programm d. Adenauer Regierung. Tatsachen u. Dok. über d. Wiederentstehen d. Faschismus in Westdtl. Berlin: Kongress Verl., 1952. 88 S.

553 *Rassen, Rassen»theorie« und imperialistische Politik.* 5 Beitr. zur Kritik d. Rassen«theorie«. Hrsg. v. Henry Görschler. Berlin: Dietz Verl., 1961. 178 S.

554 *Seydewitz, Ruth/Seydewitz, Max:* Der Antisemitismus in der Bundesrepublik. Hrsg.: Ausschuss für Dt. Einheit. Berlin: Kongress Verl., 1956. 63 S.

555 *Straaß, Gerhard:* Rassen – Herkunft und Zukunft. Urteile u. Vorurteile. Berlin: Verl. Neues Leben, 1978. 181 S. (nlkonkret; 35), 2., bearb. Aufl. 1982. 155 S.

II. 1. 1 Periodika – Dissertationen

556 *Heise, Wolfgang:* Antisemitismus und Antikommunismus. In: Dt. Zeitschrift für Philosophie. H. 9/1961 (1423-1445)

557 *Kahn, Siegbert:* Dokumente des Kampfes der revolutionären deutschen Arbeiterbewegung gegen Antisemitismus und Judenverfolgung. In: Beiträge zur Geschichte der dt. Arbeiterbewegung. H. 3/1960 (552-564)

558 *Mohrmann, Walter:* Die Rolle des Antisemitismus in der Politik der deutschen Reaktion (1871 – 1923). Diss. Berlin: HUB, 1970.

III. Religion – Philosophie – Kultus – Brauchtum

III. 1 Sachliteratur

559 *Alexander, David:* Im Lande der Verheißung. Texte u. Bilder zum Alten Testament. Berlin: Evangel. Verlagsanst., 1980. 157 S., Abb., 2. Aufl. 1986

560 *Alexander, David:* Im Lande der Verkündigung. Texte u. Bilder zum Alten Testament. Berlin: Evangel. Verlagsanst., 1984. 155 S., Abb.

561 *Bardtke, Hans:* Bibel, Spaten und Geschichte. Leipzig: Koehler & Amelang, 1969. 363 S., 3., erw. Aufl. 1974

562 *Bardtke, Hans:* Vom Roten Meer zum See Genezareth. Bilder zur Landes- u. Altertumskunde Palästinas nach eigenen Aufn. d. Verfassers während e. Studienreise im Sommer 1961. Berlin: Union Verl., 1962. 102 S., Abb. 2. Aufl. 1965

563 *Bardtke, Hans:* Zu beiden Seiten des Jordans. Bilder zur Landes- u. Altertumskunde Palästinas … Berlin: Union Verl., 1958. 89 S., Abb., 2. Aufl. 1959

564 *Baumbach, Günther:* Jesus von Nazareth im Lichte der jüdischen Gruppenbildung. Berlin: Evangel. Verlagsanst., 1971. 96 S.

565 *Beltz, Walter:* Gott und die Götter. Biblische Mythologie. Berlin; Weimar: Aufbau-Verl., 1975. 381 S.

566 *Bibliographie zur jüdisch-hellenistischen und intertestamentarischen Literatur 1900-1965.* In Verbindung mit Malwine Maser hrsg. v. Gerhard Delling. Berlin: Akademie-Verl., 1969. XXVII, 128 S.; 2., überarb. Aufl. 1975. XXIII, 201 S.

567 *Delling, Gerhard:* Die Bewältigung der Diasporasituation durch das hellenistische Judentum. Berlin: Evangel. Verlagsanst., 1987. 96 S.

568 *Delling, Gerhard:* Studien zum Neuen Testament und zum hellenistischen Judentum. Ges. Aufsätze 1950-1968. Berlin: Evangel. Verlagsanst., 1970. 463 S.

569 *Dialog mit der Bibel.* Malerei u. Grafik aus d. DDR zu biblischen Themen. Begleitender Text v. Jürgen Rennert. Hrsg.: Kunstdienst d. Evangel. Kirche. Berlin; Altenburg: Evangel. Haupt-Bibelgesellschaft, 1984. 207 S.

570 *Eschwege, Helmut:* Die Synagoge in der deutschen Geschichte. Eine Dokumentation. Dresden: Verl. der Kunst, 1980. 198 S., Abb.

571 *Fait, Joachim:* Das Danielbuch in Stein. Deutung u. Bedeutung d. Kapitellbilder im Chorumgang d. Magdeburger Doms. Berlin: Evangel. Verlagsanst., 1986. 114 S., Abb.

572 *Friedmann, Aron:* Der synagogale Gesang. Fotomechan. Nachdr. d. Originalausg. Berlin, 1908 nach d. Expl. d. Dt. Staatsbibliothek. Leipzig: Edition Peters, 1978. 148, 17 S. (Peters Reprints)

573 *Goldziher, Ignaz:* Der Mythos bei den Hebräern und seine geschichtliche Entwicklung. Untersuchungen zur Mythologie u. Religionswissenschaft. Reprint d. Originalausg. Leipzig, 1876. Leipzig: Zentralantiquariat, 1987. XXX, 402 S.

574 *Hegermann, Harald:* Die Vorstellung vom Schöpfungsmittler im hellenistischen Judentum und Urchristentum. Berlin: Akademie-Verl., 1961. XIX, 220 S.

575 *Herbst-Krausz, Zorica:* Traditionelle jüdische Speisen. Aus d. Ungar. Budapest: Corvina, 1988. 78 S.

576 *Herrmann, Siegfried:* Geschichte Israels in alttestamentlicher Zeit. Berlin: Evangel. Verlagsanst., 1981, 519 S. 3. Aufl. 1985

577 *Hess, Moses:* Philosophische und sozialistische Schriften. 1837-1850. Eine Ausw. Hrsg. u. eingel. v. Wolfgang Mönke. Berlin: Akademie-Verl., 1961. LXVIII, 516 S. 2., bearb. Aufl. 1980. 545 S.

578 *Das Hohe Lied Salomo.* Text nach d. Lutherischen Bibelübersetzung. Holzschnitte v. Eric Gill. Faks.-Ausg. Weimar, Cranach-Presse, 1931. Nachw. v. Hans Bardtke. Leipzig: Edition Leipzig, 1967. 31, 24 S.

579 *Das Hohelied Salomo.* Sammlung althebräischer Liebes- u. Hochzeitslyrik … Mit d. Feder geschrieben … v. Axel Bertram. Berlin: Verl. d. Nation, 1983. 50 S.

580 *Jeremia.* Der leidende Prophet. Erzählende Kap. d. Jeremiabuches. Ausgew., eingel. u. übersetzt v. Hans Bardtke. Mit 12 Bildern v. Elisabeth Voigt. Berlin: Evangel. Hauptbibelgesellschaft, 1960. 23 S. (Großformatige Text-Bild-Mappe)

581 *Josephus Flavius:* Geschichte des Judäischen Krieges. Aus d. Griech. Leipzig: Reclam, 1970. 573 S. (RUB; 359) 5. Aufl. 1990. 555 S.

582 *Kahle, Paul E./ Meyer, Rudolf:* Die Kairoer Genisa. Untersuchung zur Geschichte d. hebr. Bibeltextes u. seiner Übersetzung. Berlin: Akademie-Verl., 1962. XV. 402 S.

583 *Körner, Jutta:* Hebräische Studiengrammatik. Leipzig: Verl. Enzyklopädie, 1983. 412 S., 3. Aufl. 1988

584 *Kroll, Gerhard:* Auf den Spuren Jesu. Leipzig: St. Benno-Verl., 1963. 188 S., Abb., 10., erw. Aufl. 1988. 470 S., 333 Abb.

585 *Krüger, Renate:* Die Kunst der Synagoge. Eine Einf. in die Probleme von Kunst u. Kult d. Judentums. Leipzig: Koehler & Amelang, 1966. 194 S., 2. Aufl. 1968

586 *Das Lied der Lieder von Schelomo.* Liebeslyrik aus d. alten Israel. Mit 32 illuminierten Seiten aus d. Machsor Lipsiae. Aus d. Hebr., nachgedichtet u. hrsg. v. Stefan Schreiner. Leipzig; Weimar: Gustav Kiepenheuer Verl., 1981. 108 S.

587 *Lohse, Eduard:* Die Ordination im Spätjudentum und im Neuen Testament. Berlin: Evangel. Verlagsanst., 1951. 108 S.

588 *Machsor Lipsiae.* (Faks.-Ausg. der im Bestand d. Universitätsbibl. Leipzig vorhandenen mittelalterl. illuminierten Handschrift). Hrsg. v. Elias Katz, mit e. Einf. u. erl v. Bezalel Narkiss. Leipzig: Edition Leipzig, 1964, 112, 30 S., 68 Taf. (Bibliophile, großformatige Ausg. in e. Leder-Mappe)

589 *Matthiae, Karl:* Chronologische Übersichten und Karten zur spätjüdischen und urchristlichen Zeit. Berlin: Evangel. Verlagsanst., 1977. 48 S., 12 Bl. Beil.; 2. Aufl. 1980

590 *Mendelssohn, Moses:* Schriften über Religion und Aufklärung. Hrsg. u. eingel. v. Martina Thom. Berlin: Union Verl., 1989. 528 S. (Texte zur Philosophie- u. Religionsgeschichte)

591 *Metzger, Martin:* Grundriss der Geschichte Israels. Berlin: Evangel. Verlagsanst., 1980. 249 S., Abb.

592 *Meyer, Rudolf:* Tradition und Neuschöpfung im antiken Judentum. Dargest. an d. Geschichte d. Pharisäismus. Berlin: Akademie-Verl., 1965. 132 S.

593 *Meyer, Rudolf:* Zur Geschichte und Theologie des Judentums in hellenistisch-römischer Zeit. Ausgew. Abhandlungen. Berlin: Evangel. Verlagsanst., 1989. 226 S.

594 *Münchow, Christoph:* Ethik und Eschatologie. Ein Beitr. zum Verständnis d. frühjüd. Apokalyptik. Berlin: Evangel. Verlagsanst., 1981. 192 S.

595 *Noth, Martin:* Geschichte Israels. 2., verb. Auf. Berlin: Evangel. Verlagsanst., 1954. 435 S., 8. Aufl. 1976

596 *Pfeifer, Gerhard:* Ursprung und Wesen der Hypostasenvorstellung im Judentum. Berlin: Evangel. Verlagsanst., 1967. 110 S. (Aufsätze u. Vorträge zur Theologie u. Religionswissenschaft; 37)

597 *Pletnjowa, Swetlana:* Die Chasaren. Mittelalterl. Reich an Don u. Wolga. Leipzig: Koehler & Amelang, 1978. 171 S., Abb.

598 *Pokorny, Peter:* Die Hoffnung auf das ewige Leben im Spätjudentum und Urchristentum. Berlin: Evangel. Verlagsanst., 1978. 49 S.

599 *Preuss, Julius:* Biblisch-talmudische Medizin. Beitr. zur Geschichte d. Heilkunde u. d. Kultur überhaupt. Reprint d. Original-Ausg. Berlin, 1911. Leipzig: Zentralantiquariat, 1989. 735 S.

600 *Rebiger, Bill:* Judentum. Rostock-Warnemünde: Institut für Marxismus-Leninismus, 1989. 67 S. (Wissenschaftlicher Atheismus, Forschungsbericht; 49)

601 *Reiling, Netty* (Anna Seghers): Jude und Judentum im Werke Rembrandts. Vorw. v. Christa Wolf. Leipzig: Reclam, 1981. 60 S., 48 Abb. (RUB; 851), 2. Aufl. 1983

602 *Religionsgeschichtliches Textbuch zum Alten Testament.* Hrsg. v. Walter Beyerlin. Berlin: Evangel. Verlagsanst., 1978. 303 S.

603 *Rembrandts Handzeichnungen und Radierungen zur Bibel.* Hrsg. v. Hans-Martin Rotermund. Berlin: Evangel. Hauptbibelgesellschaft, 1975. 315 S.

604 *Rennert, Jürgen:* Ungereimte Prosa. Skizzen, Predigten, Traktate. Ill. v. Hannelore Teutsch. Berlin: Union Verl., 1977. 215 S. (Darin: Interpretationen zu Jeremia u. a. bibl. Texten u. jüd. Themen)

605 *Riesenburger, Martin:* Also spricht dein Bruder. (Predigten). Berlin: Union Verl., 1958. 104 S.

606 *Rudolph, Wilhelm:* Joel, Amos, Obadja, Jona. Berlin: Evangel. Verlagsanst., 1974. 384 S.

607 *Scheiber, Sándor (Text)/Féner, Tamás (Fotos)*: Jüdische Traditionen in Ungarn. Aus d. Ungar. Leipzig: Koehler & Amelang, 1985. 155 S., Abb.

608 *Scheiber, Sándor:* Die Kaufmann-Haggadah (Budapester Haggadah). Aus d. Ungar. Budapest: Verl. d. Ungarischen Akademie d. Wissenschaften, 1958. 30 S., Abb.

609 *Schleiermacher, Friedrich:* Briefe bei Gelegenheiten der politisch-theologischen Aufgabe und des Sendschreibens jüdischer Hausväter. Nachdr. d. Ausg. v. 1799. Berlin: Evangel. Verlagsanst., 1984. 86 S.

610 *Schmidt, Werner:* Alttestamentlicher Glaube in seiner Geschichte. Evangel. Verlagsanst., 1976. 278 S.

611 *Sendrey, Alfred:* Musik in Alt-Israel. Leipzig: Dt. Verl. für Musik, 1970. 668 S.

612 *Simon, Heinrich:* Lehrbuch der modernen hebräischen Sprache. Leipzig: Verl. Enzyklopädie, 1970. 238 S., 9. Aufl. 1989

613 *Simon, Marie/Simon, Heinrich*: Geschichte der jüdischen Philosophie. Berlin: Union Verl., 1984. 233 S., 2. Aufl. 1990

614 *Spinoza, Baruch:* Abhandlungen über die Läuterung des Verstandes und über den Weg, auf welchem er am besten zur wahren Erkenntnis der Dinge geführt hat. Aus d. Latein. Leipzig: Reclam, 1947. 55 S. (RUB; 2487), 2. Aufl. Mit e. Nachw. v. Hans Kelm. 1960. 82 S.

615 *Spinoza, Baruch:* Ethik. Aus d. Latein. Leipzig: Reclam, 1972. 424 S. (RUB; 56), 3. Aufl. 1982. 358 S.

616 *Spinoza, Baruch:* Politischer Traktat. Aus d. Latein. Leipzig: Reclam, 1988. 188 S. (RUB; 1255)

617 *Spinoza, Baruch:* Der theologisch-politische Traktat. Aus d. Latein. Leipzig: Reclam, 1947. 368 S. (RUB; 2177/2180), 2. Aufl. 1967 (RUB; 320)

618 *Thiel, Winfried:* Die soziale Entwicklung Israels in vorstaatlicher Zeit. Berlin: Evangel. Verlagsanst., 1980. 185 S.

619 *Tröger, Karl-Wolfgang:* Altes Testament – Frühjudentum – Gnosis. Berlin: Evangel. Verlagsanst., 1980. 364 S.

620 *Vogler, Werner:* Jüdische Jesusinterpretationen in christlicher Sicht. Weimar: Böhlau, 1988. 151 S. (Arbeiten zur Kirchengeschichte; 11)

621 *Von Sinuhe bis Nebukadnezar.* Dokumente aus d. Umwelt d. Alten Testaments. Unter Mitarb. v. Helmut Freydank u.a. hrsg. v. Alfred Jepsen u. Klaus-Dietrich Schunck. Berlin: Evangel. Verlagsanst., 1975. 255 S., Abb., 4., überarb. Aufl. 1988

622 *Wächter, Ludwig:* Gemeinschaft und Einzelner im Judentum. Eine Skizze. Berlin: Evangel. Verlagsanst., 1961. 34 S.

623 *Wächter, Ludwig:* Jüdischer und christlicher Glaube. 4 Vorträge. Berlin: Evangel. Verlagsanst., 1975. 74 S.

624 *Wächter, Ludwig:* Zum Verständnis des Judentums. 4 Vorträge. Berlin: Evangel. Verlagsanst., 1985. 79 S.

625 *Walter, Wolfgang:* Meinen Bund habe ich mit dir geschlossen. Jüd. Religion in Fest, Gebet u. Brauch. Leipzig: St. Benno-Verl., 1988. 221 S.

626 *Wirkowski, Eugeniusz:* Einige jüdische Gerichte. Aus d. Poln. Warschau: Interpress, 1984. 33 S., Abb.

627 *Wirkowski, Eugeniusz:* Küche der polnischen Juden. Aus d. Poln. Warschau: Interpress, 1988. 110 S., Abb.

628 *Zimmerli, Walter:* Grundriss der alttestamentlichen Theologie. Berlin: Evangel. Verlagsanst., 1978. 230 S.

III. 2 Erzählende Literatur

629 *Andres, Stefan*: Der Mann im Fisch. Roman. Berlin: Union Verl., 1987. 345 S.

630 *Brod, Max:* Der Meister. Roman. Berlin: Evangel. Verlagsanst., 1977. 402 S.

631 *Bruns, Marianne:* O Ninive! Die Geschichte d. Propheten Jona. Ill. v. Harry Jürgens. Berlin: Union Verl., 1984. 142 S.

632 *Campanile, Pasquale Festa:* Der Vagabund aus Galiläa. Aus d. Italien. Berlin: Volk u. Welt, 1982. 287 S.

633 *Dahn, Daniela:* Spitzenzeit. Feuilletons u. e. Collage. Halle; Leipzig: Mitteldt. Verl., 1980. 262 S. (Darin: Chanukka-Ball)

634 *Dobraczynski, Jan:* Jeremia. Roman. Aus d. Poln. Berlin: Union Verl., 1956. 512 S., 2. Aufl. 1958

635 *Feuchtwanger, Lion:* Jefta und seine Tochter. Roman. Berlin: Aufbau-Verl., 1957. 382 S., 2. Aufl. 1958. Andere Ausg.: Die Jüdin von Toledo. Jefta und seine Tochter. 2 Romane. Berlin: Aufbau-Verl., 1962. 730 S. (Ges. Werke in Einzelausg.; Bd. 9), 6. Aufl. 1984; Berlin: Buchclub 65, 1977. 733 S.

636 *Feuchtwanger, Lion:* Der jüdische Krieg. Roman. Berlin; Weimar: Aufbau-Verl., 1974. 473 S. (Josephus-Trilogie; Bd. 1), 3. Aufl. 1979

637 *Feuchtwanger, Lion:* Die Söhne. Roman. Berlin; Weimar: Aufbau-Verl., 1974. 543 S. (Josephus-Trilogie; Bd. 2), 3. Aufl. 1979

638 *Feuchtwanger, Lion:* Der Tag wird kommen. Roman. Berlin; Weimar: Aufbau-Verl., 1974. 447 S. (Josephus-Trilogie; Bd. 3), 3. Aufl. 1979

639 *Giljsen, Marnix:* Das Buch des Joachim von Babylon. Leipzig; Weimar: Gustav Kiepenheuer Verl., 1981. 105 S. (Gustav-Kiepenheuer-Bücherei; 27)

640 *Heym, Stefan:* Ahasver. Roman. Berlin: Buchverl. Der Morgen, 1988. 286 S.

641 *Heym, Stefan:* Der König David Bericht. Roman. Berlin: Buchverl. Der Morgen, 1973. 286 S., 7. Aufl. 1986. Andere Ausg.: Leipzig: Reclam, 1989. 282 S. (RUB; 1320)

642 *Katz, Leo:* Der Schmied von Galiläa. Historischer Roman z. Zt. Jesu. Berlin: Rütten & Loening, 1955. 521 S.

643 *Le Fort, Gertrud von:* Die Tochter Jephtas. Eine Legende. Leipzig: St. Benno-Verl., 1966. 50 S.

644 *Lindgren, Torgny:* Bathseba. Roman. Aus d. Schwed. Berlin: Volk u. Welt, 1988. 258 S.

645 *Mann, Thomas:* Joseph und seine Brüder. Berlin; Weimar: Aufbau-Verl., 1955. Bd. 1-3: 1. Die Geschichten Jaakobs. Der junge Joseph. 660 S.; 2. Joseph in Ägypten. 614 S. 3. Joseph, der Ernährer. 554 S., 2. Aufl. 1972

646 *Sauer, Charlotte:* Ich lebte unter Salomo. Roman. Berlin: Evangel. Verlagsanst., 1971. 262 S., 3. Aufl. 1985

647 *Schwede, Alfred Otto:* Einer von des Rabbis Söhnen. Die Geschichte e. Nachfolge. Berlin: Evangel. Verlagsanst., 1965. 330 S., 3. Aufl. 1969

648 *Seipolt, Adalbert:* David Isais jüngster Sohn. Leipzig: St. Benno-Verl., 1972. 215 S.

649 *Stoll, Heinrich Alexander:* Die Höhle am Toten Meer. Roman d. Handschriften von Qumran. Berlin: Union Verl., 1961. 420 S., zahlr. Abb., 3. Aufl. 1963

650 *Stryjkowski, Julian:* König David lebt. Aus d. Poln. Berlin: Union Verl., 1990. 240 S.

651 *Werfel, Franz:* Höret die Stimme: Jeremias. Roman. Berlin: Evangel. Verlagsanst., 1957. 552 S., 2. Aufl. 1982

652 *Werfel, Franz:* Die wahre Geschichte vom wiederhergestellten Kreuz. Berlin: Evangel. Verlagsanst., 1959. 31 S., 3. Aufl. 1965

653 *Das Wunder von Chanukka.* Geschichten zu Fest- u. Feiertagen. Ges. u. hrsg. v. Ingetraud Skirecki. Mit e. Beitr. zum jüd. Kalender von Heinrich Simon u. Reprod. nach Orig. v. Anatoli L. Kaplan. Berlin: Union Verl., 1989. 343 S.

IV. Geschichte

IV. 1 Sachliteratur

654 *Dahn, Daniela:* Prenzlauer Berg-Tour. (Text-Bild-Band). Halle; Leipzig: Mitteldt. Verl., 1987. 201 S. (Darin: Der Judengang)

655 *Engelcke, Detlef:* Die Geschichte der Juden in Haldensleben. Anfang u. Ende e. ausgelieferten Minderheit. Magdeburg: Synagogengemeinde Magdeburg, 1989. 103 S.

656 *Geiger, Ludwig:* Geschichte der Juden in Berlin. Reprint d. Original-Ausg. Berlin 1871-1890. Vorw. v. Hermann Simon. Bd. 1-2. Leipzig: Zentralantiquariat d. DDR, 1988. In 1 Bd.: 1. Festschrift zur zweiten Säkular-Feier. XLII, 207 S., 2. Anmerkungen, Ausführungen und Urkundliche Beilagen. 357 S., S. 185-233, S. 29-65

657 *Hobusch, Erich:* Synagoge Gröbzig – gerettet und bewahrt. Museumsführer, T. 1. Gröbzig: Stadtmuseum, 1984. 80 S. (Jreebz'jer Allerlei; 2)

658 *Jüdische Friedhöfe.* Konferenz vom 12.-14.6.1988 in Berlin. Referate u. Diskussion. Berlin: Kulturbund d. DDR; Gesellschaft für Denkmalpflege, 1989. 57 S.

659 *Jüdische Friedhöfe in Berlin.* Autoren: Alfred Etzold, Peter Kirchner u. Heinz Knobloch. Berlin: Institut für Denkmalpflege, 1980. 64 S., Abb. (Historische Friedhöfe in d. DDR; 1). Andere Ausg.: Von Alfred Etzold u. a. Berlin: Henschelverl., 1987. 159 S., Abb. 4., verb. u. erw. Aufl. 1991. 168 S., Abb.

660 *Das jüdische Museum in Budapest.* Hrsg. v. Ilona Benoschofsky u. Alexander (Sándor) Scheiber. Aus d. Ungar. Budapest: Corvina; Wiesbaden: Fourier, 1989. 245 S., Abb.

661 *Knobloch, Heinz:* Berliner Grabsteine. Berlin: Buchverl. Der Morgen, 1987. 236 S. (Darin: Gräber auf dem Jüdischen Friedhof in Weißensee u. a.)

662 *Krüger, Rolf-Herbert:* Das Ephraim-Palais in Berlin. Geschichte u. Wiederaufbau. Berlin: Kulturbund d. DDR, 1987. 96 S., Abb. (Miniaturen zur Geschichte, Kultur u. Denkmalpflege Berlins; 25). Andere Ausg.: Das Ephraim-Palais in Berlin. Ein Beitr. zur preußischen Kulturgeschichte. Berlin: Verl. für Bauwesen, 1988. 88 S., Abb.

663 *Kunert, Günter:* Ziellose Umtriebe. Nachrichten vom Reisen u. Daheimsein. Ausw. v. Almut Giesecke. Berlin: Aufbau-Verl., 1979. 211 S. (Darin: Oranienburger Str. 28)

664 *Lion, Jindrich (Text)/ Lukas, Jan (Fotos)*: Das Prager Ghetto. Aus d. Tschech. Prag: Artia, 1959. 102, 35 S.

665 *Löwenthal, Leo:* Jreebz'jer Allerlei. Gröbzig: Heimatmuseum, 1978. 104 S.

666 *Reich, Jürgen:* Die Erinnerung verblasst … aber es lebten auch in Sonneberg Juden. Hrsg.: Arbeitsgemeinschaft Kirche u. Judentum, Arbeitsgr. Thüringen, 1988. 26 S.

667 *Rennert, Jürgen (Text)/Riemann, Dietmar (Fotos)*: Der gute Ort in Weißensee. Bilder vom Jüd. Friedhof u. e. Samml. jüd. Stimmen zu Vergehen u. Werden, Bleiben u. Sein. Berlin: Evangel. Verlagsanst., 1987. 111 S.

668 *Rodenberg, Julius*: Bilder aus dem Berliner Leben. Hrsg. v. Gisela Lüttig, mit e. Nachw. v. Heinz Knobloch. Berlin: Rütten & Loening, 1987. 394 S., Abb.

669 *Schmidt, Eva:* Jüdische Familien im Weimar der Klassik und Nachklassik und ihr Friedhof. Hrsg. v. d. Ständige Komm. Kultur d. Stadtverordnetenversamml. Weimar u. d. Kreistages

Weimar-Land ...Weimar: Rat der Stadt Weimar, 1984. 143 S. (Tradition u. Gegenwart; Weimarer Schriften H. 8/1984)

670 *Schmidt, Hannes:* Zur Geschichte der Israelitischen Religionsgemeinde Plauen i.V. Plauen: Vogtlandmuseum, 1988. (Schriftenreihe; H. 57)

671 *Simon, Hermann:* Das Berliner Jüdische Museum in der Oranienburger Straße. Geschichte e. zerstörten Kulturstätte. Berlin: Union Verl., 1988. 131 S., 29 Abb.

672 *Volavková, Hana:* Schicksal des Jüdischen Museums in Prag. Aus d. Tschech. (Bildband). Prag: Artia, 1965. 340 S.

IV. 1. 1 Periodika

673 *Augustyniak, Manfred:* Zur Geschichte der Jüdischen Gemeinde in Guben. In: Gubener Heimatkalender 1988

674 *Barthel, Rolf:* Zur Geschichte der Jüdischen Gemeinde in Heiligenstadt. In: Eichsfelder Heimathefte. H. 3/1980

675 *Barthel, Rolf:* Weitere Ergebnisse der Forschung nach dem Schicksal der letzten jüdischen Bürger Heiligenstadts. In: Eichsfelder Heimathefte. H. 2/1982

676 *Barthel, Rolf:* Faschistische Verbrechen in Niederorschel und Mühlhausen 1944/45. In: Eichsfelder Heimathefte. H. 2/ 1985

677 *Barthel, Rolf:* Juden in Rüdigershagen. In: Eichsfelder Heimathefte. H. 1/1988

678 *Barthel, Rolf:* Juden in Nordhausen und Duderstadt. In: Eichsfelder Heimathefte. H. 2/1988

679 *Barthel, Rolf:* Juden in Heiligenstadt und Mühlhausen. In: Eichsfelder Heimathefte. H. 3/ 1988 , H. 1/1989

680 *Honigmann, Peter:* Judaica in der Bibliothek Alexander von Humboldts. In: Marginalien. H. 86/1982

681 *Kirchner, Renate:* Bibliotheca Judaica 1977 – 1988. Beginn – Verlauf – Bilanz. In: der bibliothekar. H. 12/1988

682 *Nachrichtenblatt der Jüdischen Gemeinde von Groß-Berlin und des Verbandes der Jüdischen Gemeinden in der DDR.* 1953-1990. Vierteljahresschrift. Name ab 1982: Nachrichtenblatt des Verbandes der Jüdischen Gemeinden in der DDR. Dresden: Redaktionskollegium des NB

IV. 2. 1 Romane – Erzählungen – Novellen

683 *Becher, Johannes R.:* Abschied. Roman. Berlin: Aufbau-Verl., 1945. 429 S., 5. Aufl. 1959

684 *Bergman, Ingmar:* Das Schlangenei. Filmerzählung. Aus d. Schwed. Rostock: Hinstorff Verl., 1979. 108 S.

685 *Bloch, Jean Richard:* … & Co. Aus d. Franz. Berlin: Volk u. Welt, 1963. 414 S.

686 *Droste-Hülshoff, Annette von:* Die Judenbuche. Ein Sittengemälde aus d. gebirgichten Westfalen. Leipzig: Reclam, 1948. 76 S. (RUB; 1858), Neudr.: 1950, 1952. Andere Ausg.: Leipzig: Insel-Verl., 1958. 75 S. (Insel-Bücherei; 271); Berlin: Verl. d. Nation, 1955. 172 S.; Mit Holzstichen v. Heiner Vogel. Berlin: Union Verl., 1964. 89 S.; Die Judenbuche. Bilder aus Westfalen. Ill. v. Erika Müller-Röhl. Rudolstadt: Greifenverl, 1978. 119 S. Neuausg.: 1986.

687 *Fährmann, Willi:* Es geschah im Nachbarhaus. Berlin: Neues Leben, 1984. 194 S.

688 *Feuchtwanger, Lion:* Jud Süß. Rudolstadt: Greifenverl., 1954. 500 S. Andere Ausg.: Berlin: Aufbau-Verl., 1984. 475 S; Die hässliche Herzogin Margarete Maultasch. Jud Süß. 2 Romane. 1959. 782 S., 2. Aufl. 1965

689 *Feuchtwanger, Lion:* Die Jüdin von Toledo. Berlin: Aufbau-Verl. 1955. 476 S. Taschenbuchausg.: 1979. 441 S. Andere Ausg.: Rudolstadt: Greifenverl. 1960. 514 S. Die Jüdin von Toledo. Jefta und seine Tochter. 2 Romane. Berlin: Aufbau-Verl. 1962. 730 S. (Ges. Werke in Einzelausg.; Bd. 9), 6. Aufl. 1984; Berlin: Buchclub 65, 1977. 733 S.

690 *Härtling, Peter:* Waiblingers Augen. Roman. Berlin; Weimar: Aufbau-Verl., 1988. 191 S. (Edition Neue Texte)

691 *Hermann, Georg:* Jettchen Gebert. Berlin: Das Neue Berlin, 1954. 461 S., 3. Aufl. 1985

692 *Hermann, Georg:* Henriette Jacoby. Berlin: Das Neue Berlin, 1956. 359 S., 3. Aufl. 1986

693 *Hirsch, Karl Jakob:* Kaiserwetter. Roman. Berlin: Aufbau-Verl., 1976. 276 S. (bb; 339)

694 *Kaplicky, Vaclav:* Zu Recht befunden. Die Geschichte von d. Mädchen Rosina … Aus d. Tschech. Zeichn. v. Johannes Richter. Berlin: Union Verl., 1974. 262 S.

695 *Kompert, Leopold:* Christian und Lea. Erzählungen. Berlin: Buchverl. Der Morgen, 1964. 428 S.

696 *Lask, Berta:* Stille und Sturm. Roman. Hrsg. u. bearb. v. Mira Lask. Halle/Saale: Mitteldt. Verl., 1975. 366 S.

697 *Lewald, Fanny:* Jenny. Histor. Roman. Berlin: Buchverl. Der Morgen, 1967. 326 S.

698 *Meyrink, Gustav:* Der Golem. Roman. Ill. v. Hugo Steiner-Prag. Leipzig; Weimar: Kiepenheuer Verl., 1983. 336 S.

699 *Pap, Károly:* Azarel. Roman. Aus d. Ungar. Berlin: Union Verl., 1981. 214 S.

700 *Reymont, Wadyslaw Stanislaw:* Das gelobte Land. Aus d. Poln. Neu durchges. Ausg. erg. v. Sigrid Moser. Nachw. v. Ulrike Herbst. Leipzig: Dieterich, 1984. Bd. 1-2 (Sammlung Dieterich; 403): 1. 387 S.; 2. 370 S.

701 *Roth, Joseph:* Der Leviathan. Erzählungen, Erzählfragmente, Kleine Prosa. Berlin; Weimar: Aufbau-Verl., 1979. 658 S.

702 *Roth, Joseph:* Radetzkymarsch. Roman. Berlin;Weimar: Aufbau-Verl., 1957. 393 S., 2. Aufl. 1964. Andere Ausg.: Berlin: Volk u. Welt, 1984. 457 S. (ex libris)

703 *Schwede, Alfred Otto:* Die Väter aßen saure Trauben. Berlin: Evangel. Verlagsanst., 1969. 421 S.

704 *Sobol, Andrej:* Die Fürstin. Geschichten von Liebe u. Verrat. Hrsg. u. mit e. Nachw. v. Fritz Mierau. Aus d. Russ. Berlin: Buchverl. Der Morgen, 1989 S. 326 S.

705 *Solmssen, Arthur R. G.:* Berliner Reigen. Aus d. Amerikan. Berlin; Weimar: Aufbau-Verl., 1984. 435 S. (bb; 534)

706 *Stifter, Adalbert:* Abdias. Erzählung. Leipzig: Insel-Verl., 1959. 110 S. (Insel-Bücherei; 684)

707 *Stryjkowski, Julian:* Der Fremde aus Narbonne. Histor. Roman. Aus d. Poln. Berlin: Volk u. Welt, 1983. 427 S.

708 *Szczypiorski, Andrzej:* Eine Messe für die Stadt Arras. Roman. Aus d. Poln. Berlin: Evangel. Verlagsanst., 1979. 190 S.

709 *Wassermann, Jakob:* Donna Johanna von Castilien. Histor. Erzählungen. Berlin: Verl. d. Nation, 1988. 399 S.

710 *Wassermann, Jakob:* Der Fall Maurizius. Roman. Berlin: Rütten & Loening, 1976. 487 S.

711 Zinner, Hedda: Fini. Berlin: Buchverl. Der Morgen, 1973. 578 S. (Ahnen und Erben; Bd. 3), 5. Aufl. 1980. Neuausg.: 1. Aufl. 1983. 506 S. (Ausgew. Werke in Einzelausg.), 2. Aufl. 1989

712 Zinner, Hedda: Regina. Roman. Berlin: Buchverl. Der Morgen, 1968. 572 S. (Ahnen und Erben; Bd. 1), 7. Aufl. 1978; Neuausg.: 1. Aufl. 1982. 499 S. (Ausgew. Werke in Einzelausg.), 2. Aufl. 1985

713 Zinner, Hedda: Die Schwestern. Berlin: Buchverl. Der Morgen, 1970. 623 S. (Ahnen und Erben; Bd. 2), 6. Aufl. 1979. Neuausg.: 1. Aufl. 1983. 523 S. (Ausgew. Werke in Einzelausg.), 2. Aufl. 1988

714 Zweig, Arnold: Ein bisschen Blut. Erzählungen. Federzeichn. v. Erhard Grüttner. Berlin; Weimar: Aufbau-Verl., 1987. 444 S.

715 Zweig, Arnold: Was der Mensch braucht. Erzählungen. Mit e. Nachwort d. Autors. Leipzig: Reclam, 1967. 565 S. (RUB; 377), 2. Aufl. 1987. 489 S.

716 Zweig, Arnold: Die Zeit ist reif. Berlin: Aufbau-Verl., 1957. 599 S., 8. Aufl. 1970. 661 S. (Hinweis: Dieser Roman leitet den Zyklus »Der große Krieg der weißen Männer« ein. Die dazu gehörigen Titel stehen deshalb nicht im Alphabet, sondern in der von Zweig beabsichtigten Reihenfolge)

717 Zweig, Arnold: Junge Frau von 1914. Berlin: Aufbau-Verl., 1949. 355 S., 17. Aufl. 1987. 367 S. Taschenbuchausg.: 1962. 367 S. Andere Ausg.: Berlin: Verl. d. Nation, 1952. 257 S.; Berlin: Buchclub 65, 1967. 346 S.

718 Zweig, Arnold: Erziehung vor Verdun. Berlin: Aufbau-Verl., 1951. 561 S., 17. Aufl. 1987. 519 S. Andere Ausg.: Leipzig: Reclam, 1969. 521 S. (RUB; 467), 7. Aufl. 1988. 450 S.; Berlin: Buchclub 65, 1969. 501 S.

719 Zweig, Arnold: Feuerpause. Berlin: Aufbau-Verl., 1954. 428 S., 5. Aufl. 1963. 437 S.

720 Zweig, Arnold: Einsetzung eines Königs. Berlin: Aufbau-Verl., 1950. 472 S., 10. Aufl. 1984. 371 S.

721 Zweig, Arnold: Streit um den Sergeanten Grischa. Berlin: Aufbau-Verl., 1949. 470 S., 18. Aufl. 1987. 484 S. Andere Ausg.: Berlin: Verl. Volk u. Wissen, 1950. 503 S.; Leipzig: Reclam 1955. 472 S. (RUB; 8140/44), 18. Aufl. 1988.

430 S. (RUB; 222); Berlin: Verl. Kultur u. Fortschritt, 1960. 458 S.

722 *Zweig, Stefan:* Buchmendel. Novellen. Leipzig: Insel-Verl., 1976. 181 S. (Insel-Bücherei; 408). Andere Ausg.: Leipzig: Offizin Andersen Nexö, 1986. 73 S.

723 *Zweig, Stefan:* Novellen. Berlin; Weimar: Aufbau-Verl., 1966. 285 S.

724 *Zweig, Stefan:* Die unsichtbare Sammlung. Novellen. Leipzig: Reclam, 1964. 164 S. (RUB; 167), 4. Aufl. 1988. 138 S.

IV. 2. 2 Legenden – Märchen – Gedichte – Kinderbücher

725 *Der Born Judas.* Legenden, Märchen, Erzählungen. Ges. v. Micha Josef bin Gorion. Neu hrsg. v. Emanuel bin Gorion. Leipzig: Insel-Verl., 1978. Bd. 1-2: 1. 794 S., 2. 641 S.

726 *Cibula, Václav:* Prager Sagen. Aus d. Tschech. v. Gustav Just. Ill. v. Gerhard Rappus. Berlin: Rütten & Loening, 1982. 376 S., 2. Aufl. 1985

727 *Fuchs, Rudolf:* Die Prager Apasteluhr. Gedichte, Prosa, Briefe. Halle; Leipzig: Mitteldt. Verl., 1985. 478 S.

728 *Gloger, Gotthold:* Der Bauernbacher Bauernschmaus. Ill. v. Albrecht v. Bodecker. Berlin: Der Kinderbuchverl., 1963. 139 S.

729 *Grasnick, Ulrich:* Hungrig von Träumen. Gedichte. Mit 17 Reprod. nach Farblithogr. v. Marc Chagall. Berlin: Verl. d. Nation, 1990. 93 S.

730 *Heine, Heinrich:* Der Rabbi von Bacherach. Ein Fragment. Mit Lithogr. von Max Liebermann u. e. Nachw. v. Gotthard Erler. Berlin; Weimar: Aufbau-Verl., 1971. 101 S. Andere Ausg.: Hrsg. v. Hans Marquardt. Mit 11 Farblithogr. v. El Lissitzky zum »Chad Gadya«. Berlin: Buchverl. Der Morgen, 1978. 69 S.

731 *Ish-Kishor:* Ein Junge aus dem alten Prag. Aus d. Amerikan. Ill. v. Sulamith Ben Shahn. Leipzig: St. Benno-Verl., 1971. 107 S.

732 *Lessing, Gotthold Ephraim:* Nathan der Weise. Ein dramatisches Gedicht in 5 Aufz. Leipzig: Reclam, 1946. 128 S.

(RUB; 3), 38. Aufl. 1989. 151 S.
Andere Ausg.: Berlin; Leipzig: Verl. Volk u. Wissen.
1946. 132 S., 13. Aufl. 1962. 128 S. ; Berlin: Aufbau-
Verl., 1947. 234 S.; Neuaufl.: Lessings Werke (in 5 Bdn).
Bd. 2: Nathan der Weise. Theologische und philosophische Schriften. Weimar: Volksverl.; Berlin: Aufbau-Verl.,
1959. 346 S., 10. Aufl. 1988. 361 S.; Mit 15 Kreidezeichn. v. Anatoli L. Kaplan. Leipzig: Insel-Verl.; Anton
Kippenberg, 1978. 152 S.

733 Pavlát, Leo: Jüdische Märchen. Aus d. Tschech. Ill. v. Jiri
Behounek. Prag: Artia, 1985. 211 S.

734 Petiska, Eduard: Der Golem. Jüd. Märchen u. Legenden
aus d. alten Prag. Aus d. Tschech. Ill. v. Horst Hussel. Berlin: Union Verl., 1972. 225 S., 5. Aufl. 1979

735 Rennert, Jürgen: Märkische Depechen. Gedichte. Nachw.
v. Armin Zeißler. Ill. v. Hannelore Teutsch. Berlin: Union
Verl., 1976. 127 S. (Darin: Altstädter Memorial: Altneu-
Schul, Alter jüdischer Friedhof, Rabbi Löw u. a.)

736 Die Sagen der Juden. Ges. v. Micha Josef bin Gorion. Neu
hrsg. v. Emanuel bin Gorion. Leipzig: Insel-Verl., 1978.
789 S.

V. Die Welt der Ostjuden

V. 1 Sachliteratur

737 Bugajenko, Jewgeni: Am Ufer des Amur. 50 Jahre Jüdisches
Autonomes Gebiet. Aus d. Russ. Moskau: APN-Verl.,
1984. 76 S.

738 Bugajenko, Jewgeni: Meine Bekannten aus Birobidshan.
Aus d. Russ. Moskau: APN-Verl., 1975. 77 S.

739 Juden in der Sowjetunion. Mythen u. Wirklichkeit. Moskau: APN-Verl., 1970. 53 S.

740 Krajewska, Monika: Zeit der Steine. (Jüd. Friedhöfe in
Polen). Einf. v. Anna Amienska. Aus d. Poln. v. Karin
Wolff. Warschau: Interpress, 1982. 165 S. (Bildband)

741 Lötzsch, Ronald; Jiddisches Wörterbuch. Leipzig: Biblio-
graph. Institut, 1990. 204 S.

742 *Polnische Juden – Geschichte und Kultur.* Autorenkoll.:
Marian Fuks u. a. Aus d. Poln. Warschau: Interpress, 1983.
204 S., 131 Abb.

743 *Ruchadse, Awtandil:* Die Juden in der UdSSR. Zahlen,
Fakten, Kommentare. Aus d. Russ. Moskau: APN-Verl.,
1978. 59 S.

744 *Simon, Bettina:* Jiddische Sprachgeschichte. Versuch e.
neuen Grundlegung. Leipzig: Verl. Enzyklopädie, 1988.
227 S. (Linguistische Studien)

V. 1. 1 Periodika

745 *Kirchner, Renate:* Jiddische Literatur – ihre Geschichte und
ihre Hauptvertreter. Unter besonderer Berücksichtigung
der in d. DDR erschienenen Titel. In: der bibliothekar. H.
5/1976 (338-343)

V. 2 Erzählende Literatur
V. 2. 1 Romane – Erzählungen – Novellen

746 *Babel. Isaak:* Prosa. Aus d. Russ. Berlin: Volk u. Welt,
1983. 606 S.

747 *Babel, Isaak:* Die Reiterarmee und andere Erzählungen.
Aus d. Russ. Berlin: Verl. Kultur u. Fortschritt, 1964,
318 S., 3. Aufl. 1966. Andere Ausg.: Die Reiterarmee. Mit
Dok. u. Aufs. im Anh. Leipzig: Reclam, 1968, 366 S.
(RUB; 362), 2., veränd. Aufl. 1975; Berlin: Verl. d.
Nation, 1980. 229 S.

748 *Burg, Josef:* Ein Gesang über allen Gesängen. Erzählungen
u. Skizzen. Aus d. Jidd. v. Beate Petras u. Jürgen Rennert.
Leipzig: St. Benno-Verl., 1988. 184 S.

749 *Chagall, Bella:* Erste Begegnung. Erzählungen. Aus d. Jidd.
Zeichn. v. Marc Chagall. Berlin: Volk u. Welt, 1976.
261 S., 3. Aufl. 1983

750 *Ehrenburg, Ilja:* Das bewegte Leben des Lasik Roit-
schwantz. Aus d. Russ. Berlin: Volk u. Welt, 1985. 285 S.

751 *Franzos, Karl Emil:* Der Bart des Abraham Weinkäfer. Erzählungen. Leipzig: Reclam, 1964. 149 S. (RUB; 183) 2. Aufl. 1977. 132 S.

752 *Franzos, Karl Emil:* Galizische Erzählungen. Berlin: Aufbau-Verl., 1980. 268 S. (bb; 449)

753 *Franzos Karl Emil:* Judith Trachtenberg. Erzählung. Berlin: Volk u. Welt, 1975. 93 S. (Roman-Zeitung; 309). Andere Ausg.: Ill. v. Rosemarie Heinze. Berlin: Verl. d. Nation, 1987. 246 S.

754 *Franzos, Karl Emil:* Moschko von Parma. 3 Erz. Berlin: Rütten & Loening, 1972. 572 S.

755 *Franzos, Karl Emil:* Nach dem höheren Gesetz. Berlin: Evangel. Verlagsanst. 1974. 38 S.

756 *Franzos, Karl Emil:* Der Pojaz. Komödiantenroman. Berlin: Henschelverl., 1949. 543 S., 6. Aufl. 1967. 454 S.

757 *Franzos, Karl Emil:* Vom Don zur Donau. Ausgew. Kulturbilder. Berlin: Rütten & Loening, 1970. 435 S.

758 *Franzos, Karl Emil:* Der wilde Starost und die schöne Jütta. Novellen um Liebe u. Ehe. Ill. v. Wolfgang Würfel. Berlin: Verl. d. Nation, 1964. 569 S., 3. Aufl. 1972. 414 S.

759 *Granach, Alexander:* Da geht ein Mensch. Autobiogr. Roman. Weimar: Gustav Kiepenheuer Verl., 1949. 375 S., 3 Abb., 4. Aufl. 1976. 332 S. Andere Ausg.: Berlin: Henschelverl., 1965. 175 S.

760 *Halpern, Ber:* Ein Dreier zum Sabbat. Ostjüd. Geschichten. Aus dem Jidd. Nachw. v. Jürgen Rennert. Leipzig: St. Benno-Verl., 1988. 159 S.

761 *Die Heimfahrt des Rabbi Chanina und andere Erzählungen und Geschichten.* Aus d. Jidd. Hrsg. v. Rudolf Hirsch. Ill. v. Hermann Naumann. Berlin: Union Verl., 1962. 247 S., 2. Aufl. 1964

762 *Kalinowskaja, Dinah:* Oh, dieser Samstag. Aus d. Russ. Berlin; Weimar: Aufbau-Verl., 1986. 169 S. (bb; 578)

763 *Kanowitsch, Grigori:* Kerzen im Wind. Roman. Aus d. Russ. Berlin; Weimar: Aufbau-Verl., 1984. 635 S.

764 *Kanowitsch, Grigori:* Sklaven winkt kein Paradies. Histor. Roman. Aus d. Russ. Berlin: Volk u. Welt, 1987. 338 S.

765 *Kanowitsch, Grigori:* Tränen und Gebete der Einfältigen. Aus d. Russ. Berlin: Volk u. Welt, 1985, 338 S.

766 *Kulbak, Moische:* Die Selmenianer. Kurzroman. Nachw. v. Jutta Janke. Aus d. Jidd. Berlin: Volk u. Welt, 1973. 151 S. (Spektrum; 59)

767 *Malamud, Bernard:* Der Fixer. Aus d. Amerikan. Berlin: Volk u. Welt, 1971. 350 S., 3. Aufl. 1983. 438 S. (ex libris) 4. Aufl. 1989. 358 S.

768 *Manger, Itzig:* Das Buch vom Paradies. Aus d. Jidd. Ill. v. Marianne Schäfer. Berlin: Volk und Welt, 1971. 262 S. 2. Aufl. 1982. 246 S

769 *Mendele Mojcher Sforim:* Fischke der Lahme. Bettlerroman. Aus d. Jidd. v. Hubert Witt. Mit 26 Lithogr. v. Anatoli L. Kaplan. Leipzig: Reclam, 1978. 174 S.

770 *Mendele Mojcher Sforim/Scholem Alechem/Perez, Jizchok Leib:* Des Rebben Pfeifenrohr. Humorist. Erzählungen aus d. Jidd. Zsgest. u. mit e. Nachw. v. Ingetraud Skirecki. Mit 33 farb. Reprod. nach Pastellen, Guachen u. Ölbildern v. Anatoli L. Kaplan. Berlin: Eulenspiegel Verl., 1983. 143 S.

771 *Perez, Izchok Leib:* Baal Schem als Ehestifter und andere Erzählungen. Aus d. Jidd. Ill. v. Anatoli L. Kaplan. Berlin: Volk u. Welt, 1969. 317 S.

772 *Perez, Izchok Leib/Scholem Alejchem:* Ein Zwiegespräch. Erzählungen. Aus d. Jidd. Leipzig: Dieterich, 1981. 288 S. (Sammlung Dieterich; 398)

773 *Rasumny, Mark:* Auch im Herbst blühen die Bäume. Ein Tag- und Nacht-Buch. Hrsg., aus d. Jidd u. mit e. Nachw. v. Jürgen Rennert. Berlin: Union Verl., 1979. 200 S.

774 *Rasumny, Mark:* Eine Welt voller Wunder. Aus d. Jidd. u. mit e. Nachw. v. Jürgen Rennert. Leipzig: St. Benno-Verl., 1985. 147 S.

775 *Roth, Joseph:* Das falsche Gewicht und andere Erzählungen. Ill. v. Gerhard Oschatz. Berlin: Verl. d. Nation, 1984. 287 S. Andere Ausg.: Das falsche Gewicht. 3 Erz. Berlin; Weimar: Aufbau-Verl., 1987. 180 S.

776 *Roth, Joseph:* Hiob. Roman e. einfachen Mannes. Leipzig: St. Benno-Verl., 1967. 181 S. Andere Ausg.: Mit 32 Kreidezeichn. v. Hans Fronius. Berlin; Weimar: Aufbau-Verl., 1986. 201 S.

777 *Roth, Joseph:* Die Kapuzinergruft. Roman. Berlin: Verl. d. Nation, 1984. 190 S., 2. Aufl. 1990. Andere Ausg.: Die

Kapuzinergruft. Romane aus d. Exilzeit. Berlin; Weimar: Aufbau-Verl., 1990. 808 S.

778 *Roth, Joseph:* Orte. Ausgew. Texte. Hrsg. v. Heinz Czechowski. Leipzig: Reclam, 1990. 291 S. (RUB; 1335)

779 *Roth, Joseph:* Perlefter. Fragmente u. Feuilletons aus d. Berliner Nachlass. Leipzig; Weimar: Gustav Kiepenheuer, 1978. 260 S., 3. Aufl. 1987. 265 S.

780 *Roth, Joseph:* Die Rebellion. Frühe Romane. Berlin; Weimar: Aufbau-Verl., 1984. 701 S.

781 *Sacher-Masoch, Leopold:* Der Judenraphael. Geschichten aus Galizien. Hrsg. v. Adolf Opel. Berlin: Volk u. Welt, 1989. 495 S. (Österreichische Bibliothek)

782 *Scheer, Eva:* Bei uns im Stetl. Geschichten aus ostjüd. Vergangenheit. Aus d. Norweg. u. mit e. Nachw. v. Alfred Otto Schwede. Berlin: Evangel. Verlagsanst., 1987. 351 S.

783 *Scholem Alejchem:* Der behexte Schneider. Aus d. Jidd. Mit 26 Farblithogr. v. Anatoli L. Kaplan. Berlin: Volk u. Welt, 1969. 125 S.

784 *Scholem Alejchem:* Der Fortschritt in Kasrilewke und andere alte Geschichten aus neuerer Zeit. Ausgew. v. Jürgen Rennert. Aus d. Jidd. v. A. Jendrusch. Mit 26 Ill. v. Anatoli L. Kaplan. Berlin: Buchverl. Der Morgen, 1990. 209 S.

785 *Scholem Alejchem:* Die Geschichten Tewjes, des Milchhändlers. Aus d. Jidd. v. Alexander Eliasberg. Berlin: Volk u. Welt, 1955. 188 S., 2. Aufl. unter d. Titel: Die Geschichte von Tewje, dem Milchhändler. 1977. 239 S. (ex libris). Andere Ausg.: Tewje, der Milchmann. Ill. v. Anatoli L. Kaplan. Dresden: Verl. der Kunst, 1967. 165 S. Tewje, der Milchmann. Hrsg. v. Hans Marquardt. Lithogr. v. Anatoli L. Kaplan. Leipzig: Reclam, 1984. 187 S.

786 *Scholem Alejchem:* Schir-ha-Schirim. Lied der Lieder. Hrsg. u. mit e. Nachw. v. Hans Marquardt. Aus dem Jidd. u. mit Anmerk. v. Jürgen Rennert. Mit 7 Reprod. nach Farblithogr. v. Anatoli L. Kaplan. Berlin: Buchverl. Der Morgen, 1981. 95 S.

787 *Scholem Alejchem:* Der Sohn des Kantors. Roman. Aus d. Jidd. Ill. v. Horst Hussel. Berlin: Volk u. Welt, 1965. 421 S., 2. Aufl. 1966

788 *Scholem Alejchem:* Stempenju. Roman. Aus d. Jidd. Nachw. v. Hubert Witt. Mit 28 Lithogr. v. Anatoli L. Kaplan. Leipzig: Reclam, 1989. 141 S.

789 *Schulz, Bruno:* Zimtläden und andere Erzählungen. Nachw. v. Jutta Janke. Aus d. Poln. Berlin: Volk u. Welt, 1970. 256 S., 36 Bl. als Beil. im Schuber (Fotos/Zeichn.) 2. Aufl. 1982. 272 S. (ex libris)

790 *Singer, Isaac Bashevis:* Das Erbe. Aus d. Amerikan. Berlin: Volk u. Welt, 1983, 385 S.

791 *Singer, Isaac Bashevis:* Der Fatalist. Erzählungen. Aus d. Engl. u. Jidd. Hrsg. u. kommentiert v. Jürgen Rennert. Leipzig: Reclam, 1980. 326 S.

792 *Singer, Isaac Bashevis:* Die Gefilde des Himmels. Eine Geschichte des Baalschem Tow. Aus d. Amerikan. Berlin: Evangel. Verlagsanst., 1985. 81 S.

793 *Singer, Isaac Bashevis:* Jakob der Knecht. Roman. Aus d. Amerikan. Berlin: Evangel. Verlagsanst., 1987. 274 S.

794 *Singer, Isaac Bashevis:* Das Landgut. Aus d. Amerikan. Berlin: Volk u. Welt, 1981. 471 S.

795 *Singer, Isaac Bashevis:* Satan in Goraj. Roman. Aus d. Amerikan. Berlin: Volk u. Welt, 1980. 187 S. (Spektrum; 139)

796 *Singer, Isaac Bashevis:* Der Spinoza von der Marktstraße. Ausgew. Erzählungen. Aus d. Amerikan. Leipzig: Insel-Verl., 1982. 148 S. (Insel-Bücherei; 1023)

797 *Stryjkowski, Julian:* Asriels Traum. Roman. Aus d. Poln. Berlin: Evangel. Verlagsanst., 1981. 160 S.

798 *Stryjkowski, Julian:* Die Osteria. Roman. Aus d. Poln. Berlin: Volk u. Welt, 1969. 242 S.

799 *Strzemski, Michal:* Das abgebrochene Gespräch. Aus d. Poln. u. hrsg. v. Stefan Schreiner. Leipzig: Reclam, 1985. 169 S. (RUB; 1097)

800 *Tschechow, Anton:* Rothschilds Geige. Erzählungen. Aus d. Russ.. Leipzig; Weimar: Gustav Kiepenheuer, 1989. 134 S.

801 *Das verzauberte Pferd.* Erzählungen aus d. Welt des Chassidismus. Ausgew., mit e. Einl. u. erl. v. Ludwig Wächter. Aus d. Jidd. v. Alexander Eliasberg u. Matthias Acher. Leipzig: Köhler & Amelang, 1988. 158 S.

V. 2. 2 Gedichte – Lieder

802 Es brennt, Brüder, es brennt. Jiddische Lieder. Hrsg. v. Lin Jaldati u. Eberhard Rebling. Deutsche Texte: Heinz Kahlau. Mit e. Notenanh. Berlin: Rütten & Loening, 1966. 251 S., 2. Aufl. 1969. Neuaufl.: Nachdichtung v. Heinz Kahlau. Mit e. Frontispiz u. 7 Fotos v. Barbara Meffert. 1985. 309 S.

803 Der Fiedler vom Getto. Jiddische Dichtung aus Polen. Einl. v. Bernard Mark. Aus d. Jidd. u. ausgew. v. Hubert Witt. Leipzig: Reclam. 1966. 268 S. (RUB; 195), 2. Aufl.: Jiddische Gedichte aus Polen. 1978. 270 S., 4. Aufl. 1985

804 Grasnick, Ulrich: Liebespaar über der Stadt. Gedichte zu Bildern v. Marc Chagall. 4 Reprod. v. farbigen Lithogr. Berlin: Verl. d. Nation, 1979. 59 S.

805 Itzig Manger. Ausgew. u. aus d. Jidd. v. Hubert Witt. Berlin: Verl. Neues Leben, 1984. 31 S. (Poesiealbum; 205)

806 Jiddische Volkslieder. Berufs- und Ständelieder. Für Singstimme mit Klavier oder Gitarre eingerichtet v. Andre Asriel. Jiddisch/Deutsch. Dt. Nachdichtung u. phonet. Transkription v. Werner Günzerodt. Berlin: Verl. Neue Musik, 1978. 40 S.

807 Jiddische Volkslieder. Kinder- und Wiegenlieder. Für Singstimme mit Klavier oder Gitarre eingerichtet v. Andre Asriel. Jiddisch/Deutsch. Dt. Nachdichtung u. phonet. Transkription v. Werner Günzerodt. Berlin: Verl. Neue Musik, 1981. 32 S.

808 Jiddische Volkslieder. Liebeslieder. Für Singstimme mit Klavier oder Gitarre eingerichtet v. Andre Asriel. Jiddisch/Deutsch. Dt. Nachdicht. u. phonet. Transkription v. Werner Günzerodt. Berlin: Verl. Neue Musik, 1978. 36 S.

809 Mandelstam, Ossip: Hufeisenfinder. Hrsg. v. Fritz Mierau. Russisch/Deutsch. Nachgedichtet v. Paul Celan u. a. Leipzig: Reclam, 1975. 269 S. (RUB; 612), 4. Aufl. 1987. 199 S.

810 Meine jüdischen Augen. Jiddische Dichtung aus Polen. Übertragen u. zsgest. v. Hubert Witt. Grafischer Zyklus (Punzenstiche) v. Hermann Naumann. Leipzig: Reclam, 1969. 132 S. (Einmalige bibliophile Ausg. in 1000 num. Expl.)

811 *Wergelis, Aron*: Komm in meine Welt ... Jiddische Lyrik.
Hrsg. u. nachgedichtet v. Werner Günzerodt. Mit Orig.-
Lithogr. v. Andreas Weißgerber. Leipzig: Hochschule für
Grafik u. Buchkunst, 1979. 63 S.

812 *Zinner, Hedda*: Glas und Spiegel. Fabeln, Lieder und
Gedichte. Nachdichtungen. Aus d. Russ. u. Jidd. Hrsg v.
Eckhard Petersohn. Mit 9 Reprod. nach Federzeichn. v.
Heidrun Hegewald. Berlin: Buchverl. Der Morgen, 1985.
123 S.

813 *Zychlinski, Rajzel*: Vogelbrot. Gedichte aus 5 Jahrzehnten.
Aus d. Jidd. u. ausgew. v. Hubert Witt. Leipzig: Insel-Verl.,
1981. 161 S. (Insel-Bücherei; 1044)

V. 2. 3 Sprichwörter – Witze – Anekdoten

814 *Die ganze Welt steht auf der spitzen Zunge.* Jüdische Sprichwörter. Aus d. Jidd., hrsg. u. mit e. Vorw. v. Volker Dietzel.
Leipzig; Weimar: Gustav Kiepenheuer Verl. , 1987. 159 S.

815 *Horacy, Safrin:* Aj, wie klug war unser Rebbe. Jüdische
Witze u. Anekdoten. Aus d. Poln. v. Kurt Kelm. Berlin:
Eulenspiegel Verl., 1990. 173 S.

816 *Ostjüdische Legenden.* Aus d. Jidd. Mit 55 Pastellen v. Anatoli
L. Kaplan. Leipzig: Gustav Kiepenheuer Verl., 1984. 135 S.

817 *Von armen Schnorrern und weisen Rabbis.* Witze, Anekdoten u. Sprüche. Hrsg. u. mit e. Nachw. v. Jutta Janke. Aus
d. Jidd. u. Poln. Berlin: Volk u. Welt, 1975. 223 S.
(Bibliophile Ausg. im Ledereinband), 3. Aufl. 1978
Neudr.: Erw. Aufl. d. bibliophilen Ausg. 1981. 186 S.,
3. Aufl. 1986

V. 2. 4 Kinderbücher

818 *Die Legende vom Zicklein.* Hrsg. v. Hans Marquardt. Bilder
v. Anatoli L. Kaplan. Berlin: Der Kinderbuchverl.; Edition
Holz, 1981. 29 S.

819 *Scholem Alejchem:* Methusalem. Die Geschichte e. Pferdes.
Aus d. Jidd. Reprod. nach Kaltnadelradierungen v. Regine
Grube-Heinecke. Berlin: Altberliner Verl., 1988. 44 S.,
2. Aufl. 1989

820 *Singer, Isaac Beshevis:* Zlateh die Geiß und andere Geschichten. Aus d. Jidd. Zeichn. v. Maurice Sendak. Berlin:
Altberliner Verl. Lucie Groszer, 1971. 94 S.

821 *Suhl, Yuri:* Die Purimziege. Aus d. Amerikan. Ill. v. Christa
Jahr. Berlin: Der Kinderbuchverl., 1983. 63 S.

VI. Palästina – Israel – Naher Osten

VI. 1 Sachliteratur

822 *Agaryschew, Anatoli:* Von der Geschichte zum Scheitern
verurteilt. Israel paktiert mit Rassisten u. reaktionären
Regimes. Aus d. Russ. Moskau: APN-Verl., 1985. 75 S.

823 *Bathke, Peter/Kulow, Karin:* Israel. Kriegspolitik. Anti-
kriegsbewegung. Berlin: Dietz Verl., 1985. 80 S.

824 *Bathke, Peter/Kulow, Karin:* Naher und Mittlerer Osten.
Hoffnung auf Frieden? Berlin: Dietz Verl., 1989. 80 S.

825 *Bathke, Peter/Fuchs, Karin:* Nahost. Fortschritts- u. Friedenskräfte gegen imperialistische Konfrontationspolitik.
Berlin: Dietz Verl., 1983. 79 S.

826 *Freud, Tom:* ZAHAL – Report. Geist u. Moral der israelischen Armee. Berlin: Militärverl. d. DDR, 1986. 239 S.,
61 Abb., 2. verb. Aufl. 1988

827 *Goldberg, Jakob:* Der Nahost-Konflikt. Frankfurt/M.: Verl.
Marxistische Blätter, 1972. 122 S. (Marxistische Taschenbücher »Marxismus aktuell«; 44)

828 *Jacobs, Peter:* Der Aufstand der Steine. Yasser Arafat, die
PLO u. Palästina. Berlin: Verl. Neues Leben, 1989. 190 S.

829 *Jacobs, Peter:* Wo liegt Palästina? Ein Volk sucht den Weg in
seine Heimat. Fotos v. Thomas Billhardt. Leipzig: Brockhaus Verl., 1984. 143 S.

830 *Jörgensen, Arne:* Israel intern. Berlin: Militärverl. d. DDR,
1984. 395 S. (Ereignisse, Tatsachen, Zusammenhänge) 3.
Aufl. 1989

831 *Kulow, Karin:* Libanon heute. Berlin: Dietz Verl., 1987.
80 S.

832 *Lebrecht, Hans:* Die Palästinenser. Die geschichtliche Entwicklung d. Palästinafrage. Frankfurt/M.: Verl. Marxisti-

sche Blätter, 1982. 272 S., Abb., Kt. Andere Ausg.: Die Palästinenser. Geschichte u. Gegenwart. Berlin: Dietz Verl., 1984. 342 S., 24 Abb., Kt.

833 *Mardek, Helmut:* Der Nahostkonflikt – Ursachen und Lösungswege. Berlin: Staatsverl. d. DDR, 1977. 107 S. (blickpunkt weltpolitik)

834 *Der Nahostkonflikt – Gefahr für den Weltfrieden.* Dokumente. Von d. Jahrhundertwende bis zur Gegenwart. Ausgew. u. eingel. v. Helmut Mardek. Mitarb.: Helga Hempel u. Klaus-Friedrich Gloede. Berlin: Staatsverl. d. DDR, 1987. 301 S.

835 *Orient.* Haifa 1942-1943. Hrsg. v. Arnold Zweig u. Wolfgang Yourgrau. Bibliographie e. Zeitschrift. Bearb. v. Volker Riedel. Vorw. v. Rudolf Hirsch. Berlin; Weimar: Aufbau-Verl., 1973. 97 S.

836 *Palästina und der Zionismus.* Autorenkoll.: Heinz Odermann u. a. Berlin: Solidaritätskomitee d. DDR, 1983. 48 S.

837 *Robbe, Martin:* Dschihad »Heiliger Krieg« – Der Islam in Konfliktsituationen der Gegenwart. Berlin: Militärverl. d. DDR, 1989. 205 S.

838 *Robbe, Martin:* Kein Friede in Nahost? Die Araber, ihr Freiheitskampf u. Israel. Berlin: Verl. Neues Leben, 1978. 244 S. (nl-konkret; 33), 2., überarb. u. aktualisierte Aufl. 1982. 205 S.

839 *Robbe, Martin:* Die Palästinenser. Ihr Kampf um nationale Identität u. um Eigenstaatlichkeit. Berlin: Dietz Verl., 1982. 80 S.

840 *Robbe, Martin:* Scheidewege in Nahost. Der Nahostkonflikt in Vergangenheit u. Gegenwart. Berlin: Militärverl. d. DDR, 1982. 552 S., 2., erg. Aufl. 1987. 514 S.

841 *Timm, Angelika/Timm, Klaus:* Westbank und Gaza. Fakten, Zusammenhänge u. Hintergründe israelischer Okkupationspolitik. Berlin: Dietz Verl., 1988. 80 S.

842 *Wolf, Michael:* Zwischen Attentat und UNO. Zur Geschichte d. palästinensischen Widerstandes (1964-1982). Berlin: Militärverl. d. DDR, 1985. 431 S. (Ereignisse, Tatsachen, Zusammenhänge), 2. Aufl. 1989

843 Agnon, Samuel Joseph: Gestern. Vorgestern. Roman. Aus d. Hebr. Berlin: Volk u. Welt, 1982. 759 S.

844 Ben-Gavriel, M. Y.: Die sieben Einfälle der Thamar Dor. Aus d. Hebr. Berlin: Volk u. Welt, 1989. 200 S. (Spektrum; 247)

845 Erkundungen. 20 Erzähler aus Israel. Hrsg. v. Jutta Janke. Aus d. Hebr., Jidd. u. Arab. v. Angelika Timm u. Monika Zenke. Berlin: Volk u. Welt, 1987. 326 S.

846 Jehoschua, Abraham B.: Angesichts der Wälder. Erzählungen. Aus d. Hebr. Berlin: Volk u. Welt, 1984. 205 S. (Spektrum; 191)

847 Jehoschua, Abraham B.: Der Liebhaber. Roman. Aus d. Hebr. Berlin: Volk u. Welt, 1988. 454 S.

848 Jehoschua, Abraham B.: Späte Scheidung. Roman. Aus d. Hebr. Berlin: Volk u. Welt, 1991. 541 S.

849 Kaufmann, Walter: Drei Reisen ins gelobte Land. Zeichn. v. Angelika Brunner. Leipzig: Brockhaus Verl., 1980. 235 S., Abb., 2. Aufl. 1981

850 Kishon, Ephraim: Der Blaumilchkanal. Humoresken u. Satiren. Ausgew. v. Jutta Janke. Aus d. Hebr. v. Friedrich Torberg. Berlin: Volk u. Welt, 1986. 486 S., 3. Aufl. 1990

851 Kishon, Ephraim: … und die beste Ehefrau von allen. Ein satirisches Geständnis. Aus d. Hebr. Berlin: Volk u. Welt, 1983. 181 S. (Spektrum; 173)

852 Kishon, Ephraim: Zieh den Stecker raus, das Wasser kocht. Fernsehspiel. Humoresken. Ausgew. v. Jutta Janke. Aus d. Hebr. Berlin. Volk u. Welt, 1990. 90 S. (Spektrum; 260)

853 Lubitsch, Ruth: Ich kam nach Palästina. Geschichten meines Lebens. Hrsg. u. mit e. Nachw. v. Angelika Timm. Aus d. Hebr. v. Rachel Stillmann. Berlin: Dietz Verl., 1988. 405 S., 39 Abb.

854 Monod, Martine: Israel. Ein Bericht. Aus d. Franz. Berlin: Volk u. Welt, 1969. 104 S.

855 Polkehn, Klaus: Palästina. Reisen im 18. u. 19. Jahrhundert. Berlin: Verl. d. Nation, 1986. 215 S., Abb.

856 Statkowa, Susanne: Begegnungen im Gelobten Land. Berlin: Militärverl. d. DDR., 1987. 46 S.

857 *Villain, Jean:* Junger Mann aus gutem Hause. Roman. Berlin: Verl. d. Nation, 1987. 273 S., 2. Aufl. 1989

858 *Wolf, Michael:* Überfall auf Karamel. Berlin: Verl. Neues Leben, 1977. 204 S. (Neue Edition)

859 *Zweig, Arnold:* De Vriendt kehrt heim. Rudolstadt: Greifenverl., 1956. 324 S. Andere Ausg.: Berlin; Weimar: Aufbau-Verl., 1962. 310 S., 3.Aufl. 1988. 245 S.

VII. Jüdisches Leben in anderen Ländern

VII. 1 Erzählende Literatur

860 *Anderson, Edith:* Leckerbissen für Dr. Faustus. Aus d. Amerikan. Berlin; Weimar: Aufbau-Verl., 1966. 153 S., 3. Aufl. 1980

861 *Arnér, Sivar:* Querbalken. Roman. Aus d. Schwed. Rostock: Hinstorff Verl., 1973. 303 S., 2. Aufl. 1985

862 *Bellow, Saul:* Anderen auf den Schlips treten. Erzählungen. Aus d. Amerikan. Berlin: Volk u. Welt, 1986. 344 S.

863 *Bellow, Saul:* Auf der Suche nach Mr. Green. Kurzgeschichten. Aus d. Amerikan. Berlin: Volk u. Welt, 1978. 190 S., 2. Aufl. 1980

864 *Bellow, Saul:* Das Geschäft des Lebens. Roman. Aus d. Amerikan. Leipzig: Reclam, 1976. 131 S., 2. Aufl. 1979

865 *Bellow, Saul:* Herzog. Roman. Aus d. Amerikan. Berlin: Volk u. Welt, 1975. 516 S., 3. Aufl. 1988

866 *Bellow, Saul:* Mr. Sammlers Planet. Roman. Aus d. Amerikan. Berlin: Volk u. Welt, 1989. 311 S.

867 *Bellow, Saul:* Eine silberne Schale. Aus dem Amerikan. Leipzig: Insel-Verl., 1983. 58 S. (Insel-Bücherei; 1059)

868 *Fast, Howard:* Max. Roman aus den Gründerjahren d. Films. Aus d. Amerikan. Berlin; Weimar: Aufbau-Verl., 1990. 463 S.

869 *Gold, Michael:* Juden ohne Geld. Aus d. Amerikan. Berlin: Dietz Verl., 1950. 241 S., 2. Aufl. 1989. 449 S.

870 *Grossman, Victor:* Der Weg über die Grenze. Aus d. Amerikan. Berlin: Verl. Neues Leben, 1985. 331 S., 3. Aufl. 1988

871 *Heller, Joseph:* Gut wie Gold. Aus d. Amerikan. (1. u. 2. Aufl.) Berlin: Volk u. Welt, 1982. 458 S.

872 *Jerome, Victor Jeremy:* Eine Laterne für Jeremias. Aus d. Amerikan. Berlin: Dietz Verl., 1954. 300 S. Neudr.: 1960. 337 S. (Rote Dietz Reihe; 16/27). Andere Ausg.: Berlin: Volk u. Welt, 1955. 159 S. (Roman Zeitung; 76)

873 *Jerome, Victor Jeremy:* Die Papierbrücke. Roman. Aus d. Amerikan. Berlin; Weimar: Aufbau-Verl., 1978. 326 S.

874 *Jerome, Victor Jeremy:* Unruhige Wasser. Aus d. Amerikan. Berlin; Weimar: Aufbau- Verl. 1967. 140 S., Ill.

875 *Katz, Daniel:* Als Großvater auf Skiern nach Finnland kam. Aus d. Finn. Rostock: Hinstorff Verl., 1972. 205 S.

876 *Katz, Daniel:* Der himmlische Spaziergang des Mikko Papiross. Roman. Aus d. Finn. Rostock: Hinstorff Verl., 1975. 287 S.

877 *Katz, Daniel:* Der Tod des Orvar Klein. Roman. Aus d. Finn. Rostock: Hinstorff Verl., 1979. 292 S.

878 *Kemelmann, Harry:* Am Freitag schlief der Rabbi lang. Kriminalroman. Aus d. Amerikan. Berlin: Das Neue Berlin, 1968. 190 S.

879 *Kisch, Egon Erwin:* Geschichten aus sieben Ghettos. Eintritt verboten. Nachlese. Berlin; Weimar: Aufbau-Verl., 1973. 476 S.

880 *Kisch, Egon Erwin:* Unter den Uhren von Prag. Bildreportagen aus aller Welt. Berlin; Weimar: Aufbau-Verl., 1985. 63 S., Abb.

881 *Lander, Jeanette:* Ein Sommer in der Woche der Itke K. Roman. Berlin: Rütten & Loening, 1974. 296 S.

882 *Loeser, Franz:* Mord auf Befehl. Warum mussten die Rosenbergs sterben? Berlin: Verl. Neues Leben, 1976. 158 S. (nl-konkret; 24), 2., überarb. Aufl. 1977

883 *Malamud, Bernard:* Der Gehilfe. Aus d. Amerikan. Berlin: Volk u. Welt, 1974. 352 S.

884 *Malamud, Bernard:* Die Mieter. Roman. Aus d. Amerikan. Berlin: Volk u. Welt, 1976. 208 S., 2. Aufl. 1979

885 *Malamud, Bernard:* Ein neues Leben. Roman. Aus d. Amerikan. Berlin: Volk u. Welt, 1970. 422. S., 2. Aufl. 1972

886 *Malamud, Bernard:* Rembrandts Hut. Kurzgeschichten. Aus d. Amerikan. Berlin: Volk u. Welt, 1980. 112 S.

887 *Malamud, Bernard:* Schwarz ist meine Lieblingsfarbe. Kurzgeschichten. Aus d. Amerikan. Berlin: Volk u. Welt, 1977. 176 S.

888 *Malamud, Bernard:* Das Zauberfass und andere Erzählungen. Aus d. Amerikan. Berlin: Volk u. Welt, 1977. 288 S. Andere Ausg.: Das Zauberfass. Erzählungen. Leipzig: Reclam, 1983. 208 S. (RUB; 972)

889 *Memmi, Albert:* Die Salzsäule. Aus d. Franz. Leipzig: Reclam, 1978. 328 S. (RUB; 745)

890 *Miller, Arthur:* Brennpunkt. Aus d. Amerikan. Berlin: Volk u. Welt, 1960. 265 S. Neudr.: 1967. 126 S. (Roman Zeitung; 218). Andere Ausg.: Leipzig: Reclam, 1962. 277 S (RUB; 8974/77), 2. Aufl. Mit 10 Radierungen v. Eberhard Löbel. 1977. 214 S. (RUB; 718); Berlin: Aufbau-Verl., 1968. 233 S. (bb; 185)

891 *Miller, Arthur:* Zeitkurven. Ein Leben. Aus d. Amerikan. Berlin; Weimar: Aufbau-Verl., 1990. 777 S., 32 S. Abb.

892 *Roth, Philipp:* Der entfesselte Zuckermann. Erzählung. Aus d. Amerikan. Berlin: Volk u. Welt, 1983. 219 S. (Spektrum; 191)

893 *Roth, Philip:* Der Ghost Writer. Erzählung Aus d. Amerikan. Berlin: Volk u. Welt, 1982. 170 S. (Spektrum; 167)

894 *Roth, Philip:* Good bye, Columbus! Ein Kurzroman u. 5 Storys. Aus d. Amerikan. Berlin: Volk u. Welt, 1977. 273 S.

895 *Roth, Philip:* Portnoys Beschwerden. Roman. Aus d. Amerikan. Berlin: Volk u. Welt, 1988. 275 S.

896 *Samokovlija, Isak:* Die rote Dahlie. Aus d. Serbokroat. Berlin; Weimar: Aufbau-Verl., 1975. 389 S.

897 *Suhl, Yuri:* Guten Tag, Greenhorn. Roman. Aus d. Amerikan. Berlin: Volk u. Welt, 1963. 563 S.

VIII. Lebens- und Werkbetrachtungen berühmter oder bekannter Juden

VIII. 1 Sachliteratur

898 *Alfred Frank.* Ausstellung zum 100. Geburtstag d. Künstlers im Georgi-Dimitroff-Museum, Museum der Bildenden Künste (20.5.1984-15.7.1984). Leipzig: Museum d. Bildenden Künste, 1984. 28 S., Abb.

899 *Alfred Frank.* Einf. v. Gerhard Winkler. Leipzig: Seemann, 1972. 16 S., 8 Taf., Abb.

900 *Arnold Zweig 1887-1968.* Werk u. Leben in Dok. u. Bildern. Mit unveröffentl. Manuskripen u. Briefen aus d. Nachlass. Hrsg. v. Georg Wenzel. Berlin; Weimar: Aufbau-Verl., 1978. VII, 677 S.

901 *Asmus, Helmut:* Gynla Grosz. Das Lebensbild e. Magdeburger Arztes. Magdeburg: Rat d. Stadt, Abt. Kultur; Stadtarchiv; Pädagogische Hochschule »Erich Weinert«, Sektion Geschichte, 1980. 31 S.

902 *Bemmann, Helga:* In mein' Verein bin ich hineingetreten. Kurt Tucholsky als Chanson- u. Liederdichter. Berlin: Lied der Zeit Musikverl., 1989. 220 S., Abb., Anh.: Lieder u. Chansons

903 *Benjamin, Hilde:* Georg Benjamin. Eine Biogrfhie. Leipzig: Hirzel Verl., 1977. 360 S., 3. Aufl. 1987. 324 S.

904 *Benjamin, Walter:* Allegorien und kulturelle Erfahrungen. Ausgew. Schriften 1920-1940. Hrsg. v. Sebastian Kleinschmidt. Leipzig: Reclam, 1984. 478 S. (RUB; 1060)

905 *Bienias, Maria:* Begegnung mit Edith Stein. Leipzig: St. Benno-Verl., 1963. 134 S., Abb. (Katholische Lebensbilder), 2., verb. Aufl. 1965

906 *Braulich, Heinrich:* Max Reinhardt: Theater zwischen Traum und Wirklichkeit. Zeichn. v. Ernst Stern, Max Slevogt u. a. Berlin: Henschelverl., 1966. 311 S., 12 Bl. Abb. 2., veränd. Aufl. 1969

907 *Brauner, Lothar:* Max Liebermann. Berlin: Henschelverl., 1986. 15 S., 66 Ill. (Welt der Kunst)

908 *Chagall träumt Gott.* Ausgew. u. mit e. Einf. v. Alfons Rosenberg. Berlin: Evangel. Verlagsanst., 1966. 15 S., 16 Taf. ,2. Aufl. 1978

909 *Dahlke, Hans:* Geschichtsroman und Literaturkritik im Exil. Berlin; Weimar: Aufbau-Verl., 1976. 451 S.

910 *Duwe, Marlies:* Daniel Sanders in Neustrelitz. Neubrandenburg: Literaturzentrum, 1982. 84 S.

911 *Egon Erwin Kisch/Franz C. Weiskopf.* Leben u. Werk. Hrsg.: Kollektiv für Literaturgeschichte. Leitung: Kurt Böttcher. Berlin: Verl. Volk u. Wissen, 1963. 159 S. (Schriftsteller der Gegenwart; 11)

912 *El Lissitzky.* Maler, Architekt, Typograf, Fotograf. Erinnerungen, Briefe, Schriften. Übergeben v. Sophie Lissitzky-Küppers. Dresden: Verl. der Kunst, 1967. 411 S., Abb. 3. Aufl. 1980

913 *Erpel, Fritz:* Marc Chagall. Mit 19 farbigen u. 43 einfarb. Abb. Berlin: Henschelverl., 1981. 15, 56 gez. S. (Welt der Kunst)

914 *Felden, Dietmar:* Diego Viga. Leipzig: Hirzel Verl., 1987. 187, 32 S. Abb. (Humanisten der Tat)

915 *Friederici, Hans Jürgen:* Ferdinand Lassalle. Eine politische Biografie. Berlin: Dietz Verl., 1985. 240 S., 57 Abb. (Schriftenreihe Geschichte)

916 *Für Max Liebermann 1847-1935.* Eine Schwarzweiß-Ausstellung der Akademie d. Künste d. DDR und des Kupferstichkabinetts d. Staatl. Museen zu Berlin. Juli – August 1985, Nationalgalerie. Berlin: Akademie der Künste; Staatliche Museen, 1985. 184 S., Abb.

917 *Heider, Gertrud:* Anatoli Kaplan Keramik. Fotos v. Klaus G. Beyer. Berlin: Union Verl., 1977. 148 S., 134 Abb., 65 farbig

918 *Heimlich, Dieter:* Lin Jaldati. Das Leben e. Künstlerin. Berlin: Henschelverl., 1964. 109 S., 8 Bl. Abb.

919 *Heine.* Ein Lesebuch für unsere Zeit. Hrsg. v. Walter Victor. Weimar: Thüringer Volksverl., 1950. XXVII, 417 S. 16. Aufl. 1963. Ab 17. Aufl. Berlin; Weimar: Aufbau-Verl., 1965. LXXIII, 383 S., Abb., 23. Aufl. 1972.

920 *Heinrich Heine – Leben und Werk.* Bild-Biografie. Zsgest. v. Johannes Dudda. Weimar: Nationale Forschungs- u. Gedenkstätten der klassischen deutschen Literatur, 1972. 94 S.

921 *Heinrich Heine und die Zeitgenossen.* Geschichte u. literarische Befunde. Hrsg.: Akademie d. Wissenschaften der DDR, Zentralinstitut für Zeitgeschichte; Centre d' Histoire et d' Analyse ... Berlin; Weimar: Aufbau-Verl., 1979. 327 S.

922 *Hennenberg, Fritz:* Hanns Eisler. Leipzig: Bibliographisches Institut, 1986. 108 S., Abb. (Bildbiografie)

923 *Hermlin, Stephan/Mayer, Hans:* Ansichten über einige Bücher und Schriftsteller. Berlin: Volk u. Welt, 1947. 198 S.

924 *Hermsdorf, Klaus:* Kafka. Berlin: Rütten & Loening, 1961. 300 S., 3. Aufl. 1978. 295 S.

925 *Herneck, Friedrich:* Albert Einstein. Leipzig: B.G. Teubner, 1974. 124 S., Abb., 7. erw. Aufl. 1986

926 *Herneck, Friedrich:* Albert Einstein. Ein Leben für Wahrheit, Menschlichkeit u. Frieden. Berlin: Buchverl. Der Morgen, 1963. 261 S., 3., durchges. u. erg. Aufl. 1967. 269 S.

927 *Herneck, Friedrich:* Einstein und sein Weltbild. Aufsätze u. Vorträge. Berlin: Buchverl. Der Morgen, 1976. 365 S., 5. Aufl. 1988

928 *Hilscher, Eberhard:* Arnold Zweig. Leben u. Werk. Berlin: Verl. Volk u. Wissen, 1968. 182 S. (Schriftsteller der Gegenwart; 22), 8. Aufl. 1987

929 *Hirte, Chris:* Erich Mühsam. »Ihr seht mich nicht feige«. Biografie. Berlin: Verl. Neues Leben, 1985. 463 S., Abb.

930 *Jaworski, Marek:* Janusz Korczak. Aufopferungsvolle Liebe zum Kind. Aus d. Poln. Leipzig: B.G. Teubner, 1979. 164 S., 2. Aufl. 1983

931 *Jaworski, Marek:* Ludwig Hirszfeld. Sein Beitrag zu Serologie u. Immunologie. Aus d. Poln. Leipzig: B.G. Teubner, 1980. 91 S., Abb. (Biographien hervorragender Naturwissenschaftler, Techniker u. Mediziner)

932 *Jessner, Leopold:* Schriften. Theater der 20er Jahre. Hrsg. v. Hugo Fetting. Berlin: Henschelverl., 1979. 362 S.

933 *Kähler, Hermann:* Von Hofmannsthal bis Benjamin. Ein Streifzug durch d. Essayistik der zwanziger Jahre. Berlin; Weimar: Aufbau-Verl., 1982. 255 S.

934 *Kamnitzer, Heinz:* Das Testament des letzten Bürgers. Essays u. Polemiken. Berlin; Weimar: Aufbau-Verl., 1973.

262 S., 2. Aufl. 1975. Andere Ausg.: Leipzig: Reclam, 1981. 229 S. (RUB; 875)

935 *Kaplan, Anatoli L.:* Acht bunte Blätter. Ausw. u. Text v. Irmtraud Skireki. Berlin: Eulenspiegel Verl., 1981. 8 lose Bl.

936 *Kaplan, Anatoli L.:* Farbige Keramik. 32 Tafeln. Ausw. u. Aufn. v. Lothar Reher. Geleitw. v. Lothar Bolz. Leipzig: Insel-Verl., 1973. 47 S. (Insel-Bücherei; 975)

937 *Kaplan, Anatoli L.:* Variationen zu jiddischen Volksliedern. 32 farbige Tafeln. Hrsg. v. Beate Jahn-Zechendorff. Leipzig: Insel-Verl., 1976. 47 S. (Insel-Bücherei; 1012)

938 *Kaplan, Anatoli L.:* Das zeichnerische Werk 1928 – 1977. Zeichnungen, Aquarelle, Gouachen, Temperamalereien u. Pastelle. Hrsg. v. Juri Kusnezow. Leipzig: Insel-Verl., 1979. 305 S., 222 teils farb. Taf. u. 55 Textabb.

939 *Karbe, Karl-Heinz:* Salomon Neumann 1819-1908. Wegbereiter sozialmedizinischen Denkens u. Handelns. Ausgew. Texte. Leipzig: Johann Ambrosius Barth, 1983. 219 S. (Sudhoffs Klassiker der Medizin. Neue Folge; 3)

940 *Kaufmann, Hans:* Heinrich Heine. Geistige Entwicklung u. künstlerisches Werk. Berlin; Weimar: Aufbau-Verl., 1967. 288 S., Abb., 4., überarb. Aufl. 1983. 272 S., Abb.

941 *Köhler, Karl-Heinz:* Felix Mendelssohn-Bartholdy. Biografie. Leipzig: Reclam, 1966. 285 S., Abb. (RUB; 301), 2., veränd. Aufl. 1972. 275 S., Abb., Noten

942 *Konrad Wolf.* Selbstzeugnisse, Fotos, Dokumente. Hrsg. v. Barbara Köppe. Berlin: Henschelverl., 1985. 270 S.

943 *Kracauer, Siegfried:* Jacques Offenbach und das Paris seiner Zeit. Berlin: Henschelverl., 1980. 382 S., 27 Abb.

944 *Kuczynski, Jürgen:* René Kuczynski. Ein fortschrittlicher Wissenschaftler in der 1. Hälfte d. 20. Jh. Berlin: Aufbau-Verl., 1957. 169 S.

945 *Kuznecov, Boris G.:* Einstein. Leben – Tod – Unsterblichkeit. Aus d. Russ. Berlin: Akademie-Verl., 1977. 458 S., 29 Abb., 2., berichtigte Aufl. 1979. 483 S., Abb.

946 *Lang, Lothar:* Herbert Sandberg. Leben u. Werk. Berlin: Henschelverl., 1977. 212 S., 195 Abb.

947 *Lea Grundig.* Werke. Hrsg. v. Wolfgang Hütt. Dresden: Verl. der Kunst, 1969. 203 S., Abb.

948 *Leupold, Hans:* Lion Feuchtwanger. Leipzig: Bibliographisches Institut, 1967. 88 S., 81 Abb. 2. überarb. Aufl. 1975. 99 S., 89 Abb.

949 *Links, Roland:* Alfred Döblin. Leben u. Werk. Berlin: Verl. Volk u. Wissen, 1965. 200 S. (Schriftsteller d. Gegenwart; 16)

950 *Marc Chagall.* Graphik. Ausstellung im Albertinum 11.9.-14.11.1976 u. im Kupferstich-Kabinett d. Staatl. Museen zu Berlin 1.12.1976-30.1.1977. Dresden: Staatliche Kunstsammlungen, 1976. 56 S.

951 *Mayer, Rudolf:* Kaplan Grafik. 1937 – 1980. Dresden: Verl. der Kunst, 1990. 267 S., 242 Abb.

952 *Meißner, Günther:* Max Liebermann. Leipzig: E.A. Seemann Verl., 1974. 140 S., 112 Abb.

953 *Melcher, Horst:* Albert Einstein wider Vorurteile und Denkgewohnheiten. Berlin: Akademie-Verl., 1979. 107 S. (Wissenschaftliche Taschenbücher. Texte u. Studien; 239)

954 *Mende, Fritz:* Heinrich Heine. Chronik seines Lebens u. Werkes. Hrsg.: Nationale Forschungs- u. Gedenkstätten d. klassischen dt. Literatur in Weimar. Berlin: Akademieverl., 1970. 416 S., 2., bearb. u. erw. Aufl. 1981. 434 S.

955 *Mende, Fritz:* Heinrich Heine. Studien zu seinem Leben u. Werk. Berlin: Akademie-Verl., 1983. 243 S.

956 *Mende, Fritz:* Heinrich Heine im Literaturunterricht. Berlin: Verl. Volk u. Wissen, 1962. 152 S., 2. Aufl. 1965

957 *Mortkowicz-Olczakowa, Hanna:* Janusz Korczak. Arzt u. Pädagoge. Aus d. Poln. Weimar: Gustav Kiepenheuer Verl., 1961. 317 S., 2. Aufl. 1967. 273 S.

958 *Petráová, Markéta/Skochova, Jarmila:* Karel Fleischmann. Persönlichkeit u. Werk. Katalog e. Ausstellg. Aus d. Tschech. Prag: Staatliches Jüdisches Museum, 1987. 54 S., Abb.

959 *Pischel, Joseph:* Lion Feuchtwanger. Versuch über Leben u. Werk. 2., überarb. Aufl. Leipzig: Reclam, 1983. 318 S., 110 Abb. (RUB; 631)

960 *Riese, Utz:* Zwischen Verinnerlichung und Protest. Mc Cullers, Salinger, Malamud, Bellow, Capote. Berlin: Akademie-Verl., 1982. 342 S.

961 *Rost, Maritta:* Bibliographie Arnold Zweig. Mitarb.: Jörg Armer u. a. Berlin; Weimar: Aufbau-Verl., 1987. Bd. 1-2: 1. Primärliteratur. 512 S.; 2. Sekundärliteratur. Register. 668 S.

962 *Schebera, Jürgen:* Hanns Eisler. Eine Bildbiografie. Berlin: Henschelverl., 1981. 190 S.

963 *Schebera, Jürgen:* Kurt Weill 1900-1950. Eine Biografie in Texten, Bildern u. Dok. Leipzig: Deutscher Verl. für Musik, 1990. 301 S.

964 *Schlenstedt, Dieter:* Egon Erwin Kisch. Leben u. Werk. Berlin: Verl. Volk u. Wissen, 1985. 464 S. (Schriftsteller d. Gegenwart; 11)

965 *Schneidereit, Otto:* Fritzi Massary. Versuch e. Porträts. Berlin: Lied der Zeit, 1970. 144 S., Abb.

966 *Schneidereit, Otto:* Richard Tauber. Berlin: Lied der Zeit, 1974. 166 S., Abb., 2. Aufl. 1976

967 *Stefan Zweig.* Leben u. Werk im Bild. Hrsg. v. Donald Prater u. Volker Michels. Leipzig; Weimar: Gustav Kiepenheuer Verl., 1984. 336 S.

968 *Stern, Ernst:* Bühnenbildner bei Max Reinhardt. Berlin: Henschelverl., 1955. 135 S., 80 Zeichn., 2. Aufl. 1983. 155 S., 27 Zeichn.

969 *Stiehler, Ingeborg:* David Oistrach. Begegnungen. Leipzig: Edition Peters, 1989. 152 S., Abb. (Bilder aus Leipzigs Musikleben)

970 *Der Toxikologe Louis Lewin (1850-1929).* Materialien e. Gedenksymposiums zu Ehren v. L. Lewin am 23. Oktober 1981 in Berlin. Hrsg. v. R. Klaus Müller u. a. Leipzig: Akademie d. Wissenschaften; Karl-Marx-Universität, 1985. 107 S.

971 *Trilse, Christoph:* Heinrich Heine. Leipzig: Bibliographisches Institut, 1984. 198 S., 89 Abb., 3. Aufl. 1990

972 *Tucholsky.* Ein Lesebuch für unsere Zeit. Hrsg. v. Walther Victor. Weimar: Thüringischer Volksverl. 1952. XII, 369 S., 2 Taf., 7. Aufl. 1963. XIX, 403 S.

973 *Das unbestechliche Gedächtnis.* Schriftsteller über Weltliteratur. Hrsg. v. Helmut Baldauf. Berlin; Weimar: Aufbau-Verl., 1984. 155 S.

974 *Victor Klemperer zum Gedenken.* Von seinen Freunden u. ihm selbst. Zsgest. v. Fritz Zschech. Rudolstadt: Greifenverl., 1961. 166 S.

975 *Vontin, Walther:* Heinrich Heine. Lebensbild d. Dichters u. Kämpfers. Berlin: Aufbau-Verl., 1949. 184 S.

976 *Winter, Irena:* Georg Benjamin. Arzt u. Kommunist. Berlin: Verl. Volk u. Gesundheit, 1962. 184 S.

977 *Zweig, Arnold:* Baruch Spinoza. Porträt e. freien Geistes. 1632-1677. Leipzig: Insel-Verl., 1961. 63 S. (Insel-Bücherei; 728)

978 *Zweig, Arnold:* Über Schriftsteller. Ausgew. u. mit e. Geleitw. v. Heinz Kamnitzer. Berlin; Weimar: Aufbau-Verl., 1967. 240 S.

979 *Zweig, Stefan:* Essays. Auswahl. Hrsg. v. Dietrich Simon. Leipzig: Inselverl., 1983-1985. Bd. 1-2: 1. 1907-1924. 1983. 757 S.; 2. 1925-1928. 1985. 787 S.

VIII. 1.1 Dissertationen

980 *Pischel, Joseph:* Lion Feuchtwangers »Wartesaal« – Trilogie. Zur Entwicklung d. dt. bürgerl.-krit. Romans in d. Jahren 1918-1945. Phil. Diss. Rostock: Universität, 1967. 277 gez. Bl., gez. Bl. 280-541, XXIII, gez. Bl., 4

981 *Völker, Brigitte:* Dr. Samuel Kristeller. Leben u. Werk e. jüdischen Arztes in Berlin. Med. Diss. Berlin: HUB, 1987. 107, 6 S.

VIII. 2 Erzählende Literatur

982 *Becker, Heinz/Becker, Gudrun:* Giacomo Meyerbeer – ein Leben in Briefen. Leipzig: Reclam, 1987. 305 S., 84 Abb. (RUB; 1213)

983 *Canetti, Elias:* Der andere Prozess: Kafkas Briefe an Felice. Briefe an Felice und andere Korrespondenz aus der Verlobungszeit. Auswahl. Leipzig: Reclam, 1985. 267 S. (RUB; 1005)

984 *Färbt ein weißes Blütenblatt sich rot ...* Erich Mühsam. Ein Leben in Zeugnissen u. Selbstzeugnissen. Hrsg. u. mit e. Nachw. v. Wolfgang Teichmann. Berlin: Buchverl. Der Morgen, 1978. 351 S.

985 *... gelebt für alle Zeiten.* Schauspieler über sich u. andere. Hrsg. v. Renate Seydel. Berlin: Henschelverl., 1975. 493 S., Abb., 5. Aufl. 1986. 607 S.

986 *Gespräche mit Heine.* Gesammelt u. hrsg. v. Heinrich Hubert Houben. Potsdam: Rütten & Loening, 1948. 1157 S.

987 *Grüning, Michael:* Ein Haus für Albert Einstein. Erinnerungen, Briefe, Dokumente. Berlin: Verl. d. Nation, 1990. 583 S.

988 *Grüning, Michael:* Der Wachsmann-Report. Auskünfte e. Architekten. Berlin: Verl. d. Nation, 1985. 588 S., 161 Abb.

989 *Haupt, Klaus/Wessel, Harald:* Kisch war hier. Reportagen über d. »Rasenden Reporter«. Berlin: Verl. d. Nation, 1985. 260 S., Abb., 2., überarb. u. erw. Aufl. 1988

990 *Heine, Heinrich:* Briefe (in e. Bd.). Ausgew. u. erl. v. Fritz Mende. Berlin; Weimar: Aufbau-Verl., 1969. 489 S. (Bibliothek dt. Klassiker), 4. Aufl. 1989. 500 S.

991 *Henriette Herz.* Ihr Leben u. ihre Erinnerungen. Hrsg. v. Julius Fürst. Fotomechan. Neudr. d. Orig.-Ausg. von 1880. Leipzig: Zentralantiquariat d. DDR, 1977. 248 S., 1 Porträt

992 *Henriette Herz in Erinnerungen, Briefen und Zeugnissen.* Hrsg. v. Rainer Schmitz. Leipzig; Weimar: Gustav Kiepenheuer Verl., 1984. 498 S.

993 *Herneck, Friedrich:* Einstein privat. Herta W. erinnert sich an die Jahre 1927 bis 1933. Berlin: Buchverl. Der Morgen, 1978. 169 S., Abb., 4. Aufl. 1990

994 *Heym, Stefan:* Lassalle. Roman. Berlin: Verl. Neues Leben. 1974. 379 S.

995 *Ich hab ein neues Schiff bestiegen ...* Heine im Spiegel neuer Poesie u. Prosa. Eine Anthologie. Hrsg. v. Uwe Berger u. Werner Neubert. Berlin; Weimar: Aufbau-Verl., 1972. 249 S., 1 Grafik

996 *Immer diskret!* Anekdoten über Max Liebermann. Aufgesucht u. aufgefrischt v. Walter Püschel. Mit Zeichn. u. Druckgrafiken v. Max Liebermann. Berlin: Eulenspiegel Verl., 1986. 74 S., 2. Aufl. 1987

997 *Kamnitzer, Heinz:* Der Tod des Dichters. Berlin: Buchverl. Der Morgen, 1974. 144 S.; 2. Aufl. 1981

998 *Klemperer, Victor:* Curriculum vitae. Erinnerungen e. Philologen. 1881-1918. Hrsg. v. Walter Nowojski. Berlin: Rütten & Loening, 1989. 618 S.

999 *Knobloch, Heinz:* Herr Moses in Berlin. Auf den Spuren e. Menschenfreundes. Berlin: Buchverl. Der Morgen, 1979. 475 S., Abb., 5., durchges. Aufl. 1989. 492 S.

1000 *Krüger, Renate:* Licht auf dunklem Grund. Leipzig: Prismaverl. Zenner & Gürschott, 1973. 255 S., 24 Abb.

1001 *Lewald, Fanny:* Freiheit des Herzens. Lebensgeschichte, Briefe, Erinnerungen. Hrsg. u. mit e. Nachw. v. Gerhard Wolf. Berlin: Buchverl. Der Morgen, 1987. 369 S. (Märkischer Dichtergarten)

1002 *Liebes- und andere Erklärungen.* Schriftsteller über Schriftsteller. Hrsg. v. Annie Voigtländer. Zeichn. v. Harald Kretzschmar. Berlin; Weimar: Aufbau-Verl., 1972. 419 S.

1003 *Maimon, Salomon:* Salomon Maimons Lebensgeschichte. Vom ihm selbst geschrieben. Weimar: Gustav Kiepenheuer Verl., 1960. 162 S. (Gustav-Kiepenheuer-Bücherei; 16) Andere Ausg.: Ausgew. u. mit e. Nachw. v. Octavia Winkler. Berlin: Union Verl., 1988. 245 S.

1004 *Meißner, Alfred von:* Heinrich Heine. Erinnerungen. Mit e. Nachw. v. Bruno Kaiser. Unveränd. Nachdr. d. Orig.-Ausg. Hamburg, Hoffmann u. Campe, 1856. Leipzig: Zentralantiquariat d. DDR, 1972. VIII, 266 S.

1005 *Menzel, Gerhard W.:* Wermut sind die letzten Tropfen. Erzählung vom Heimweh u. vom Lieben d. Dichters Heinrich Heine. Ill. v. Hanns Georgi. Leipzig: Paul List Verl., 1958. 320 S., 8. Aufl. 1972. 305 S. Andere Ausg.: Halle; Leipzig: Mitteldt. Verl., 1982. 290 S.

1006 *Ohlsen, Manfred:* Der Eisenbahnkönig Bethel Henry Strousberg. Eine preußische Gründerkarriere. Berlin: Verl. d. Nation, 1987. 350 S., Abb.

1007 *Rahels erste Liebe.* Rahel Levin und Karl Graf von Finkenstein in ihren Briefen. Nach d. Originalen hrsg. u. erl. von Günter de Bruyn. Berlin: Buchverl. Der Morgen, 1985. 364 S. (Märkischer Dichtergarten)

1008 *Reinhardt, Max:* Ich bin nichts als ein Theatermann. Briefe, Reden, Aufsätze, Interviews … Hrsg. v. Hugo Fetting. Berlin: Henschelverl., 1989. 617 S.

1009 *Rennert, Jürgen:* Angewandte Prosa. Erfragtes, Zwischengefunktes, Vermittelndes. Berlin: Union Verl., 1983. 230 S. (Darin: Über M. Rasumny, I. B. Singer u. a.)

1010 *Schneider, Rolf:* Kapellmeister Levi. Eine Novelle. Ill. v. Paul Flora. Rostock: Hinstorff Verl., 1989. 85 S.

1011 *Schneider, Rolf:* Levi oder Die Reise zu Richard Wagner. Ein Roman. Rostock: Hinstorff Verl., 1989. 195 S.

1012 *Schnitzler, Arthur:* Jugend in Wien. Eine Autobiografie. Berlin; Weimar: Aufbau-Verl., 1985. 371 S.

1013 *Scurla, Herbert:* Begegnungen mit Rahel. Das Salon d. Rahel Levin. Berlin: Verl. d. Nation, 1962. 628 S., 7. Aufl. 1978. 526 S.

1014 *Servus Kisch!* Erinnerungen, Rezensionen, Anekdoten. Hrsg. v. Fritz Hofmann. Berlin; Weimar: Aufbau-Verl., 1985. 412 S., Abb.

1015 *Steinberg, Werner:* Der Tag ist in die Nacht verliebt. Halle: Mitteldt. Verl., 1956. 508 S., 22. Aufl. 1988. 427 S.

1016 *Varnhagen, Rahel:* Wie wenig wird echt gesehen und gedacht. Briefe u. Aufzeichnungen. Hrsg. v. Dieter Bähtz. Leipzig; Weimar: Gustav Kiepenheuer Verl., 1985. 424 S.

1017 *Weber, Rolf:* Das Unglück der Könige … Johann Jacoby 1805-1877. Eine Biografie. Berlin: Verl. d. Nation, 1987. 322 S.

VIII. 2.1 Kinderbücher

1018 *Korczak, Janusz:* Die Kinder zuerst. Aus d. Schriften e. Pädagogen. Hrsg. v. Burkhard Heiland u. Helma Hopfer. Aus d. Poln. Berlin: Der Kinderbuchverl., 1982. 165 S.

1019 *Neumann, Arno:* Maxe, unser Liebermann. 8 Kapitel über d. Maler u. sein Werk. Berlin: Der Kinderbuchverl., 1986. 55 S., Ill.

1020 *Seidemann, Maria:* Rosalie. Ill. v. Wolfgang Würfel. Berlin: Der Kinderbuchverl., 1988. 195 S.

IX. Varia

1021 *Abusch, Alexander:* Schriften. Berlin: Aufbau-Verl., 1962-1977. Bd. 1-3: 1. Entscheidung unseres Jahrhunderts. Beiträge zur Zeitgeschichte 1921-1976. 1977. 815 S.; 2. Literatur im Zeitalter des Sozialismus. Beiträge zur Literaturgeschichte 1921-1966. 1967. 842 S.; 3. Kulturelle Probleme des sozialistischen Humanismus. Beiträge zur dt. Politik 1946-1967. 1962. 547 S., 2., erw. Aufl. 1967. 810 S.

1022 *Benjamin, Walter:* Beroliniana. Hrsg. u. mit e. Nachbemerk. v. Sebastin Kleinschmidt. Mit 36 histor. Fotos v. Günther Beyer. Berlin: Union Verl., 1987. 216 S.

1023 *Bloch, Ernst:* Wissen und Hoffen. Auszüge aus seinen Werken (1918-1955). Festgabe zum 70. Geburtstag. Berlin: Aufbau-Verl., 1955. 90 S.

1024 *Fried, Erich:* Misstrauen lernen. Prosa, Lyrik, Essay. Hrsg. v. Ingeborg Quaas. Berlin: Volk u. Welt, 1989. 320 S.

1025 *Friedell, Egon:* Der verkleidete Dichter. Ausgew. u. hrsg. v. Heinz Knobloch. Ill. v. Franz Zauleck. Berlin: Eulenspiegel Verl., 1983. 181 S.

1026 *Goll, Iwan:* Gefangen im Kreise. Dichtungen, Essays u. Briefe. Hrsg. v. Klaus Schuhmann. Leipzig: Reclam, 1982. 471 S. (RUB; 917), 2. Aufl. 1988

1027 *Heine, Heinrich:* Werke und Briefe. Hrsg. v. Hans Kaufmann. Berlin: Aufbau-Verl., 1961-1972. Bd. 1-10: 1. 1961. 585 S.; 2. 1961. 702 S.; 3. 1961. 778 S.; 4. 1961. 676 S.; 5. 1961. 743 S.; 6. 1962. 734 S.; 7. 1962. 553 S.; 8. 1961. 693 S.; 9. 1962. 801 S; 10. 1972. 452 S., 3. Aufl. 1980 (Textrevision u. Erl. für d. Bde 1-7 u. 10: Gotthard Erler, für d. Bde 8-9: Eva Kaufmann)

1028 *Kafka, Franz:* Das erzählerische Werk. Hrsg. v. Klaus Hermsdorf. Berlin: Rütten & Loening, 1983. Bd. 1-2: 1. Erzählungen. Aphorismen. Brief an den Vater. 643 S.; 2. Der Verschollene (Amerika). Der Prozess. Das Schloss. 895 S.

1029 *Kaléko, Mascha:* Horoskop gefällig? Verse in Dur u. Moll. Berlin: Eulenspiegel Verl., 1977. 106 S., Ill., 2. Aufl. 1979

1030 *Kalisch, David:* Wilhelm Tell in Posemuckel. Satirisches aus d. Kladderadatsch. Hrsg. u. mit e. Nachw. v. Manfred Nöbel. Berlin: Eulenspiegel Verl., 1987. 174 S., Ill.

1031 *Kerr, Alfred:* Mit Schleuder und Harfe. Theaterkritiken aus 3 Jahrzehnten. Berlin: Henschelverl., 1981. 668 S.

1032 *Kerr, Alfred:* Sätze meines Lebens. Über Reisen, Kunst u. Politik. Hrsg. v. Helga Bemmann. Berlin: Buchverl. Der Morgen, 1978. 638 S., 2. Aufl. 1980

1033 *Korczak, Janusz:* König Macius der Erste. Roman in 2 Teilen für Leser jeden Alters. Aus d. Poln. Leipzig; Weimar: Gustav Kiepenheuer Verl., 1978. 454 S.

1034 *Korczak, Janusz:* Die Liebe zum Kind. Eine Ausw. aus seinen Schriften. Berlin: Union Verl., 1975. 431 S., 2., korrigierte Aufl. 1980

1035 *Korczak, Janusz:* Ein Turm aus Sehnsucht. Janusz Korczaks Hoheslied für Gott u. d. Menschen. Ausgew. Texte. Hrsg. u. aus d. Poln. v. Karin Wolff. Berlin: Evangel. Verlagsanst., 1987. 135 S., Abb.

1036 *Korczak, Janusz:* Wenn ich wieder klein bin. Eine Ausw. aus seinen Schriften. Aus d. Poln. Berlin: Union Verl., 1978. 442 S.

1037 *Das Kurt Tucholsky Chanson Buch.* Texte u. Noten. Hrsg. v. Mary Gerold-Tucholsky u. Hans Georg Heepe. Berlin: Volk u. Welt, 1985. 362 S.

1038 *Lasker-Schüler, Else:* Gedichte und Prosa. Eine Auswahl. Nachw. v. Friedrich Minckwitz. Weimar: Gustav Kiepenheuer Verl., 1967. 191 S. (Gustav-Kiepenheuer-Bücherei; 29)

1039 *Lasker-Schüler, Else:* Ich suche allerlanden eine Stadt. Gedichte, Prosa, Briefe. Hrsg. v. Silvia Schlenstedt. Mit 20 Ill. d. Autorin. Leipzig: Reclam, 1988. 479 S. (RUB; 1237)

1040 Lasker-Schüler, Else: Leise sagen. Gedichte. Berlin: Aufbau-Verl., 1968. 134 S., 2. Aufl. 1985

1041 *Lessing, Theodor:* Wortmeldungen eines Unerschrockenen. Publizistik aus 3 Jahrzehnten. Hrsg. u. mit e. Einl. v. Hans Stern. Leipzig: Gustav Kiepenheuer Verl., 1987. 409 S. (Gustav-Kiepenheuer-Bücherei; 76)

1042 *Mühsam, Erich:* Auswahl. Gedichte, Drama, Prosa. Auf Grundlage d. Arbeiten F.A. Hünichs neu zsgest. u. erw. v. Dieter Schiller. Mit e. Nachruf v. Erich Weinert u. Zeichn. d. Autors. 2. erw. Aufl. Berlin: Volk u. Welt, 1961. 514 S. (Ausgew. Werke in Einzelausg.)

1043 *Mühsam, Erich:* Der Bürgergarten. Zeitgedichte. Ausgew. v. Wolfgang Teichmann. Berlin; Weimar: Aufbau-Verl., 1982. 183 S. (bb; 492)

1044 *Mühsam, Erich:* Gedichte. Eine Auswahl. Mit Zeichn. d. Autors. Berlin: Volk u. Welt, 1958. 258 S.

1045 *Mühsam, Erich:* Handzeichnungen und Gedichte. Hrsg. v. Leon Hirsch. Kommentiert v. Gerd W. Jungblut u. Wolfgang U. Schütte. Leipzig: Edition Leipzig, 1984. 20 S., 9 Bl. Ill.

1046 *Mühsam, Erich:* Der Loreleyer-Kasten. Eine satirische Revue. Ill. v. Paul Rosié. Berlin: Eulenspiegel Verl., 1978. 191 S., 3. Aufl. 1984

1047 *Mühsam, Erich:* Streitschriften. Literarischer Nachlass. Hrsg. v. Christlieb Hirte. Berlin: Volk u. Welt, 1984. 836 S.

1048 *Mühsam, Erich:* War einmal ein Revoluzzer. Bänkellieder u. Gedichte. Hrsg. v. Helga Bemmann. Berlin: Henschelverl., 1968. 111 S. (Klassische kleine Bühne), 3., erw. Aufl. 1978. 127 S., Abb. Noten

1049 *Mühsam, Erich:* Zur Psychologie der Erbtante. Satirisches Lesebuch 1900-1933. Hrsg. u. mit e. Nachw. v. Wolfgang Teichmann. Berlin: Eulenspiegel Verl., 1984. 370 S. 3. Aufl. 1989

1050 *Mynona:* Das Nachthemd am Wegweiser und andere höchst merkwürdige Geschichten des Dr. Salomo Friedlaender. Berlin: Eulenspiegel Verl., 1980. 261 S.

1051 *Runge, Irene:* Du sollst nicht immer Holland sagen. Ein Skizzenbuch. Fotos v. Sibylle Bergemann. Berlin: Buchverl. Der Morgen, 1988. 276 S.

1052 *Runge, Irene:* Himmelhölle Manhatten. Fotos v. Sibylle Bergemann. Berlin: Buchverl. Der Morgen, 1986. 243 S.

1053 *Seydewitz, Max:* Es geht um Deutschland. Dresden: Sachsenverl., 1949. 168 S.

1054 *Soyfer, Jura:* Die Ordnung schuf der liebe Gott. Eine Auswahl. Hrsg. v. Werner Martin, unter Mitarb. v. Roland Links. Leipzig: Reclam, 1979. 436 S., 22 Abb. (RUB; 812)

1055 *Soyfer, Jura:* Von Paradies und Weltuntergang. Hrsg. v. Werner Martin. Berlin: Volk u. Welt, 1962. 275 S.

1056 *Tucholsky, Kurt:* Deutschland, Deutschland über alles. Ein Bilderbuch. Mit Fotos, montiert v. John Heartfield. Reprint d. Ausg. v. 1929. Berlin: Volk u. Welt, 1967. 231 S., 2., Aufl. 1980

1057 *Tucholsky, Kurt:* Das Lächeln der Mona Lisa. Auswahl 1926 bis 1927. Hrsg. u. mit e. Nachw. v. Roland Links. Berlin: Volk u. Welt, 1971. 679 S., 5. Aufl. 1984

1058 *Tucholsky, Kurt:* Lerne lachen ohne zu weinen. Auswahl 1928 bis 1929. Hrsg. u. mit e. Nachw. v. Roland Links. Berlin: Volk u. Welt, 1972. 647 S., 5. Aufl. 1985

1059 *Tucholsky, Kurt:* Mit 5 PS. Auswahl 1924 bis 1925. Hrsg. u. mit e. Nachw. v. Roland Links. 2. Aufl. Berlin: Volk u. Welt, 1973. 599 S., 5. Aufl. 1984. Andere Ausg.: Mit 5 PS durch die Literatur. Essays u. Rezensionen. Hrsg. v. Gerhard Seidel. Berlin; Weimar: Aufbau-Verl., 1973. 567 S., 2. Aufl. 1978

1060 *Tucholsky, Kurt:* Ein Pyrenäenbuch. Halle/Saale: Mitteldt. Verl. 1949. 261 S., Abb. Andere Ausg.: Ein Pyrenäenbuch. Auswahl 1920 bis 1923. Hrsg. u. mit e. Nachw. v. Roland Links. Berlin: Volk u. Welt, 1970. 578 S., 5. Aufl. 1984

1061 *Tucholsky, Kurt:* Rheinsberg. Ein Bilderbuch für Verliebte. Ill. v. Max Schwimmer. Halle/Saale: Mitteldt. Verl., 1949. 73 S. Andere Ausg.: Berlin; Weimar: Aufbau-Verl., 1965. 79 S. (bb; 154), 2. Aufl. Mit Ill. v. Max Schwimmer. 1982. 77 S.; Rheinsberg. Ein Bilderbuch für Verliebte. Schloss Gripsholm. Eine Sommergeschichte. Ill. v. Eberhard Neumann. Berlin: Verl. Neues Leben, 1988. 167 S. (Kompass-Bücherei; 370); Rheinsberg. Schloss Gripsholm. Leipzig: Reclam, 1989. 149 S. (RUB; 1323); Rheinsberg. Ein Bilderbuch für Verliebte. Ill. v. Kurt Szafranski. 1. u. 2. Aufl. Berlin: Verl. d. Nation, 1990. 99 S.; Rheinsberg und anderes. Berlin: Volk u. Welt, 1956. 325 S., 3. Aufl. 1961. 329 S.; Rheinsberg. Der Zeitsparer. Fromme Gesänge. Träumereien an preußischen Kaminen. Auswahl 1907 bis 1919. Hrsg. u. mit e. Nachw. v. Roland Links, unter Mitarb. v. Christa Links. Berlin: Volk u. Welt, 1969. 535 S., 3. Aufl. 1976

1062 *Tucholsky, Kurt:* Schloss Gripsholm. Eine Sommergeschichte. Berlin: Volk u. Welt, 1964. 185 S.
Andere Ausg.: Schloss Gripsholm. Berlin; Weimar: Auf-
bau-Verl., 1966. 146 S. (bb; 157); Schloss Gripsholm.
Auswahl 1930-1932. Hrsg. u. mit e. Nachw. v. Roland
Links. Berlin: Volk u. Welt, 1973. 645 S., 5. Aufl. 1985
1063 *Tucholsky, Kurt:* Warum lacht die Mona Lisa? Gedichte,
Lieder u. Chansons. Hrsg. v. Helga Bemmann. Berlin:
Henschelverl., 1968. 214 S., Abb., Noten (Klassische
kleine Bühne), 3. Aufl. 1980
1064 *Und grüß mich nicht Unter den Linden.* Heine in Berlin.
Gedichte u. Prosa. Hrsg. u. mit e. Nachw. v. Gerhard
Wolf. Mit 10 Reprod. nach Aquarellen. Berlin: Buchverl.
Der Morgen, 1980. 302 S. (Märkischer Dichtergarten)
3. Aufl. 1987
1065 *Waterstradt, Berta:* Alle Tage ist kein Alltag. Berlin: Eulenspiegel Verl., 1976. 239 S.

X. Ergänzungen

Die nachfolgenden Titel gelangten erst nach Fertigstellung des
Manuskripts zu meiner Kenntnis und konnten deshalb nicht in
die jeweiligen Gruppen eingefügt werden. In die Register wurden sie aufgenommen.

1066 *Dreifuss, Alfred:* Deutsches Theater Berlin Schumann-
straße 13 a. 5 Kap. Aus d. Geschichte e. Schauspiel-
bühne. Berlin: Henschelverl., 1983. 247 S., zahlr. Abb.
(VIII. 1)
1067 *Engmann, Günter:* Spannungsherd Nahost. Kriege zwischen Israel u. d. Arabern. Berlin: Militärverl. d. DDR,
1981. 94 S., Ill., Kt., 2., erg. Aufl. 1984. 106 S.
1068 *Geheime Kommandosache.* Aus d. Dok. d. Nürnberger
Prozesses gegen d. Hauptkriegsverbrecher. Zsgest. v. Fritz
Köhler. Berlin: Kongress-Verl., 1956. 190 S. (I. 1.1)
1069 *Hermlin, Stephan*: Arkadien. Ges. Erzählungen. Leipzig:
Reclam, 1983. 213 S. (RUB; 1000) (I. 2.2)

1070 Hermlin, Stephan: Lektüre 1960 – 1971. Berlin; Weimar: Aufbau-Verl., 1973. 263 S., 4. Aufl. 1987. 221 S. (I. 2.1)

1071 Hermlin, Stephan: Die Sache des Friedens. Aufsätze u. Berichte. Berlin: Volk u. Welt, 1953. 397 S. (Darin: Das Getto. Memento) (I. 2.1)

1072 (Hundert) 100 Jahre Jahre Deutsches Theater Berlin. 1883-1983. Hrsg. v. Michael Kuschnia. Berlin: Henschelverl., 1983. 517 S., zahlr. Abb. , 2., durchges. u. erg. Aufl. 1986. 541 S. (VIII. 1)

1073 In letzter Stunde. 1933-1945. Schriften dt. Künstler d. 20. Jh. Bd. II. Ges. u. hrsg. v. Diether Schmidt. Dresden: Verl. d. Kunst, 1964. 284 S., Abb. (Fundus-Bücherei; 10/11) (I. 1)

1074 Der Kampf geht weiter. Zum Gedenktag für d. Opfer d. Faschismus am 14. Sept. 1947. Berlin: Hauptausschuss »Opfer des Faschismus«, 1947. 56 S. (I. 1)

1075 Kaul, Friedrich Karl: In Robe und Krawatte. Vor Gerichten d. BRD. Berlin: Das Neue Berlin, 1972. 283 S., 3. Aufl. 1975. Andere Ausg.: In Robe und Krawatte. Der Verteidiger hat das Wort. Hier u. drüben. 1981. 350 S. (I. 1.1)

1076 Lessing, Gotthold Ephraim: Frühe Komödien. Äußerungen Lessings zur Komödie. Hrsg., mit e. Nachw. u. Anmerk. v. Wolfgang Stellmacher. Leipzig: Reclam, 1979. 430 S. (RUB; 770) (Darin: Die Juden) (IV. 2.2)

1077 Seghers, Anna: Der Ausflug der toten Mädchen und andere Erzählungen. Berlin: Aufbau-Verl., 1948. 196 S., 2. Aufl. 1949. 182 S. (Aurora-Bücherei) Andere Ausg.: Der Ausflug der toten Mädchen. Erzählung. 1962. 71 S., 2. Aufl. 1967; Der Ausflug der toten Mädchen. Novelle. Nachw. v. Hans Mayer. Leipzig: Reclam, 1962. 77 S. (RUB; 9000), 4. Aufl. 1963 (I. 2.2)

1078 Seghers, Anna: Bienenstock. Ges. Erzählungen in 3 Bdn. Bd. 1: Berlin: Aufbau-Verl., 1963. 302 S. (Darin: Der Ausflug der toten Mädchen. Post ins gelobte Land.) (I. 2.2)

1079 Seghers, Anna: Post ins gelobte Land. Erzählungen. Ausw. v. Ursula Emmerich. Berlin; Weimar: Aufbau-Verl., 1990. 438 S. , Ill. (I. 2.2)

1080 Selbmann, Fritz: Die lange Nacht. Roman. Halle; Leipzig: Mitteldt. Verl., 1961. 367 S., 4. Aufl. 1979. 407 S.

Andere Ausg.: Die lange Nacht. (Gekürzte Fassung). Berlin: Verl. Neues Leben, 1967. 218 S., Ill. (Kompassbücherei; 112) (I. 2.2)

1081 *Sommer, Ernst:* Botschaft aus Granada. Rudolstadt: Greifenverl., 1953. 323 S. (IV. 2.1)

1082 *Stefan-Jerzy Zweig.* Der große Bericht über d. Buchenwaldkind. Berlin: BZ am Abend, 1964. 32 S., Abb. (Sonderdruck) (I. 2.1)

1083 *Stephan-Hermlin-Bibliographie.* Zum 70. Geburtstag. Texte, Materialien, Bilder. Bearb. v. Maritta Rost u. Rosemarie Geist. Leipzig: Reclam, 1985. 280 S. (VIII. 1)

1084 *Twain, Mark*: König Leopolds Selbstgespräch. Essays, Berichte, Skizzen. Aus d. Amerikan. Berlin: Aufbau-Verl., 1967. 361 S. (II. 1)

1085 *Zimmering, Max:* Wir lieben unsere Zeit. Gedichte, Erzählungen, Erinnerungen, Briefe. Hrsg. v. Zora Zimmering. Berlin: Der Kinderbuchverl., 1979. 225 S., Abb., 2. Aufl. 1981 (IX)

1086 *Zöllner, Walter*: Geschichte der Kreuzzüge. Berlin: Dt. Verl. d. Wissenschaften, 1977. 271 S., 5. Aufl. 1987. 244 S., Abb. (IV. 1)

Personenregister der Bibliographie

Die kursiv gesetzten Ziffern verweisen darauf, dass dort die Person gesondert behandelt wird

Abraham, Peter: 303, 515, *516*
Abrahamsohn, Otto: *1066*
Abusch, Alexander: 1, 14, 163, 164, 1021
Agaryschew, Anatoli: 822
Agde, Günter: 192
Agnon, Samuel Joseph: 843
Aichinger, Ilse: 304
Ajar, Emili: 305, 306
Albertus, Heinz: 2
Albrecht, Friedrich: 241, 242, 412
Alexander, David: 559, 560
Anders, Günther: 165
Andersch, Alfred: 307, 308
Anderson, Edith: 860
Andreas-Friedrich, Ruth: 166
Andres, Stefan: 629
Andrzejewski, Jerzy: 309
Antoni, Ernst: 5
Apitz, Bruno: 310, 311
Arnér, Sivar: 861
Ascher-Pinkhof, Clara: 517
Asmus, Helmut: 901
Asriel, Andre: 806, 807, 808
Augustyniak, Manfred: 673

Baal schemtow, Israel: *792*
Babel, Isaak: 746, 747
Backhaus, Hans Joachim: 312
Bähtz, Dieter: 1016
Baldauf, Helmut: 973
Barbie, Klaus: *105*
Barck, Simone: 71
Bardtke, Hans: 561, 562, 563, 578, 580
Barthel, Rolf: 674, 675, 676, 677, 678, 679

Jarmatz, Klaus: 71
Jasik, Rudolf: 381
Jaworski, Marek: 930, 931
Jehoschua, Abraham B.: 846, 847, 848
Jendryschik, Manfred: 225
Jepsen, Alfred: 621
Jerome, Victor Jeremy: 872, 873, 874
Jessner, Leopold: 932
Jörgensen, Arne: 830
Joó, Katalin: 382
Josephus Flavius: 581
Jung, Cläre M.: 383

Kaden, Helma: 34
Kähler, Hermann: 933
Kafka, Franz: *904, 923, 924, 983*, 1028
Kahlau, Heinz: 802
Kahle, Paul E.: 582
Kahn, Siegbert: 547, 557
Kaiser, Bruno: 1004
Kaléko, Mascha: 1029
Kalinowskaja, Dinah: 762
Kalisch, David: 1030
Kamnitzer, Heinz: 934, 978, 997
Kanowitsch, Grigori: 763, 764, 765
Kantorowicz, Alfred: 185
Kant, Hermann: 384
Kaplan, Anatoli L.: 325, 653, 732, 769, 770, 771, 783, 784, 785, 786, 788, 816, *917*, 935, 936, 937, 938, *951*
Kaplicky, Vaclav: 694
Karau, Gisela: 523
Karbe, Karl-Heinz: 939
Kardos, György G.: 385, 386
Katz, Daniel: 875, 876, 877
Katz, Elias: 588
Katz, Jacob: 548
Katz, Leo: 642
Kaufmann, Eva: 1027
Kaufmann, Hans: 940, 1027

Körber, Lilli: 397
Körner, Jutta: 583
Kolmar, Gertrud: *323*, 499, 500
Kompert, Leopold: 695
Koplowitz, Jan: 225, 398, 399, 400
Korczak, Janusz: *523, 543, 930, 957*, 1018, 1033, 1034, 1035, 1036
Kortner, Fritz: 985
Kracauer, Siegfried: 943
Krajewska, Monika: 740
Krall, Hanna: 226
Kraus, Ota: 65, 66
Krause, Udo: 129
Kraze, Hanna-Heide: 401
Kreisler, Georg: 501
Kreschnak, Werner: 67
Kretzschmar, Ernst: 245
Kretzschmar, Harald: 1002
Kristeller, Samuel: *981*
Kroll, Gerhard: 584
Krüger, Renate: 585, 1000
Krüger, Rolf-Herbert: 662
Krützfeld, Wilhelm: *222*
Kuczynski, Jürgen: 227, 228, 944
Kuczynski, René: *944*
Küchenmeister, Wera: 527
Küchenmeister, Klaus: 527
Kühn, August: 402
Kühnrich, Heinz: 68, 69, 113
Kulbak, Moische: 766
Kulisová, Tána: 70
Kulka, Erich: 65, 66
Kulow, Karin: 823, 824, 831
Kunert, Günter: 403, *663, 1002*
Kuschnia, Michael: 1072
Kusnezow, Anatoli: 404
Kusnezow, Juri: 938
Kuznecov, Boris G.: 945
Kwitko, David (Dowid): 812

Litten, Hans: *237*
Litten, Irmgard: 237
Loebinger, Lotte: 985
Loeser, Franz: 238, 882
Lötzsch, Ronald: 741
Löw (der hohe Rabbi): *664, 734, 735*
Löwenthal, Leo (1855-1925): 665
Löwenthal, Leo (1900-1993): 549
Lohse, Eduard: 587
Lommer, Horst: 502
Lubetkin, Zivia: 239
Lubitsch, Ruth: 853
Lüttig, Gisela: 668
Lukács, Georg: 79, 147, *923*
Lukas, Jan: 664
Lustig, Arnost: 409, 410
Luxemburg, Rosa: *223, 1020*

Madajczyk, Czeslaw: 80
Mahler, Gustav: *979*
Maimon, Salomon: 1003
Malamud, Bernard: 767, 883, 884, 885, 886, 887, 888, *960, 973*
Maltz, Albert: 411
Manasse ben Israel: *1000*
Mandelstam, Ossip: 809
Manger, Itzig: 768, 805
Mann, Erika: 81
Mann, Heinrich: 82, 83
Mann, Katia: 240
Mann, Klaus: 241, 242, 412
Mann, Michael: 240
Mann, Thomas: 81, 645, 909
Mardek, Helmut: 833, 834
Mark, Bernard: 84, 193, 803
Markisch, Perez: 812
Marquardt, Hans: 730, 785, 786, 818
Martin, Werner: 1054, 1055
Maser, Malwine: 566

Massary, Fritzi: *965*
Mathi, Maria: 413
Matthiae, Karl: 589
May, Lizzy Sara: 414
Mayer, Hans: 379, 923, 1077
Mayer, Rudolf: 951
Meerbaum-Eisinger, Selma: 508
Meier, Kurt: 86, 148
Meisl, Mordechai: *735*
Meißner, Alfred von: 1004
Meißner, Günther: 952
Meitner, Lise: *395*
Melcher, Horst: 953
Memmi, Albert: 889
Mende, Fritz: 954, 955, 956, 990
Mendele Mojcher Sforim: 769, 770
Mendelssohn, Moses: 590, *999*
Mendelsohn-Bartholdy, Felix: *941*
Menzel, Gerhard W.: 1005
Meras, Icchokas: 416, 417, 418, 532
Merle, Robert: 419
Mertl, Veroslav: 420
Metzger, Martin: 591
Meyer, Rudolf: 582, 592, 593
Meyerbeer, Giacomo: 982
Meyrink, Gustav: 698
Mezei, András: 421
Michalak, Wanda: 6
Middell, Eike: 73
Mierau, Fritz: 704, 809
Miller, Arthur: 890, 891
Mittenzwei, Werner: 72, 496
Moczarski, Kazimierz: 243
Mönke, Wolfgang: 577
Mohrmann, Walter: 550, 558
Monod, Martine: 854
Morcinek, Gustav: 423
Mortkowicz-Olczakowa, Hanna: 957
Moser, Sigrid: 700

Robbe, Martin: 837, 838, 839, 840
Rodenberg, Hans: 258, 259
Rodenberg, Julius: 668
Röhr, Werner: 35
Rolnikaite, Maria: 441, 442, 443
Rosenberg, Alfons: 908
Rosié, Paul: 522, 1046
Rost, Maritta: 961, 1083
Rost, Nico: 260
Rotermund, Hans-Martin: 603
Roth, Joseph: 701, 702, 775, 776, 777, 778, 779, 780
Roth, Philipp: 892, 893, 894, 895
Rubiner, Ludwig: *933*
Rubinowicz, Dawid: 261
Rubinstein, Hilde: 505
Ruchadse, Awtandil: 743
Rudolph, Wilhelm: 606
Rudnicki, Adolf: 38, 444, 445
Runge, Irene: 94, 1051, 1052
Russell of Liverpool, Lord: 102
Rybakow, Anatoli: 446

Saavedra Santis, Omar: 447
Sabbataj Zewi: *795*
Sacher-Masoch, Leopold: 781
Sachs, Nelly: 506, 507
Sachse, Wolfgang: 448
Sakowski, Helmut: 449, 450
Salomo (Schelomo): 578, 579, 586, *646*
Samokovlija, Isak: 896
Samson, Meta: 536
Sánchez Salazar, Gustavo A.: 105
Sandberg, Herbert: 108, 262, 263, 264, *946*
Sanders, Daniel: 910
Sasuly, Richard: 106
Sauer, Charlotte: 646
Schäfer, Ernst: 16, 103
Schäfer, Paul Kanut: 451
Schebera, Jürgen: 73, 962, 963

178, 224, 324, 339, 371, 401, 411,
423, 459, 462, 467, 496, 511, 528,
592, 647, 672, 787, 949

1966:
44, 63, 127, 143, 151, 193, 195,
264, 286, 338, 359, 370, 417, 495,
507, 526, 585, 643, 723, 802, 803,
860, 906, 908, 941

1967:
91, 221, 336, 368, 405, 418, 443,
489, 544, 578, 596, 697, 715, 776,
874, 912, 940, 948, 978, 980, 1021,
1038, 1056, 1084

1968:
60, 86, 90, 96, 114, 146, 320, 404,
410, 416, 435, 464, 499, 512, 595,
712, 878, 928, 1040, 1048, 1063

1969:
49, 130, 157, 165, 252, 319, 343,
412, 450, 451, 561, 566, 703, 771,
783, 798, 810, 854, 947, 990

1970:
7, 19, 100, 132, 303, 314, 328, 369,
428, 475, 509, 558, 568, 581, 611,
612, 739, 757, 789, 885, 954, 965

1971:
3, 42, 83, 140, 141, 202, 361, 376,
421, 434, 441, 468, 564, 646, 730,
767, 768, 820, 1057

1972:
166, 229, 399, 523, 532, 550, 615,
645, 648, 731, 734, 754, 827, 875,
899, 920, 995, 1002, 1004, 1027,
1058, 1075

1973:
14, 32, 58, 98, 158, 228, 293, 313,

430, 472, 473, 641, 711, 766, 835,
861, 879, 934, 936, 1000, 1059, 1070

1974:
48, 104, 242, 337, 381, 465, 478,
606, 636, 637, 638, 694, 755, 881,
883, 925, 952, 966, 994, 997

1975:
25, 92, 240, 254, 267, 274, 290,
469, 565, 603, 621, 623, 696, 738,
753, 809, 817, 865, 896, 985, 1034

1976:
108, 270, 271, 316, 374, 394, 403,
431, 438, 610, 693, 710, 722, 735,
745, 749, 864, 876, 882, 884, 909,
927, 937, 950, 1065

1977:
27, 101, 235, 289, 384, 387, 442,
589, 604, 628, 630, 833, 858, 887,
888, 894, 903, 917, 945, 946, 991,
1021, 1029, 1086

1978:
6, 72, 95, 171, 182, 189, 218, 247,
251, 276, 305, 414, 425, 500, 519,
537, 551, 555, 572, 597, 598, 602,
665, 725, 736, 743, 769, 779, 806,
808, 838, 863, 873, 889, 900, 984,
993, 1032, 1033, 1036, 1046

1979:
5, 43, 71, 73, 142, 173, 179, 204,
226, 234, 304, 353, 398, 420, 503,
663, 684, 701, 708, 773, 804, 811,
877, 921, 930, 932, 938, 953, 999,
1054, 1076, 1085

1980:
39, 74, 75, 97, 169, 170, 174, 177,
196, 238, 259, 281, 297, 345, 352,

386, 466, 488, 559, 570, 591, 618, 619, 633, 659, 674, 752, 791, 795, 797, 849, 886, 901, 931, 943, 1050, 1064

1981:

2, 12, 76, 77, 93, 163, 243, 246, 249, 302, 306, 385, 392, 415, 446, 508, 516, 539, 543, 576, 586, 594, 601, 639, 699, 772, 786, 794, 807, 813, 818, 913, 935, 962, 1031, 1067

1982:

134, 175, 180, 190, 253, 277, 285, 344, 424, 471, 498, 520, 525, 632, 675, 680, 726, 740, 796, 832, 839, 840, 843, 871, 893, 910, 933, 960, 1018, 1026, 1043

1983:

50, 56, 82, 85, 115, 120, 205, 209, 227, 275, 380, 452, 487, 579, 583, 698, 707, 713, 742, 746, 770, 790, 821, 825, 836, 851, 867, 892, 939, 955, 959, 979, 1009, 1025, 1028, 1066, 1069, 1072

1984:

55, 149, 154, 156, 184, 186, 192, 272, 301, 363, 390, 479, 482, 497, 518, 527, 560, 569, 609, 613, 626, 631, 657, 669, 687, 700, 705, 737, 763, 775, 777, 780, 805, 816, 829, 830, 846, 898, 904, 967, 971, 973, 992, 1045, 1047, 1049

1985:

18, 28, 122, 176, 213, 223, 248, 255, 258, 282, 351, 382, 402, 407, 422, 470, 481, 486, 501, 504, 521, 524, 531, 535, 607, 624, 676, 727, 733, 750, 765, 774, 792, 799, 812, 822, 823, 842, 870, 880, 915, 916, 929, 942, 964, 970, 979, 983, 988, 989, 1007, 1012, 1014, 1016, 1037, 1083

1986:

15, 21, 22, 52, 144, 150, 172, 191, 212, 214, 269, 318, 322, 355, 373, 395, 491, 571, 762, 826, 850, 855, 862, 907, 922, 996, 1019, 1052

1987:

80, 110, 125, 145, 159, 160, 164, 168, 266, 279, 280, 296, 317, 335, 364, 406, 432, 505, 538, 540, 567, 573, 629, 654, 661, 662, 667, 668, 673, 714, 764, 782, 793, 814, 831, 834, 845, 856, 857, 958, 961, 981, 982, 1001, 1006, 1017, 1022, 1030, 1035, 1041

1988:

10, 20, 31, 33, 34, 53, 67, 79, 81, 88, 94, 109, 117, 119, 129, 181, 199, 211, 219, 232, 241, 250, 263, 291, 292, 298, 310, 346, 360, 375, 393, 397, 400, 460, 575, 616, 620, 625, 627, 640, 644, 656, 666, 670, 671, 677, 678, 679, 681, 690, 709, 744, 748, 760, 801, 819, 841, 847, 853, 895, 914, 1020, 1039, 1051

1989:

35, 41, 57, 78, 89, 105, 123, 167, 194, 225, 245, 256, 268, 273, 294, 299, 321, 408, 437, 515, 517, 533, 590, 593, 599, 600, 653, 655, 658, 660, 679, 704, 781, 788, 800, 824, 828, 837, 844, 866, 902, 969, 998, 1008, 1010, 1011, 1024

1990:

29, 36, 37, 45, 59, 116, 182, 207, 208, 215, 222, 265, 307, 308, 323, 377, 378, 447, 510, 536, 548, 549, 650, 729, 741, 778, 784, 815, 852, 868, 891, 951, 963, 987, 1079

1991:

126, 230, 449, 534, 848

Abb.	Abbildungen
Akad.	Akademie
Anh.	Anhang
Anmerk.	Anmerkungen
Antifaschist.	Antifaschistisch
Arbeitsgr.	Arbeitsgruppe
Aufl.	Auflage
Aufn.	Aufnahme
Auftr.	Auftrag
Aufs.	Aufsatz
Aufzeichn.	Aufzeichnungen
Aus d. Engl.	Aus dem Englischen
Aus dem Hebr.	Aus dem Hebräischen
Aus dem Poln.	Aus dem Polnischen
Ausg.	Ausgabe
ausgew.	ausgewählt
Ausstellg.	Ausstellung
Ausw.	Auswahl
Autorenkoll.	Autorenkollektiv
Bd.	Band
bearb.	bearbeitet
Beil.	Beilage/n
Beitr.	Beitrag/Beiträge
Bemerk.	Bemerkungen
Bibl.	Bibliothek
Biogr.	Biografie
Bl.	Blatt/Blätter
d.	der, die, das
dargest.	dargestellt
Dipl.-Arb.	Diplom-Arbeit
Diss.	Dissertation
Dok.	Dokumente
Dt.	Deutscher
Dtl.	Deutschland
durchges.	durchgesehen
e.	ein, eine, einer
ehem	ehemalig
Einf.	Einführung
eingel.	eingeleitet
Einl.	Einleitung
erg.	ergänzt
erw.	erweitert
Erz.	Erzählung/en
Evangel.	Evangelische
Expl.	Exemplar
Faks.	Faksimile
faschist.	faschistisch
FDJ	Freie Deutsche Jugend
FIR	Féderation Internationale de Résistance
Geleitw.	Geleitwort
ges.	gesammelt
Gestalt.	Gestaltung, gestaltet
Gewi.	Gesellschaftswissenschaftliche
gez.	gezählt
H.	Heft
Habil.	Habilitation
Hrsg., hrsg.	Herausgeber, herausgegeben
HUB	Humboldt-Universität Berlin
Ill.	Illustrationen
Inst.	Institut
Internat.	International
Jüd.	Jüdisch/e
Jur.	Juristische
Kap.	Kapitel

Kom.	Komitee	veränd.	verändert
Kt.	Karte/n	Veranstalt.	Veranstaltung
KZ	Konzentrationslager	Verb.	Verband
		Verhandl.	Verhandlung
		Verl.	Verlag (entfällt
Lit.	Literarisch		bei Reclam,
Lithogr.	Lithographie		Rütten & Loening, Volk u.
Ltg.	Leitung		Welt)
Med.	Medizinische	Verlagsanst.	Verlagsanstalt
Mitarb.	Mitarbeiter	Verwalt.	Verwaltung
		Vorw.	Vorwort
Nachdr.	Nachdruck	VR	Volksrepublik
Nachw.	Nachwort	VVN	Vereinigung
Nat.	National/e		der Verfolgten
Neudr.	Neudruck		des Naziregimes
Organ.	Organisation		
Orig.	Original	Widerstandsorg.	Widerstandsorganisation
Phil.	Philosophische	Wiwi.	Wirtschaftswissenschaftliche
phonet.	phonetisch		
Red.	Redaktion, Redakteur	Zeichn.	Zeichnung/en
		ZK	Zentralkomitee
Reg.	Register	ZL	Zentralleitung
Reprod.	Reproduktion	zsgest.	zusammengestellt
RUB	Reclams Universal-Bibliothek		
S.	Seite/n		
Samml.	Sammlung		
Sekt.	Sektion		
Staatl.	Staatlich		
T.	Teil		
Taf.	Tafeln		
u.	und		
überarb.	überarbeitet		
Uni.	Universität		
v.	von		

ISBN 978-3-360-01990-5

© 2010 Verlag Das Neue Berlin

Umschlaggestaltung: Buchgut, Berlin
unter Verwendung eines Fotos von picture alliance/ZB: FDJler bei einem
Arbeitseinsatz auf dem Jüdischen Friedhof in Berlin-Weißensee
Druck und Bindung: CPI Moravia Books GmbH

Ein Verlagsverzeichnis schicken wir Ihnen gern:
Das Neue Berlin Verlagsgesellschaft mbH
Neue Grünstr. 18, 10179 Berlin
Tel. 01805/30 99 99
(0,14 Euro/min. aus dem deutschen Festnetz,
abweichende Preise für Mobilfunkteilnehmer)

Die Bücher des Verlags Das Neue Berlin
erscheinen in der Eulenspiegel Verlagsgruppe.

www.das-neue-berlin.de